Medienbildung

Kapitel und Aufgaben mit diesem Symbol vermitteln dir Kompetenzen, mit denen du die digitalen Medien und Werkzeuge selbstbewusst, kritisch und erfolgreich handhaben kannst.

In fast allen Kapiteln findest du INFO-Kästen.

In diesen Kästen kannst du alle wichtigen Informationen zu dem Schwerpunkt, an dem du gerade arbeitest, nachlesen.

Vor einigen Aufgaben oder Überschriften steht ein M.

Dieses M bedeutet: **METHODE**.
In solchen Kapiteln oder Aufgaben erwirbst und vertiefst du Methoden für das selbstständige und für das gemeinsame Arbeiten mit anderen, z. B.:

- Think! Pair! Share!
- Schreibkonferenz
- Präsentationsfolien gestalten
- Gut und sicher vortragen

Auf vielen Seiten findest du eine LUPE mit einer Seitenzahl.

21

Diese Lupe ist wie ein Link. Wenn du die angegebene Seite aufschlägst, dann findest du dort Informationen, die dir beim Lösen deiner Aufgabe helfen.

Hinter einigen Texten steht ein LAUTSPRECHER.

Von diesen Texten gibt es eine Hörfassung auf der BiBox zu Praxis Sprache.

Am Ende des Buches findest du ein REGISTER.

In diesem Register findest du für jedes Schuljahr alle Fachausdrücke, die für dich beim Lernen und Arbeiten im Fach Deutsch wichtig sind.

westermann

Praxis Sprache 10

Gesamtschule

Herausgegeben von Wolfgang Menzel

Erarbeitet von Wolfgang Menzel
Regina Nußbaum
Ursula Sassen

Illustriert von Konrad Eyferth

Zusatzmaterialien zu Praxis Sprache 10 Gesamtschule

Für Lehrerinnen und Lehrer:

Materialien für Lehrerinnen und Lehrer	978-3-14-124110-5
BiBox Einzellizenz für Lehrerinnen und Lehrer (Dauerlizenz)	978-3-14-124122-8
BiBox Kollegiumslizenz für Lehrerinnen und Lehrer (Dauerlizenz)	978-3-14-124128-0
BiBox Kollegiumslizenz für Lehrerinnen und Lehrer (1 Schuljahr)	978-3-14-106743-9
Online-Diagnose zu Praxis Sprache 10 Gesamtschule	www.onlinediagnose.de

Für Schülerinnen und Schüler:

Arbeitsheft	978-3-14-124092-4
Interaktive Übungen	WEB-14-124134-1
Arbeitsbuch Inklusion	978-3-14-124098-6
BiBox Einzellizenz für Schülerinnen und Schüler (1 Schuljahr)	978-3-14-101889-9

Das digitale Schulbuch und digitale Unterrichtsmaterialien für Schülerinnen und Schüler und für Lehrkräfte finden Sie in der BiBox – dem digitalen Unterrichtssystem passend zum Lehrwerk.
Mehr Informationen über aktuelle Lizenzen finden Sie auf www.bibox.schule.

westermann GRUPPE

Druck A[1] / Jahr 2021
Alle Drucke der Serie A sind im Unterricht parallel verwendbar.

Redaktion: Regina Nußbaum, Katharina Kischkel
Typographisches Konzept: Janssen Kahlert Design & Kommunikation GmbH
Layout: Druckreif! Sandra Grünberg, Braunschweig
Umschlaggestaltung: Janssen Kahlert Design & Kommunikation GmbH
Druck und Bindung: Westermann Druck GmbH, Georg-Westermann-Allee 66, 38104 Braunschweig

ISBN 978-3-14-**124080**-1

Inhalt

Sprechen und Zuhören

8 Diskutieren – Debattieren

8 Sich mit einem strittigen Thema auseinandersetzen
9 Eine Diskussion analysieren
12 Diskussionen planen, durchführen, auswerten
13 Debattieren – Entscheidungen herbeiführen
14 Debatten vorbereiten und durchführen
21 Debatten bewerten

22 Reden untersuchen – Reden halten

22 Eine historische Rede hören und verstehen
28 Redestrategien und rhetorische Mittel analysieren
30 Die sprachlichen Gestaltungsmittel einer Schülerrede untersuchen
32 Reden erarbeiten und präsentieren

34 Literaturreferate erarbeiten

34 Bausteine für ein Literaturreferat
35 Den Originaltext erschließen – Materialien auswerten
40 Ein Literaturreferat gliedern und ausarbeiten
Peter Hacks: Der Bär auf dem Försterball
Heinrich Heine: Der tugendhafte Hund
Hans Christian Andersen: Des Kaisers neue Kleider
45 Zu zweit, zu dritt: Literaturreferate erarbeiten
52 Tipps zum Vortragen und Präsentieren
53 Informationen zum Mitnehmen – ein Handout schreiben

Lesen – Umgang mit Texten und Medien

54 Von Soft Skills zu Chatbots

54 Alltagserfahrungen – Azubis berichten
58 Sich über Soft Skills informieren – Sachtexte erschließen
61 Stärken und Schwächen – eine Grafik auswerten
62 Bewerbung via Chatbots – Informationen diskutieren
64 Bewerbung via Videokonferenz und Smartphone
67 Berufsausbildungsvertrag – Rechte und Pflichten

Schreiben und Präsentieren

70 Crashkurs: Bewerbungen schreiben

70 Anschreiben untersuchen
72 Lebenslauf untersuchen
74 Sich bewerben – Anschreiben und Lebenslauf anfertigen
76 Ein Extra: Das Motivationsschreiben oder die „Seite Drei"

78 Erörtern – linear und antithetisch

78 Eine lineare Erörterung untersuchen
82 Eine lineare Erörterung erarbeiten
86 Antithetisch erörtern: Materialien auswerten
91 Aufbaumodelle untersuchen – eine Gliederung anfertigen
93 Eine antithetische Erörterung schreiben
96 Lineare Sachtexte auswerten – Thesen diskutieren
103 Journalistische Kommentare verfassen
104 Überprüfe dein Wissen und Können

106 Literarische Texte analysieren

106 Inhalte zusammenfassen und interpretieren: Bausteine
109 Inhaltswiedergabe und Interpretation: Entwurf und Übung
111 Eine eigene Textanalyse verfassen
Arthur Schnitzler: Die grüne Krawatte
115 Kleines Lexikon von Ausdrücken für Prosa-Interpretationen

Lesen – Umgang mit Texten und Medien

118 Expressionismus

118 Gesellschaftliche Hintergründe des Expressionismus
Ludwig Meidner: Alaunstraße in Dresden
120 Ein expressionistisches Gedicht erschließen
Alfred Wolfenstein: Städter
122 Zwei expressionistische Gedichte deuten und vergleichen
Jakob van Hoddis: Weltende
Else Lasker-Schüler: Weltende
124 Ein Gedicht über chaotische Zustände untersuchen
Alfred Lichtenstein: Die Dämmerung
126 Geschichtlicher Hintergrund: Eine Gesellschaft im Umbruch
131 Ein Gedicht und eine Geschichte in ihrem historischen Kontext
Wilhelm Klemm: Schlacht am Nachmittag
Fritz von Unruh: Stücke
133 Einen Auszug aus einem Roman untersuchen
Alfred Döblin: Berlin Alexanderplatz
136 Vergleich zweier Stadtgedichte
Paul Zech: Die nüchterne Stadt
Theodor Storm: Die Stadt

138 Johann Wolfgang von Goethe: „Faust – Der Tragödie erster Teil“

138 Historische Entwicklung des Fauststoffes
140 *Johann Wolfgang von Goethe:* Faust – Der Tragödie erster Teil: Aufbau und Struktur des Dramas
142 Prolog im Himmel: Die Wette zwischen dem Herrn und Mephisto

144 Die Gelehrtentragödie: Faust in der Erkenntniskrise
147 Die Gelehrtentragödie: Faust in der Existenzkrise
151 Die Gretchentragödie: Fausts Begierde
157 Die Gretchentragödie: Fausts Liebe und Schuld
165 Die Gretchentragödie: Begleichung der Schuld

170 Balladenwerkstatt
170 Eine Ballade zu einem Hörspiel ausgestalten
Theodor Fontane: Die Brück' am Tay
174 Eine Ballade erschließen und deuten
Bertolt Brecht: Von des Cortez' Leuten
177 Sprachliche Gestaltungsmittel einer Ballade untersuchen
Heinrich Heine: Belsatzar
182 Balladen erschließen und vortragen
Theodor Storm: Weihnachtsabend
Joachim Ringelnatz: Auf hohem Gerüste

184 Gedichtewerkstatt
184 Gestaltungsmomente eines modernen Gedichtes
Arno Holz: Mählich durchbrechende Sonne
186 Sinnaussagen durch die Anordnung der Verse akzentuieren
Ursula Krekel: Warnung
hans-curt flemming: ein zettel an meiner Tür
Peter-Torsten Schulz: Bist so schön!
187 Gedichte untersuchen und interpretieren
Nikolaus Lenau: Das Gewitter
Rose Ausländer: Gewitter
192 Zwei Gedichte miteinander vergleichen
Nikolaus Lenau: Das Gewitter
Rose Ausländer: Gewitter
195 Ein Gedicht untersuchen und interpretieren
Joachim Ringelnatz: Zu dir
198 Leitfragen zur Erschließung von Gedichten
200 Rätselhafte Bilder eines Gedichtes deuten
Karl Krolow: Der Baum
202 Die sprachliche Gestaltung eines Gedichtes untersuchen und deuten
Bertolt Brecht: Fahrend in einem bequemen Wagen
204 Sich über Gedichte in Interpretationsgesprächen austauschen
Charlotte Morgenthal: Bilder
Ulla Hahn: Nie mehr
Wolfgang Bächler: Im Zug
Erich Fried: Dich
Christian Morgenstern: Es ist Nacht
Joseph von Eichendorff: Mondnacht
Mascha Kaléko: Was man so braucht
206 Parallelgedichte schreiben – Zwei Texte entflechten
Peter-Torsten Schulz: Wenn du nicht da bist
hans-curt flemming: aufbruch
annemarie zornack: auf dem fahrrad
Wolfgang Menzel: Grausam – Ausgesetzt

208 Textwerkstatt
208 Schreibgespräch: Sich der Deutung eines Textes nähern
Thomas Bernhard: Der Geldbriefträger
210 Parabeln – Mit Geschichten Beispiele geben
Bertolt Brecht: Freundschaftsdienste
Bertolt Brecht: Herr Keuner und die Flut
212 Eine Parabel deuten
Hugo von Hofmannsthal: Geschichte der Flucht
213 Deutungen zu Parabeln miteinander austauschen
Folke Tegetthoff: Sehnsucht
Franz Hohler: Das Blatt
Brigitte Schär: Falle
Franz Hohler: Der Briefkasten
Franz Hohler: Der Skarabäus
216 Experiment: Einen literarischen Text rekonstruieren
Wolfdietrich Schnurre: Beste Geschichte meines Lebens
218 Sich einem literarischen Text und seiner Interpretation nähern
Wolfdietrich Schnurre: Beste Geschichte meines Lebens
221 Sprachliche Gestaltungsmittel eines Textes untersuchen
Irene Dische: Liebe Mom, lieber Dad
223 Zeitformgestaltung und Erzählperspektive eines Textes untersuchen
Heinrich von Kleist: Das Bettelweib von Locarno
228 Einen literarischen Text mithilfe von Leitfragen erschließen
Walter Jens: Bericht über Hattington
236 Ein Interpretationsgespräch zu einem literarischen Text führen
Guy de Maupassant: Auf dem Wasser

Schreiben und Präsentieren

Schreiben und Präsentieren

242 Training für die Abschlussprüfung
242 Informationen rund um die Abschlussprüfung
243 Abschlusstraining: Aufgaben verstehen – Aufgaben gezielt lösen
Äsop: Zwei Freunde und ein Bär
Peter Bichsel: Mit freundlichen Grüßen
246 Aufgaben zur Wahl: Inhaltsbereich „Umgang mit Literatur“
Antoine de Saint-Exupéry: Freundschaft mit dem Fuchs
Auszug aus: *Antoine de Saint-Exupéry:* Der kleine Prinz
252 Aufgaben zur Wahl: Inhaltsbereich „Umgang mit Sachtexten“

Rechtschreibung und Zeichensetzung

Rechtschreibung und Zeichensetzung

258 Rechtschreibung
258 Die Großschreibung: Regeln kennen und anwenden
260 Spezialfälle der Groß- und Kleinschreibung
262 Fremdwörter verstehen – schreiben – üben
264 Unter der Lupe: Anglizismen
265 Getrennt- und Zusammenschreibung
268 Die Konjunktion *dass*
270 Die häufigsten Fehlerwörter: Ein Selbsttest
271 Orthografisches Lesen: Fehler finden mit Methode

272 Zeichensetzung
272 Das Komma bei Reihungen (Aufzählungen)
274 Das Komma bei Zusätzen (Erläuterungen)
275 Das Komma bei Nebensätzen
276 Das Komma bei Infinitiv- und Partizipgruppen
279 Anführungszeichen bei wörtlicher Rede, Zitaten, Hervorhebungen
281 Wörtlich zitieren
M 282 Punkte, Kommas & Co. – Fehlern auf der Spur

Sprache und Sprachgebrauch

Sprache und Sprachgebrauch

284 Funktionen der Sprache
284 Ein Kommunikationsmodell
286 Die ästhetische Funktion der Sprache
287 Kommunikationsstrukturen in der Literatur
Ursula Krekel: Warnung
288 Modalpartikeln
290 Einem Alltagstext eine ästhetische Form verleihen
Bertolt Brecht: Der Rauch
291 Veränderungen der Sprache
293 Überprüfe dein Wissen und Können

294 Wortarten
294 Festigung der Kenntnisse zu den Wortarten

296 Die Zeitformen
296 Übersicht über die Zeitformen – Anwenden der Zeitformen
298 Das Präsens als „Alleskönner"
299 Szenisches Präsens und Perfekt als Varianten des Präteritums

300 Konjunktive
300 Wörtliche Reden indirekt und verkürzt wiedergeben
303 Der Konjunktiv I im Deutschen und Englischen: ein Vergleich

304 Aktiv und Passiv
304 Aktiv- und Passivsätze unterscheiden und anwenden

306 Satzglieder
306 Übersicht über die wichtigsten Satzglieder
308 Subjektsätze – Objektsätze – Adverbialsätze
310 Adjektiv-Attribute
312 Präpositionale Attribute
313 Genitiv-Attribute
314 Stellung und Betonung der Wörter im Satz
315 Thema – Rhema
317 Inversion: Die Umstellung der normalen Satzgliedstellung
318 Überprüfe dein Wissen und Können

320 Anhang
320 Register der verwendeten Fachausdrücke
342 Lösungen zu: Überprüfe dein Wissen und Können
346 Originaltexte zur Gedichtewerkstatt
347 Quellen

Diskutieren – Debattieren

Sich mit einem strittigen Thema auseinandersetzen

Bildungspolitikerin will Mädchen und Jungen in manchen Schulfächern trennen*
rtl, 20.02.2020
Mädchen wollen später einmal Lehrerin werden, Jungen träumen von einem Job als IT-Spezialist – das ist das Ergebnis der jüngsten Pisa-Umfrage. Doch wie lassen sich diese festgefahrenen Rollenbilder aufbrechen? Die Präsidentin der Kultusministerkonferenz, Stefanie Hubig, hat jetzt einen ungewöhnlichen Vorschlag gemacht: Sie fordert probeweise einen getrennten Unterricht von Mädchen und Jungen. Allerdings soll das nur für bestimmte Fächer wie Mathematik oder Physik gelten.

* Text verändert

1 Diese Nachricht ging im Februar 2020 durch viele Medien.
- Was fordert die Bildungspolitikerin?
- Was ist der Anlass für diesen Vorschlag?
- Was verspricht sie sich vermutlich davon?

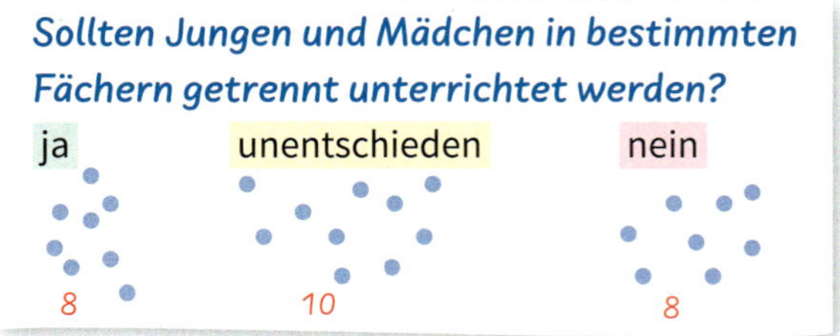

2 Stellt euch vor, der Vorschlag der Bildungspolitikerin soll an eurer Schule probeweise umgesetzt werden. Was meint ihr dazu? Führt dazu spontan eine **Punkteabfrage** im Plenum durch und haltet euer Ergebnis für später fest.

3 Informiert euch im folgenden Sachtext.

Koedukation oder Monoedukation? (Text verändert)

Der gemeinschaftliche Unterricht (**Koedukation**) von Mädchen und Jungen ist bei uns so selbstverständlich, dass sich viele Schülerinnen und Schüler vermutlich darüber kaum Gedanken machen – obwohl das Thema sie als Betroffene direkt angeht.

Es war ein Akt der Gleichberechtigung, als die gemeinschaftliche Erziehung von Jungen und Mädchen in Kitas und Schulen, Ende der 1960er Jahre nahezu flächendeckend im deutschen Bildungssystem eingeführt wurde: Mädchen sollten die gleichen Chancen bekommen wie Jungen. Die Schulen sollten dazu beitragen, die „traditionellen" Rollenbilder (Frau als Hausfrau und Mutter / Mann als Familienoberhaupt und Ernährer) im Privatleben und in der Berufswelt zu verändern.

In den letzten 60 Jahren hat sich zwar im Rollenverständnis von Männern und Frauen vieles verändert, aber nicht genug, wie kritische Stimmen meinen. In der öffentlichen Diskussion gibt es deshalb u. a. Kritik an der Koedukation. Denn empirische[1] Untersuchungen zeigen, dass diese Erziehungsform im Schulalltag auch negative Auswirkungen haben kann, und zwar nicht nur für Mädchen, sondern auch für Jungen. Allerdings lehnen viele Menschen wiederum die Forderung nach getrenntem Unterricht (**Monoedukation**) als rückschrittlich ab.

[1] empirisch: auf Erfahrung beruhend

4 Tauscht euch in der Gruppe über persönliche Erfahrungen mit der Koedukation aus.
- Welche Vorteile bringt sie für euch? Wo seht ihr persönlich Nachteile?
- Welche Vorteile bzw. Nachteile könntet ihr euch bei einem getrennten Unterricht vorstellen?

Diskutieren – Debattieren

Eine Diskussion analysieren

1 Lest die folgende Diskussion zum Thema „Koedukation“ mit verteilten Rollen.

- die Mädchen: **Hanna**, **Dora**, **Sophie**, **Filiz**
- die Jungen: **Richie**, **Sami**, **Pedro**, **Leo**

Aus einer Diskussion in der 10. Klasse

Hanna: Heute diskutieren wir die Frage, ob es nicht besser wäre, Jungen und Mädchen getrennt zu unterrichten – zumindest teilweise. Was ist eure Meinung dazu? Dora, fängst du bitte an?

Dora: Also, ich fänd's gut, Informatik ohne Jungen zu haben. Die stellen da immer so oberschlaue Fachfragen!

Sami: Aber ihr Mädchen seid doch sowieso schon die Mehrheit in unserer Klasse! Und dann ohne uns Jungs? Als würden wir stören! Beim Sport, ja, da würde ich eine Trennung sinnvoll finden – ich habe da ganz andere Interessen …

Sophie: Stimmt, beim Sport wäre das super, dann könnten wir endlich Jazz-Dance machen – cool!

Filiz: Ja, schon! Aber ohne die Jungen wäre der Sportunterricht bestimmt viel langweiliger.

Sami: Fußball! Oder Rugby – das fände ich gut. Mit den Mädchen geht sowas ja nicht. Aber in anderen Fächern find' ich die Trennung albern.

Sophie: Das finde ich überhaupt nicht! Ich bin für eine komplette Trennung, denn wir Mädchen sind einfach viel weiter und viel fleißiger. Zum Beispiel im Deutschunterricht, da haben die Jungs noch nicht mal das Buch gelesen. So sinkt das Niveau in der Klasse, das finde ich voll daneben.

Richie: Ach, du bist ja eh die Klassenstreberin! Dora hatte das Buch auch nicht gelesen! Ich find' die Trennung falsch – das führt doch bloß zu blöden Vorurteilen und Missverständnissen!

Sami: Ich sehe das so ähnlich wie Richie. Außerdem ist meine Freundin in der Klasse. Es wäre total blöd, wenn wir getrennten Unterricht hätten! So ist's auf jeden Fall interessant, auch wenn der Unterricht mal nicht so spannend ist.

Pedro: Also, sowas gehört nicht in die Schule – habt ihr kein Zuhause? Ich will sagen …

Filiz: Pedro, komm zum Thema zurück!

Dora: Ich habe neulich im TV …

Hanna: Kleinen Moment, Dora, Pedro war noch nicht fertig.

Pedro: Ich will mich im Unterricht optimal konzentrieren. Die Frauen nerven! Immer am Plappern! Und dann verstehen sie nicht, worum es geht. Ich finde die Trennung gut!

Dora: Na ja, ich habe da eine Sendung gesehen. Das war so eine Privatschule. Da hatten sie in Mathe und Physik getrennten Unterricht. Der Schulleiter hat gesagt, dass viel mehr Mädchen dann auch sowas studieren. Ist übrigens statistisch belegt.

Filiz: Ist mir doch egal, was die an Privatschulen machen. Das ist mir zu elitär …

Dora: Ein Argument ist das ja wohl nicht.

Hanna: Was wolltest du denn einwenden, Filiz?

Filiz: ... dass ich total gegen getrennten Unterricht bin. Gerade in Politik oder Deutsch ist es doch interessant, wie die Jungs die Dinge sehen. Der Perspektivwechsel erweitert den Horizont! Außerdem kann ich super mit Jungen zusammenarbeiten! Nur Mädchen? Wäre ja der totale Zickenalarm! Gemischt ist die Stimmung besser und viel entspannter!

Richie: Ja, genau! Alles andere wäre viel zu einseitig! Und im echten Leben ist es auch nicht so. – So getrennt! Wir können froh sein, dass es eben nicht mehr so ist wie früher! Alle sollen gemeinsam die gleichen Chancen haben. Das ist wichtig!

Filiz: Ganz meine Meinung. Dass Jungen und Mädchen auch später im Berufsleben miteinander klarkommen müssen, das sagt einem ja wohl der gesunde Menschenverstand. Schließlich lernt man fürs Leben und nicht für die Schule.

Dora: Aber früher waren reine Jungen- und Mädchenschulen absolut ok. Warum sollte das nicht auch heute funktionieren?

Filiz: Und zurück in die Steinzeit! Es ist unverantwortlich! Wer so argumentiert, ist nur darauf aus, Mädchen und Frauen wieder die alten Rollen zuzuweisen.

Sophie: Nein, so kann man das nicht sehen. Erst andersrum wird ein Schuh draus. Gerade, weil die alten Rollenklischees überwunden werden müssen! In einer modernen Gesellschaft werden mehr Frauen in naturwissenschaftlichen und technischen Berufen gebraucht. Und das klappt mit getrenntem Unterricht einfach besser.

Hanna: Die Zeit wird knapp. Bitte fasst euch jetzt möglichst kurz. Leo, du hast noch gar nichts gesagt. Möchtest du dich äußern?

Leo: Ich? Äähh ...?

Pedro: Hallo! Zeit zum Aufwachen! Ist gestern wohl ein bisschen spät geworden ...

Hanna: Lass mal gut sein, Pedro. – Leo, du hast doch bestimmt eine Meinung?

Leo: Tja, ja klar ... irgendwie wäre das wirklich ganz cool für die Jungen ... hmm ... also, weil es für uns einfach gut wäre ...

Hanna: Ich verstehe, du siehst also Vorteile für die Jungen. Erklär' doch mal ...

2 Ermittelt die Standpunkte der Jugendlichen – und auch ihre Begründungen. Tauscht euch aus und begründet, welche Argumente euch am ehesten überzeugen.

3 Untersucht den Umgang der Jugendlichen miteinander. Sucht Beispiele:
- Wer bestätigt andere?
- Wer wird manchmal zu persönlich und ziemlich unsachlich?
- Wer gibt Contra?
- Wer ist hart in der Sache, bleibt aber fair im Umgang?

4 Zeigt **Hannas** Fähigkeiten als Diskussionsleiterin auf. Findet Textbelege. Bewertet ihr Verhalten und begründet eure Einschätzung.

5 Es gibt eine Reihe von Strategien, mit denen sich die Gesprächsführung etwas beeinflussen (steuern) lässt. Besprecht die Beispiele für gängige Gesprächsstrategien auf Seite 11.
- Wie funktionieren die einzelnen Strategien? Was können sie bewirken? Wie kommen sie vermutlich bei den Gesprächspartnerinnen und Gesprächspartnern an?
- Welche Strategien sind euch aus Alltagsgesprächen bekannt? Nennt typische Situationen.

Gesprächsstrategien

1 Strategie: Ja-Aber – bedingt zustimmen, um anschließend Einwände geltend zu machen
Ich stimme dir ja zu, dass die neue Schulmensa viel kostet, aber …

2 Strategie: Autorität – Experten, Statistiken anführen
Wissenschaftlerinnen und Wissenschaftler erklären, …
Studien belegen, dass 80 Prozent aller …

3 Strategie: Provokation – andere provozieren, beschuldigen, isolieren
Ihr Schüler und Schülerinnen wollt doch nur Unterricht schwänzen. …
So kann nur jemand reden, der keine Ahnung hat. …
Nur Spießer können meinen …

4 Strategie: Neue Gesichtspunkte – neue Gedanken in die Diskussion einbringen
Andererseits sollte man nicht vergessen …
Außerdem ist es wichtig …

5 Strategie: Plausibilität – die eigene Ansicht als Meinung der Mehrheit hinstellen
Das versteht sich doch von selbst …
Das sagt uns doch schon der gesunde Menschenverstand …
Alle umweltbewussten Menschen …

6 Strategie: Früher-Heute – auf Vergangenheit, Gegenwart und/oder Zukunft verweisen
Früher konnten Menschen auch ohne Smartphone existieren. Deshalb ist es auch heute …
In Zukunft wird …, deshalb muss man schon heute …

7 Strategie: Wiederholung – eigene Behauptungen wiederholen und bekräftigen
Ich möchte noch einmal deutlich unterstreichen, dass …

8 Strategie: Zirkelschluss – eine Behauptung mit derselben Behauptung begründen
Durch zu laute Musik wird man schwerhörig, weil man taub wird, wenn man zu laut Musik hört.

9 Strategie: Bumerang – Einwände anderer zur eigenen Begründung verwenden
Gerade weil unser Leben das höchste Gut ist, müssen wir deshalb …

10 Strategie: Entlasten – Gesprächspartnern und Gesprächspartnerinnen helfen, Probleme aus ihrer Sicht zu beleuchten
Ich verstehe, du bist … Was heißt für dich …? Erklär doch bitte mal …

6 Belegt diese Gesprächsstrategien mit mindestens einem Beispiel aus der Diskussion auf Seite 9–10 und notiert Zeilenangaben.
ℓ ℓℓ Strategie 1 bis 4, ℓℓℓ Strategie 5 bis 10

7 Wann ist eine Diskussion eine gute Diskussion? Stellt in Gruppen Diskussionsregeln auf.
- Was müssen Teilnehmerinnen / Teilnehmer und Gesprächsleitung beachten, damit eine faire und erfolgreiche Diskussion zustande kommt?
- Wie viel Provokation darf in einer lebendigen Diskussion sein? – Wo zieht ihr die Grenze, damit es nicht zu unsachlich oder gar verletzend wird?
- Tragt im Plenum eure Ergebnisse zusammen und einigt euch auf eine gemeinsame Version, die als Plakat im Klassenraum ausgehängt wird.

Diskussionsregeln der Klasse 10 d
- *Die Diskussionsleitung …*
  – …
  – …
- *Die Diskutierenden …*
  – …
  – …

Tipp:
Diskutiert das Thema ***Koedukation oder Monoedukation?*** in eurer Klasse.
- Führt danach eine zweite **Punkteabfrage** durch.
- Vergleicht die Ergebnisse mit denen der ersten spontanen Umfrage.

Sprechen und Zuhören

Diskutieren – Debattieren

Diskussionen planen, durchführen, auswerten

Sollte man Spielhallen verbieten?
Wem nutzen Castingshows?
Volljährigkeit erst mit 21 Jahren?
Keine Dopingkontrollen mehr im Leistungssport?
Schafft die Rundfunk- und Fernsehgebühren ab!
Ist ein Rauchverbot in der Öffentlichkeit sinnvoll?
Warum sollte man sich politisch engagieren?

1 Plant in Gruppen von sechs bis acht Schülerinnen und Schülern eine Diskussion von etwa zehn Minuten.
- Einigt euch auf eines der Themen oben oder auf ein von euch selbst gewähltes Thema.
- Informiert euch über die Sache und stellt sicher, dass in eurer Gruppe zu diesem Thema verschiedene Meinungen vertreten werden.
- Bestimmt eine Diskussionsleiterin oder einen Diskussionsleiter.

2 Während der Diskussion sollen einige Zuhörer/-innen gezielte Beobachtungsaufgaben übernehmen. Bereitet **Checklisten** für die Diskussionsleitung und die Diskussionsteilnehmer/-innen vor.

Checkliste für die Diskussionsleitung

	+++	++	+	Notizen
• begrüßen und ins Thema einführen	☐	☐	☐	______
• in der Sache neutral sein	☐	☐	☐	______
• freundlich, höflich sein	☐	☐	☐	______
• das Wort erteilen	☐	☐	☐	______
• auf das Einhalten von Gesprächsregeln achten	☐	☐	☐	______
• auf das Einhalten des Themas achten	☐	☐	☐	______
• Hilfestellungen geben und motivieren	☐	☐	☐	______
• Ergebnisse bündeln	☐	☐	☐	______
• Zeitvorgaben beachten	☐	☐	☐	______
• ein Schlussfazit ziehen und sich bedanken	☐	☐	☐	______

Checkliste für die Diskussionsteilnehmer/-innen

	+++	++	+	Notizen
• Sachkenntnis beweisen	☐	☐	☐	______
• Argumente anführen	☐	☐	☐	______
• den eigenen Standpunkt überzeugend vertreten	☐	☐	☐	______
• Gesprächsstrategien geschickt nutzen	☐	☐	☐	______
• andere ausreden lassen	☐	☐	☐	______
• sich nicht von anderen unterbrechen lassen	☐	☐	☐	______
• anderen aufmerksam zuhören	☐	☐	☐	______
• auf andere Beiträge eingehen	☐	☐	☐	______
• hart in der Sache und fair im Umgang sein	☐	☐	☐	______

3 Führt eure Diskussion vor dem Plenum durch. Beachtet auch den **Wortschatz: Textbausteine**.

4 Wertet Beobachtungen und Verbesserungsvorschläge in einem gemeinsamen Gespräch aus.

Wortschatz: Textbausteine

Ich verstehe dein Argument, aber vergiss nicht, dass …
Du hast eben gesagt, … Findest du wirklich, dass …
Habe ich dich das richtig verstanden? Du bist also der Ansicht, dass …
Du hast behauptet, dass … Das sehe ich anders …
An dieser Stelle möchte ich widersprechen. Denn …
Ich kann deinen Standpunkt nicht teilen, weil …
Ich denke, dass du zu sehr verallgemeinerst, wenn du behauptest, …
Deine Bedenken kann ich nachvollziehen. Aber man muss auch berücksichtigen, dass …
Ich meine, ein akzeptabler Kompromiss wäre …

Debattieren – Entscheidungen herbeiführen

A Debatten sind Streitgespräche zur Entscheidungsfindung
B …

1 Lies den folgenden Sachtext Abschnitt für Abschnitt. Notiere für jeden Absatz ein oder zwei Kernaussagen.

Was ist eine Debatte?

A Eine Debatte ist ein Streitgespräch, das – anders als eine Diskussion – deutlich strengeren formalen Regeln folgt. Debattenredner/-innen nehmen zu einem strittigen Thema kontroverse Standpunkte ein und tragen ihre Pro- oder Contra-Argumente in kurzen, möglichst überzeugenden Reden vor – mit dem Ziel, bei den Zuhörenden eine Entscheidung im Sinne des eigenen Standpunktes zu bewirken. Das Streitthema sollte von allgemeinem Interesse sein und muss am Ende zu einer Entscheidung führen.

B Debatten sind ein wichtiges Instrument der Demokratie – aber nicht nur in den Parlamenten. Debattiert wird überall dort, wo Bürger und Bürgerinnen zusammenkommen, um praktische Fragen zu entscheiden, wo in Rede und Gegenrede geklärt wird, was dabei zu bedenken ist. Eine lebendige Demokratie braucht Menschen, die kritische Fragen stellen, die ihre Meinung sachlich äußern und die sich mit den Meinungen anderer Mensch fair auseinandersetzen.

C Deshalb wird das Debattieren als sportlicher Rede-Wettstreit auch an vielen Schulen trainiert: Bei dem Projekt „Jugend debattiert“ treten Schülerinnen und Schüler nach parlamentarischen Debattenregeln gegeneinander an. In Redner-Teams ringen sie vor einer Jury mit Argumenten um den Sieg. Bei diesem „Streit nach Regeln“ sind Einzelfälle, Privat- oder Geschmackssachen nicht gefragt. Es zählen aber nicht nur starke Argumente, sondern auch Fairness, Sachlichkeit und rhetorische Überzeugungskraft.

D Die Debatte kann sich von einer Diskussion in der Fragestellung und der Funktion unterscheiden: In Diskussionen sind nicht nur geschlossene, sondern auch offene Fragestellungen möglich – also Fragen, die auf Klärung zielen. Zum Beispiel: *Welche Probleme ergeben sich bei der industriellen Massentierhaltung?* Auf diese Frage gibt es viele unterschiedliche Antworten, die zu einem besseren Verständnis der Thematik beitragen sollen. In einer Debatte dagegen wollen die Debattierenden die Zuhörerinnen und Zuhörer zu einem Meinungswechsel bewegen – oder sie eben gerade davon abhalten. Das Ziel der Debatte ist also immer das Herbeiführen einer Entscheidung, weil am Ende vieler Debatten eine Abstimmung steht. Deshalb ist eine Debatte nicht von offenen, sondern von geschlossenen Fragen bestimmt, die letztlich mit Ja oder Nein beantwortet werden. Zum Beispiel: *Soll industrielle Massentierhaltung verboten werden?* An einer solchen konkreten Streitfrage kann sich dann die Debatte in Rede und Gegenrede entzünden.

2 Untersucht in der Gruppe folgende Aspekte:
- Wie werden Debatten durchgeführt – mit welchem Ziel?
- Inwiefern unterscheiden sich Debatten von Diskussionen?
- Welchen Stellenwert haben Debatten in einer demokratischen Gesellschaft?
- Wann ist eine Debatte eine gute Debatte?

3 Formuliert zu diesen Sachbereichen Debattenthemen:

1 ***Videoüberwachung von öffentlichen Plätzen***
2 ***Drogenkontrollen an Schulen***
3 ***Kennzeichnungspflicht für retuschierte Model-Fotos***

4 Sammelt aktuelle Streitfragen, die sich für interessante Debatten in eurer Klasse eignen.

Sprechen und Zuhören

Diskutieren – Debattieren

Debatten vorbereiten und durchführen

1 Wie könnt ihr euch auf eine Debatte vorbereiten?
Was kann man gegen aufkommendes Lampenfieber tun?
Hier findet ihr Äußerungen von Jugendlichen mit Debattenerfahrung.

A Im Grunde bin ich vor jeder Debatte, vor jedem Referat – eben vor jedem Auftritt vor Publikum nervös. Aber es hilft, wenn ich mich vorher nur auf die Sache konzentriere. Nur nicht daran denken, dass in Kürze eine Menge Augen erwartungsvoll auf mich gerichtet sein werden.

B Natürlich bin ich auch aufgeregt, aber mein Tipp ist einfach eine gute Vorbereitung. Das hat das Lampenfieber bei mir immer sehr reduziert. Wenn ich weiß, dass ich gut vorbereitet bin, habe ich weniger Angst vor dem, was auf mich zukommt.

C Zunächst einmal hole ich so viele Informationen ein wie eben möglich. Dann ordne ich diese und begrenze sie auf das Wesentliche. Das versuche ich dann in kurzen Aussagen zusammenzufassen. So kann ich mir das alles besser merken. Ich habe außerdem die Erfahrung gemacht, dass sich zu zweit eine Position viel besser entwickeln lässt.

D Auf die Debatten bereite ich mich mit Internet und Fachliteratur vor. Sehr empfehlen kann ich aber auch Gespräche zum Thema mit Lehrkräften, Eltern, Bekannten. Ich habe gemerkt, dass es sehr wichtig ist, die Themen mit anderen Leuten zu besprechen, weil man dann Dinge sieht, die einem allein gar nicht eingefallen oder aufgefallen wären.

E Wenn ich umfassend vorbereitet bin und mich mit der Pro und Contra-Position auskenne, gehen mir in der Debatte nicht so schnell die Argumente aus. Und ich kann die Gegenargumente kontern. Die Gegenseite soll sich warm anziehen!

F Im Internet gibt es sicher viele nützliche Informationen zu den Themen. Doch die besten Aussagen und Anregungen bekomme ich wirklich immer aus meinem Freundeskreis. Überrascht hat mich auch, wie schnell man sich für ein zunächst uninteressant erscheinendes Thema begeistern kann, wenn man Argumente dazu heraussucht.

2 Tauscht euch über die Erfahrungen der Jugendlichen aus:
- Welche Tipps haben sie parat?
- Welche eigenen Erfahrungen und Tipps könnt ihr ergänzen?

3 Bildet zu viert eine Debatten-Gruppe. Bereitet dann eine Debatte vor, zum Beispiel zum Thema:
Sollte privates Feuerwerk an Silvester grundsätzlich verboten werden?
Macht euch zunächst mit den folgenden Debattenregeln vertraut.

Regeln für eine Debatte

- Debattiert wird ein aktuelles **Thema**, das von allgemeinem Interesse ist, das nach einer konkreten Maßnahme fragt und sich mit ‚ja' oder ‚nein' beantworten lässt.
- Jeweils **vier Personen** führen die Debatte. Im Wechsel sprechen sich **zwei Personen für** und **zwei Personen gegen** das Gefragte aus.
- Die Redner und Rednerinnen sprechen frei – ohne Notizen. Es gibt keine Gesprächsleitung.

Die Debatte besteht aus **drei Teilen**:

1. **Eröffnungsrunde:** Pro- und Contra-Debattierende wechseln einander ab und beziehen Stellung. **Pro** fängt an. Jede Person hat maximal zwei Minuten Redezeit – ohne Unterbrechung.
2. **Freie Aussprache:** Das Streitgespräch dient der Klärung und Positionierung. Es wird in freiem Wechsel acht Minuten lang durchgeführt. Man fasst sich kurz, geht aufeinander ein.
3. **Schlussrunde:** Jede Person zieht ihr Fazit und bezieht erneut Stellung. Dabei dürfen nur Argumente angeführt werden, die im bisherigen Debattenverlauf bereits vorgetragen wurden. Es gilt dieselbe Reihenfolge wie in der Eröffnungsrunde, jeder hat eine Minute Redezeit – ohne Unterbrechung.

Ein **Zeitwächter** / eine **Zeitwächterin** eröffnet die drei Teile der Debatte und überwacht die Redezeiten mit **Stoppuhr** und **Glocke**: 1 x Läuten – 15 Sekunden vor Ablauf der Redezeit
2 x Läuten – Überschreiten der Redezeit
andauerndes Läuten – fortgesetztes Überschreiten der Redezeit

Eine **Jury** beobachtet den Debattenverlauf und bewertet die Beiträge der Redner / Rednerinnen. 21

4 Erschließt euch euer Thema in der Gruppe. Nutzt dazu folgende **Arbeitsschritte** und **Methoden**.

Erster Arbeitsschritt: Fragen klären, das Thema ausloten

Fragenfächer

Mit einem **Fragenfächer** wird ein Thema mit gezielten **Detailfragen (W-Fragen)** breit aufgefächert. Die Fragen werden so weit wie möglich beantwortet. Das regt zu eigenen Gedanken und Ideen an – und dazu, diese zu notieren. So wird das eigene Vorwissen aktiviert und man kommt dem Kern des Themas auf die Spur.

5 Beschreibt, wie ein Fragenfächer aufgebaut ist.
- Welche Fragen könnt ihr spontan beantworten? Was müsstet ihr recherchieren?
- Welche Fragen lassen sich – so ähnlich – auch bei anderen Debattenthemen stellen?

Sollte privates Feuerwerk an Silvester grundsätzlich verboten werden?

- Warum und wie lange gibt es diesen Silvesterbrauch?
- Was umfasst der Begriff „Feuerwerk"?
- Wann und wo sind private Feuerwerke zu Silvester erlaubt?
- Wo steht das?
- Wer ist für eine Genehmigung oder ein Verbot zuständig?
- Wo bestehen bereits Verbote bzw. Einschränkungen? Warum?
- Wer ist an der Beibehaltung interessiert? Warum?
- Wer ist an einem Verbot interessiert? Warum?
- Welche Konsequenzen hätte ein Verbot oder eine Beibehaltung?
- Welche Regelungen gibt es in anderen Ländern? Was ist vergleichbar?
- Welche weiteren Begriffe sind in diesem Zusammenhang wichtig?

Sprechen und Zuhören

Zweiter Arbeitsschritt: **Stoff finden, sich Wissen aneignen**

Recherchieren und Exzerpieren

Wichtige Sachverhalte werden **recherchiert**, um offene Fragen zu beantworten und weitere wesentliche Informationen zu ermitteln. Insbesondere bei **Online-Recherchen** ist auf die Seriosität der **Quelle** zu achten, z. B. im Impressum einer Webseite prüfen, woher die Informationen stammen.

Die **Rechercheergebnisse** (in der Regel Sachtexte) werden **exzerpiert**. Beim **Exzerpieren** wird ein Text aus dem Blickwinkel einer bestimmten Fragestellung gelesen und ausgewertet. Das heißt, man schreibt die wichtigsten Informationen zur Beantwortung der Fragestellung heraus. So kann man sich Informationen erarbeiten und aneignen.

Gehe bei der Erarbeitung eines **Exzerptes** folgendermaßen vor:
- Notiere **Quellenangaben**, wie Titel, Autor / Autorin, Internetadresse, Zeitpunkt der Veröffentlichung …
- Lies den Text genau, und zwar Abschnitt für Abschnitt.
- Halte für jeden Abschnitt die wichtigsten Informationen in **Stichwörtern** fest.
- Zitiere nur sehr wichtige Textstellen und Aussagen wörtlich. – Anführungszeichen nicht vergessen!
- Darüber hinaus kannst du Anmerkungen machen und deine Eindrücke, Fragen, Zweifel notieren.

6 Der folgende Zeitungsartikel ist ein typisches Beispiel für ein Rechercheergebnis zum Thema „Silvesterfeuerwerk“. Lest den Text aufmerksam.

Dreck, Verletzungen, Haustiere in Angst (Text verändert)

Für die meisten gehört es zu Silvester wie ein Glas Sekt, „Dinner for One“ und Raclette oder Fondue: Um Mitternacht wird geböllert! Für einen Großteil der Deutschen ist das private Feuerwerk zum Jahreswechsel einfach ein Muss. Wenige Tage vor Silvester startet im Einzelhandel der Verkauf von Böllern, Raketen, Vulkanen und Co. – manche geben hunderte Euro für das Leucht-Spektakel aus.

Und immer wieder werden kritische Stimmen laut: Muss das denn sein, dass Jahr für Jahr diese irren Summen im wahrsten Sinne des Wortes „verbrannt“ werden? Viele werden sich noch an die Kampagne „Brot statt Böller“ erinnern, die vor allem in den neunziger Jahren dazu aufgerufen hat, das Geld lieber für hungernde Menschen zu spenden, als es in Feuerwerk zu investieren. Außerdem werden in nur einer Nacht knapp 5 000 Tonnen Feinstaub in die Luft geblasen – was für eine Luftverschmutzung!

Ganz klar: Böller und Raketen sind Sprengstoff und deswegen gefährlich. Immer wieder landen in der Silvesternacht zahlreiche meist junge Männer im Krankenhaus, weil sie unsachgemäß mit Feuerwerk hantiert haben. Und:

Beim Jahreswechsel 2018 starben sogar zwei Männer an den Folgen ihrer Verletzungen. Einer von ihnen hatte seinen Sprengkörper selbst gebaut.

Seit Jahren kursieren in den sozialen Netzwerken in den Tagen vor Silvester Aufrufe, doch bitte an die Hunde und Katzen in der Nachbarschaft zu denken und auf Feuerwerk zu verzichten. Aber nicht nur Haustiere haben Angst, sondern auch Wildtiere geraten durch die Knallerei in Panik. Julia Herklotz vom Tierschutz Lübeck: „Ich plädiere dafür, den Privatkauf von Feuerwerk zu verbieten."

Das Bild an Neujahr ist immer das Gleiche: Am Tag nach dem großen Feuerwerk kommt der große Dreck zum Vorschein. Papierfetzen und Sprengstoffreste, Raketenstöcke und leere Vulkane verdrecken unsere Innenstädte. Und dazu kommt noch der Dreck in der Luft: „In einer einzigen Nacht werden 17 Prozent der Menge an Feinstaub ausgestoßen, die der Straßenverkehr in einem Jahr verursacht", kritisiert etwa der Naturschutzbund BUND.

Fans der Pyrotechnik merken allerdings an, dass das Lichter-Spektakel nicht nur wunderschön ist, sondern auch Tradition und ein Stück persönliche Freiheit. Sie wollen sich die Knallerei nicht verbieten lassen und auch beim nächsten Jahreswechsel wieder Raketen und Heuler in die Luft jagen.

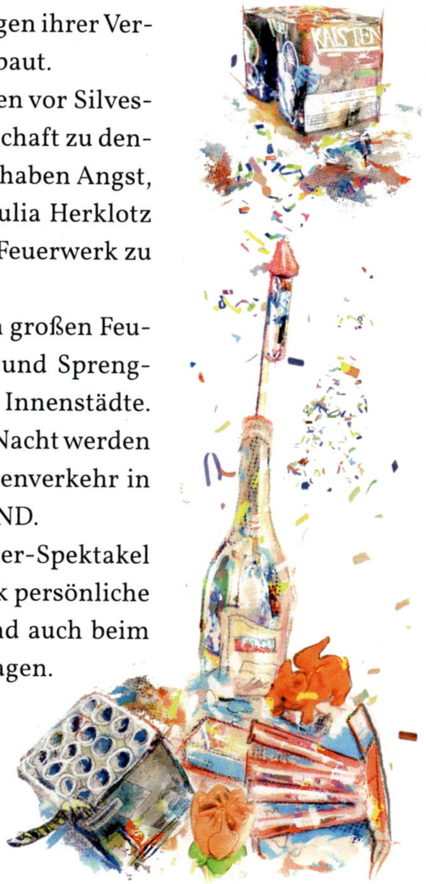

7 Hier seht ihr, wie ein Exzerpt aufgebaut wird.
- Welche Angaben werden in den **„Kopfzeilen"** gemacht?
- Welche Informationen stehen unter der Spalte **„Stichwörter"**?
- Wozu dient die Spalte **„Anmerkungen / Fragen / Zitate"**?

Fragestellung: *Sollte privates Feuerwerk an Silvester generell verboten werden?*
Titel des Textes: *Dreck, Verletzungen, Haustiere in Angst*
Quelle: *www.brigitte.de, 03. Januar 2018 12:11 Uhr, letzter Aufruf am …*

Stichwörter	***Anmerkungen / Fragen / Zitate***
Silvester-Böllerei	
ein Muss für viele Menschen	*Dazu aktuelle Umfragen recherchieren*
seit Langem in der Kritik	
• irre Geldverschwendung	*„Brot statt Böller", Spendenaktion in den Neunzigern*
• Luftverschmutzung	*„ …in nur einer Nacht knapp 5000 Tonnen Feinstaub in die Luft geblasen …"*
Verletzungen, tödliche Unfälle	
• vor allem junge Männer betroffen	*Warum vor allem „junge Männer"? Wer ist sonst noch gefährdet?*
• durch unsachgemäßen Umgang	*Welche Verletzungen sind typisch?*

8 Führt das Exzerpt zu Ende:
Notiert (exzerpiert) weitere **Stichwörter** und **Anmerkungen**.

Sprechen und Zuhören

Dritter Arbeitsschritt: Stoff ordnen, Materialien auf das Wesentliche reduzieren

Eine Tabelle anlegen

Tabellen bestehen aus Zeilen und Spalten und können sehr viele Informationen enthalten. Die übersichtliche Tabellenform erleichtert das Ordnen und den Zugriff auf die Informationen. Zur Vorbereitung einer Debatte eignet sich eine Pro- und Contra-Tabelle mit Argumenten, wichtigen Fakten, Zitaten, Beispielen ...

9 Lest die folgende Tabelle und ordnet **Pro** und **Contra** weitere Argumente zu.

Privates Silvesterfeuerwerk grundsätzlich verbieten?

Pro: Feuerwerk verbieten	*Contra: Feuerwerk nicht verbieten*
• *wichtiger Beitrag zum Klimaschutz: „... in nur einer Nacht knapp 5000 Tonnen Feinstaub in die Luft geblasen ...“*	• *Silvesterfeuerwerk hat in Deutschland eine lange Tradition: Feuer und Knallen sollten böse Geister und Dämonen vertreiben.*

10 Beachtet die Debattenregeln und teilt euch nach der Pro- und der Contra-Position auf. Legt auch die Reihenfolge der Redner und Rednerinnen fest. Falls ihr euch nicht einigen solltet, müsst ihr das Los entscheiden lassen.

11 Erarbeitet zu zweit die Argumentation und die Formulierung eurer Position.
- Prägt euch eine inhaltliche und sprachliche **Gedächtnisstütze** fest ein. Behaltet euer **Ziel** stets im Blick.
- Nutzt zur Formulierung der Gedächtnisstütze den **WORTSCHATZ: TEXTBAUSTEINE**.

WORTSCHATZ: TEXTBAUSTEINE

- ***Gedächtnisstütze:***
  Drei Gesichtspunkte sind meiner Meinung nach besonders wichtig:
  Erstens ...
  Zweitens ...
  Drittens ...
  Für ... spricht ...
  Dagegen spricht zwar ..., doch man sollte bedenken, ...
  Wenn man ... ändern/beibehalten/erlauben/verbieten würde,
  dann hätte das zur Folge ...
  Die Problematik kann man sich mit diesem Beispiel vor Augen führen ...

- ***Zielsatz:***
  Aus diesen Gründen bin ich ganz klar für/gegen ...
  Und deshalb spreche ich mich eindeutig für/gegen ... aus.

12 Erprobt zu zweit, mögliche Einwände der Gegenseite zu kontern. Spielt durch, wie ihr Gegenargumente entkräften könntet.

13 Entwirf deinen Redebeitrag: Nutze dazu deine Gedächtnisstütze.
Achtung: Nicht alle Argumente gleich in der Eröffnungsrede „verpulvern".

- Probe deine Rede mehrmals.
- Löse dich mehr und mehr von deinen Notizen und sprich frei.
- Versuche auch emotional engagiert „rüberzukommen".
- Korrigiert euch gegenseitig und macht Verbesserungsvorschläge. Achtet auf folgende Aspekte: ***Stimmlage[2] – Modulation[3] – Mimik – Gestik – Körpersprache***.

14 Nutzt die folgenden **Tipps** und die **WORTSCHÄTZE: TEXTBAUSTEINE** bis einschließlich Seite 20. Sie sollen euch in den verschiedenen Phasen der Debatte unterstützen.

Tipps für Eröffnungsrednerinnen und Eröffnungsredner

- das Publikum ansprechen
- die Streitfrage vorstellen und den Sachverhalt kurz klären
- die eigene Position begründen
- sich auf ein, zwei Aspekte beschränken
- mit dem Zielsatz enden

WORTSCHATZ: TEXTBAUSTEINE

Liebes Publikum … Hallo, Leute …
Zur Debatte steht heute die Frage, ob …
Gesetzliche Regelungen sehen vor, dass …
Wir dürfen nicht länger hinnehmen, dass…

Außerdem …

[2] Stimmlage: die durch eine bestimmte **Höhe** oder **Tiefe** unterscheidbare Lage einer Stimme
[3] Modulation: Variation des Sprechens (z. B. Lautstärke, Rhythmus, Tonhöhe)

Sprechen und Zuhören

Tipps für nachfolgende Redner und Rednerinnen

- an die Ausführungen von Vorrednerin / Vorredner anknüpfen
- ihre / seine Argumentation entkräften oder widerlegen
- weitere Aspekte in die Debatte einbringen
- Streitfrage aus deiner Position beantworten

WORTSCHATZ: TEXTBAUSTEINE

Sehr geehrtes Publikum, den Standpunkt der/des Vorrednerin/Vorredners kann ich so nicht teilen …
Ich kann in einem Verbot keinen Verstoß gegen … entdecken.
Der Schutz von … ist ein höheres Gut als … Denn …
Ich verweise zudem auf …
Überdies …
Deshalb ist es für mich eindeutig/ganz klar, …

Auf die **freie Aussprache** kann man sich nur bedingt vorbereiten. Ihr müsst schnell und flexibel sein, um euch im direkten Schlagabtausch mit der Gegenpartei auseinanderzusetzen. Bleibt fair!

Tipps für die „freie Aussprache“

- sehr gut zuhören, um sich an geeigneter Stelle in die Aussprache einzuschalten
- möglichst den Gedankengang von Vorrednerin / Vorredner aufgreifen
- andere ausreden lassen
- die Debatte vorantreiben: Wenn sich das Gespräch im Kreis dreht, ist eine Unterbrechung erlaubt.

WORTSCHATZ: TEXTBAUSTEINE

Du bist also der Meinung, dass …
Dazu möchte ich anmerken …
Ich möchte das Argument von … unterstützen, denn wie folgendes Beispiel eindrucksvoll zeigt …
Habe ich dich richtig verstanden, dass du meinst …
Ich denke, du hast einen wichtigen Aspekt übersehen …
Deine Argumentation kann ich so nicht nachvollziehen.
Dagegen spricht doch …
Wenn ich dich hier mal unterbrechen darf.
Wir drehen uns im Kreis …
Wesentlich ist doch …

In der **Schlussrunde** dürfen keine neuen Argumente mehr eingebracht werden.

Tipps für die „Schlussrunde“

- ein kurzes Statement vortragen
- eigenen Standpunkt noch einmal mit den wichtigsten Argumenten untermauern
- mit der Zielforderung enden

WORTSCHATZ: TEXTBAUSTEINE

Nach Abwägung der Pro- und Contra-Argumente fühle ich mich in meiner Meinung bestätigt.
Ich bin nach wie vor der Ansicht, dass …
Deshalb sollte …

15 Führt nun eure Debatte vor der Klasse durch. Haltet die Regeln ein. Kriterien zur Bewertung der Debatte findet ihr auf der rechten Seite.

15 21

Tipp:
Am Ende der Debatte solltet ihr in der Klasse – ähnlich wie in einem Parlament – eine Abstimmung durchführen und so eine demokratische Entscheidung in der Streitfrage herbeiführen.

Diskutieren – Debattieren

Debatten bewerten

Es ist schwierig, so etwas Komplexes wie eine Debatte zu bewerten. Wichtige Kriterien sind **Sachkenntnis, Ausdrucksvermögen, Gesprächsfähigkeit** und **Überzeugungskraft** der Debattierenden. Aber auch diese vier Bereiche setzen sich aus einer Vielzahl von Eindrücken zusammen. Letztlich ist das entscheidende Kriterium für den Erfolg einer Debatte, dass sie beim Publikum ankommt.

1 Hier folgt nun ein Vorschlag, nicht die einzelnen Redner und Rednerinnen einer Debatte zu bewerten, sondern die Leistung der ganzen Gruppe.
- Vier Schüler und Schülerinnen aus dem Publikum werden als Jury bestimmt.
- Die Juroren / Jurorinnen nutzen nach der Debatte die folgende **CHECKLISTE** zur Bewertung.
- Sie vergeben ein „Ja“, wenn sie der Frage überwiegend oder voll zustimmen können.
- Die Gruppe mit den meisten „Ja“-Stimmen gewinnt.

CHECKLISTE ZUR DEBATTEN-BEWERTUNG

Sachkenntnis – Informationswert für das Publikum

1. Weiß ich (als relativ uninformierter Zuhörer / uninformierte Zuhörerin) jetzt besser über die Sachlage Bescheid? Kann ich nun einschätzen, was dafür oder dagegen spricht?
2. Wurde mir die Sachlage sprachlich so erklärt, dass ich der Argumentation folgen konnte?
3. Wurden Fachbegriffe hinreichend erklärt?
4. Wurden wesentliche Fakten zur Sachfrage in die Debatte eingebracht?
5. Hat sich die Debatte informativ entwickelt? Wurden bis zum Ende der freien Aussprache immer wieder neue argumentative Gesichtspunkte eingebracht?
6. Waren die Argumente von allgemeinem Interesse – und nicht nur für Einzelpersonen?

Ausdrucksvermögen und Gesprächsfähigkeit der Debattierenden

7. Habe ich gerne zugehört?
8. Hat sich die Gruppe emotional engagiert (Körpersprache, Mimik, Stimme)?
9. Habe ich den Eindruck gewonnen, dass das Debattieren der Gruppe Spaß gemacht hat?
10. War die Beteiligung der vier Debattierenden in etwa ausgewogen?
11. Gab es in der freien Aussprache ein rasches Hin und Her und schnelle Wechsel im Gesprächsverlauf?
12. Ist durch gutes Reaktionsvermögen eine lebendige Debatte zustande gekommen?

Überzeugungskraft für das Publikum

13. Wurden alle Argumente gut begründet und nicht nur bloße Behauptungen aufgestellt?
14. Wurden Ausführungen und Einwände der Gegenposition mit Sachkenntnis widerlegt?
15. Sind die Rednerinnen und Redner während der Debatte natürlich geblieben?
16. Haben sie durch ihre Haltung Interesse an der Sache bewiesen? (Keine Effekthascherei durch unangebrachte Sprüche oder Witzeleien!)
17. Hat das Publikum positiv reagiert, hat es Interesse und Anerkennung signalisiert?

2 Wertet die Debatte gemeinsam im Plenum aus:
Zunächst erläutern die Jury-Mitglieder ihre Einschätzung. Dann äußern die Zuschauerinnen / Zuschauer und die Debattierenden ihre Beobachtungen zum Verlauf der Debatte und zur Bewertung.

Sprechen und Zuhören

Reden untersuchen – Reden halten

Eine historische Rede hören und verstehen

Im Jahre 1854/55 bietet Franklin Pierce, der 14. Präsident der Vereinigten Staaten, dem Volk der Duwamish an, ihr Land im Nordwesten der USA zu kaufen. Sie selbst sollten in ein Reservat ziehen. Häuptling Seattle (auch *Sealth*, *Seathl* oder *Seeahth*) antwortet darauf mit einer berühmt gewordenen Rede, die er in seiner eigenen Sprache hält.

Bei Seattles Rede anwesend ist auch ein Dr. Henry Smith, der erst 33 Jahre später die erste bekannte Übersetzung ins Englische in der Zeitung *Seattle Sunday Star* veröffentlicht. Im Laufe der Zeit wurde der Text mehrfach neu in ein moderneres Englisch bzw. Deutsch übertragen und verändert.

*Chief Seattle (*1786, †1866) im Jahr 1864 bei einem Besuch in der nach ihm benannten Stadt Seattle, heute die größte Stadt im Bundesstaat Washington*

1 Hört euch die Rede des Häuptlings Seattle an. Lest dabei den Text mit. Lasst die Markierungen zunächst außer Acht.

Wir sind ein Teil der Erde*

* Text verändert

Häuptling Seattle, 1855

A

Der große Häuptling in Washington sendet Nachricht, dass er unser Land zu kaufen wünscht. Der große Häuptling sendet uns auch Worte der Freundschaft und des guten Willens. Das ist freundlich von ihm, denn wir wissen, er bedarf unserer Freundschaft nicht. Aber wir werden sein Angebot bedenken, denn wir wissen – wenn wir nicht verkaufen – kommt vielleicht der weiße Mann mit Gewehren und nimmt sich unser Land.

B

Wie kann man den Himmel kaufen oder verkaufen – oder die Wärme der Erde? Diese Vorstellung ist uns fremd. Wenn wir die Frische der Luft und das Glitzern des Wassers nicht besitzen – wie könnt Ihr sie von uns kaufen? Meine Worte sind wie die Sterne, sie gehen nicht unter. Jeder Teil dieser Erde ist meinem Volk heilig, jede glitzernde Tannennadel, jeder sandige Strand, jeder Nebel in den dunklen Wäldern, jede Lichtung, jedes summende Insekt ist heilig in den Gedanken und Erfahrungen meines Volkes. Der Saft, der in den Bäumen steigt, trägt die Erinnerung des roten Mannes.

C

Wir sind ein Teil der Erde und sie ist ein Teil von uns. Die duftenden Blumen sind unsere Schwestern, die Rehe, das Pferd, der große Adler – sind unsere Brüder. Die felsigen Höhen, die saftigen Wiesen, die Körperwärme des Ponys – und des Menschen – sie alle gehören zur gleichen Familie. Glänzendes Wasser, das sich in Bächen und Flüssen bewegt, ist nicht nur Wasser – sondern das Blut unserer Vorfahren.

D

Wenn wir Euch das Land verkaufen, müsst Ihr wissen, dass es heilig ist, und Eure Kinder lehren, dass es heilig ist und dass jede flüchtige Spiegelung im klaren Wasser der Seen von Ereignissen und Überlieferungen aus dem Leben meines Volkes erzählt. Das Murmeln des Wassers ist die Stimme meiner Vorväter. Die Flüsse sind unsere Brüder – sie stillen unseren Durst. Die Flüsse tragen unsere Kanus und nähren unsere Kinder.

E

Wenn wir unser Land verkaufen, so müsst Ihr Euch daran erinnern und Eure Kinder lehren: Die Flüsse sind unsere Brüder – und Eure – und Ihr müsst von nun an den Flüssen Eure Güte geben, so wie jedem anderen Bruder auch. Der rote Mann zog sich immer zurück vor dem eindringenden weißen Mann – so wie der Frühnebel in den Bergen vor der Morgensonne weicht. Aber die Asche unserer Väter ist heilig, ihre Gräber sind geweihter Boden, und so sind diese Hügel, diese Bäume, dieser Teil der Erde uns geweiht.

F

Wir wissen, dass der weiße Mann unsere Art nicht versteht. Ein Teil des Landes ist ihm gleich jedem anderen, denn er ist ein Fremder, der kommt in der Nacht und nimmt von der Erde, was immer er braucht. Die Erde ist nicht sein Bruder, sondern sein Feind, und wenn er sie erobert hat, schreitet er weiter. Er lässt die Gräber seiner Väter zurück – und kümmert sich nicht. Er stiehlt die Erde von seinen Kindern – und kümmert sich nicht. Er behandelt seine Mutter, die Erde, und seinen Bruder, den Himmel, wie Dinge zum Kaufen und Plündern, zum Verkaufen wie Schafe oder glänzende Perlen. Sein Hunger wird die Erde verschlingen und nichts zurücklassen als eine Wüste.

G

Ich weiß nicht – unsere Art ist anders als die Eure. Der Anblick Eurer Städte schmerzt die Augen des roten Mannes. Vielleicht, weil der rote Mann ein Wilder ist und nicht versteht. Es gibt keine Stille in den Städten der Weißen. Keinen Ort, um das Entfalten der Blätter im Frühling zu hören oder das Summen der Insekten. Aber vielleicht nur deshalb, weil ich ein Wilder bin und nicht verstehe. Das Geklappere scheint unsere Ohren nur zu beleidigen. Ich bin ein roter Mann und verstehe das nicht. Der Indianer mag das sanfte Geräusch des Windes, der über eine Teichfläche streicht – und den Geruch des Windes, gereinigt vom Mittagsregen oder schwer vom Duft der Kiefern. Die Luft ist kostbar für den roten Mann – denn alle Dinge teilen denselben Atem – das Tier, der Baum, der Mensch – sie alle teilen denselben Atem. Der weiße Mann scheint die Luft, die er atmet, nicht zu bemerken; wie ein Mann, der seit vielen Tagen stirbt, ist er abgestumpft gegen den Gestank.

H Aber wenn wir Euch unser Land verkaufen, dürft Ihr nicht vergessen, dass die Luft uns kostbar ist – dass die Luft ihren Geist teilt mit all dem Leben, das sie erhält. Der Wind gab unseren Vätern den ersten Atem und empfängt ihren letzten. Und der Wind muss auch unseren Kindern den Lebensgeist geben. Und wenn wir Euch unser Land verkaufen, so müsst Ihr es als ein besonderes und geweihtes schätzen, als einen Ort, wo auch der weiße Mann spürt, dass der Wind süß duftet von den Wiesenblumen.

I Das Ansinnen, unser Land zu kaufen, werden wir bedenken, und wenn wir uns entschließen anzunehmen, so nur unter einer Bedingung: Der weiße Mann muss die Tiere des Landes behandeln wie seine Brüder. Ich bin ein Wilder und verstehe es nicht anders. Ich habe tausend verrottende Büffel gesehen – vom weißen Mann zurückgelassen – erschossen aus einem vorüberfahrenden Zug. Ich bin ein Wilder und kann nicht verstehen, wie das qualmende Eisenpferd wichtiger sein soll als der Büffel, den wir nur töten, um am Leben zu bleiben. Was ist der Mensch ohne die Tiere? Wären alle Tiere fort, so stürbe der Mensch an großer Einsamkeit des Geistes. Was immer den Tieren geschieht – geschieht bald auch den Menschen. Denn das wissen wir, die Erde gehört nicht den Menschen, der Mensch gehört zur Erde – das wissen wir. Alles ist miteinander verbunden, wie das Blut, das eine Familie vereint. Alles ist verbunden. Was die Erde befällt, befällt auch die Söhne der Erde.

J

Das Ansinnen des weißen Mannes, unser Land zu kaufen, werden wir bedenken. Aber mein Volk fragt, was will denn der weiße Mann? Wie kann man den Himmel oder die Wärme der Erde kaufen – oder die Schnelligkeit der Antilope? Wir können Euch diese Dinge nicht verkaufen – und wie könnt Ihr sie kaufen? Könnt Ihr denn mit der Erde tun, was Ihr wollt – nur weil der rote Mann ein Stück Papier unterzeichnet – und es dem weißen Manne gibt? Wenn wir nicht die Frische der Luft und das Glitzern des Wassers besitzen – wie könnt Ihr sie von uns kaufen? Könnt Ihr die Büffel zurückkaufen, wenn der letzte getötet ist?

K

Wir werden Euer Angebot, unser Land zu kaufen, bedenken. Tag und Nacht können nicht zusammenleben – wir werden Euer Angebot bedenken, in das Reservat zu gehen. Wir werden abseits und in Frieden leben. Es ist unwichtig, wo wir den Rest unserer Tage verbringen. Auch die Weißen werden vergehen, eher vielleicht als alle anderen Stämme. Fahret fort, Euer Bett zu verseuchen, und eines Nachts werdet Ihr im eigenen Abfall ersticken.

L

Wenn die wilden Pferde gezähmt sind – die heimlichen Winkel des Waldes schwer vom Geruch vieler Menschen – und der Anblick reifer Hügel geschändet von redenden Drähten: wo ist das Dickicht – fort, wo der Adler – fort. Und was bedeutet es, Lebewohl zu sagen dem schnellen Pony und der Jagd: Das Ende des Lebens – und den Beginn des Überlebens. Wir werden Euer Angebot bedenken. Wenn wir zustimmen, so nur, um das Reservat zu sichern, das Ihr versprochen habt. Dort vielleicht können wir unsere kurzen Tage auf unsere Weise verbringen.

M

Wenn der letzte rote Mann von dieser Erde gewichen ist und sein Gedächtnis nur noch der Schatten einer Wolke über der Prärie, wird immer noch der Geist meiner Väter in diesen Ufern und diesen Wäldern lebendig sein. Denn sie liebten diese Erde, wie das Neugeborene den Herzschlag seiner Mutter. Wenn wir Euch unser Land verkaufen, liebt es, so wie wir es liebten, kümmert Euch, so wie wir uns kümmerten, behaltet die Erinnerung an das Land, so wie es ist, wenn Ihr es nehmt.

2 Formuliert in einer Blitzlicht-Runde ein kurzes Statement zu dieser Frage:
Wie hat die Rede von Häuptling Seattle auf dich gewirkt?

Blitzlicht

- Alle Beteiligten äußern sich reihum zu einer bestimmten Frage.
- Jede / jeder sagt nur ein oder zwei Sätze, die anderen hören aufmerksam zu.
- Die Beiträge werden nicht weiter kommentiert oder diskutiert.

3 Welche **Intention** verfolgt Häuptling Seattle mit seiner Rede vor allem: **Information** – **Argumentation** – **Appell**? Begründet eure erste Einschätzung. Ihr könnt dazu auch den folgenen **WORTSCHATZ: TEXTBAUSTEINE** nutzen.

WORTSCHATZ: TEXTBAUSTEINE

An Seattles Rede beeindruckt mich vor allem, dass...
Es macht mich nachdenklich / traurig, wie ...
Ich kann nachvollziehen, dass Seattle ..., aber ...
Besonders wichtig ist mir noch der Aspekt ... Denn ...
Wir können auch heute noch viel aus dieser Rede lernen. Zum Beispiel ...

4 Klärt die folgenden Fragen zur Rede von Häuptling Seattle.
Ihr könnt zu zweit oder in kleinen Gruppen arbeiten. Macht euch Notizen.
- **An wen** richtet Häuptling Seattle seine Rede?
- Was genau ist der **Anlass** für diese Rede?
- Wie könnt ihr die **Hauptaussage** seiner Rede zusammenfassen?

5 Untersucht nun auch den **Inhalt** dieser Rede.
- Teilt dazu die Bearbeitung der folgenden Aufgaben **A**, **B** und **C** drei verschiedenen Gruppen zu.
- Haltet eure Ergebnisse jeweils schriftlich fest.
- Stellt eure Ergebnisse anschließend im Plenum vor und diskutiert gemeinsam darüber.

A Untersucht, wie Hauptling Seattle das Verhältnis der Duwamish zur Natur darstellt. Stellt dem gegenüber, wie Seattle die Lebensweise der weißen Siedler beschreibt und wie er sie bewertet.

B Untersucht, wie Seattles Antwort auf das „Kaufangebot" der US-Regierung ausfällt. Wie argumentiert er? Bewertet seine Mahnungen und Forderungen an die Weißen.

C Untersucht, welche Prophezeiungen Seattle ausspricht:
für das Volk der Duwamish – für die Weißen – und für die Natur.
Interpretiert in dem Zusammenhang auch den letzten Satz seiner Rede.
Bewertet Seattles Voraussagen aus heutiger Sicht.

Sprechen und Zuhören

Reden untersuchen – Reden halten

Redestrategien und rhetorische Mittel analysieren

1 Gute Rednerinnen und Redner gehen planvoll vor, um Einfluss auf das Publikum auszuüben, es auf ihre Seite zu ziehen und von ihrer Botschaft zu überzeugen.
Deshalb setzen sie in ihren Reden – ganz bewusst – bestimmte **Redestrategien** ein.
Verschafft euch zunächst einen Überblick über folgende **Redestrategien**.

Redestrategien

- **Wohlwollen des Publikums gewinnen**
  freundliche Begrüßung des Publikums, sich bedanken, höfliche Komplimente machen
  Der große Häuptling sendet uns auch Worte der Freundschaft und des guten Willens.
- **Wir-Gefühl vermitteln**
  in der Wir-Form sprechen und dabei das Publikum miteinbeziehen
  Wir sind ein Teil der Erde
- **Vorausdeutungen/Prophezeiungen abgeben**
  mitteilen, was aus Sicht der Rednerin / des Redners vermutlich in Zukunft geschieht
  … kommt vielleicht der weiße Mann mit Gewehren und nimmt sich unser Land.
- **Neugier des Publikums wecken – Zustimmung gewinnen**
  zum Beispiel mit Provokationen beim Publikum Interesse und Zustimmung erzielen
  Wie kann man den Himmel kaufen oder verkaufen – oder die Wärme der Erde?
- **Appelle an das Publikum richten**
  dazu auffordern, etwas zu tun bzw. zu unterlassen, Bedingungen stellen
  … wenn wir uns entschließen, anzunehmen, so nur unter einer Bedingung: Der weiße Mann muss die Tiere des Landes behandeln wie seine Brüder.
- **Abwertung der Gegenseite, Kritik üben**
  mit herabsetzenden Formulierungen die Gegenseite abwerten, kritisieren
  Der weiße Mann scheint die Luft, die er atmet, nicht zu bemerken; wie ein Mann, der seit vielen Tagen stirbt, ist er abgestumpft gegen den Gestank.
- **Sich selbst aufwerten**
  Mit positiven Formulierungen sich selbst und den eigenen Standpunkt aufwerten
  Der Indianer mag das sanfte Geräusch des Windes …

2 Untersucht, welche dieser Redestrategien in Seattles Rede wirkungsvoll eingesetzt werden.
lll Welche Redestrategie verfolgt Seattle eher **nicht**? Begründet eure Einschätzung.

3 Auch mit bestimmten **rhetorischen Mitteln** lässt sich die Wirkung von Reden gezielt steigern.
Informiert euch darüber im **Lexikon** auf der rechten Seite.

4 Untersuche einige **rhetorische Mittel** in Seattles Rede.
- *l* Bestimme die markierten rhetorischen Mittel in Absatz **B**. Achte auf: *rhetorische Frage, Anapher, Akkumulation.*
- *ll* Bestimme die markierten rhetorischen Mittel in Absatz **C**. Achte auf: *Parallelismus, Personifikation, Akkumulation, Parenthese, Metapher.*
- *ll* Bestimme die farbig markierten rhetorischen Mittel in Absatz **D**.
- *lll* Bestimme die farbig markierten rhetorischen Mittel in Absatz **E**.
- *lll* Ermittle rhetorische Mittel in Absatz **F**: Finde verschiedene Beispiele.

5 Lest ein oder zwei eindrucksvolle Abschnitte aus Seattles Rede vor. Erläutert, durch welche sprachlichen Mittel die Wirkung jeweils verstärkt wird.

Rhetorische Mittel – ein kleines Lexikon

Rhetorische Mittel, auch **Stilmittel** oder **rhetorische Figuren** genannt, sollen – gezielt in Reden eingesetzt – eine bestimmte Wirkung beim Publikum auslösen. In der Rhetorik (Redekunst) unterscheidet man eine Vielzahl dieser sprachlichen Gestaltungsmittel. Hier folgt eine kleine Auswahl.

Anapher: Ein oder mehrere Wörter am Anfang von Sätzen oder Satzteilen wiederholen.
Jeder … Jede … Jedes …

Akkumulation: Begriffe anhäufen
das Tier, der Baum, der Mensch

Alliteration: Wörter mit gleichen Anfangsbuchstaben folgen aufeinander
Milch macht müde Männer munter

Antithese: gegensätzliche Begriffe anordnen
Tag / Nacht, weißer Mann / roter Mann

Ellipse: Satzteile oder Wörter bewusst aussparen
(Es gibt) Keinen Ort, um das Entfalten der Blätter im Frühling zu hören …

Euphemismus: etwas Unangenehmes beschönigend formulieren
Rest unserer Tage (für Lebensende), fallen (für im Krieg sterben), Ehrenrunde (für Sitzenbleiben)

Exemplum: mit einem Beispiel einen Sachverhalt verdeutlichen
Der Indianer mag das sanfte Geräusch des Windes, der über eine Teichfläche streicht …

Hyperbel: stark übertreiben
fuchsteufelswild, todmüde, Schneckentempo

Ironie: das Gegenteil meinen
Fahret fort, euer Bett zu verseuchen …

Klimax: Wörter stufenweise steigern
eine gute Idee / ein besserer Vorschlag / doch am besten …

Litotes: Stark untertreiben
meine Wenigkeit, eine klitzekleine Kugel Eis

Metapher, Vergleich, Personifikation: anschauliche Sprachbilder verwenden
Metapher: *geschändet von redenden Drähten (verunstaltet von Telegrafenleitungen)*
Vergleich: *wie der Frühnebel in den Bergen vor der Morgensonne weicht*
Personifikation: *Blumen sind unsere Schwestern … Die Flüsse sind unsere Brüder.*

Oxymoron (verwandt mit der **Antithese**): widersprüchliche Begriffe verwenden
traurigfroh, hübschhässlich, warmer Schnee, kleiner Riese

Parallelismus (verwandt mit der **Anapher**): Gleiche Satzmuster wiederholen
alle Dinge teilen denselben Atem / sie alle teilen denselben Atem

Parenthese: Sätze durch Einschübe unterbrechen (Kennzeichen: Gedankenstriche)
Wenn die wilden Pferde gezähmt sind – die heimlichen Winkel des Waldes schwer vom Geruch vieler Menschen … – wo ist das Dickicht – fort, wo der Adler – fort …

Rhetorische Frage: mit einer „Scheinfrage“ eine bestimmte Aussage bekräftigen
Wie kann man den Himmel kaufen oder verkaufen – oder die Wärme der Erde?

Symbol: mit einem Sinnbild auf etwas Allgemeines, Abstraktes verweisen
ein Herz für … haben (Anteilnahme, Mitgefühl, Liebe)

Sprechen und Zuhören

Reden untersuchen – Reden halten

Die sprachlichen Gestaltungsmittel einer Schülerrede untersuchen

1 Ob bei der Einschulung oder auf der Abschlussfeier, zur Eröffnung von Sportfesten oder bei Konferenzen – im Schulalltag gibt es vielerlei Anlässe, um Reden zu halten. Lest euch die folgende Rede einer Schülervertreterin laut vor.

A Liebe Konferenzmitglieder, ich bin heute hier, um für meinen Jahrgang zu sprechen, für die Schüler und Schülerinnen der 10. Klassen.

B Wer sind wir? Mit 16, 17 Jahren keine Kinder mehr, aber noch nicht ganz erwachsen – wir sind irgendwie dazwischen. Wohin gehören wir? Noch zu dieser Schulgemeinschaft. Aber in Gedanken schon auf dem Sprung in den Beruf oder in die Oberstufe. – wir sind irgendwie dazwischen. Wohin wollen wir? Wir haben so viele Fragen, Erwartungen, Hoffnungen, Sorgen und Zweifel. Unser Bedürfnis miteinander zu reden, nach ungestörten vertraulichen Gesprächen ist riesengroß.

C In diesem letzten gemeinsamen Schuljahr wünschen wir uns einen eigenen Raum in der Schule. Nicht nur für uns, sondern auch für die zukünftigen Abschlussjahrgänge. Warum brauchen wir Ihre Hilfe? Das Abschlussjahr stellt uns vor besondere Herausforderungen. Der 10. Jahrgang braucht einen Aufenthaltsraum zum Chillen an den langen, anstrengenden Schultagen im Ganztagsbetrieb. Wir nutzen auf dem Pausenhof schließlich keine Spielgeräte mehr wie die Kleinen.
Der 10. Jahrgang braucht einen Aufenthaltsraum, damit wir in der Schule einen Ort haben, wo wir in Ruhe miteinander für unseren Abschluss arbeiten können.
So können Freistunden sinnvoll genutzt werden. Wer kann schon konzentriert lernen, wenn er in einer zugigen, lauten Pausenhalle sitzen muss?
Der 10. Jahrgang braucht einen Aufenthaltsraum als Ort für vertrauliche Gespräche und für jahrgangsinterne Besprechungen und Absprachen – auch einmal ohne die Lehrkräfte.

D Wir haben uns nach einem geeigneten Raum im Schulgebäude umgesehen – und haben ihn im Obergeschoss gefunden: Raum 517 hat eine passende Größe und ist insgesamt in einem guten Zustand. Und das Allerwichtigste: Der Raum ist leer und wird nicht genutzt. Als Grundausstattung sind nur einige (ausrangierte) Tische und Stühle nötig.
Und als Wohlfühloase vielleicht ein gespendetes Sofa, vielleicht ein oder zwei Sessel. Gern werden wir bei der Einrichtung kräftig anpacken. Wir werden Verantwortung für unseren Aufenthaltsraum übernehmen. Wir werden Ordnung halten. Wir werden auf die Einhaltung der Schulordnung achten.

E Liebe Konferenzmitglieder, wie Sie sehen, braucht es nicht viel, um uns – und die nachfolgenden Abschlussjahrgänge – ein bisschen glücklicher zu machen.
Bitte, vertrauen Sie uns. Bitte, unterstützen Sie uns!
Bitte, befürworten Sie einen Aufenthaltsraum für die 10. Klassen!
Vielen herzlichen Dank für Ihre Aufmerksamkeit!

2 Hat euch die Rede gefallen? Was ist euch besonders aufgefallen? Tauscht euch aus.

3 Untersucht nun die Rede genauer. Klärt zunächst folgende Punkte:
- **Ort der Rede** *Wo wird die Rede gehalten, in welchem Rahmen?*
- **Redner/Rednerin** *Wer hält die Rede – in welcher Eigenschaft?*
- **Zuhörer/Zuhörerinnen** *Wer wird angesprochen – in welcher Eigenschaft?*
- **Anlass, Zweck der Rede** *Nennt die konkrete Situation, den betroffenen Personenkreis.*
- **Kernbotschaft der Rede** *Nennt die Botschaft, die Forderung.*

4 Betrachtet den **Aufbau** der Rede.
- Gebt wesentliche **inhaltliche Aspekte** der Rede wieder.
- Grenzt **Einleitung, Hauptteil** und **Schluss** der Rede voneinander ab.

5 Mit folgenden **Redestrategien** möchte die Rednerin bei ihrem Publikum …
28
- **Wohlwollen gewinnen** – *höflich sein, bitten, danken*
- **Zustimmung erreichen** – *mit Argumenten und konstruktiven Vorschlägen*
- **mögliche Einwände ausräumen** – *ohne sie direkt auszusprechen*
- **Appelle an das Publikum richten** – *aufrufen und fordern*

Ermittelt jeweils ein oder zwei Beispiele: Notiert Abschnitte und Zeilenangaben.

6 Untersucht die **rhetorischen Mittel** der Rede.
29
- I Bestimmt die markierten rhetorischen Mittel in **Abschnitt B**: *rhetorische Fragen, Parallelismus, Akkumulation, Hyperbel*
- II Findet in **Abschnitt C** Beispiele für *Ellipse, rhetorische Fragen, Parallelismus, Exemplum, Akkumulation.*
- III Bestimmt verschiedene rhetorische Mittel in den **Abschnitten D** und **E**.

7 Übt eure untersuchten Textabschnitte für einen Redevortrag ein.
- Sprecht deutlich, betont und eindringlich. Hört einander gut zu.
- Tauscht euch darüber aus, welche Wirkungen sich mit dem Einsatz von rhetorischen Mitteln beim Publikum erreichen lassen.

Tipp: Sprecht die Texte mit dem Smartphone ein, um sie gezielt auswerten zu können.

Was eine gute Rede ausmacht

INFO

Eine Rede gelingt – wenn das Anliegen vollständig und wirkungsvoll vorgetragen wird – wenn das Publikum aufmerksam zuhört und sich empfänglich für die Botschaft zeigt.

Anlass: Die Rede passt zum **Anlass**. Anlässlich eines beruflichen Teamtreffens wird eine Rede eher sachlich/informativ sein, während eine Rede auf einer privaten Feier eher emotional, persönlich gefärbt sein sollte.
Publikum: Die Rede passt zum **Publikum**. Es wird in angemessener Weise angesprochen und die Zuhörer und Zuhörerinnen fühlen sich wahrgenommen.
Prägnanz: Die Rede ist **prägnant**, sie ist kurz und treffend. Sie hat einen roten Faden und schweift nicht ab.
Kernbotschaft: Die Rede vermittelt eine **zentrale Botschaft**, die haften bleiben soll.
Verständlichkeit: Die Rede ist – auch bei einmaligem Hören – gut **verständlich**. Sie enthält überwiegend Hauptsätze. Auf schwer verständliche Wörter wird verzichtet.
Wirkung: Redestrategien und rhetorische Mittel verstärken die beabsichtigte Wirkung der Rede.

Sprechen und Zuhören

Reden untersuchen – Reden halten

Reden erarbeiten und präsentieren

Das Thema **Umweltschutz** ist seit langem ein wichtiges Thema – gerade auch an Schulen. Doch im Schulalltag ist Umweltschutz immer wieder eine Herausforderung. Was können Schülerinnen und Schüler zum Umweltschutz beitragen?
Erarbeitet zu zweit oder dritt eine Rede zu dem **Oberthema:**
„Umweltschutz an unserer Schule".

Vorschläge für mehr Umweltschutz an Schulen:
Wasserspender statt Plastikflaschen
Mehr regionale Produkte in der Schulkantine
Mehr Grün auf dem Schulgelände
Mehr Schutz für Insekten und Vögel
Keine Elterntaxis mehr vorm Schultor
Öfter mit dem Rad zur Schule
Mehr alternative Energien: Solarprojekt
Kreative Upcycling-AG gründen

1 Legt einen Stichwortzettel als Stoffsammlung an. Klärt dazu Folgendes:
- Findet zunächst ein **Unterthema** für eure Rede, also ein spezielles Thema im Rahmen des umfassenden Oberthemas, z. B.: *Energie sparen, Müll vermeiden …*
- Sammelt **Ideen** für euer Thema: Macht ein Brainstorming, holt Meinungen von anderen ein, recherchiert gegebenenfalls im Internet.
- Setzt **inhaltliche Schwerpunkte**: Beschränkt euch auf zwei bis drei Aspekte eures Themas, die euch besonders wichtig sind.
- Wie lautet die **Kernbotschaft**? Formuliert die zentrale Botschaft eurer Rede.
- Was ist ein passender **Anlass** für eure Rede? *Projekttage zum Umweltschutz, Tag der offenen Tür …*
- Wer sind die **Adressaten**? Zu wem wollt ihr sprechen? *Mitschülerinnen und Mitschüler, Lehrer und Lehrerinnen, Schulleitung, Eltern …*

2 Formuliert die Rede – zu eurer Sicherheit – zunächst schriftlich.
Dann habt ihr das, was ihr dem Publikum sagen wollt, durchdacht, formuliert und sortiert.
Schreibt den Text möglichst so, wie ihr ihn sprechen würdet. Dann klingt eure Sprache natürlich.

Beispiel für schriftliche Sprache
Nach reiflicher Überlegung haben wir uns entschlossen, auf dem Schulgelände Insektenhotels und Nistkästen anzubringen, damit Vögel und Insekten dort ausreichend Schutz finden können, denn wir beabsichtigen, den Schulhof tierfreundicher zu gestalten.

Beispiel für eher gesprochene Sprache
Unser Schulhof soll tierfreundlich werden. Deshalb wollen wir auf dem Schulgelände Nistkästen und Insektenhotels anbringen. So können Vögel und Insekten auf unserem Schulhof mehr Schutz finden.

Tipps: Sprecht einzelne Passagen der Rede auch einmal frei. Zeichnet das mit dem Handy auf. Verfolgt **Redestrategien** *(Wir-Gefühl vermitteln, Appellieren …)* und verwendet **rhetorische Mittel** *(Parallelismus, Anapher, rhetorische Frage …)*, um die Wirkung eurer Rede zu steigern. Gelungene Passagen könnt ihr dann in euren Text übernehmen.

28–29

3 Schreibt eure Rede Abschnitt für Abschnitt auf. Beachtet dazu die **Arbeitsschritte** auf Seite 33.
- Werft ab und zu einen Blick auf den **WORTSCHATZ: TEXTBAUSTEINE**.
- Schreibt am Computer. Dann könnt ihr den Text leicht überarbeiten und einzelne Abschnitte als „Redekarten" ausdrucken.

Arbeitsschritte

1. Begrüßt das Publikum.
2. Stellt das Problem dar. Informiert über den genaueren Sachverhalt. Leitet über zu eurem Vorhaben.
3. Nennt eure Kernbotschaft. Erläutert euer Vorhaben und überzeugt das Publikum mit Argumenten.
4. Entkräftet mögliche Gegenargumente.
5. Bekräftigt eure Position. Wiederholt die Kernbotschaft.
6. Appelliert deutlich – auch emotional – an das Publikum. Fordert Unterstützung ein.
7. Dankt dem Publikum fürs Zuhören.

WORTSCHATZ: TEXTBAUSTEINE

Liebe Eltern, Lehrerinnen und Lehrer, wir freuen uns …
Hallo alle beisammen, schön, dass ihr …

Wie ihr alle wisst, gibt es an unserer Schule leider immer noch Probleme mit … [Plastikmüll, Energiesparen, Begrünung des Schulhofs …] Immer noch …
Was können wir – die Schüler und Schülerinnen da tun?
Uns ist da so einiges eingefallen.

Wir wollen … Wir haben recherchiert … Besonders wichtig ist es, auf … zu achten. Denn … Zum Beispiel …
Was nutzt schließlich alle Mühe, wenn …?
Auch Fachleute / Expertinnen und Experten raten zu …

Klar, das Projekt kostet etwas Geld, Zeit und Mühe. Aber auch unsere Kritiker und Kritikerinnen müssen einsehen, dass es so nicht weitergehen sollte. …

Wir sind fest überzeugt: Unser Projekt ist ein Gewinn.
Ein Gewinn für die Umwelt. Ein Gewinn für unsere Schule.
Ein Gewinn für jeden von uns.
Wir sind fest überzeugt: Wir brauchen dringend …

Denkt an …! Macht bei uns mit!
Bitte, liebe Leute, unterstützt uns! Und helft uns, damit unsere Schule …

Herzlichen Dank für eure Aufmerksamkeit!

4 Teilt euch den Redevortrag auf. Übt ihn in Partnerarbeit ein.
- Sprecht nicht zu schnell. Sprecht laut und deutlich, betont und eindringlich.
- Setzt gezielte Pausen ein, um Spannung zu erzeugen – oder um das Gesagte besser auf das Publikum wirken zu lassen.
- Verstärkt die Wirkung eurer Rede durch sparsame Gestik und freundliche Mimik.
- Sprecht möglichst frei. Schaut nur zur Sicherheit hin und wieder auf den Text.
- Sucht Blickkontakt zum Publikum und lächelt bei der Begrüßung und beim Dank.

5 Erstellt Beobachtungsbögen und verteilt sie an das Publikum.

6 Bittet euer Publikum um ein faires Feedback zu eurem Redevortrag.

Tipp:
Für ein faires Feedback zuerst die positiven Aspekte nennen. Erst danach Kritikpunkte sachlich und höflich ansprechen.

Beobachtungsbogen

Die Rednerin / Der Redner …	[+]	[o]	[-]
1. spricht deutlich, ist gut zu verstehen.	☐	☐	☐
2. wendet sich dem Publikum zu, hält Blickkontakt.	☐	☐	☐
3. begrüßt und verabschiedet das Publikum freundlich.	☐	☐	☐
4. formuliert die Kernbotschaft eindringlich.	☐	☐	☐
5. trägt das Anliegen vollständig und überzeugend vor.	☐	☐	☐
6. entkräftet mögliche Einwände.	☐	☐	☐
7. bekräftigt das Anliegen nachdrücklich.	☐	☐	☐
8. ruft zum Handeln auf, bittet um Unterstützung.	☐	☐	☐
9. setzt Redestrategien / rhetorische Mittel wirkungsvoll ein.	☐	☐	☐
10. gewinnt Interesse und Aufmerksamkeit des Publikums.	☐	☐	☐

Literaturreferate erarbeiten

Bausteine für ein Literaturreferat

Referate zu ganz unterschiedlichen Sachthemen kennt ihr aus vielen Schulfächern. Ein typisches Referat im Deutschunterricht ist das Literaturreferat. Dabei setzt ihr euch mit einem literarischen Text auseinander, zum Beispiel einem Roman oder Drama. Die für dieses Kapitel ausgewählten Texte gehören zu den kürzeren Textsorten: Erzählung, Ballade und Kunstmärchen. Sie alle sind im Bereich Humor, Ironie, Satire zu verorten. Zwar müsst ihr bei Literaturreferaten prinzipiell dieselben Dinge beachten wie bei anderen Referaten auch, doch darüber hinaus gibt es einige Besonderheiten.

1 Besprecht die folgenden Hinweise. Beachtet dabei das Spezielle an Literaturreferaten.

Hinweise für ein Literaturreferat

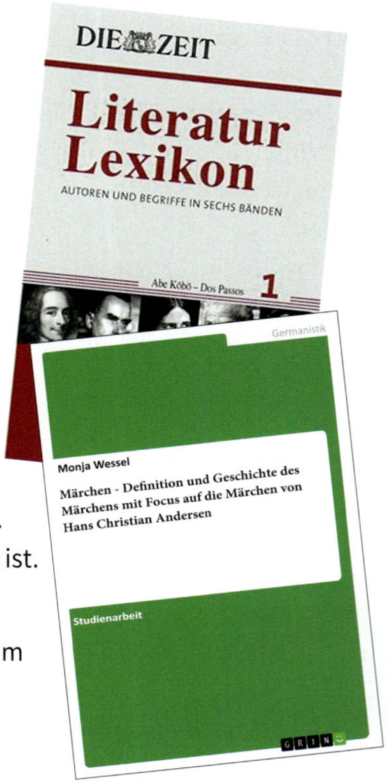

Primärliteratur[1]: Das literarische Werk lesen
Halte beim Lesen des literarischen Textes deine persönlichen Eindrücke fest. Notiere dir Fragen zum Textverständnis.

Sekundärliteratur[2]: Texte über den Text lesen
Mach dich sachkundig und informiere dich über den Autor, die Autorin, über Hintergründe und Interpretationsmöglichkeiten. Ein Literaturreferat besteht im Wesentlichen aus Elementen, wie du sie auch aus Interpretationen kennst – z. B. aus Inhaltsangabe, Figurenkonstellation, Charakterisierungen. Nutze deshalb Rezensionen und Interpretationshilfen. Lies also Texte über den literarischen Text und über den Autor, die Autorin. Zuverlässige Materialien kannst du in Bibliotheken finden.
Bei der Internetrecherche solltest du auf vertrauenswürdige Seiten achten. Überprüfe beispielsweise im Impressum, wer für den Inhalt verantwortlich ist.

Gliederungspunkte festlegen – Schwerpunkte setzen
Welche Aspekte eines Textes sind wichtig und für dich und für dein Publikum besonders interessant? Deine Vortragszeit ist begrenzt und die Aufnahmefähigkeit deiner Zuhörerinnen und Zuhörer ebenfalls. Entscheide dich für wenige wesentliche Aspekte. Notiere diese in einer Gliederung.

Redekarten anlegen – Präsentationsfolien anfertigen
Fertige zu jedem Gliederungspunkt Redekarten an. Schreibe Stichwörter auf, mit deren Hilfe du das Referat möglichst frei vortragen kannst. Poster oder digitale Präsentationsfolien sind in erster Linie als Visualisierung für das Publikum gedacht – unterstützen aber auch dich beim Vortragen.

Immer an das Publikum denken – Interesse wecken und halten
Behalte im Blick, dass für deine Zuhörer und Zuhörerinnen das meiste von dem, was du vorträgst, neu ist. Erkläre also alles gut, damit sie dich verstehen und deine Gedanken nachvollziehen können. Behalte den Überblick und verliere dich nicht in verwirrenden und ermüdenden Einzelheiten.

[1] Primärliteratur: der Originaltext, z. B. eine Erzählung oder Ballade

[2] Sekundärliteratur: Untersuchungen über den Originaltext, z. B. in literarischen Fachbüchern, Zeitschriften oder Lexika. Zu vielen Werken gibt es auch spezielle Interpretationshilfen für Schülerinnen und Schüler. Diese sind in der Regel etwas leichter verständlich geschrieben.

Literaturreferate erarbeiten und präsentieren

Den Originaltext erschließen – Materialien auswerten

Zunächst sollt ihr gemeinsam erproben, wie ihr gezielt, Schritt für Schritt ein Literaturreferat erarbeiten könnt.

Der Schriftsteller Peter Hacks

1 Lest die folgende Geschichte von Peter Hacks laut oder hört sie euch in einer Audio-Fassung an.
- Notiert anschließend eure persönlichen Eindrücke und Fragen.
- Teilt eure ersten Eindrücke in einer **Blitzlicht-Runde** im Plenum.

Der Bär auf dem Försterball

Peter Hacks

Der Bär schwankte durch den Wald, es war übrigens Winter; er ging zum Maskenfest. Er war von der besten Laune. Er hatte schon ein paar Kübel Bärenschnaps getrunken; den mischt man aus Honig, Wodka und vielen schwierigen Gewürzen. Des Bären Maske war sehr komisch. Er trug einen grünen Rock[1], fabelhafte Stiefel und eine Flinte auf der Schulter; ihr merkt schon, er ging als Förster.

Da kam ihm, quer über den knarrenden Schnee, einer entgegen: auch im grünen Rock, auch mit fabelhaften Stiefeln und auch die Flinte geschultert. Ihr merkt schon, das war der Förster.

Der Förster sagte mit einer tiefen Bassstimme: „Gute Nacht, Herr Kollege, auch zum Försterball?"

„Brumm", sagte der Bär, und sein Bass war so tief wie die Schlucht am Weg, in die die Omnibusse fallen!

„Um Vergebung", sagte der Förster erschrocken, „ich wusste ja nicht, dass Sie der Oberförster sind."

„Macht nichts", sagte der Bär leutselig[2]. Er fasste den Förster unterm Arm, um sich an ihm festzuhalten, und so schwankten sie beide in den „Krug zum zwölften Ende", wo der Försterball stattfand. Die Förster waren alle versammelt. Manche Förster hatten Geweihe, die sie vorzeigten, und manche Hörner, auf denen sie bliesen. Sie hatten alle lange Bärte und geschwungene Schnurrbärte, aber die meisten Haare im Gesicht hatte der Bär.

Bär, sehr beschwipst, „von der besten Laune", schwankt durch Wald zum Maskenfest, als Förster verkleidet: grüner Rock, Stiefel, Flinte
Personifizierung
Kommentar des allwissenden (auktorialen) Erzählers
Warum ist seine Maske „sehr komisch"?

Begegnung im Schnee: Bär trifft Förster,
Parallelismus / Erzählerkommentar

Förster hält Bären für Kollegen, fragt mit tiefer Bassstimme „auch zum Försterball?", Bär brummt noch tiefer
Vergleich Förster erschrickt, hält Bär für den Oberförster, bittet um „Vergebung"

Bär reagiert leutselig, hält sich am Förster fest und landet so mit ihm auf dem Försterball im „Krug zum zwölften Ende".
viele Förster, Geweihe, Hörner, Bärte, Bär hat „die meisten Haare im Gesicht"

Ist der Bär auf dem falschen Fest?

[1] Rock: *hier:* Jacke, Jackett; die Uniform des Försters wird auch als grüner Rock bezeichnet
[2] leutselig: freundlich, entgegenkommend

„Juhu“, riefen die Förster und hieben den Bären kräftig auf den Rücken.

„Stimmung“, erwiderte der Bär und hieb die Förster auf den Rücken, und es war wie ein ganzer Steinschlag.

„Um Vergebung“, sagten die Förster erschrocken, „wir wussten ja nicht, dass Sie der Oberförster sind.“

„Weitermachen“, sagte der Bär. Und sie tanzten und tranken und lachten; sie sangen, sie hätten so viel Dorst im grünen Forst. Ich weiß nicht, ob ihr es schon erlebt habt, in welchen Zustand man gerät, wenn man so viel tanzt und trinkt, lacht und singt. Die Förster gerieten in einen Tatendrang und der Bär mit ihnen; der Bär sagte: „Wir wollen jetzt ausgehn, den Bären schießen.“

Da streiften sich die Förster ihre Pelzhandschuhe über und schnallten sich ihre Lederriemen fest um den Bauch; so strömten sie in die kalte Nacht. Sie stapften durchs Gehölz. Sie schossen mit ihren Flinten in die Luft. Sie riefen „Hussa“ und „Hallihallo“ und „Halali“, wovon das eine so viel bedeutet wie das andere, nämlich gar nichts, aber so ist das Jägerleben. Der Bär riss im Vorübergehn eine Handvoll trockener Hagebutten vom Strauch und fraß sie. Die Förster riefen: „Seht den Oberförster, den Schelm“, und fraßen auch Hagebutten und wollten sich ausschütten vor Spaß. Nach einer Weile jedoch merkten sie, dass sie den Bären nicht fanden.

„Warum finden wir ihn nicht?“, sagte der Bär, „er sitzt in seinem Loch, ihr Schafsköpfe.“ Er ging zum Bärenloch, die Förster hinterdrein. Er zog den Hausschlüssel aus dem Fell, schloss den Deckel auf und stieg hinunter, die Förster hinterdrein.

Förster feiern, schlagen Bär auf den Rücken, Bär befiehlt „Stimmung“, schlägt heftig zurück, Förster halten Bär für Oberförster
Vergleich
Parallelismus

alle feiern, „viel Dorst im grünen Forst“, geraten „in einen Tatendrang“, Bär befiehlt: „den Bären schießen“
Erzählerkommentar
Warum macht der Bär diesen gefährlichen Vorschlag?

Lustige, aber sinnlose Suche nach dem Bären

Erzählerkommentar

Bär fällt aus seiner Rolle als Oberförster, Förster halten das für einen Scherz, imitieren sein „tierisches“ Verhalten, bemerken, dass sie den Bären nicht finden.

Bär beleidigt Förster, gibt eine sinnlose Erklärung, führt sie zum Bärenloch, erklärt den Misserfolg
Rückkehr zum Wirtshaus

„Der Bär ist ausgegangen“, sagte der Bär schnüffelnd, „aber es kann noch nicht lange her sein, es riecht stark nach ihm.“ Dann torkelte er zurück in den „Krug zum zwölften Ende“ und die Förster hinterdrein.

Sie tranken gewaltig nach der Anstrengung, aber die Menge, die der Bär trank, war wie ein Schmelzwasser, das die Brücken fortreißt.

„Um Vergebung“, sagten die Förster erschrocken. „Sie sind ein großartiger Oberförster.“

Trinkgelage geht weiter, Förster schmeicheln: „großartiger Oberförster“
Vergleich
Parallelismus

Der Bär sagte: „Der Bär steckt nicht im Walde, und der Bär steckt nicht in seinem Loch; es bleibt nur eins, er steckt unter uns und hat sich als Förster verkleidet.“

Bär verrät den Förstern nun den wahren Verbleib des Bären, sorgt damit für Misstrauen der Förster untereinander.

„Das muss es sein“, riefen die Förster, und sie blickten einander misstrauisch und scheel[3] an.

Warum sind die Förster so blind?
Weiß der Bär nicht mehr, wer er ist?

Es war aber ein ganz junger Förster dabei, der einen verhältnismäßig kleinen Bart hatte und nur wenige Geweihe und überhaupt der Schwächste und Schüchternste war von allen. So beschlossen sie, dieser sei der Bär. Sie krochen mühsam auf die Bänke, stützten ihre Bärte auf die Tische und langten mit den Händen an der Wand empor.

Förster machen den Jüngsten und Schwächsten unter ihnen als Bären aus, greifen nach ihren Flinten.
Der junge Förster bekommt Angst.
Die anderen wollen ihn schießen.

„Was sucht ihr denn?“, rief der junge Förster.

„Unsere Flinten“, sagten sie, „sie hängen leider an den Haken.“

Wieso hängen die Flinten „leider an den Haken“?

„Wozu die Flinten?“, rief der junge Förster.

„Wir wollen dich doch schießen“, antworteten sie, „du bist doch der Bär.“

„Ihr versteht überhaupt nichts von Bären“, sagte der Bär. „Man muss untersuchen, ob er einen Schwanz hat und Krallen an den Tatzen“, sagte der Bär.

Bär erklärt die Förster für unfähig. Erklärt ihnen, woran man Bären erkennt.
Warum tut er das? Wer ist hier dumm?

„Die hat er nicht“, sagten die Förster, „aber, Potz Wetter! Sie selbst haben einen Schwanz und Krallen an den Tatzen, Herr Oberförster.“

Förster erkennen endlich die Wahrheit.
Der Bär gerät in Gefahr.
Parallelismus

Die Frau des Bären kam zur Tür herein und war zornig. „Pfui Teufel“, rief sie, „in was für Gesellschaft du dich herumtreibst.“

Sie biss den Bären in den Nacken, damit er nüchterner wurde, und ging mit ihm weg.

Rettung in letzter Sekunde: Die zornige Bärin kommt dazu, ernüchtert den Bären und geht mit ihm weg.
Warum reagieren die Förster nicht?

„Schade, dass du so früh kamst“, sagte der Bär im Walde zu ihr, „eben hatten wir ihn gefunden, den Bären. Na, macht nichts. Andermal ist auch ein Tag.“

Bär reagiert recht undankbar
Hat der Bär nichts gelernt?

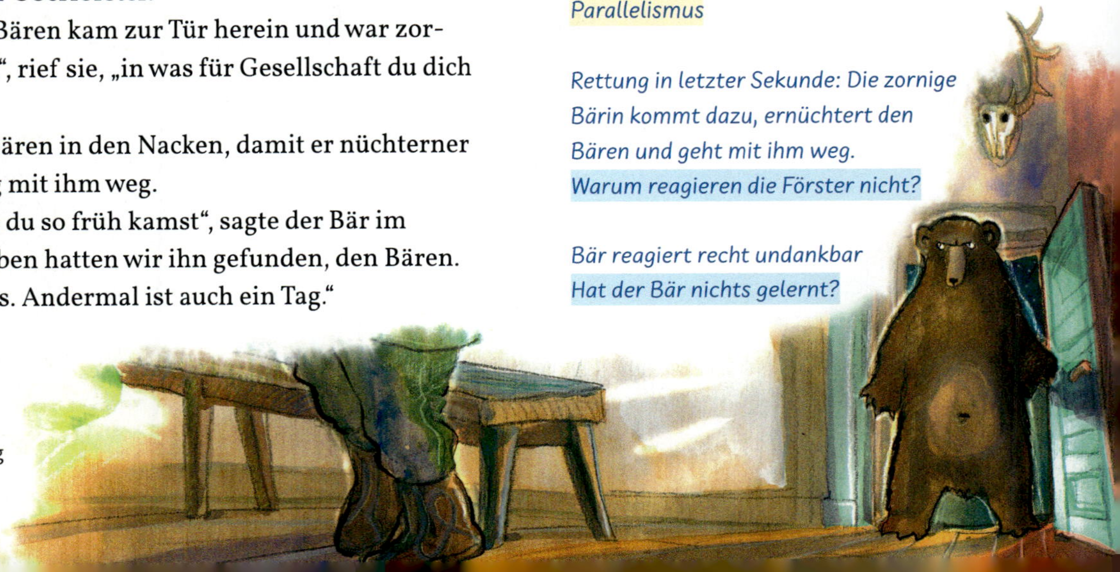

[3] scheel: missgünstig

Sprechen und Zuhören

2 Erschließt euch den Text systematisch mithilfe von **Leitfragen**.
Legt einen **Stichwortzettel** an und haltet wichtige Angaben fest.

M Leitfragen zur Erschließung literarischer Texte

Figuren und Handlung

- Zu welcher **Zeit**, an welchen **Orten** spielt die Geschichte?
- Wer sind die **Hauptfigur** und ihre **Gegenspieler**?
  - Wie werden sie beschrieben?
  - In welcher Ausnahmesituation befinden sie sich?
  - Wie verhalten sie sich?
- Welche überraschenden **Wendungen** gibt es im Laufe der Handlung?
- Welche **Fragen** bleiben am Schluss offen?

Erzählperspektive und Basistempus

- Aus welcher **Perspektive** wird erzählt: *Ich-Erzähler, auktorialer Erzähler, personaler Erzähler?*
- Macht sich der **Erzähler** bemerkbar und wenn ja, warum?
- In welchem **Basistempus** wird die Geschichte erzählt?

325

Redeformen und sprachliche Gestaltungsmittel

- Wird der Text eher von Dialogen, Erzählpassagen oder Gedankenreden geprägt?
- Überwiegen lange Satzgefüge oder einfache Hauptsätze?
- Nenne Beispiele für sprachliche Besonderheiten, zum Beispiel:
  - Wiederholung/Parallelismus
  - Sprachbilder (Metaphern, Vergleiche)
  - Symbole, z. B. bestimmte Farben oder Dinge
  - komische, satirische Elemente: Ironie, Übertreibungen

Titel, Textsorte und Deutung

- Welche Rolle spielt der **Titel** für den Text?
- Welcher **Textsorte** lässt sich der Text zuordnen – *Fabel, Märchen, Ballade, Satire …?* An welchen typischen **Merkmalen** lässt sich das nachweisen?
- Welche **Lehren** lassen sich aus dem Text ziehen?
- Welche **aktuellen Bezüge** kann man herstellen?
- Wie wirkt der Text: *unterhaltsam, amüsant, witzig, ernst, komisch, ironisch, grotesk, kritisch, belehrend …?*

3 Auf der gegenüberliegenden Seite findet ihr drei kurze Texte zu Peter Hacks und seinem literarischen Werk.
- Erschließt euch diese Materialien.
- Ergänzt euren Stichwortzettel mit weiteren Informationen.
- Beachtet auch die Hinweise am Rand und die Fußnoten.

Material 1: Kurzporträt

Peter Hacks wurde am 21. März 1928 in Breslau geboren. Nach dem Ende des 2. Weltkrieges studierte er Philosophie, Soziologie, Literatur- und Theaterwissenschaften in München. 1955 zog er in die DDR um. Dort arbeitete er in Ost-Berlin als Chefdramaturg am Deutschen Theater. Er schrieb viele erfolgreiche Bühnenstücke sowie Gedichte, Erzählungen oder Essays. Für seine Werke wurde er vielfach ausgezeichnet. Am 28. August 2003 starb Peter Hacks bei Groß Machnow in Brandenburg.

Notiere die Daten, die du in deinem Referat verwenden möchtest.

Material 2: Der „Arbeitskreis Jugendliteraturpreis" über Peter Hacks:

„Peter Hacks war Autor einer stattlichen Reihe von Kinderbüchern, mit denen er von Anfang an in der Kinderliteratur neue Maßstäbe setzte. Auch sie bieten Kunst in allen Facetten: Derb-Komödiantisches, Scherz, Satire, Ironie und poetischer Ernst. Sie fangen die Unvollkommenheit der Wirklichkeit ein, brechen sie vielfach und überwinden sie kraft dichterischer Phantasie. Es sind Kinderbücher zum Mitwachsen, ausnahmsweise und ausnahmslos auch für Erwachsene geeignet."

Anmerkung: 1973 wurde „Der Bär auf dem Försterball" für den „Deutschen Jugendliteraturpreis" nominiert. 1998 erhielt Peter Hacks für seine Kinderliteratur den Sonderpreis „Deutscher Jugendliteraturpreis".

Notiere Informationen zu Peter Hacks' Kinderliteratur.

Wenn du etwas zitieren möchtest, schreibe es wortwörtlich auf. Beachte die Zitierregeln.

Material 3: Auszug aus „Der Bär auf dem Försterball" wird 50! von Peter Grandt

13.6.2016. – Das vielleicht populärste Buch[1] von Peter Hacks ist „Der Bär auf dem Försterball", es wird von den Lesern heiß geliebt. [...]

Die Fabel geht so: Ein gutmütiger, trinkfester Bär hat sich als Förster verkleidet, sein Ziel ist der Maskenball. Unterwegs trifft er einen wirklichen Förster, dessen Ziel ist der Försterball. Der Förster hält den kostümierten Bären für einen Försterkollegen. Der Bär glaubt, noch einer gehe als Förster verkleidet zum Maskenball. Durch diese Umstände gerät unser Held auf die falsche Veranstaltung. Nichts begreifend und gebauchpinselt von seiner Umgebung, macht der Bär nun die Arbeit seiner natürlichen Gegner: er bringt sich ein. Es wird tüchtig gezecht und tatsächlich eröffnet der Bär die Treibjagd auf sich selbst. Für den Bären ist alles nur ein deftiger Faschingsspaß.

Der Dramatiker[2] Hacks ist hier, mit seiner geistvollen Fabelkonstruktion[3], auf dem fulminanten[4] Höhepunkt. „Die Frau des Bären" bringt den Einfaltspinsel gerade noch rechtzeitig aus der Schusslinie. – Die „Nutzanwendung"[5] der Geschichte ist die: Man soll die eigene Vergnügungssucht nicht gar zu weit treiben und gelegentlich überprüfen, ob der Umkreis noch ähnliche Ziele verfolgt. Sonst findet man sich plötzlich eingespannt für gänzlich fremde Interessen. [...]

„Der Bär auf dem Försterball" wird 2016 nun schon 50 Jahre jung! Seine Fabel[6] ist unverlierbar[7]. Viele einfältige Bären tanzen auf der falschen Hochzeit und machen freudig die Arbeit ihrer Gegner. Zieht man sie auf den rechten Weg zurück, nehmen sie sich gleich weitere Dummheiten vor und kommentieren ihre Errettung aus höchster Not mit der Ankündigung: „Na, macht nichts. Andermal ist auch ein Tag."

Der erste Satz könnte für deine Einleitung nützlich sein.

Hier findest du ein Beispiel für eine Inhaltsangabe. Wenn du möchtest, kannst du davon einiges stichwortartig übernehmen.

Welche Lehren werden in dieser Interpretation aus der Geschichte gezogen?

[1] „Der Bär auf dem Försterball" erschien mehrfach als illustriertes Bilderbuch.
[2] Dramatiker/-in: ein Schriftsteller/eine Schriftstellerin, der/die Stücke fürs Theater verfasst
[3] Fabelkonstruktion: Der Interpret ordnet die Geschichte der Textsorte „Fabel" zu; mit Fabelkonstruktion ist die Art und Weise gemeint, wie die Fabel aufgebaut ist.
[4] fulminant: brillant, großartig
[5] Nutzanwendung: die nützliche „Moral", die man aus der Geschichte ziehen kann
[6] Hier bezeichnet „Fabel" die Handlung, die der Geschichte zugrunde liegt.
[7] unverlierbar: die Handlung bleibt stets gültig

Sprechen und Zuhören

Literaturreferate erarbeiten und präsentieren

Ein Literaturreferat gliedern und ausarbeiten

Ein Referat braucht eine klare Struktur, einen Fahrplan, dem ihr folgen könnt – und damit auch das Publikum.

1 Seht euch diese **Gliederung** für ein Literaturreferat an:
- Beschreibt den formalen Aufbau der Gliederung.
- Nennt die inhaltlichen Schwerpunkte.

2 Schreibe eine Gliederung.
Du kannst Teile dieser Gliederung übernehmen und weitere eigene Schwerpunkte setzen.

Gliederung

Thema: „Der Bär auf dem Försterball“

1 Einleitung
1.1 Zum Autor Peter Hacks
1.2 …

2 Hauptteil
2.1 Handlung und Figurenkonstellation
2.2. Charakterisierung der Hauptfiguren
2.2.1 Der Bär
2.2.2 Die Förster
2.3 …

3 Schlussgedanken
3.1 Zur Deutung des Textes
3.2 Persönliches Fazit

Der Einstieg in ein Referat ist immer eine besondere Herausforderung. Einerseits seid ihr vielleicht noch nervös und habt Lampenfieber, andererseits wollt ihr das Interesse des Publikums gewinnen. Deshalb solltet ihr, damit nichts schiefgeht, die Einleitungssätze ausformulieren und auf eine Karteikarte schreiben.

3 Bevor ihr die **Einleitung** aufschreibt, besprecht zunächst diese Tipps.

4 Schreibe nun deine Einleitung auf die **Redekarte Nr. 1**.
- Nutze dazu vor allem die Informationen auf Seite 39.
- Beachte die **Tipps** und nutze den folgenden **WORTSCHATZ**.

WORTSCHATZ: TEXTBAUSTEINE

Ich möchte euch heute die Erzählung „…" von …
Der erfolgreiche Schriftsteller lebte von …
Er studierte … und arbeitete in Berlin als …
Peter Hacks verfasste …
Für seine schriftstellerische Leistung wurde er …
Der „Bär auf dem Försterball" erschien …
Die Geschichte wurde 1973 für …
1998 erhielt er den Sonderpreis …
Was ist nun das Besondere an dieser Geschichte?
Mich hat der Titel neugierig gemacht, denn …
Und jetzt erzähle ich euch, was …

Tipps: Eine Einleitung formulieren
- Sprich dein Publikum an.
- Teile mit, weshalb dieser Text für dich wichtig ist.
- Formuliere keine langen und keine komplizierten Sätze, sondern kurze und einfache Sätze.
- Bündele die Aufmerksamkeit des Publikums mit Fragen, die du selbst beantwortest und erklärst.
- Leite mit dem letzten Satz zum Hauptteil über.

Einleitung **Nr. 1**

Ich möchte euch heute die Erzählung „Der Bär auf dem Försterball" von Peter Hacks vorstellen. Der erfolgreiche Schriftsteller lebte …

5 Als visuelle Unterstützung solltet ihr dem Publikum zu der Einleitung ein Bild zeigen, z. B. eine Illustration auf einer Präsentationsfolie.
- Was ist der Eyecatcher auf Folie 1?
- Welche Informationen enthält die Folie darüber hinaus?
- Wie ist die Folie gestaltet: *Aufbau, Hintergrund, Formatierung?*

6 Gestalte am PC eine **Folie 1**, die zu deiner Einleitung passt. Nutze dazu ein geeignetes Präsentationsprogramm.

7 Übt zu zweit eure Einleitungen zum Vortrag ein – entweder lest ihr euren Text gut betont vor oder ihr sprecht ihn auswendig.
- Gebt euch gegenseitig ein konstruktives Feedback.
- Probiert auch die Wirkung eurer Folien aus, wenn ihr sie im Klassenraum präsentiert: Kommt der Eyecatcher gut an? Kann man den Text auch noch in der letzten Reihe lesen?

52

Der **Hauptteil** eines Literaturreferats besteht im Wesentlichen aus Elementen, wie ihr sie von Interpretationen kennt – z. B. aus Inhaltsangabe und Charakterisierungen. Allerdings werden diese Elemente nicht komplett ausformuliert, sondern nur stichwortartig auf **Redekarten** festgehalten. Redekarten sind die Gedächtnisstütze, mit deren Hilfe das Referat dann möglichst frei vorgetragen wird. Natürlich darf man besonders schwierige Stellen ausformulieren. Und wörtliche Zitate, egal, ob aus der Primär- oder der Sekundärliteratur, werden vorgelesen.

8 Macht im **Hauptteil** das Publikum mit dem Inhalt, der Handlung der Erzählung bekannt.
- Fertige dazu die **Redekarte Nr. 2** mit Stichwörtern an.
- Informationen findest du am Rand der Erzählung auf den Seiten 35–37 und im Material 3 auf Seite 39.

Inhalt *Nr. 2*

Bär – sehr beschwipst – bester Laune schwankt durch Wald – will als Förster verkleidet zum Maskenfest – trifft auf Förster

Förster → Försterball → hält Bär für Oberförster …

Sprechen und Zuhören

9 Unterstützt das Publikum visuell bei der Inhaltsangabe mit einer **Figurenkonstellation**, die auf einer Folie digital präsentiert wird.

- Wie ist die Folie aufgebaut? Welche Gestaltungselemente gibt es?
- Gebt euch die Informationen wieder, die die **Folie 2** enthält.
- Beurteilt die Menge der Informationen: *zu viel – zu wenig – genau richtig.*

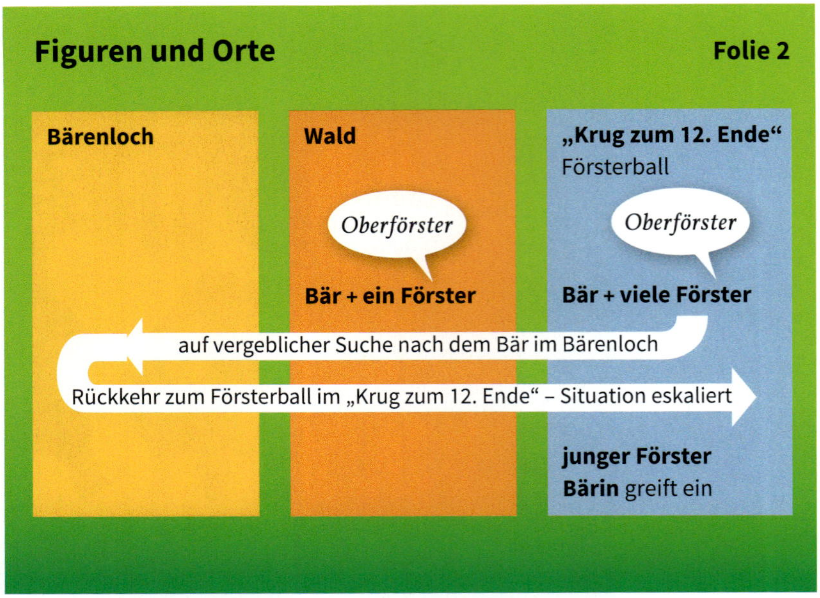

10 Gestalte selbst am PC die **Folie 2** „Figuren und Orte“.

11 Übt zu zweit eure Inhaltsangaben mithilfe der **Redekarte Nr. 2** zum freien Vortragen ein.

- Bezieht auch eure **Folie 2 „Figuren und Orte“** in die Präsentation mit ein: Zeigt mit Gesten auf die entsprechenden Informationen auf der Folie.
- Und lasst eurem Publikum genügend Zeit, die Folie zu lesen und zu verstehen.

52

12 Lege die **Redekarte Nr. 3** zur **Charakterisierung** des Bären an.
Du kannst dich an dem folgenden Beispiel orientieren.

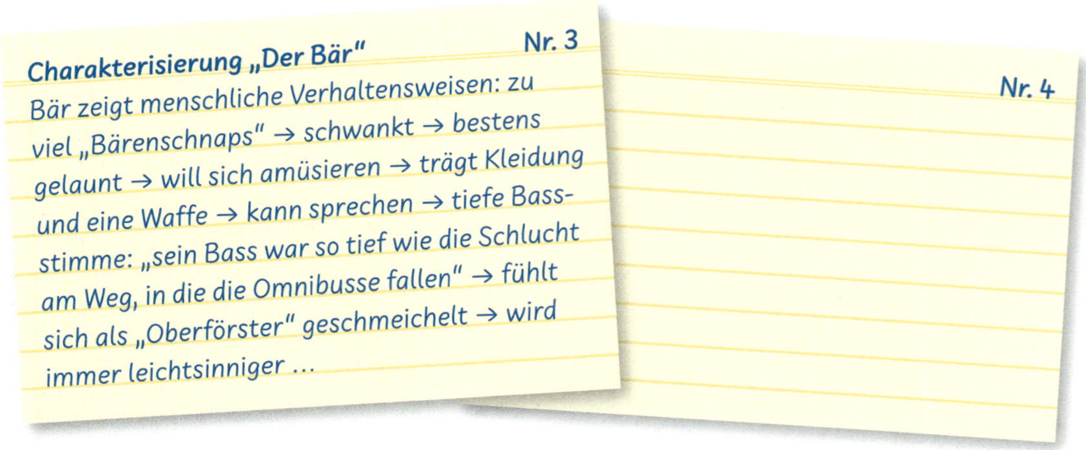

13 Gestalte selbst die **Folie 3** zur Charakterisierung des Bären. Du kannst dich von dem folgenden Beispiel inspirieren lassen.

Charakterisierung „Der Bär“ — Folie 3

Auf dem Weg zum Maskenball
- stark angetrunken
- getrübte Wahrnehmung

Auf dem Försterball
- ist geschmeichelt
- beeindruckt durch seine Physis
- hält die Förster für Trottel
- geht ganz in der Rolle als Oberförster auf
- übernimmt freudig den Job der Förster

Auf dem Heimweg
- unfreiwillig ernüchtert
- nichts dazugelernt

14 Lege die **Redekarte Nr. 4** und die **Folie 4** zur Charakterisierung der Förster an.

Charakterisierung „Die Förster“ — Folie 4

Ein Förster im Wald
- getäuscht durch die Maske des Bären
- hält Bären für den Oberförster – wegen des tiefen Brummens

Die versammelten Förster im „Krug zum Zwölften Ende“
- feiern, prahlen mit Jagdtrophäen
- sind mächtig beeindruckt von der Schlagkraft des „Oberförsters“
- …

15 Übt zu zweit eure Charakterisierungen mithilfe der **Redekarten Nr. 3** und **Nr. 4** zum freien Vortragen ein. Bezieht die **Folien 3** und **4** in eure Präsentation mit ein.

Im **Schlussteil** des Referates wird eine persönliche Einschätzung des literarischen Textes vorgenommen. Man gibt Auskunft über seine Leseerfahrungen, greift einige wesentliche inhaltliche Aspekte noch einmal kurz auf und sagt etwas zur Deutung und zur Aktualität des Textes. Man verwendet die Ich-Form und bewertende Formulierungen. Da die Schlusssätze des Referats besonders im Gedächtnis des Publikums haften bleiben, sollten sie – wie die Einleitung – ausformuliert werden.

16 Schreibe deine **Schlussgedanken** auf eine **Redekarte**. Formuliere möglichst kurze Sätze, verwende die Ich-Form und bewertende Formulierungen.
- Sage etwas zu deinen Leseerfahrungen, zu wichtigen inhaltlichen Aspekten sowie zur Deutung des Textes und seiner Aktualität.
- Orientiere dich an der **Redekarte** auf Seite 44 und nutze den **WORTSCHATZ: TEXTBAUSTEINE**. 44

Sprechen und Zuhören

Wortschatz: Textbausteine

Ich komme jetzt zum Schluss …
Zunächst möchte ich sagen, dass …
Am meisten hat mich an der Fabel … beeindruckt.
Im Laufe der Handlung spitzt sich die Situation dramatisch zu: Der Bär … Die Förster … Nur der Bärin ist es zu verdanken, dass …
Die Deutung der Geschichte hat mir einige Rätsel aufgegeben. Denn …
Mich hat die Auslegung von … überzeugt. Zitat: „… ."
Ich finde, die Fabel von Peter Hacks ist nach über 50 Jahren immer noch … Denn ihre Lehre ist … Auch heute … Ich denke z. B. an viele Leute aus meiner Generation, …
Besonders gut gefällt mir, dass die Geschichte sowohl für Kinder als auch für …
Ich bedanke mich bei euch für …
Gern beantworte ich jetzt …

Schluss

Nr. ____

Ich komme jetzt zum Schluss meines Referates. Zunächst möchte ich sagen, dass ich die Geschichte „Der Bär auf dem Försterball" gern gelesen habe. Am meisten hat mich an der Fabel der schwarze Humor beeindruckt. …

…

Ich finde, die Fabel von Peter Hacks ist nach über 50 Jahren immer noch aktuell. Denn ihre Lehre ist zeitlos oder „unverlierbar". Auch heute tanzen Menschen vergnügt auf der „falschen Hochzeit". Sie lassen sich, ohne es wahrzunehmen, für die Interessen anderer einspannen. Ich denke z. B. an viele Leute aus meiner Generation, die kritiklos irgendwelchen Influencern folgen. Um an deren angeblich so coolem Lifestyle teilzuhaben, lässt man sich doch gern das Geld aus der Tasche ziehen. Obwohl man es eigentlich besser wissen sollte!

…

Herzlichen Dank für eure Aufmerksamkeit!

17 Gestalte eine Präsentationsfolie für den Schluss deines Referates.

18 Übt zu zweit eure Schlussbeiträge für den Vortrag ein.

52

Literaturreferate erarbeiten und präsentieren

Zu zweit, zu dritt: Literaturreferate erarbeiten

1 Erarbeitet zu zweit oder zu dritt ein Referat zu einem kürzeren literarischen Text. Sprecht in der Klasse den zeitlichen Rahmen für eure Referate ab, zum Beispiel zehn bis 15 Minuten, sodass jede Person etwa fünf Minuten Redezeit bekommt.

2 Orientiert euch zunächst und entscheidet euch dann für eine der folgenden Aufgaben 3, 4 oder 5.

3 Erarbeitet ein Literaturreferat zu „Der Bär auf dem Försterball“ von Peter Hacks.

- Nutzt die **Geschichte** auf Seite 35–37, die **Leitfragen** auf Seite 38 und die **Materialien** auf Seite 39.
- Verwendet die bereits von euch erstellte **Gliederung**, die **Redekarten** und die **Präsentationsfolien**. Ergänzt sie gegebenenfalls. 40–44
- Übt euer Referat ein und präsentiert es vor Publikum.

4 Erarbeitet ein Literaturreferat zu „Der tugendhafte Hund“ von Heinrich Heine. Geht dabei **Punkt** für **Punkt** vor. Legt einen **Stichwortzettel** an.

- Informiert euch aus dem folgenden **Kurzporträt** über Heinrich Heine.
- Lest euch die **Ballade** vor (Seite 46). 46
  Tauscht euch darüber aus, worum es geht, und klärt den Inhalt.
- Erschließt die Ballade mithilfe der **Leitfragen** (Seite 47). 47
- Lest die **Kurzinterpretation** auf Seite 47. Macht euch Notizen.
- Erarbeitet eine **Gliederung**, **Redekarten** und **Präsentationsfolien**. 40–44
- Übt euer Referat ein und **präsentiert** es vor Publikum. 52

Kurzporträt: Heinrich Heine

Heinrich Heine gehört zu den bedeutendsten Dichtern des 19. Jahrhunderts in Deutschland. Er wurde am 13. Dezember 1797 in Düsseldorf als Harry Heine geboren. Schon während seines Jura-Studiums in Bonn, Göttingen und Berlin entstanden seine ersten Gedichte. Mit seiner berühmten Gedichtsammlung „Das Buch der Lieder“ (1827) und seinen literarischen Reiseberichten, den „Reisebildern“ (1826/1830), war er über Deutschland hinaus so erfolgreich, dass er als freier Schriftsteller leben konnte. 1831 übersiedelte Heine nach Paris, weil er die politischen Verhältnisse in Deutschland ablehnte und kritisierte. 1848 erkrankte er an einem unheilbaren Leiden, das ihn jahrelang ans Bett, die „Matratzengruft“, fesselte. Trotz seiner qualvollen Erkrankung kam Heine der Humor nicht abhanden. 1855 entstand ein Jahr vor seinem Tod die komisch-ironische Ballade „Der tugendhafte Hund“. Am 17. Februar 1856 starb Heinrich Heine in Paris.

Sprechen und Zuhören

Der tugendhafte Hund

Heinrich Heine

Ein Pudel, der mit gutem Fug[1]
Den schönen Namen Brutus[2] trug,
War viel berühmt im ganzen Land
Ob[3] seiner Tugend und seinem Verstand.
Er war ein Muster der Sittlichkeit,
Der Langmut[4] und Bescheidenheit.
Man hörte ihn loben, man hörte ihn preisen
Als einen vierfüßigen Nathan den Weisen[5].
Er war ein wahres Hundejuwel!
So ehrlich und treu! eine schöne Seel.
Auch schenkte sein Herr in allen Stücken
Ihm volles Vertrauen, er konnte ihn schicken
Sogar zum Fleischer. Der edle Hund
Trug dann einen Hängekorb im Mund,
Worin der Metzger das schöne gehackte
Rindfleisch, Schaffleisch, auch Schweinefleisch packte. –
Wie lieblich und lockend das Fett gerochen,
Der Brutus berührte keinen Knochen,
Und ruhig und sicher, mit stoischer[6] Würde,
Trug er nach Hause die kostbare Bürde[7].

Doch unter den Hunden wird gefunden
Auch eine Menge von Lumpenhunden
– Wie unter uns, – gemeine Köter,
Tagdiebe, Neidharde, Schwerenöter,
Die ohne Sinn für sittliche Freuden[8]
Im Sinnenrausch ihr Leben vergeuden!
Verschworen hatten sich solche Racker
Gegen den Brutus, der treu und wacker[9],
Mit seinem Korb im Maule, nicht
Gewichen von dem Pfad der Pflicht. –

Und eines Tages, als er kam
Vom Fleischer und seinen Rückweg nahm
Nach Hause, da ward er plötzlich von allen
Verschwornen Bestien überfallen;
Da ward ihm der Korb mit dem Fleisch entrissen,
Da fielen zu Boden die leckeren Bissen,
Und fraßbegierig über die Beute
Warf sich die ganze hungrige Meute –
Brutus sah anfangs dem Schauspiel zu
Mit philosophischer Seelenruh;
Doch als er sah, dass solchermaßen
Sämtliche Hunde schmausten und fraßen,
Da nahm auch er an der Mahlzeit teil
Und speiste selbst eine Schöpsenkeul[10].

Moral

Auch du, mein Brutus, auch du, du frisst?
So ruft wehmütig der Moralist.
Ja, böses Beispiel kann verführen;
Und ach! gleich allen Säugetieren,
Nicht ganz und gar vollkommen ist
Der tugendhafte Hund – er frisst!

[1] mit gutem Fug: mit Recht, passenderweise
[2] Brutus: Römer, einer der Mörder von Julius Cäsar. *„Auch du, mein Sohn Brutus"* ist heute eine nicht ganz ernst gemeinte Redensart, mit der man jemandem Illoyalität vorwirft.
[3] ob: wegen
[4] Langmut: Geduld, Duldsamkeit
[5] Nathan der Weise: weiser Mann von hoher Moral, Titelheld eines Dramas von Lessing
[6] stoisch: unerschütterlich, gelassen
[7] Bürde: Last
[8] sittliche Freuden: Anstand und Sitte
[9] wacker: tüchtig, wachsam
[10] Schöpsenkeul: Hammelkeule

Leitfragen zu „Der tugendhafte Hund“

Form der Ballade: Aus wie vielen Strophen besteht das Gedicht?
Wie sind die Verse gereimt: *gekreuzt, paarig* oder *umarmend*?
Ermittelt das Metrum der Verse: Ist es ein *vierhebiger* ***Jambus*** *(ta-dám)* oder ein ***Trochäus*** *(dám-ta)?*
Welche Strophe hat eine Sonderstellung?
Figuren und Orte: Wer ist die Hauptfigur – und wer sind die Gegenspieler?
Wo spielt sich das Geschehen ab? An welcher Stelle wird es spannend?
Inhalt und Handlung: 1. Strophe: *Brutus als Muster an …, trägt für seinen Herrn …*
2. Strophe: *„Lumpenhunde“ verschwören sich …*, 3. Strophe …
Erzählperspektive / Basistempus: In welchem Tempus erzählt der allwissende Erzähler?
Welche Funktion haben die Erzählerkommentare in der 2. und 4. Strophe?
Für wen zeigt der Erzähler Sympathie – für Brutus, die *Lumpenhunde* oder für alle Hunde?
Sprachliche Gestaltungsmittel: Notiert komisch ironische Übertreibungen, Metaphern …
Stellt Wörter gegenüber, mit denen Brutus und die anderen Hunde beschrieben werden.
Titel und Deutung: Welche Rolle spielt der Titel für die Ballade?
Wie wirkt die Ballade: *unterhaltsam, ernst, komisch, ironisch, kritisch, belehrend …*?
Was bringt die Wende im Verhalten von Brutus?
Hätte Brutus auch anders reagieren können? Welche Antwort gibt der Erzähler darauf?
Welche menschlichen Schwächen und gesellschaftlichen Missstände werden kritisiert?
Welche Lehre(-n) lassen sich aus der „Moral“ ziehen?

Kurzinterpretation

Wolfgang Menzel

Die Ballade „Der tugendhafte Hund“ von Heinrich Heine erzählt die Geschichte eines Pudels, der seinem Herrn treu dient und aus unterwürfiger Tugendhaftigkeit auf die schönsten Genüsse seines Hundelebens verzichtet. Auf den ersten Blick erscheint der Titel rätselhaft: *tugendhaft* – und dann der Verräter *Brutus*? Ist das ironisch gemeint? Und was wird ironisiert? Die scheinbare Tugend des Hundes oder der Begriff der Tugend selbst? Jedenfalls wird dieser Hund im ersten Teil dieser Fabel-Ballade in ironisch-übertriebener Weise hoch gelobt als *vierfüßiger Nathan der Weise, Hundejuwel, edler Hund* und in Gegensatz gestellt zu *Lumpenhunden, Tagdieben,* und *Neidharden*. Doch diese werden ihrerseits eher humorvoll dargestellt als Wesen, die *ohne Sinn für sittliche Freuden* sind und dem *Sinnenrausch* huldigen. In Wirklichkeit ist diese Meute aber hungrig. Steht also Heine hier auf Seiten der Unterprivilegierten und gegen die Herren dieser Welt? Ohne Zweifel! Die Moral, die Heine seinem Gedicht angefügt hat, sagt es deutlich, indem sie das Wort *frisst*, also die natürlichste Bedürfnisbefriedigung, überbetont: *Auch du, mein Brutus, auch du frisst? (...) Ja, (...) der tugendhafte Hund – er frisst!* Wer also *frisst*, ist nicht *ganz und gar vollkommen!* Wer gut versorgt ist wie unser Brutus, der kann leicht tugendhaft sein, solange er nicht in Versuchung gerät, und er kann der Gefahr sogar eine Zeitlang mit *philosophischer Seelenruh* zuschauen wie einem Schauspiel. Doch dann verbrüdert er sich mit der Meute, die ihm seine *Schöpsenkeul* durchaus gönnt, identifiziert sich mit den Hungrigen und steht zur Sinnenlust.

zum Inhalt der Ballade

zum Titel

Fabel-Ballade?

ironische Übertreibungen

Auf wessen Seite steht der Dichter?

Ist Brutus nicht auch ein Unterdrückter?
Ist er nun frei?
Wird Brutus mit der Meute ziehen – oder zu seinem Herrn zurückkehren?

INFO

Kunstmärchen

Kunstmärchen sind eine Sonderform der Literaturgattung **Märchen**. Im Gegensatz zu den anonymen Volksmärchen ist die Urheberschaft von **Kunstmärchen** bekannt. Viele noch heute beliebte Kunstmärchen sind in der Literaturepoche **Romantik** entstanden.

5 Erarbeitet ein Literaturreferat zu Hans Christian Andersens Kunstmärchen „Des Kaisers neue Kleider“.
- Erschließt den Text mithilfe von Leitfragen (Seite 38).
  - Haltet Fragen fest, die für euch offenbleiben.
  - Notiert Stichwörter und Textbelege.
- Nutzt die beiden Auszüge zur Interpretation auf Seite 51.
- Recherchiert und ermittelt Informationen für ein Kurzporträt von Hans Christian Andersen.
- Erstellt eine Gliederung, erarbeitet Redekarten und gestaltet Präsentationsfolien. 40–44
- Übt euer Referat ein. Präsentiert es vor Publikum. 52

Hans Christian Andersen

Des Kaisers neue Kleider

Vor vielen Jahren lebte ein Kaiser, der so ungeheuer viel auf neue Kleider hielt, dass er all sein Geld dafür ausgab, um recht geputzt zu sein. Er kümmerte sich nicht um seine Soldaten, kümmerte sich nicht um das Theater und liebte es nur, spazieren zu fahren, um seine neuen Kleider zu zeigen. Er hatte einen Rock für jede Stunde des Tages, und ebenso, wie man von einem Könige sagt, er ist im Rate, sagte man hier immer: „Der Kaiser ist in der Garderobe.“

In der großen Stadt, in welcher er wohnte, ging es sehr munter zu. An jedem Tage trafen viele Fremde daselbst ein. Eines Tages kamen auch zwei Betrüger an; sie gaben sich für Weber aus und sagten, dass sie das schönste Zeug, das man sich denken könne, zu weben verstanden. Die Farben und das Muster wären nicht allein ungewöhnlich schön, sondern die Kleider, die von dem Zeuge genäht würden, besäßen die wunderbare Eigenschaft, dass sie für jeden Menschen unsichtbar wären, der nicht für sein Amt tauge oder der unverzeihlich dumm sei. „Das wären ja prächtige Kleider“, dachte der Kaiser, „wenn ich die anhätte, könnte ich ja dahinterkommen, welche Männer in meinem Reiche zu dem Amte, das sie haben, nicht taugen. Ich könnte die Klugen von den Dummen unterscheiden. Ja, das Zeug muss sogleich für mich gewebt werden!“ Und er gab den beiden Betrügern viel Handgeld, damit sie ihre Arbeit beginnen möchten.

Sie stellten auch zwei Webstühle auf und taten, als ob sie arbeiteten. Aber sie hatten nicht das Geringste auf dem Stuhle. Frischweg verlangten sie die feinste Seide und das prächtigste Gold. Das steckten sie in ihre eigene Tasche und arbeiteten an den leeren Stühlen bis spät in die Nacht hinein.

„Ich möchte doch wohl wissen, wie weit sie mit dem Zeuge sind“, dachte der Kaiser. Aber es war ihm ordentlich beklommen zumute, wenn er daran dachte, dass der, welcher dumm sei oder schlecht zu seinem Amte tauge, es nicht sehen könne. Nun glaubte er zwar, dass er für sich selbst nichts zu fürchten habe, aber er wollte doch erst einen anderen senden, um zu sehen, wie es damit stände. Alle Menschen in der ganzen Stadt wussten, welche besondere Kraft das Zeug habe, und alle waren begierig zu sehen, wie schlecht oder dumm ihr Nachbar sei.

„Ich will meinen alten, ehrlichen Minister zu den Webern senden", dachte der Kaiser, „Er kann am besten beurteilen, wie das Zeug sich ausnimmt, denn er hat Verstand, und keiner versteht sein Amt besser als er."

Nun ging der alte, gute Minister in den Saal hinein, wo die zwei Betrüger saßen und an den leeren Webstühlen arbeiteten. „Gott behüte uns", dachte der alte Minister und riss die Augen auf, „ich kann ja nichts erblicken." Aber das sagte er nicht.

Beide Betrüger baten ihn, gefälligst näher zu treten, und fragten, ob es nicht ein hübsches Muster und schöne Farben seien. Dann zeigten sie auf den leeren Webstuhl, und der arme, alte Minister fuhr fort, die Augen aufzureißen. Aber er konnte nichts sehen, denn da war nichts. „Herr Gott", dachte er, „sollte ich dumm sein? Das habe ich nie geglaubt, und das darf kein Mensch wissen! Sollte ich nicht zu meinem Amte taugen? Nein, es geht nicht an, dass ich erzähle, ich könnte das Zeug nicht sehen!"

„Nun, Sie sagen nichts dazu?", fragte der eine, der da webte.

„Oh, es ist niedlich, ganz allerliebst!", antwortete der alte Minister und sah durch seine Brille. „Dieses Muster und diese Farben! – Ja, ich werde dem Kaiser sagen, dass es mir sehr gefällt."

„Nun, das freut uns!", sagten beide Weber, und darauf nannten sie die Farben mit Namen und erklärten das seltsame Muster. Der alte Minister passte gut auf, damit er dasselbe sagen könnte, wenn er zum Kaiser zurückkäme, und das tat er. Jetzt verlangten die Betrüger mehr Geld, mehr Seide und mehr Gold, das sie zum Weben gebrauchen wollten. Sie steckten alles in ihre eigenen Taschen, auf den Webstuhl kam kein Faden, aber sie fuhren fort, wie bisher an dem leeren Webstuhl zu arbeiten.

Der Kaiser sandte bald wieder einen anderen ehrlichen Staatsmann hin, um zu sehen, wie es mit dem Weben stände, und ob das Zeug bald fertig sei. Es erging ihm gerade wie dem ersten, er sah und sah. Weil aber außer dem leeren Webstuhl nichts da war, so konnte er nichts sehen.

„Ist das nicht ein hübsches Stück Zeug?", fragten die beiden Betrüger und zeigten und erklärten das prächtige Muster, welches gar nicht da war.

„Dumm bin ich nicht", dachte der Mann, „es ist also mein gutes Amt, zu dem ich nicht tauge. Das ist komisch genug, aber das muss man sich nicht merken lassen." Und so lobte er das Zeug, welches er nicht sah, und versicherte ihnen seine Freude über die schönen Farben und das herrliche Muster. „Ja es ist ganz allerliebst!", sagte er zum Kaiser.

Sprechen und Zuhören

Alle Menschen in der Stadt sprachen von dem prächtigen Zeuge.

Nun wollte der Kaiser es selbst sehen, während es noch auf dem Webstuhle sei. Mit einer ganzen Schar auserwählter Männer, unter denen auch die beiden ehrlichen Staatsmänner waren, die schon früher dort gewesen waren, ging er zu den beiden listigen Betrügern hin, die nun aus allen Kräften webten, aber ohne Faser oder Faden.

„Ist das nicht prächtig?", sagten die beiden alten Staatsmänner, die schon einmal da gewesen waren. „Sehen Eure Majestät, welches Muster, welche Farben!" Und dann zeigten sie auf den leeren Webstuhl, denn sie glaubten, dass die anderen das Zeug wohl sehen könnten.

„Was", dachte der Kaiser, „ich sehe gar nichts! Das ist ja schrecklich! Bin ich dumm? Tauge ich nicht dazu, Kaiser zu sein? Das wäre das Schrecklichste, was mir begegnen könnte." – „Oh, es ist sehr hübsch!", sagte er. „Es hat meinen allerhöchsten Beifall!" Und er nickte zufrieden und betrachtete den leeren Webstuhl, denn er wollte nicht sagen, dass er nichts sehen könne. Das ganze Gefolge, das er bei sich hatte, sah und sah, aber bekam nicht mehr heraus, als alle die anderen. Aber sie sagten wie der Kaiser: „Oh, das ist hübsch!" Und sie rieten ihm, diese neuen, prächtigen Kleider das erste Mal bei der großen Prozession, die bevorstand, zu tragen. „Es ist herrlich, niedlich, exzellent!", ging es von Mund zu Mund. Man schien allerseits innig erfreut darüber und der Kaiser verlieh den Betrügern den Titel: Kaiserliche Hofweber.

Die ganze Nacht vor dem Morgen, an dem die Prozession stattfinden sollte, waren die Betrüger auf und hatten über sechzehn Lichter angezündet. Die Leute konnten sehen, dass sie stark beschäftigt waren, des Kaisers neue Kleider fertig zu machen. Sie taten, als ob sie das Zeug von dem Webstuhl nähmen, sie schnitten mit großen Scheren in die Luft, sie nähten mit Nähnadeln ohne Faden und sagten zuletzt: „Nun sind die Kleider fertig!"

Der Kaiser kam mit seinen vornehmsten Kavalieren selbst dahin, und beide Betrüger hoben den einen Arm in die Höhe, gerade als ob sie etwas hielten, und sagten: „Seht, hier sind die Beinkleider! Hier ist der Rock! Hier der Mantel!" und so weiter. „Es ist so leicht wie Spinngewebe. Man sollte glauben, man habe nichts auf dem Leibe. Aber das ist gerade die Schönheit davon."

„Ja!", sagten alle Kavaliere. Aber sie konnten nichts sehen, denn es war nichts da. „Belieben Eure Kaiserliche Majestät jetzt Ihre Kleider allergnädigst auszuziehen," sagten die Betrüger, „so wollen wir Ihnen die neuen anziehen, hier vor dem großen Spiegel."

Der Kaiser legte alle seine Kleider ab, und die Betrüger stellten sich, als ob sie ihm jedes Stück der neuen Kleider anzögen, welche fertig wären, und der Kaiser wendete und drehte sich vor dem Spiegel.

„Ei, wie gut sie kleiden, wie herrlich sie sitzen", sagten alle. „Welches Muster, welche Farben! Das ist eine köstliche Tracht!"

„Draußen stehen sie mit dem Thronhimmel, welcher über Eurer Majestät in der Prozession getragen werden soll," meldete der Oberzeremonienmeister.

„Seht, ich bin fertig!“, sagte der Kaiser. „Sitzt es nicht gut?“ Und dann wendete er sich nochmals zu dem Spiegel, denn es sollte scheinen, als ob er seinen Schmuck recht betrachte.

Die Kammerherren, welche die Schleppe tragen sollten, griffen mit den Händen nach dem Fußboden, gerade als ob sie die Schleppe aufhöben. Sie gingen und taten, als wenn sie etwas in der Luft hielten. Sie wagten nicht, es sich merken zu lassen, dass sie nichts sehen konnten.

So ging der Kaiser in der Prozession unter dem prächtigen Thronhimmel, und alle Menschen auf der Straße und in den Fenstern sprachen: „Gott, wie sind des Kaisers neue Kleider unvergleichlich. Welche Schleppe er am Kleide hat, wie schön das sitzt!“ Keiner wollte es sich merken lassen, dass er nichts sehe, denn dann hätte er ja nicht zu seinem Amte getaugt oder wäre sehr dumm gewesen. Keine Kleider des Kaisers hatten solches Glück gemacht wie diese.

„Aber er hat ja nichts an!“, sagte endlich ein kleines Kind. „Herr Gott, hört des Unschuldigen Stimme“, sagte der Vater. Und der eine zischelte dem anderen zu, was das Kind gesagt hatte.

„Aber er hat ja nichts an!“, rief zuletzt das ganze Volk. Das ergriff den Kaiser, denn es schien ihm, sie hätten recht, aber er dachte bei sich: „Nun muss ich die Prozession aushalten.“ Und die Kammerherren gingen noch straffer und trugen die Schleppe, die gar nicht da war.

Aus einem Interpretationsgespräch

A

Also, diese Betrüger sind echt genial: Sie nutzen die „Putzsucht“ und Eitelkeit des törichten Kaisers aus, um ihm eine hanebüchene Story aufzutischen, auf die er prompt hereinfällt. Und sein Hofstaat und seine Untertanen machen alle mit.

B

Es ist schon bitter, jeder sieht die Wahrheit und verleugnet sie trotzdem – aus Angst vor den Konsequenzen. Die Betrüger verbergen nichts, alle können ihnen zusehen, dass sie nichts tun und da nichts ist. Und zum Schluss stellen sie sogar den nackten Kaiser vor einen Spiegel.

C

Allerdings, der Autor hält uns Menschen den Spiegel vor. Jeder muss sich doch fragen, ob er den Mut zur Wahrheit aufgebracht hätte.

Aus einer Interpretation

Es ist schon ein vertrackter Einfall der beiden Betrüger, prächtige Kleider zu erfinden, die für jeden Menschen unsichtbar sind, der nicht für sein Amt taugt oder unverzeihlich dumm ist. Das ist natürlich nicht mehr nur Märchen, sondern Satire. Und die hat die Kritik an einem ganzen Volk von Verblendeten zum Inhalt, die nicht zugestehen dürfen, dass sie es sind. Alle in diesem Land sind dumm und taugen nicht zu ihrem Amt, weil sie Wahrheiten (ganz allgemein) sich nicht zu sehen getrauen. Es bleibt am Ende nur ein kleines Kind übrig, das sich nichts vormachen lässt. Das sagt die Wahrheit – und gibt dem Volk, wie ein Geschenk, die Fähigkeit zurück, die Realität zu sehen. Der törichte, eitle Kaiser sieht die Wahrheit am Schluss auch, doch er spielt sein Spiel zu Ende: weil es die Zeremonie gebietet oder in Selbstironie?

Literaturreferate erarbeiten und präsentieren

Tipps zum Vortragen und Präsentieren

1 Beachtet die folgenden Tipps für den Vortrag, sodass ihr euer Referat gut vor der Klasse präsentieren könnt.

Immer an das Publikum denken

Tipps für Referentinnen und Referenten

- Nimm einen sicheren Stand ein und wende dich dem Publikum zu. Sende mit deiner Körpersprache positive Signale aus. Nicht die Arme verschränken oder unruhig zappeln.
- Schau das Publikum oft an und suche Blickkontakt. Lächle ab und zu freundlich in die Runde.
- Sprich möglichst frei. Wirf nur ab und zu einen kurzen Blick auf deine Redekarten. Stelle sicher, dass die Karten geordnet und durchnummeriert sind.
- Das Vorlesen längerer Zitate sollte zuvor geübt sein. Hebe beim Vorlesen ab und zu den Kopf und suche Blickkontakt.
- Sprich laut, deutlich und betont. Wenn du merkst, dass du nervös wirst, beruhige dich ganz bewusst: Atme durch und sprich langsamer.
- Unterstreiche deine Rede mit ruhigen Gesten. Weise zum Beispiel mit einer Armbewegung auf eine Abbildung hin.
- Lege an wichtigen Stellen bewusst Sprechpausen ein. Damit erzeugst du Spannung und unterstreichst die Bedeutung des Gesagten.
- Veranschauliche deinen Vortrag mithilfe digitaler Präsentationsfolien oder anderen Visualisierungshilfen, wie Tafel, Flipchart, Whiteboard, Poster, Overheadfolien. Achte darauf, dass deine Folien nicht überladen sind.
- Gib deinem Publikum am Schluss Gelegenheit, sich zu äußern und Fragen an dich zu stellen.
- Nichts hilft besser gegen Lampenfieber als eine gute Vorbereitung. Übe dein Referat mehrfach ein – am besten im Feedback mit einem Partner / einer Partnerin.

Dem Referenten / der Referentin ein Feedback geben

Tipps für Zuhörerinnen und Zuhörer

- Hört ruhig und aufmerksam zu.
- Macht euch Notizen zu Dingen, die ihr nachfragen wollt.
- Gebt der Referentin, dem Referenten ein Feedback: Was ist gelungen? Was könnte noch optimiert werden?
- Zeigt euch interessiert an der Sache: Beteiligt euch aktiv und konstruktiv an der Aussprache und an der Diskussion über den literarischen Text.

Literaturreferate erarbeiten und präsentieren

Informationen zum Mitnehmen – ein Handout schreiben

Ein Handout (von engl. *to hand out – aushändigen*) ist ein Informationsblatt, das an das Publikum ausgeteilt wird. Es fasst die wesentlichen Punkte eines Referates knapp und übersichtlich zusammen.

1 Betrachtet das hier abgebildete Muster. In welcher Beziehung steht ein Handout zu dem Referat, zu dem es gehört?
- Beschreibt Aufbau und Inhalt.
- Sagt auch etwas über Form und Sprache.

2 Welchen Nutzen können Zuhörer und Zuhörerinnen aus einem Handout ziehen?

3 Man kann ein Handout vor Beginn des Referates verteilen – oder danach. Wie würdet ihr es halten? Wägt die Vor- und Nachteile der beiden Möglichkeiten ab.

4 Erstellt ein Handout für euer Referat. Beachtet dabei die folgenden Informationen.

Vorname und Name
Klasse … Deutsch

Ort, Datum

Literaturreferat zu:
„Titel“

1.1 Zur Autorin/Zum Autor
Lebensdaten, Werke

1.2 Zur Entstehung des Textes
Textsorte, wann geschrieben
Erfolge beim Publikum …

2.1 Handlung und Figurenkonstellation
zwei, drei Sätze zur Handlung …
zur Figurenkonstellation

2.2 Charakterisierung der Hauptfiguren
ein, zwei Sätze zu Eigenschaften
und Motiven der Hauptfigur

3.1 Zur Deutung / mögliche Interpretationsansätze

3.2 Persönliches Fazit
Wie mir der Text gefallen hat,
was er mir bedeutet …

Glossar:
Satire: …
Ironie: …
Metapher: …

Wichtige Figuren:
– …
– …
– …

Verzeichnis der verwendeten Quellen:
Primärliteratur:
Autor: „Titel“
Sekundärliteratur: …
Internetseiten: …

Ein Handout zu einem Literaturreferat schreiben

INFO

Form und Sprache
- sich auf eine DIN-A4-Seite beschränken und eine klare Schriftart wählen, z. B. Calibri
- Fettdruck sparsam einsetzen, z. B. bei den Überschriften
- Informationen als Liste anordnen, Aufzählungszeichen verwenden, Tabstopps nutzen
- überwiegend in Stichwörtern formulieren, nur kurze Fließtexte

Aufbau und Inhalt
- im „Kopf“ Angaben zu Namen, Klasse, Fach, Datum und Thema machen
- inhaltlich dem Aufbau des Referates folgen, dessen Gliederungspunkte aufgreifen
- auf die sachliche Richtigkeit der Informationen achten
- am Schluss Quellenangaben machen, auch Internetadressen
- Darüber hinaus kann ein Handout noch folgende Elemente enthalten: ein kleines Glossar zu den verwendeten Fachbegriffen, eine Abbildung, ein besonderes Zitat und/oder Thesen oder Fragen, die Anlass für eine nachfolgende Diskussion sein können.

Und außerdem …
- unbedingt Rechtschreibung und Zeichensetzung überprüfen.
- wird es bestimmt gern gesehen, wenn das Blatt zum Abheften fertig gelocht ist.

LESEN Umgang mit Texten und Medien

Von Soft Skills zu Chatbots

Alltagserfahrungen – Azubis berichten

Den Abschluss in der Tasche – und dann? Weiter zur Schule, Abitur und Studium im Blick? Oder als Azubi den Sprung ins Berufsleben wagen? Hier berichten vier Auszubildende, wie sie ihren Weg gefunden haben. Alle vier machen eine Ausbildung im dualen System, das heißt, die Ausbildung erfolgt an zwei Lernorten, in einem Ausbildungsbetrieb und in der Berufsschule. Dadurch wird praktischer und theoretischer Lernstoff verknüpft.

1 Teilt euch diese Aufgabe in der Gruppe.
Lest die vier Texte und macht euch jeweils Notizen dazu:
Name, Beruf, Branche, Gründe für die Bewerbung …

Lydia, 19 Jahre

Ich mache eine Ausbildung zur Industriekauffrau und bin im dritten Lehrjahr. Nach dem Realschulabschluss stand für mich fest, dass ich den Start in das Berufsleben mit einer kaufmännischen Ausbildung beginnen wollte. Ich habe mich erfolgreich bei einem Unternehmen in der Papierveredelungsbranche[1] beworben, das für seine hohe Ausbildungsqualität bekannt ist. Am besten gefällt mir an meinem Ausbildungsbetrieb, dass den Azubis von Anfang an Verantwortung übertragen wird und man sich wie eine vollwertige Mitarbeiterin oder wie ein vollwertiger Mitarbeiter fühlen darf. Das Betriebsklima ist freundlich und locker. Jeder hat für jeden ein offenes Ohr. Man muss keine Angst haben, Fragen zu stellen. Während der Ausbildung wechsle ich etwa alle vier bis sechs Monate die Abteilung. Derzeit bin ich im Personalmanagement eingesetzt und bearbeite die Bewerbungen und Reisekostennachweise. Natürlich bin ich als angehende Industriekauffrau oft in einem Büro tätig und arbeite viel am Computer. Ich habe auch im Lager oder in der Produktion zu tun. Die Büroarbeit und das lange Sitzen sowie den Umgang mit vielen Zahlen muss man mögen. Aber Verhandlungen mit Lieferanten und die Beratung von Kundinnen und Kunden gehören auch zum Aufgabenbereich von Industriekaufleuten. Da sind dann Kommunikationsstärke und Verhandlungsgeschick gefragt.

In der Produktionshalle Arbeitsaufträge zuteilen

Mit einem Lkw-Fahrer Frachtpapiere ausfertigen

[1] **Papierveredelung, die**
Die Papierveredelung bezeichnet eine Veränderung der porigen Oberfläche von Papier durch eine zusätzliche Beschichtung. Durch diese bekommt das Papier entweder einen bestimmten Glanz, eine Struktur oder andere Effekte, die es in seiner ursprünglichen, unbearbeiteten Form nicht besitzt.

Felix, 17 Jahre

Nach der Schule wusste ich überhaupt noch nicht, was ich anfangen sollte. Als mir ein Kumpel von seiner Arbeit als Gerüstbauer erzählte, entschloss ich mich spontan, es mit einer Initiativbewerbung[2] zu versuchen – und ich hatte großes Glück. Jetzt mache ich eine Ausbildung zum Gerüstbauer und bin bereits im zweiten Lehrjahr. An meinem Beruf gefällt mir besonders, dass ich so viel herumkomme. Meine Firma ist ein Spezialgerüstbauunternehmen. Wir haben Aufträge in ganz Deutschland und manchmal auch im Ausland. Dabei lerne ich viele außergewöhnliche Orte kennen, wie Schlösser oder Kirchen. Oftmals arbeitet man in luftiger Höhe. Schwindelfrei und körperlich fit sollte man also schon sein, denn die Arbeit kann auch ziemlich schwer sein. Wir Gerüstbauer/-innen sind Teamplayer. Jeder muss sich auf den anderen verlassen können. Verantwortungsbewusstsein wird großgeschrieben. Wir sind ein tolles Team. Ein typischer Arbeitstag beginnt mit einem gemeinsamen Frühstück der Kollegen und Kolleginnen in der Unterkunft. Danach fahren wir zur Baustelle. Dort werden die anfallenden Aufgaben verteilt und erklärt. Und dann entsteht Etage für Etage das Gerüst – mit ganz viel Sorgfalt und Umsicht. Das trifft natürlich auch für das Abrüsten zu. Sicherheit ist das oberste Gebot.

Eine Gerüstabstützung verschrauben

Beim Abbau eines Gerüsts

[2] **Initiativbewerbung, die**
Jemand bewirbt sich ohne ein Stellenangebot oder eine andere Aufforderung um einen Arbeitsplatz oder einen Ausbildungsplatz. Er / Sie ergreift also die Initiative und macht den ersten Schritt.

Kantenstreifen an die Schnittkanten einer beschichteten Platte kleben

Mit spezieller Software den Entwurf für ein Möbelstück erstellen

Karim, 18 Jahre

Meine Ausbildung zum Tischler mache ich in einem kleinen Familienbetrieb. Ich habe schon immer gern gewerkelt und nach einem Schulpraktikum in einer Tischlerei stand fest: Ich will Tischler werden. Nachdem ich meine Bewerbung abgegeben hatte, wurde ich zu einem Probearbeitstag eingeladen, um die Werkstatt, die Arbeit und das Team kennenzulernen. Im Anschluss folgte das Vorstellungsgespräch. Die Tischlerei ist ein modern ausgestatteter Familienbetrieb mit acht Mitarbeitern / Mitarbeiterinnen und ich bin der einzige Azubi. Das finde ich etwas schade, aber mir gefällt gut, dass es sehr persönlich zugeht. Zur Berufsschule muss ich einmal wöchentlich in die Kreisstadt fahren, eine Stunde hin und eine Stunde zurück. Da weiß ich es umso mehr zu schätzen, dass ich meine Ausbildung in unserem Dorf machen kann. Jetzt habe ich die Hälfte meiner Ausbildung geschafft und kann rückblickend sagen, dass es die richtige Entscheidung war.

LESEN Umgang mit Texten und Medien

Die Arbeit macht mir Spaß, sie ist abwechslungsreich, vom Möbelbau bis zum Innenausbau eines Mehrfamilienhauses kommt alles vor. Natürlich muss man handwerklich geschickt sein, sorgfältig und genau arbeiten – und rechnen sollte man auch können. Aber man muss mit Kundinnen und Kunden auch Beratungsgespräche führen. Da gehört ein bisschen Smalltalk[3] immer dazu.

Elena, 17 Jahre

Ich mache eine Ausbildung als Zerspanungsmechanikerin in einem Betrieb mit rund 50 Angestellten. Zurzeit bin ich im ersten Ausbildungsjahr. Ein Bürojob ist für mich nie in Frage gekommen, schon in der Schule war ich im Technikkurs das einzige Mädchen. Also habe ich mich entschlossen, mich in der Metallverarbeitung zu bewerben, die immer noch eine Männerdomäne[4] ist. Aber das war schwieriger, als ich erwartet hatte. Denn trotz meiner guten Noten habe ich einige Absagen gekriegt. Dennoch ich bin drangeblieben, bis es mit einer Ausbildungsstelle geklappt hat. Im Eignungstest war ich dann sogar die Beste. In meinem Ausbildungsbetrieb werden durch Zerspanen[5] spezielle Maschinenteile in hoher Präzision gefertigt, zum Beispiel Wellengelenke, Gelenkwellen oder Gleit- und Wälzlager. Das erfordert hochqualifizierte Mitarbeiter und Mitarbeiterinnen – und dazu möchte ich auch gehören. Neben der handwerklichen Arbeit gefällt mir das familiäre Betriebsklima besonders gut. Das hat es mir leichter gemacht, auch mit vielen älteren Kollegen und Kolleginnen ins Gespräch zu kommen. Anfangs hat es mir schon zu schaffen gemacht, den ganzen Tag in der großen Werkhalle auf den Beinen zu sein. Beim Feilen habe ich mir Blasen geholt und meine Arme waren lahm. Mittlerweile habe ich mich an den Berufsalltag gewöhnt. Ich bin mir sicher, das ist genau mein Ding.

[3] **Smalltalk, der**
Smalltalk ist eine leichte, zwanglose Unterhaltung, die zur Auflockerung der Gesprächsatmosphäre beitragen soll.

[4] **Männerdomäne, die**
So wird ein Arbeitsbereich bezeichnet, in dem überwiegend Männer tätig sind. Umgekehrt wird von einer *Frauendomäne* gesprochen, wenn überwiegend Frauen in einem Arbeitsbereich tätig sind.

[5] **zerspanen, spanen**
Durch Drehen, Bohren, Fräsen und Schleifen wird von einer Rohform überschüssiges Material mechanisch in Spänen abgetragen, bis das Werkstück präzise die gewünschte Form angenommen hat.

Ein Werkstück zum Rundschleifen mit der Messuhr zentrieren

2 Berichtet über die Ausbildungswege der vier Azubis.
- Warum haben sie sich für ihren Ausbildungsberuf und -betrieb entschieden?
- Wie kommen sie mit dem Berufsalltag und den Kolleginnen und Kollegen zurecht?
- Was ist ihnen besonders wichtig?
- Was habt ihr über ihre Ausbildungsberufe erfahren?

3 Elena fühlt sich in einem sogenannten „Männerberuf" wohl.
- Stellt Vermutungen an, warum sie zunächst einige Hürden überwinden musste.
- Diskutiert, wie ihr zu Frauen in „Männerberufen" und zu Männern in „Frauenberufen" steht.

4 Erschließt euch diese Infografik.
- Um welches Thema, welche Frage geht es? Beachtet die Überschrift und die Erläuterungen.
- Nennt die Befragten, die Quelle und das Jahr der Umfrage.
- In welcher Form sind die Umfrageergebnisse dargestellt? Waren Mehrfachnennungen möglich?
- Wofür steht das Bild, das als Eyecatcher dient?

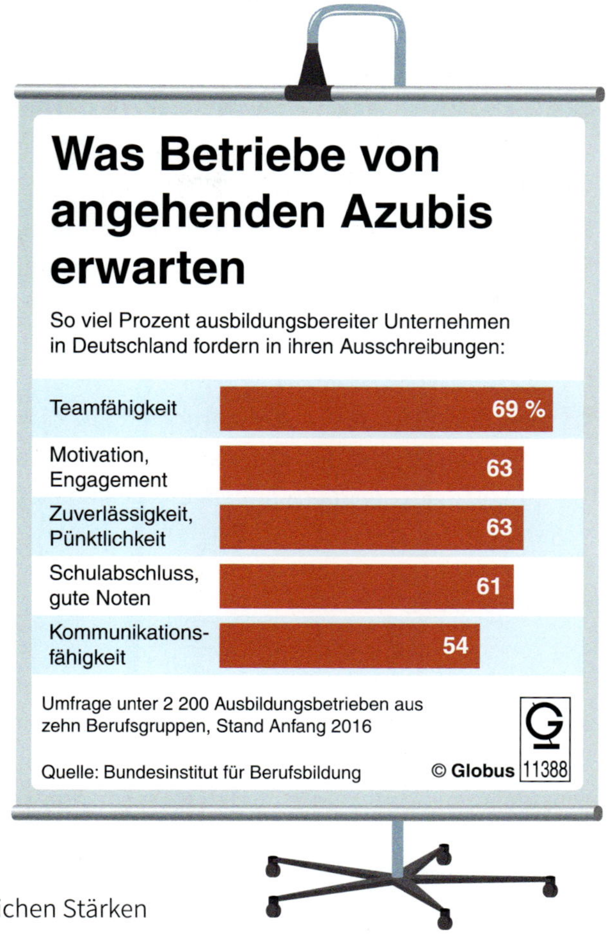

5 Formuliert die fünf Umfrageergebnisse nach diesem Muster und lest sie euch vor.
Mehr als zwei Drittel der Ausbildungsbetriebe fordern von angehenden Azubis Teamfähigkeit.
Nur ein knappes Drittel tut das nicht.

6 Bewertet die Ergebnisse: Was habt ihr so erwartet? Hat euch auch etwas überrascht ?

7 Ordnet den Definitionen **A** bis **D** diese persönlichen Stärken (*engl.* Soft Skills) zu:
Teamfähigkeit, Engagement, Zuverlässigkeit, Kommunikationsfähigkeit.

A Du bist motiviert, gute Arbeitsergebnisse abzuliefern und mehr zu leisten als üblich. Du zeigst Einsatzbereitschaft und lernst gern dazu.

B Deine Wünsche und Ideen kannst du deutlich ausdrücken und die Anliegen von anderen verstehen. Bei Unklarheiten fragst du nach und äußerst dich, wenn du mit Vorschlägen mal nicht einverstanden bist. Du kannst zuhören und kommst leicht ins Gespräch. Im Umgang mit Kollegen / Kolleginnen, Vorgesetzten und Kunden / Kundinnen triffst du den richtigen Ton.

C Du kannst dich in eine Gruppe einfügen und Kontakte zu Kollegen knüpfen. Mit anderen arbeitest du gern und zuverlässig zusammen, du bist kooperativ. Du hilfst anderen, nimmst aber auch selbst Hilfe an. Bei Konflikten bist du offen für konstruktive Lösungen.

D Du hältst Vorgaben und Absprachen ein. Deine Aufgaben erledigst du pünktlich und gewissenhaft. Kolleginnen / Kollegen und Vorgesetzte vertrauen dir. Auch in schwierigen Situationen kann man sich auf dich verlassen.

8 Welche persönlichen Stärken haben die Azubis Lydia, Felix, Karim und Elena bei der Bewerbung und in der Ausbildung bewiesen?
- Lest noch einmal in ihren Texten nach.
- Ordnet den Stärken die jeweiligen Zeilenangaben zu.

54–56

LESEN Umgang mit Texten und Medien

Von Soft Skills zu Chatbots – Wege in die Berufsausbildung

Sich über Soft Skills informieren – Sachtexte erschließen

Wenn es um die Fähigkeiten geht, die Jugendliche bei der Bewerbung um einen Ausbildungsplatz mitbringen sollten, ist oftmals die Rede von den sogenannten Soft Skills – oder auch Schlüsselqualifikationen. Keine Sorge, es geht dabei um ganz normale Verhaltensweisen und Fähigkeiten.

1 Lest den folgenden Sachtext Abschnitt für Abschnitt.
Klärt Fachbegriffe und beachtet die Hinweise am Rand.
Notiert Zwischenüberschriften und die im Text genannten Soft Skills.

337

Mit Soft Skills punkten (Text verändert)

A Mathe 5, aber Soft Skills 1+? Es sind nicht nur die Schulnoten, die über einen Ausbildungsplatz entscheiden. Es zählt der ganze Mensch, der sich dort bewirbt. Neben den fachlichen Qualifikationen oder dem Schulwissen mit entsprechenden Noten sind für Betriebe noch viele andere Fähigkeiten der künftigen Auszubildenden wichtig. Schließlich muss es auch „menschlich" passen, wenn sich ein Betrieb Auszubildende ins Haus holt. Das große Stichwort lautet Soft Skills[1] oder auch soziale Kompetenzen. Damit ist das gesamte Verhalten gemeint, das ein Mitarbeiter / eine Mitarbeiterin zeigt, von der Teamfähigkeit bis zur Verlässlichkeit. Soft Skills lassen sich zwar nicht wie fachliche Leistungen messen, aber man kann sie zum Ausdruck bringen und das Gegenüber kann sie wahrnehmen.

B Für viele Betriebe sind die Soft Skills der Bewerberinnen und Bewerber ein entscheidendes Kriterium[2] bei der Bewerberauswahl. Denn gerade wenn es um einen Ausbildungsplatz geht, können Bewerber und Bewerberinnen in der Regel noch nicht auf große fachliche Qualifikationen (das wären dann die Hard Skills) zurückblicken – die genau sollen ja in der Ausbildung gelernt werden. Wie aber die Ausbildung verläuft, wie der künftige Azubi in den Betrieb passt, wie erfolgreich die Ausbildung absolviert wird – das alles hängt von den Soft Skills ab. Das haben auch Personalchefs erkannt und achten auf Soft Skills oft mehr als auf einzelne Noten im Zeugnis.

C Soft Skills stehen einem Bewerber / einer Bewerberin ebenso wenig auf die Stirn geschrieben wie eine besondere Eignung für die Ausbildung. Häufig werden Assessmentcenter[3] oder auch Auswahlpraktika und Probearbeiten vor allem deshalb veranstaltet, um die Soft Skills der zukünftigen Azubis unter die Lupe zu nehmen. Denn die sieht

[1] **Soft Skills, engl.** „weiche Fähigkeiten", die neben dem Fachwissen (**„Hard Skills"**) im Berufsleben wichtig sind

[2] **Kriterium, das** (*Plural: die Kriterien*) unterscheidendes Merkmal, das den Ausschlag für eine Auswahl, eine Entscheidung geben kann

[3] **Assessmentcenter, das** Gruppenauswahlverfahren bei der Stellenvergabe

man *live in action* am besten. Dennoch kann und sollte man zu jeder Zeit im Bewerbungsverfahren mit Soft Skills punkten. Zu den Soft Skills gehören auch alle persönlichen Stärken wie Organisationstalent, Kommunikationsstärke, Einfühlungsvermögen oder Selbstdisziplin. Und diese Stärken sollte man herausstellen und zeigen. Kommunikationsstärke zum Beispiel kann man im Bewerbungsgespräch durch interessiertes Zuhören und eigene Redebeiträge zeigen. Aber auch das insgesamt freundliche und aufmerksame Verhalten ist zu den Soft Skills zu zählen und wird vom Gegenüber meistens ebenso „begutachtet" wie ein Zeugnis.

D Eigentlich lassen sich alle positiven Charaktereigenschaften unter dem Begriff Soft Skills zusammenfassen. Einige davon sind in einem Ausbildungsbetrieb besonders wichtig. Denn die Team-, Kontakt- und Kommunikationsfähigkeit entscheiden im Arbeitsleben darüber, wie man im Team klarkommt und wie man mit Kollegen / Kolleginnen und Vorgesetzten auskommt. Und all das steht in engem Zusammenhang mit dem Betriebsklima. Wenn man sich fragt, welche Soft Skills gut im Betrieb ankommen, kann man sich auch fragen, was denn allgemein im menschlichen Miteinander wichtig ist. Da kommt man dann beispielsweise auf Verlässlichkeit, Toleranz oder Einfühlungsvermögen. Klar, dass das auch in jedem Betrieb wichtige soziale Fähigkeiten bzw. Soft Skills sind. Es kommt Betrieben aber nicht nur auf Soft Skills an, die in Bezug zu anderen Menschen stehen. Auch die Eigenschaften, die den einzelnen Menschen betreffen, sind für Betriebe wichtige Soft Skills. Dazu gehören Belastbarkeit, Disziplin, Verantwortungsbewusstsein, Motivation oder Selbstständigkeit.

2 Tauscht aus, welche Informationen ihr nach dem ersten Lesen behalten habt.

3 Grenzt die Begriffe *Soft Skills* und *Hard Skills* durch geeignete Beispiele voneinander ab.

4 Diskutiert, inwieweit ihr den folgenden Thesen aus dem Text zustimmen könnt:

1. These: Soft Skills lassen sich nicht wie fachliche Leistungen messen, aber sie lassen sich im Bewerbungsverfahren zum Ausdruck bringen. Soft Skills können von Gesprächspartnern / Gesprächspartnerinnen wahrgenommen werden.

2. These: Bei der Einstellung von Auszubildenden sind Soft Skills oft wichtiger als einzelne Zeugnisnoten.

3. These: Es hängt von den Soft Skills ab, wie erfolgreich eine Ausbildung verläuft.

LESEN Umgang mit Texten und Medien

Bestimmt gibt es mehr als 50 verschiedene Soft Skills.
Hier findet ihr eine Liste mit zehn ausgewählten Fähigkeiten.

Zehn wichtige Soft Skills für Ausbildung und Beruf

1 Teamfähigkeit
2 Engagement
3 Zuverlässigkeit
4 Kommunikationsfähigkeit
5 Konfliktfähigkeit
6 Disziplin
7 Flexibilität
8 Empathie
9 Selbstorganisation
10 Kreativität

5 Definiert die Soft Skills **1–4** mit eigenen Worten. Schlagt im Zweifelsfall auf Seite 57 nach. 57

6 Lest die folgenden Definitionen **A–F** und ordnet sie den zehn wichtigen Soft Skills zu:
t tt **5, 6, 7** *ttt* alle.

A Du bist diszipliniert. So schaffst du es, deine Aufgaben auch dann verlässlich zu erfüllen, wenn es dir vielleicht gerade nicht so passt.

B Du bist anpassungsfähig, zum Beispiel kannst du dich schnell in ungewohnte Aufgaben einarbeiten oder mal ganz spontan mit Kollegen / Kolleginnen die Schicht tauschen.

C Mit Meinungsverschiedenheiten kannst du angemessen umgehen. Mit deinen Kolleginnen und Kollegen setzt du dich offen, sachlich und fair auseinander. Du bist bereit, auch andere Auffassungen zu respektieren.

D Du kannst dich in andere einfühlen und auf sie eingehen. Das hilft dir, erfolgreich Kontakte zu Kolleginnen / Kollegen, Vorgesetzen und Kunden / Kundinnen aufzubauen.

E An deine Aufgaben gehst du mit Neugier und Fantasie heran. Du kannst dir ungewöhnliche Lösungsmöglichkeiten vorstellen.

F Du weißt, wann du bestimmte Aufgaben erledigen musst, woher du die nötigen Informationen bekommst und wie du Ablenkungen vermeidest. In vielen Berufen organisieren Mitarbeiter und Mitarbeiterinnen ihren Arbeitsalltag zunehmend selbst, z. B. wenn sie im Homeoffice arbeiten.

Soft Skills vor Hard Skills?

Laut einer Umfrage unter Unternehmensvertretern / Unternehmensvertreterinnen halten 52 Prozent der Befragten Soft Skills für den beruflichen Erfolg für genauso wichtig wie Fachwissen (Hard Skills). 43 Prozent finden Soft Skills sogar wichtiger. Nur 5 Prozent halten Soft Skills für weniger wichtig als Fachwissen.

7 Welches eindeutige Fazit lässt sich aus diesen Umfrageergebnissen ziehen?
Und was kann das für euch bei der Bewerbung um einen Ausbildungsplatz bedeuten?

Kann man Soft Skills lernen oder trainieren?
Sollten Soft Skills bei der Einstellung von Azubis den Ausschlag geben?

ttt **8** Verfasst zu einer dieser beiden Fragen einen **Kommentar**. 330
- Begründet darin euren persönlichen Standpunkt.
- Tragt eure Texte im Plenum vor und diskutiert anschließend eure Statements.

Von Soft Skills zu Chatbots – Wege in die Berufsausbildung

Stärken und Schwächen – eine Grafik auswerten

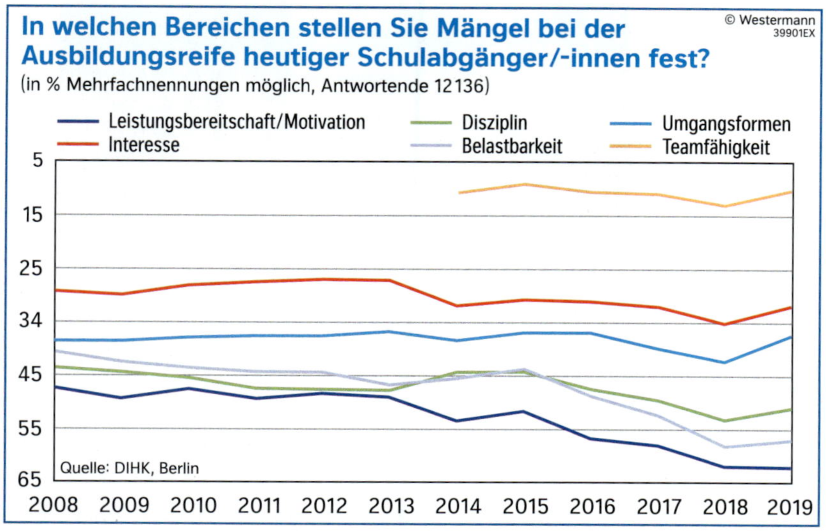

Ausbildungsreife

Bei der Ausbildungsreife geht es vor allem um lebenspraktische Kompetenzen von jungen Leuten, die Voraussetzung für die Teilnahme am Arbeitsleben sind. Es geht nicht um spezifische Anforderungen eines bestimmten Berufes (Berufseignung). Fehlende Ausbildungsreife bei Jugendlichen schließt nicht aus, dass sie diese zu einem späteren Zeitpunkt erreichen können.

INFO

1 Beschreibt das Balkendiagramm:
- Wer wurde befragt?
- Zu welcher Frage wurde Auskunft gegeben?
- Macht Angaben zur Quelle.
- Formuliert die prozentualen Umfrageergebnisse, z. B.: ca. *ca. 63 % der Ausbildungsbetriebe bemängeln die Leistungsbereitschaft und Motivation von Schulabgängern/Schulabgängerinnen. …*
- Erläutert, wie Fähigkeiten und Verhalten der jungen Bewerbergeneration insgesamt eingeschätzt werden.

2 Inwiefern kann die Kenntnis solcher Umfragen dazu beitragen, dass ihr eure Chancen bei der Bewerbung um eine Ausbildungsstelle realistischer einschätzen und möglichst auch verbessern könnt?

3 Bei dieser Umfrage wird durch die Art der Fragestellung der Fokus auf „Mängel" gelenkt.
- Die Grafik zeigt jedoch auch, dass die „Mängel" seit 2018 sichtbar abnehmen.
  Welche Stärke ist besonders gut ausgeprägt?
  Welche vier anderen Bereiche entwickeln sich im Trend ebenfalls positiv seit 2018?
- Probiert einmal aus, wie sich die Umfrageergebnisse lesen, wenn die Frage gelautet hätte:
  „In welchen Bereichen sind Sie mit der Entwicklung bei der Ausbildungsreife heutiger Schulabgänger/Schulabgängerinnen zufrieden?"
- Welche Art der Fragestellung ist euch als Leser / Leserinnen lieber? Begründet eure Entscheidung.

4 Keiner kann alles. Jeder Mensch hat Stärken und Schwächen. Wo liegen sie bei euch? Seht euch die in der Grafik genannten Fähigkeiten an und schätzt euch selbst auf einer Skala von 1 bis 10 ein.

1 2 3 4 5 6 7 8 9 10

Schwäche **Verbesserungsbedarf** **Stärke**

LESEN Umgang mit Texten und Medien

Von Soft Skills zu Chatbots – Wege in die Berufsausbildung

Bewerbung via Chatbots – Informationen diskutieren

INFO

Chatbot

Ein **Chatbot** oder kurz **Bot** ist ein textbasiertes Dialogsystem. Es erlaubt das Chatten mit einem technischen System als Partner. Es gibt je einen Bereich zur Texteingabe und Textausgabe, über die sich in natürlicher Sprache mit dem System kommunizieren lässt. Mit steigenden Computerleistungen können Chatbot-Systeme immer schneller auf immer umfangreichere Datenbestände zugreifen und daher intelligente Dialoge für Nutzer und Nutzerinnen bieten.

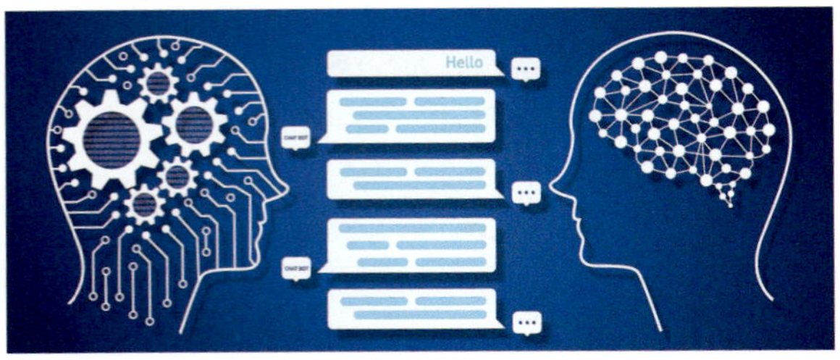

1 Lest den folgenden Artikel aus dem Internet.
- Sucht dabei gezielt nach Antworten auf diese Fragen:
  1. Wie funktionieren Chatbots im Bewerbungsverfahren?
  2. Was erhofft man sich auf Unternehmensseite?
  3. Wie können Bewerber von Chatbots profitieren?
  4. Welche Nachteile können sich ergeben?
- Notiert Zeilenangaben und vergleicht eure Antworten.

Chatbots im Bewerbungsverfahren (Text verändert)

Daniela Lukaßen-Held

A Bewerben ganz ohne Mappe, Zeugnisse und Co. – Chatbots, auch *Recruitingbots*[1] oder *Careerbots*[2] genannt, versprechen genau das. Der Begriff *Chatbot* setzt sich aus dem englischen Wort für plaudern – Chat – und der Abkürzung für Roboter – Bot – zusammen. Genauso wie ihre Systembrüder und -schwestern, die schon länger im Kundendialog oder beim Service eingesetzt werden, übernehmen sie dabei die Funktion von menschlichen Kolleginnen / Kollegen.

B Wie ein Personaler / eine Personalerin[3] stellen sie Fragen und beantworten Fragen, zum Beispiel zu der ausgeschriebenen Stelle oder den Karriere- und Ausbildungsmöglichkeiten im Unternehmen. Sie erstellen Profile der Kandidaten / Kandidatinnen und filtern so passende Bewerber / Bewerberinnen für eine vakante[4] Stelle heraus.

C Vor allem für Großkonzerne mit einer Vielzahl von Bewerbungen bringt dieses Hilfsmittel eine große Zeitersparnis mit sich, weil das aufwendige Sichten von Unterlagen entfällt. Gleichzeitig verspricht man sich mehr Objektivität[5]: Während im direkten Gespräch immer Sympathie und andere persönliche Faktoren eine Rolle spielen, entscheidet bei der Bewerbung über Chatbots nur ein Algorithmus[6] anhand der ermittelten Daten darüber, ob es passt oder nicht.

D Anders als ein Personaler / eine Personalerin ist der Chatbot zudem im Dauereinsatz. Urlaub, Wochenenden und Feierabend gibt es für ihn nicht. Die Kommunikation ist also rund um die Uhr möglich. Davon profitieren auch Bewerber und Bewerberinnen.

E Das Prinzip der *Careerbots*: Bewerberinnen/ Bewerber öffnen das entsprechende Dialogfenster auf den Internetseiten des jeweiligen Unternehmens oder via Social Media. Unmittelbar nach dem Öffnen des Dialogs erfolgt eine Reaktion des Chatbots. Es werden den Bewerbern / Bewerberinnen Fragen gestellt, und durch deren Antworten erhält das Unternehmen relevante[7] Informationen für die Besetzung der Stelle. Auch die Bewerber / Bewerberinnen können Fragen stellen und so mehr über das Unternehmen erfahren.

F Doch das Recruiting mithilfe von Chatbots hat auch Nachteile: Es besteht die Gefahr, dass der Chatbot eigentlich passende Bewerber und Bewerberinnen aussiebt, weil sie zum Beispiel bestimmte Keywords[8] nicht verwendet haben – oder wertvolle Soft Skills außer Acht lässt.

2 Erarbeite dir den Text auf Seite 62 mithilfe der **Sechs-Schritt-Lesemethode**. 337

- Ordne diese Zwischenüberschriften den Absätzen **A** bis **F** zu.
  Chatbots als digitale Dialogpartner
  Algorithmen für Zeitersparnis und mehr Objektivität
  Herausfiltern von geeigneten Bewerbern und Bewerberinnen
  Allzeit einsatzbereit
  Nachteile von Career-/Recruitingbots
  Das Prinzip von Career-/Recruitingbots
- Lege einen Notizzettel an. Nutze die Notizen für eine mündliche Wiedergabe.

3 Erarbeite dir den Text auf Seite 62 mithilfe der **Sechs-Schritt-Lesemethode**. 337

- Formuliere **eigene** Zwischenüberschriften für die Absätze **A** bis **F**.
- Lege einen Notizzettel an. Nutze die Notizen für eine mündliche Wiedergabe.

4 Diskutiert eure Standpunkte: Würde es euch gefallen, wenn der erste Personaler, dem ihr bei einer Bewerbung begegnet, ein Chatbot ist?

5 Was ist bei der Kommunikation mit Chatbots wichtig?

- Entnehmt dem folgenden Text die Tipps und notiert sie in Kurzform mit Infinitiven.
- Gestaltet ein Plakat – z. B. mithilfe von *Sketchnotes*. 338
  Präsentiert das Plakat der Klasse und erläutert die Tipps.

So überzeugst du die Maschine (Text verändert)

Daniela Lukaßen-Held

Auf die „Algorithmen-Personaler" sollte man gut vorbereitet sein. Wichtig ist es, dass du in der Kommunikation mit Chatbots auf kurze Formulierungen achtest. Denn häufig sind die Systeme heute noch nicht in der Lage, mit komplizierten Satzkonstruktionen umzugehen. Wähle zudem Begriffe, die dir bereits in der Stellenausschreibung des Unternehmens aufgefallen sind und binde diese in die Kommunikation mit dem Chatbot ein. Denn da am Ende Algorithmen darüber entscheiden, ob du für die Stelle infrage kommst und dabei Keywords eine entscheidende Rolle spielen, darfst du diese Begriffe nicht außer Acht lassen. Besonders solche Begriffe, die konkrete fachliche Anforderungen beschreiben, sind eine gute Wahl. Darüber hinaus ist eine fehlerfreie Schreibweise bedeutend. Auch wenn Chatbots häufig dazu verlocken, schnell zwischen Tür und Angel etwas in das Dialogfeld einzutippen, solltest du immer auf die korrekte Rechtschreibung achten. Falsch geschriebene Wörter werden oftmals nicht erkannt. Klar ausdrücken musst du dich auch, wenn du dem Chatbot deinerseits Fragen stellst. Fasse dich dabei ebenfalls kurz und greife auf Begriffe zurück, die das Unternehmen auf seinen Internetseiten und in seinen Stellenausschreibungen verwendet. So hast du die besten Chancen auf Antworten, die dir tatsächlich weiterhelfen. Ein sauberes Arbeiten und eine gute Vorbereitung sind also nicht nur in herkömmlichen Bewerbungsunterlagen von großer Bedeutung. Auch die Maschinen freuen sich darüber.

[1] Recruiting, das: das Suchen von qualifizierten Arbeitskräften
[2] career (engl.): Beruf, Karriere
[3] Personaler, der / Personalerin, die: Mitarbeiter / Mitarbeiterin der Personalabteilung eines Unternehmens
[4] vakant: frei, unbesetzt
[5] Objektivität, die: Unvoreingenommenheit, Sachlichkeit
[6] Algorithmus, der: Rechenvorgang nach einem bestimmten, sich wiederholenden Schema
[7] relevant: wichtig, wertvoll
[8] Keyword, das: ein Schlüsselwort, nach dem z. B. ein Chatbot sucht

Von Soft Skills zu Chatbots – Wege in die Berufsausbildung

Bewerbung via Videokonferenz und Smartphone

1 Das Foto zeigt ein digitales Bewerbungsgespräch via Videokonferenz.
- Beschreibt die Situation und vergleicht sie mit einem herkömmlichen Vorstellungsgespräch.
- Wenn ihr bei einer Bewerbung die Wahl hättet: Welche Gesprächsform würdet ihr bevorzugen?

2 Lest die folgende Mitschrift eines Podcasts[1] vom Westdeutschen Rundfunk mit verteilten Rollen:

im Gespräch
Redakteur (WDR)
Autorin Ingrid Bertram

Einblendungen im O-Ton[2]
Verlagsangestellte
Bewerberin Pauline Pfuhl
Andre Habrok, Angestellter der IHK, NRW[3]

Digitales Vorstellungsgespräch (Text verändert)

Ingrid Bertram, WDR; Transkription: Ursula Sassen

Redakteur: Seit Corona mussten viele Unternehmen bei Bewerbungsgesprächen auf Videoschalten[4] umschwenken. Frau Bertram, ist das eine völlig neue Situation auch für die Bewerberinnen und Bewerber?

Autorin: Klare Antwort: Jein. *(lacht)* Was sicher komplett anders ist, ist das Medium. Und das birgt gerade jetzt, wo viele Unternehmen sich gerade erst damit befassen, noch ziemliche Hürden. Ich habe zum Beispiel das Bewerbungsgespräch für eine ausgeschriebene Ausbildungsstelle in einem Verlag mitverfolgt, und das hörte sich so an: (O-Ton Verlagsangestellte) *„Okay – jetzt höre ich Sie auch. Okay, Sie haben sich auf die Stelle zur Kauffrau für Marketingkommunikation beworben …"*
Und was dann folgte, war so leise, dass ich es nicht einmal aufnehmen konnte. Die Bewerberin Pauline Pfuhl musste sich dann immer wiederholen. Das Bild kam verzögert an, und da heißt es natürlich Nerven bewahren. (O-Ton Pauline) *„Da ist man ja dennoch aufmerksam. Wenn etwas nachgefragt wird, wiederholt man es nochmal, je nachdem wie die Audio-Verschiebung ist oder die Bildverschiebung. Das ist auch eigentlich kein großes Problem, es ist normal. Für manche Menschen und manche Arbeitgeberinnen und Arbeitgeber ist das eben Neuland. Und dann kann man nicht viel dran machen."*

Redakteur: Oh, ich bin schon jetzt mittendrin und gefühlt wahnsinnig! Wenn ich unter diesen Bedingungen ein Vorstellungsgespräch hätte – ich wäre doppelt nervös. Also, was kann ich denn machen, damit ich zumindest von meiner Seite dieses Problem vermeide?

Autorin: Man kann sich auf jeden Fall darauf vorbereiten. Das Problem ist, dass es viele unterschiedliche Tools gibt, die Unternehmen nutzen. Also – vorher sich darüber schlau machen! Sich die Plattform, wenn man sie noch nicht genutzt hat, rechtzeitig installieren und am besten ausprobieren. Rät auch Andre Habrock von der IHK NRW: (O-Ton) *„Das ist natürlich digital super einfach. Ich kann Freunde anrufen und fragen: ‚Hey, könnt ihr mich mal mit einer Webcam anrufen – mit welchem Tool auch immer – dass wir mal ein Bewerbungsgespräch üben?' Und dabei merkt man dann ganz schnell, ob das WLAN stabil genug ist und ob die Lautstärke auch stimmt."*

Redakteur: Okay! Technik ist die eine Hürde, aber wie sieht es mit der Optik aus? Ist es mit digitalen Gesprächen wirklich nicht anders als im Live-Gespräch? Bei Videokonferenzen kommt es ja auf tausend Sachen an – also Distanz zur Kamera – in welchem Winkel sitze ich da? Und das sieht dann ganz schnell mal ganz komisch aus.

Autorin: Ja – nein, also im Grunde nicht. Nur muss man sich bewusst sein, dass die Kamera einen verzerren kann. Daher sind Höhe und Winkel der Kamera schon wichtig. Am besten ein, zwei Bücher unter den Laptop legen. Dann wird man schon mal nicht untersichtig[5] mit dem Doppelkinn aufgenommen. Und auch auf das Licht achten. Sitze ich im Gegenlicht oder nicht, sonst hat man ja schnell so einen Scherenschnitt. Dann lohnt es sich auch, auf den Hintergrund zu achten: Also, Unterhosen auf der Wäscheleine sind nicht so toll. Besser einen neutralen Hintergrund wählen. Und dann könnte man meinen, ich werde ja nur bis zum Bauch gesehen. Also kann ich oben Blazer und unten eine Jogginghose anziehen. Aber Pauline macht das ganz anders. (O-Ton) *„Ich finde es dann sehr unprofessionell, oben schick und unten mit Jogginghosen. Das finde ich einfach nicht schön. Das macht auch die Ausstrahlung als Menschen anders."* Auch die IHK erklärte mir, die Kleiderordnung ändert sich eigentlich in digitalen Bewerbungsgesprächen nicht. Deswegen: Man muss sich nicht nur wie üblich inhaltlich, sondern auch vor allem technisch auf ein Bewerbungsgespräch im Netz vorbereiten.

3 Erläutert die Probleme, die in einem digitalen Vorstellungsgespräch auftreten können.
- Bewertet, wie Bewerberin Pauline damit umgegangen ist. An welcher Stelle wirkt sie kritisch und etwas resigniert?
- Zu welchem Fazit kommt die Autorin am Ende des Beitrags?

4 Geht den Text durch: Notiert Tipps, die Bewerberinnen und Bewerbern für Vorstellungsgespräche via Videokonferenz gegeben werden.
Bei technischen Problemen Nerven bewahren, …
- Welche der Tipps sind auch für Unternehmen nützlich?
- Recherchiert weitere Tipps im Internet.

[1] Podcast, der: (Radio)Beitrag o. Ä., der als Audiodatei im MP3-Format im Internet zum Herunterladen oder Streamen angeboten wird
[2] O-Ton: Originalton, eine Einblendung im O-Ton
[3] IHK, NRW: Industrie- und Handelskammer Nordrhein-Westfalen
[4] Videoschalte, Schalte, die: Funk-, Fernsehjargon für Schaltung
[5] untersichtig: mit der Kamera aus der Untersicht-Perspektive („Froschperspektive") aufgenommen

5 Erprobt nun selbst in der Gruppe Vorstellungsgespräche via Videokonferenz.
- Nutzt die Tipps und bereitet euch technisch und inhaltlich darauf vor.
- Jeder nimmt einmal die Rolle des Bewerbers / der Bewerberin ein.
- Die anderen übernehmen die Rollen des Personalers / der Personalerin oder fungieren als Beobachter / Beobachterinnen.
- Wertet eure Videokonferenz aus: Was hat gut funktioniert? Was weniger? Und woran hat es gelegen?

6 Erschließt euch den folgenden Online-Artikel und tauscht euch aus:
- Worum geht es? Was habt ihr nach dem ersten Lesen behalten?
- Erklärt die gelb markierten Fach- und Fremdwörter.
- Nennt einige Soft Skills, die an der grün markierten Stelle im Text stehen könnten.
- Formuliert passende Zwischenüberschriften für die Textabschnitte **A**, **B** und **C**.

Videobewerbung – der neue Trend im Recruiting*

Maren Hallin

A Mal Hand aufs Herz, welches Gerät haben wir immer und überall bei uns? Klar, das Smartphone! Ein Großteil unserer To-dos werden damit abgewickelt. Und wie ist das mit der Jobsuche und dem Bewerben? Normalerweise heißt das immer noch zurück an den Schreibtisch und Laptop auf. Muss es aber gar nicht mehr! Mithilfe von speziellen Bewerbungs-Apps halten Videos vermehrt Einzug in den Bewerbungsprozess und bringen für Bewerbende und Unternehmen gleichermaßen Vorteile.

B „Your Time to shine" – Ganz klar, ein Video gibt dir die Möglichkeit, einen ersten persönlichen Eindruck bei der Bewerbung zu hinterlassen. Du kannst zeigen, wer du bist und was du draufhast, und den Personaler/die Personalerin mit deiner Persönlichkeit überzeugen. Im Video kannst du wertvolle Soft Skills, wie z. B. ..., direkt unter Beweis stellen. Bevor du Zeit mit umständlichen Formulierungen im Anschreiben verlierst, transportiert eine knackige Message über Video nicht nur viel mehr von deiner Persönlichkeit, sondern spart dir vor allem Zeit.

C Aber wollen die Arbeitgeberinnen/Arbeitgeber das überhaupt? Ja – und es gibt gute Gründe dafür. Immer mehr Personaler/Personalerinnen setzen Apps für Video-Bewerbungen ein, um zum einen die junge Zielgruppe zu erreichen, die heutzutage vermehrt ihr Smartphone zur Jobsuche verwendet. Und zum anderen wird so der Auswahlprozess effizient gestaltet. Denn die Kurzvideos können binnen weniger Minuten angesehen und anhand von festgelegten Kriterien, wie z. B. Motivation, Präsentationsfähigkeit oder Persönlichkeit, bewertet werden. So können Personalerinnen/Personaler gleich zu Beginn ein wichtiges Entscheidungskriterium berücksichtigen – die Persönlichkeit der Bewerberin/des Bewerbers.

7 Die meisten Texte verfolgen mehrere sprachliche Intentionen (Absichten): Sie können zum Beispiel *informierend, appellierend, argumentativ überzeugend* und *werbend* sein:
- Untersucht daraufhin den Online-Artikel und nennt jeweils Textbelege.
- Welche Intention steht deiner Meinung nach in diesem Artikel an erster Stelle? Begründe deine Einschätzung.

8 Diskutiert, ob ihr euch gern per Video-App bewerben würdet. Argumentiert und begründet eure Standpunkte.

* Text verändert

Von Soft Skills zu Chatbots – Wege in die Berufsausbildung

Berufsausbildungsvertrag: Rechte und Pflichten

Wenn ihr die Zusage für einen Ausbildungsplatz in der Tasche habt, müsst ihr – bevor es mit der Ausbildung tatsächlich losgeht – einen Ausbildungsvertrag unterschreiben. Das ist ein wichtiger Schritt mit weitreichenden Konsequenzen. Mit eurer Unterschrift geht ihr für die nächsten Jahre eine Reihe von Verpflichtungen ein. Lest also zuvor den Vertrag sehr sorgfältig und scheut euch nicht, im Zweifelsfalle genau nachzufragen.
Im Folgenden findet ihr kurze Auszüge aus dem Muster für einen Berufsausbildungsvertrag[1].

1 Tauscht euch über diesen ersten Textauszug aus:
- Welches Gesetz schreibt einen schriftlichen Ausbildungsvertrag vor?
- Beschreibt die Gliederungselemente des Vertragsmusters.
- Wer sind die Vertragspartner/Vertragspartnerinnen und wie werden sie bezeichnet?
- Gebt wieder, welche Sachverhalte die **Paragrafen (§) 1** und **3** enthalten.

Berufsausbildungsvertrag
(§§ 10, 11 Berufsbildungsgesetz – BBiG)

Zwischen ______________________________
(Name und Anschrift des/der Ausbildenden (des Ausbildungsbetriebs))

und ______________________________, geb. am __________,
(Name und Anschrift der Auszubildenden/des Auszubildenden)

gesetzlich vertreten durch ______________________________

wird nachstehender Berufsausbildungsvertrag zur Ausbildung im Ausbildungsberuf
____
[…]

nach Maßgabe der Ausbildungsordnung geschlossen:

§ 1 – Dauer der Ausbildung

1. (Dauer)
Die Ausbildungsdauer beträgt nach der Ausbildungsordnung ________ Jahre/Monate.
[…]
Das Berufsbildungsverhältnis beginnt am ____________ und endet am ____________.

2. (Probezeit)
Die Probezeit beträgt ___ Monate. Wird die Ausbildung während der Probezeit um mehr als ein Drittel dieser Zeit unterbrochen, so verlängert sich die Probezeit um den Zeitraum der Unterbrechung.
[…]

§ 3 – Ausbildungsstätte

Die Ausbildung findet […] in ______________________________
(Ausbildungsstätte)

und den mit dem Betriebssitz für die Ausbildung üblicherweise zusammenhängenden Bau-, Montage- und sonstigen Arbeitsstellen statt.

[1] Empfehlung des Hauptausschusses des Bundesinstitutes für Berufsbildung vom 14. April 2020 zum Ausbildungsvertragsmuster, www.bundesanzeiger.de veröffentlicht am 26. Mai 2020

§ 4 – Pflichten des/der Ausbildenden

Der/die Ausbildende verpflichtet sich,

1. (?) dafür zu sorgen, dass der/ dem Auszubildenden die berufliche Handlungsfähigkeit vermittelt wird, die zum Erreichen des Ausbildungsziels erforderlich ist, und die Berufsausbildung […] so durchzuführen, dass das Ausbildungsziel in der vorgesehenen Ausbildungszeit erreicht werden kann;

2. (?) selbst auszubilden oder eine/einen persönlich und fachlich geeignete/geeigneten Ausbilderin/Ausbilder ausdrücklich damit zu beauftragen und diese/diesem der/dem Auszubildenden […] schriftlich bekannt zu geben;

3. (?) der/dem Auszubildenden vor Beginn der Ausbildung die Ausbildungsordnung kostenlos auszuhändigen;

4. (?) der/dem Auszubildenden kostenlos die Ausbildungsmittel, insbesondere Werkzeuge, Werkstoffe und Fachliteratur, zur Verfügung zu stellen, die für die Ausbildung […] erforderlich sind;

5. (?) die Auszubildende/den Auszubildenden zum Besuch der Berufsschule anzuhalten und freizustellen […];

6. (?) schriftliche oder elektronische Ausbildungsnachweise der/dem Auszubildenden für die Berufsausbildung kostenfrei zur Verfügung zu stellen und ihr/ihm Gelegenheit zu geben, die Ausbildungsnachweise während der Ausbildungszeit am Arbeitsplatz zu führen. Die/der Ausbildende wird die Auszubildende/den Auszubildenden zum ordnungsgemäßen Führen der Ausbildungsnachweise anhalten und dies durch regelmäßige Abzeichnung oder in sonstiger geeigneter Weise bestätigen;

7. (?) der/dem Auszubildenden nur Aufgaben zu übertragen, die dem Ausbildungszweck dienen und ihren/seinen körperlichen Kräften angemessen sind;

8. (?) dafür zu sorgen, dass die/der Auszubildende charakterlich gefördert sowie sittlich und körperlich nicht gefährdet wird;

9. (?) sofern die/der Auszubildende noch nicht 18 Jahre alt ist, sich Bescheinigungen […] darüber vorlegen zu lassen, dass sie/er a) vor der Aufnahme der Ausbildung ärztlich untersucht und b) vor Ablauf des ersten Ausbildungsjahres nachuntersucht worden ist;

10. (?) unverzüglich nach Abschluss des Berufsausbildungsvertrages die Eintragung in das Verzeichnis der Berufsausbildungsverhältnisse bei der zuständigen Stelle zu beantragen […];

11. (?) die Auszubildende/den Auszubildenden […] rechtzeitig zu den angesetzten Zwischen- und Abschlussprüfungen anzumelden und für die Teilnahme freizustellen.

2 Worum geht es in **Paragraf 4**?
- Welche Rechte für euch als Auszubildende könnt ihr diesem Paragrafen entnehmen?
- Welcher der elf Punkte ist euch besonders wichtig? Begründet.

3 In **zwei Punkten** ist von kostenlosen Materialien die Rede, die euch während der Ausbildung zur Verfügung gestellt werden. Lest nach und ermittelt, was alles dazugehört.

4 **Punkt 8** dient eurem Schutz in besonderer Weise. Umschreibt mit eigenen Worten, was damit gemeint ist.

5 Ordnet **Paragraf 4** anstelle der Fragezeichen (?) die passenden **Stichwörter** rechts zu.

Ärztliche Untersuchungen
Anmeldung zu Prüfungen
Ausbilder/Ausbilderinnen
ausbildungsbezogene Tätigkeiten
Ausbildungsmittel
Ausbildungsordnung
Ausbildungsziel
Besuch der Berufsschule
Eintragungsantrag
Sorgepflicht
Führen von schriftlichen oder elektronischen Ausbildungsnachweisen

§ 5 – Pflichten der/des Auszubildenden

Die/Der Auszubildende hat sich zu bemühen, die berufliche Handlungsfähigkeit zu erwerben, die erforderlich ist, um das Ausbildungsziel zu erreichen. Sie/Er verpflichtet sich insbesondere,

1. (?) die ihr/ihm im Rahmen ihrer/seiner Berufsausbildung übertragenen Aufgaben sorgfältig auszuführen;

2. (?) am Berufsschulunterricht und an Prüfungen sowie an Ausbildungsmaßnahmen [...] teilzunehmen; für die sie/er [...] freigestellt [...] wird;

3. (?) den Weisungen zu folgen, die ihr/ihm im Rahmen der Berufsausbildung von Ausbildenden [...] oder von anderen weisungsberechtigten Personen [...] erteilt werden;

4. (?) die für die Ausbildungsstätte geltende Ordnung zu beachten;

5. (?) Werkzeug, Maschinen und sonstige Einrichtungen pfleglich zu behandeln und sie nur zu den ihr/ihm übertragenen Arbeiten zu verwenden;

6. (?) über Betriebs- und Geschäftsgeheimnisse Stillschweigen zu wahren;

7. (?) die vorgeschriebenen schriftlichen Ausbildungsnachweise ordnungsgemäß zu führen und regelmäßig vorzulegen;

8. (?) bei Fernbleiben von der betrieblichen Ausbildung, vom Berufsschulunterricht oder von sonstigen Ausbildungsveranstaltungen dem/der Ausbildenden unter Angabe von Gründen unverzüglich Nachricht zu geben; bei einer Arbeitsunfähigkeit infolge von Krankheit, die länger als drei Kalendertage dauert, hat die/der Auszubildende eine ärztliche Bescheinigung [...] spätestens an dem darauffolgenden Arbeitstag vorzulegen [...];

9. (?) soweit auf sie/ihn die Bestimmungen des Jugendarbeitsschutzgesetzes Anwendung finden, sich [...] ärztlich a) vor Beginn der Ausbildung untersuchen b) vor Ablauf des ersten Ausbildungsjahres nachuntersuchen zu lassen und die Bescheinigungen hierüber dem/der Ausbildenden vorzulegen.

6 **Paragraph 5** behandelt die Pflichten, die Auszubildende gegenüber ihrem Ausbildungsbetrieb haben. In einigen Punkten stehen Dinge, die eigentlich selbstverständlich sein sollten; andere mögen euch ungewohnt erscheinen. Tauscht euch aus.

7 In einem Merkblatt zum Berufsausbildungsvertrag sind einige Regeln genauer ausgeführt.
- Zu welchen Punkten von **§ 5** gehören die Erläuterungen **A** und **B**.
- Was fügen sie diesen Punkten inhaltlich hinzu?

A Die für die Ausbildungsstätte geltende Ordnung kann z. B. betreffen: Sicherheits- und Unfallverhütungsvorschriften, Anlegen von Schutzkleidung, Vorschriften über das Betreten von bestimmten Räumen, Benutzungsordnungen für Sozialeinrichtungen, allgemeine Hausordnung usw.

B Die Auszubildenden haben über die ihnen als Betriebs- und Geschäftsgeheimnisse bezeichneten Tatsachen hinaus auch dann Stillschweigen zu bewahren, wenn sie eindeutig erkennen mussten, dass es sich um Betriebs- und Geschäftsgeheimnisse handelt.

8 Ordnet **Paragraf 5** anstelle der Fragezeichen (?) die folgenden **Stichwörter** zu:

Ärztliche Untersuchungen ***Lernpflicht*** ***Benachrichtigung bei Fernbleiben***
Betriebliche Ordnung ***Sorgfaltspflicht*** ***Weisungsgebundenheit***
Betriebsgeheimnisse ***Pfleglicher Umgang mit Maschinen und Werkzeug***
Führen von schriftlichen oder elektronischen Ausbildungsnachweisen

9 Worauf sollten künftige Azubis beim Abschluss eines Ausbildungsvertrages achten? Recherchiert im Internet. Erstellt eine Bildschirm-Präsentation für einen Kurzvortrag in der Klasse. 52

Crashkurs: Bewerbungen schreiben

Anschreiben untersuchen

In diesem Kapitel findet ihr auf wenigen Seiten übersichtlich versammelt, was im Wesentlichen zu den klassischen schriftlichen Bewerbungsunterlagen gehört.

1 Greift zunächst auf euer Vorwissen zurück. Ruft euch wichtige Vorgaben für das Bewerbungsschreiben (kurz: **Anschreiben**) wieder ins Gedächtnis:
- Beschreibt den formalen und inhaltlichen Aufbau des Anschreibens auf Seite 71.
- Nutzt dazu die blau und grau markierten **Anregungen** am Rand.

2 Ordnet folgende Angaben zu den Adressen in der korrekten Reihenfolge:
- **Absenderin, Absender:** *E-Mail-Adresse / Postleitzahl und Ort / Straße und Hausnummer / Telefonnummer, -n / Vor- und Nachname*
- **Empfänger, Empfängerin:** *Herrn/Frau – Vor- und Nachname / offizieller Firmenname / Postleitzahl und Ort / Straße und Hausnummer*

3 Vermeidet typische Fehler bei der Rechtschreibung und Zeichensetzung: Ergänzt die folgenden Sätze sinnvoll mit: *Doppelpunkt, großgeschrieben, Komma, Komma, Punkt.*

a) Am Ende der Betreffzeile steht kein …
b) Hinter der Anrede steht ein …
c) Beim Siezen werden die Anredepronomen …
d) Nach der Grußformel steht kein …
e) Hinter „Anlagen“ steht kein …

4 Prüft, wie folgende Informationen in dem Anschreiben auf Seite 71 umgesetzt sind.

INFO

Sich schriftlich bewerben: Das Anschreiben

Das Anschreiben ist ein offizieller **Brief** und dient der schnellen Information. Es wird nach bestimmten Vorgaben **übersichtlich** aufgebaut, passt auf eine **DIN-A4-Seite** und sollte **fehlerfrei** sein.
- Man wählt **schnörkellose Schriftarten**, z. B. Arial (Schriftgröße 11) oder Calibri (Schriftgröße 12).
- Die **Seitenränder** (links/rechts/oben/unten) betragen circa 20 bis 25 mm.
- Der Text wird bis auf wenige Ausnahmen **linksbündig** ausgerichtet.
- Der **Briefkopf** besteht aus **Absender-** und **Empfängeradresse**, **aktuellem Datum** und der **Betreffzeile** die **fett** formatiert wird. (Vorgaben zu den **Leerzeilen** beachten.)
- Auf die höfliche **Anrede** folgt der eigentliche **Brieftext**, in dem die Bewerbung dargestellt wird. Der Text sollte zwar kurz, aber trotzdem aussagekräftig sein. Angaben zur Eignung und Fähigkeiten werden konkret belegt. Durch **Leerzeilen** wird der Text in Sinnabschnitte gegliedert.
- Mit der üblichen freundlichen **Grußformel** verabschiedet man sich. Darunter wird die **handschriftliche Unterschrift** in blauer oder schwarzer Tinte eingefügt (Vorgaben zu den **Leerzeilen** beachten.)
- Am Ende führt man den Stichpunkt **Anlagen** auf. Die angelegten Dokumente (Lebenslauf, Schul-, Praktikumszeugnisse, Zertifikate …) können darunter aufgelistet werden – müssen es aber nicht.

Im Anschreiben stellen Bewerbende sich selbst wahrheitsgemäß positiv und selbstbewusst dar. Man möchte mit seinen Stärken überzeugen. Deshalb macht man nicht auf persönliche Schwächen aufmerksam und verzichtet auch auf Formulierungen wie *voraussichtlich, ich würde …, es wäre …*

Anschreiben[1]

Circa 25 mm für den **linken Rand** …

Für den **oberen** und **rechten Rand** circa 20 mm

Rebecca Amiri
Lärchenweg 3
12345 Neustadt
Tel.: 01234 56789
E-Mail: rebecca-amiri@webnet.de

Alles **linksbündig** ausrichten, außer …

Zum **Absender** folgende Angaben machen … Reihenfolge beachten!

3 Leerzeilen nach …

Anwaltskanzlei Richardson & Partner
– Herrn Dr. Tobias Vogt –
Schillerstraße 5
12345 Neustadt

In die **Adresse des Empfängers** gehören … Reihenfolge beachten!

3 Leerzeilen nach …

24. Oktober 2021

Aktuelles Datum …

2 Leerzeilen nach …

Bewerbung um einen Ausbildungsplatz als Rechtsanwaltsfachangestellte

In die **Betreffzeile** gehören …

2 Leerzeilen nach …

Sehr geehrter Herr Dr. Vogt,

Die **Anrede** besteht aus …

1 Leerzeile nach …

über die Jobbörse AZUBInow bin ich auf Ihr Ausbildungsangebot aufmerksam geworden. Auf Ihrer Homepage habe ich mich über Ihre Kanzlei informiert. Die Arbeit in einer so großen und breit gefächerten Anwaltskanzlei interessiert mich sehr. Besonders wichtig ist mir, dass ich bei Ihnen eine fundierte Ausbildung in allen wesentlichen Aufgabenfeldern einer Rechtsanwaltsfachangestellten erhalten kann. Deshalb bewerbe mich bei Ihnen.

Achtung! **Anredepronomen** werden …

Im **1. Textabschnitt** schreiben, woher du … warum du … dass du dich …

Jeweils **1 Leerzeile** nach jedem …

Mein Berufswunsch wurde durch ein Schülerpraktikum gefestigt. In der Steuerkanzlei Dr. Schmidt & Partner in Neustadt habe ich erste Einblicke in verschiedene Tätigkeitsbereiche des Berufsfeldes gewonnen und Gefallen an den Aufgaben gefunden. Insbesondere liegen mir Büro- und Verwaltungstätigkeiten, wie z. B. Termine vereinbaren, Akten führen, Rechnungen erstellen oder Zahlungseingänge verbuchen. Sie suchen in Ihrer Annonce zuverlässige und belastbare Auszubildende, die Freude an präziser Arbeit haben und über gute Deutsch- und Englischkenntnisse in Wort und Schrift verfügen. Diese persönlichen Stärken bringe ich mit – wie auch meine Schulnoten belegen. In meinem Praktikumszeugnis hat man mir bescheinigt, dass ich die mir gestellten Aufgaben engagiert und stets sorgfältig und zuverlässig ausgeführt habe.

Im **2. Textabschnitt** den Berufswunsch konkret begründen. Auf Anforderungen im Ausbildungsangebot eingehen. Die persönliche Eignung und Qualifikationen betonen, dabei auf Referenzen verweisen. Qualifikationen begründen … Motivation verdeutlichen …

Zurzeit besuche ich die Heinrich-Heine-Schule in Neustadt, die ich im Juli nächsten Jahres mit dem Mittleren Schulabschluss (Erweiterter Sekundarabschluss I) erfolgreich abschließen werde.

Im **3. Textabschnitt** Angaben zu …

Gern biete ich an, in den Frühjahrsferien ein Praktikum bei Ihnen zu absolvieren, damit Sie sich von mir und meinen Fähigkeiten überzeugen können.

Im **4. Textabschnitt** gegebenenfalls anbieten …

Auf eine Einladung zu einem persönlichen Gespräch freue ich mich sehr.

Im **5. Textabschnitt** …

Mit freundlichen Grüßen

Rebecca Amiri

Höfliche **Grußformel** … Handschriftliche **Unterschrift** …

3 Leerzeilen für …

Anlagen
Lebenslauf mit Foto
Letztes Schulzeugnis
Praktikumszeugnis

Unter **„Anlagen"** können die beigefügten Dokumente …

Für den **unteren Rand** …

[1] Dieses Anschreiben ist nach Empfehlungen der Bundesagentur für Arbeit erstellt, Stand: Februar 2021.

Schreiben und Präsentieren

Crashkurs: Bewerbungen schreiben

Lebenslauf untersuchen

1 Schaut euch den tabellarischen Lebenslauf auf Seite 73 aufmerksam an. Tauscht euch über folgende Fragen aus. Beachtet dabei die Hinweise in den Randbemerkungen.

- Über welche Aspekte des Lebens informiert der Lebenslauf?
- Wie ist der Lebenslauf aufgebaut, gegliedert?
- Wie ist der Text formuliert – wie formatiert?

2 Prüft den Lebenslauf auf Seite 73 mithilfe des folgenden Infokastens. Tauscht euch aus, wie einzelne Punkte aus dem Kasten konkret im Lebenslauf umgesetzt sind.

INFO

Bewerbung: Tabellarischer Lebenslauf

Der Lebenslauf ist ein wichtiger Bestandteil der **schriftlichen Bewerbung** und gehört zu den **Anlagen** des Anschreibens. Informativ, knapp und übersichtlich wird er in **tabellarischer Form** am Computer geschrieben und stichwortartig formuliert. Weil ein Lebenslauf **kein Brief** ist, enthält er keinerlei Anrede- oder Grußformeln.
Der Lebenslauf ist in vier Teilabschnitte gegliedert:

- **Angaben zur Person:** *Name, Anschrift* und *Geburtsdatum* sind Pflichtangaben. Alle weiteren privaten Informationen sind freiwillig. Ebenso freiwillig ist ein *Bewerbungsfoto*. Allerdings wird ein freundliches Foto gern gesehen und man kann damit durchaus punkten.
- **Praktische Erfahrungen:** Erfahrungen mit der Berufswelt nennen, z. B. Praktika, ehrenamtliche Tätigkeiten, Ferienjobs.
- **Schulbildung:** Mit dem Schulabschluss beginnen, dann zeitlich zurückgehen bis zur Grundschulzeit. Genaue Angaben machen zum Zeitraum des jeweiligen Schulbesuchs, zum Namen und Ort der besuchten Schulen.
- **Persönliche Fähigkeiten und Kompetenzen:** Hier kann und soll man sich positiv darstellen. Aber dabei realistisch bleiben, denn in Bewerbungsgesprächen wird hier gern nachgehakt.
  - IT-Kenntnisse und Sprachkenntnisse: z. B. kann man *Grund- oder Basiskenntnisse* angeben oder *gute/sehr gute Kenntnisse*.
  - Persönliche Stärken: nur Qualifikationen nennen, die entweder aus Schul- oder Praktikumszeugnissen hervorgehen oder die man anderweitig überzeugend erklären kann.
  - Hobbys: Hobbys sagen etwas über die Persönlichkeit aus. – Man kann sie angeben, muss es aber nicht.

Zum Schluss versichert man mit **Ort, Datum** und seiner **Unterschrift**, dass die Angaben im Lebenslauf der Wahrheit entsprechen und aktuell sind.

3 Notiert die Angaben in dem Lebenslauf auf Seite 73, die freiwillig sind, also Angaben, die man nicht unbedingt machen muss. Nehmt dazu den Infokasten zu Hilfe.

- Überlegt, warum diese Angaben nicht verpflichtend sind.
- Vermutet, aus welchen Gründen diese Angaben trotzdem in den Lebenslauf aufgenommen wurden.

4 In manchen Lebensläufen stehen weitere freiwillige private Angaben, wie zum Beispiel *Nationalität, Konfession, Namen der Eltern, Berufe der Eltern …*
Diskutiert, ob man unter bestimmten Bedingungen diese oder andere private Angaben in den Lebenslauf aufnehmen sollte.

Lebenslauf[1]

Graue Punkte stehen für empfohlene Leerzeilen.

Lebenslauf

Hier kann ein **Foto** platziert werden – muss aber nicht.

Angaben zur Person

Name: Rebecca Amiri

Anschrift: Lärchenweg 3
12345 Neustadt
Tel.: 01234 56789
E-Mail: rebecca-amiri@webnet.de

Kontaktdaten vollständig angeben! Korrekte **Reihenfolge** beachten!

Geburtstag und -ort: 09. 01. 2006 in Neustadt

Das **Geburtsdatum** angeben, der **Geburtsort** kann – muss aber nicht – angegeben werden.

Praktische Erfahrung

06. 02. 2020–17. 02. 2020 Schülerpraktikum in der Steuerkanzlei Dr. Schmidt & Partner, Neustadt
seit 01. 03. 2019 Mitarbeit beim Inklusionsprojekt „Voltigieren für Kinder“ des Reit- und Fahrvereins, Neustadt

Daten zu **Schulpraktika**, ehrenamtlichen **Tätigkeiten**, Erfahrungen im Arbeitsleben angeben. **Aktuelles zuerst!**

Schulbildung

Schulabschluss: Erweiterter Sekundarabschluss im Sommer 2022
01.08.2016–31.07.2022 Leine-Schule, Neustadt
01.08.2012–31.07.2016 Michael-Ende-Schule, Neustadt

Schulbesuch vollständig dokumentieren. **Aktuelles** zuerst!

Persönliche Fähigkeiten und Kompetenzen

IT-Kenntnisse: Textverarbeitung, Tabellenkalkulation
Sprachkenntnisse: VHS-Kurs „Wirtschaftsenglisch“ mit Zertifikat
Deutsch: sehr gutes Ausdrucksvermögen in Wort und Schrift
Englisch: gute Kenntnisse in Wort und Schrift
Persönliche Stärken: Zuverlässigkeit, Belastbarkeit, Freundlichkeit, Kommunikations- und Organisationsfähigkeit

Qualifikationen angeben, die sich durch Schulnoten, Praktikumszeugnisse, Zertifikate … nachweisen lassen.

Hobbys Lesen, Musizieren (Gitarre), Reiten, Fußball im Verein

Freizeitbeschäftigungen können angegeben werden.

Neustadt, 24. Oktober 2021

Ort, Datum – wie im Anschreiben!

Rebecca Amiri

Unterschrift – wie im Anschreiben!

[1] nach Empfehlungen der Bundesagentur für Arbeit erstellt, Stand: Februar 2021

Schreiben und Präsentieren

Crashkurs: Bewerbungen schreiben

Sich bewerben – Anschreiben und Lebenslauf anfertigen

1 Du hast ein Ausbildungsangebot gefunden, um das du dich bewerben willst. Hier findest du für das Anschreiben und den Lebenslauf **CHECKLISTEN** und **WORTSCHATZ: TEXTBAUSTEINE**, die dich beim Anfertigen der Bewerbungsunterlagen unterstützen. Viel Erfolg!

Anschreiben

CHECKLISTE

- Ich halte die **Vorgaben** für *Seitenränder, Linksbündigkeit, Leerzeilen* ein und wähle eine **Schriftart**, wie Calibri oder Arial mit dem Schriftgrad 11 oder 12.
- Ich beachte, dass das Anschreiben auf **eine DIN-A4-Seite** passt.
- Meine Kontaktdaten **im Absender** sowie die **Empfängeradresse** sind vollständig und korrekt.
- Das aktuelle **Datum** ist rechtsbündig ausgerichtet.
- Die **Betreffzeile** ist vollständig und fett formatiert.
- Meine Ansprechpartner/Ansprechpartnerinnen spreche ich höflich an und sieze sie.
- Auch Titel, z. B. *Dr.* oder *Prof.*, nehme ich in die Anrede mit auf.
- Ich gliedere den eigentlichen **Brieftext** mit Leerzeilen in Abschnitte:
  1. Ich schreibe, woher ich das Ausbildungsangebot kenne und dass ich über Betrieb und Ausbildung informiert bin. Ich äußere mein Interesse und bewerbe mich.
  2. Auf Anforderungen im Ausbildungsangebot gehe ich ein und betone meine persönliche Eignung, z. B. mit persönlichen *Qualifikationen, Praktikum, Schulleistungen.*
  3. Ich informiere über meinen derzeitigen Schulbesuch und den Termin und die Art meines Schulabschlusses.
  4. Nach Möglichkeit biete ich ein Praktikum im Ausbildungsbetrieb an.
  5. Ich äußere meine Freude auf ein persönliches Gespräch.
  6. Ich grüße und unterschreibe handschriftlich.
  7. Den Hinweis **„Anlagen“** formatiere ich fett.

WORTSCHATZ: TEXTBAUSTEINE

71

Tel.: …
E-Mail: …
Bewerbung um eine Ausbildungsstelle als …
Sehr geehrter Herr …, Sehr geehrte Frau …,
in/im … bin ich auf Ihr Ausbildungsangebot aufmerksam geworden.
Auf Ihrer Homepage habe ich mich …
Die Arbeit in/mit … interessiert mich …
Besonders wichtig ist mir …
Deshalb bewerbe ich mich bei Ihnen.
Im BIZ/Bei der Berufsberatung habe ich mich bereits über den Beruf/die Ausbildung …
Gefestigt wurde mein Berufswunsch durch …
In meinem Praktikum bei … habe ich Gefallen gefunden an Tätigkeiten, wie z. B. …
Sie suchen … Auszubildende, die …
Dafür sprechen meine Schulnoten in …
Ich bin geschickt bei/beim …
Seit der 8. Klasse engagiere ich mich in der Arbeitsgemeinschaft …
Es macht mir großen Spaß/viel Freude …
Zurzeit besuche ich die … Schule, die ich im Sommer diesen/nächsten Jahres mit dem Mittleren Schulabschluss/Realschulabschluss/Qualifizierenden Hauptschulabschluss/Erweiterten Sekundarabschluss I[1] abschließe.
Gern biete ich Ihnen an, ein Praktikum in Ihrem Betrieb zu absolvieren, damit …
Habe ich Ihr Interesse geweckt? Dann freue mich auf …
Mit freundlichen Grüßen
Anlagen
Lebenslauf, letztes Schulzeugnis
Praktikumszeugnis, Zertifikat

[1] In der Sek. I gibt es abgestufte Schulabschlüsse, die von Bundesland zu Bundesland unterschiedliche Bezeichnungen haben.

Lebenslauf

Checkliste

- ✔ Ich halte die Vorgaben ein und verwende dieselbe Schriftart und -größe wie im Anschreiben.
- ✔ Ich richte den Lebenslauf linksbündig in zwei Spalten aus.
- ✔ Die Überschrift „Lebenslauf" formatiere ich fett sowie die **Zwischenüberschriften** und meinen **Namen**.
- ✔ Ich gebe die erforderlichen Informationen zu:
  - „Angaben zur Person"
  - „Praktische Erfahrungen"
  - „Schulbildung"
  - „Persönliche Fähigkeiten und Kompetenzen"
  - „Hobbys"
- ✔ Ich schließe den Lebenslauf mit dem **Ort**, dem **Datum** und mit meiner **Unterschrift** (dieselben Daten wie im Anschreiben).

Wortschatz: Textbausteine

73

Lebenslauf
Straße, E-Mail: … Tel.: …
Ehrenamtliche Tätigkeit als …
Ferienjob als …
Praktikum bei …
Mittlerer Schulabschluss/
Realschulabschluss/
Qualifizierender Hauptschulabschluss/
Erweiterter Sekundarabschluss I …
im Sommer 20…
Grundkenntnisse in …
Gute/Sehr gute Kenntnisse in …
in Wort und Schrift
Belastbarkeit – Kommunikationsfähigkeit – Kreativität – Sportlichkeit – Teamfähigkeit – Zuverlässigkeit – Sorgfalt – handwerkliches Geschick, technisches Knowhow …
Lesen – Fußball im Verein – Schwimmen – Tanzen – Modellbau – Nähen – Musizieren – Programmieren …

2 Nimm dir Zeit, um deine Dokumente sorgfältig zu kontrollieren.
- Lies deinen Text Wort für Wort halblaut.
- Korrigiere mögliche Fehler bei der Rechtschreibung, Zeichensetzung, im Ausdruck und im Satzbau.
- Beachte die Korrekturhinweise (Markierungen), die dir dein Schreibprogramm gibt, sie sind eine wertvolle Hilfe.

Aber **Achtung**: Manche Wörter kennt das Programm vielleicht nicht und kann deshalb einige Fehler nicht markieren. Oder es markiert zum Beispiel korrekt geschriebene Eigennamen oder Fremdwörter.
- Schlage im Zweifelsfall im Wörterbuch nach.
- Prüfe, ob inhaltlich alles stimmt und vollständig ist.
- Prüfe, ob du die Formvorgaben eingehalten hast.

3 Überarbeite und korrigiere deine Bewerbungsunterlagen.
Speichere sie sicher ab.

4 Drucke nun deine Bewerbungsunterlagen aus.
Gib sie Eltern, Geschwistern, Freunden, Lehrkräften … mit der Bitte, Korrektur zu lesen und dir ein Feedback zu geben.

Schreiben und Präsentieren

Crashkurs: Bewerbungen schreiben

Ein Extra: Das Motivationsschreiben oder die „Seite drei“

Ein Motivationsschreiben ist freiwillig – es sei denn, es wird von der Arbeitgeberseite ausdrücklich gewünscht. Freiwillig solltet ihr euch für ein Motivationsschreiben entscheiden, wenn ihr im Anschreiben und Lebenslauf zu wenig Platz für Argumente findet, um eure Bewerbung wirkungsvoll zu präsentieren. Das Motivationsschreiben wird der Bewerbung als *dritte Seite* nach dem Lebenslauf hinzugefügt, es zählt also zu den *Anlagen*.

1 Lest den Infokasten und sprecht über Vorzüge und mögliche „Fallstricke“ von Motivationsschreiben.

INFO

Ein Motivationsschreiben verfassen

Warum möchte man den ausgeschriebenen Beruf erlernen bzw. ausüben?
Das ist die zentrale Frage, die ein **Motivationsschreiben** überzeugend beantworten soll.

Motivationsschreiben …

- müssen dem Leser, der Leserin einen echten **Mehrwert** an Information bieten:
  Also nicht nur Bekanntes aus dem Anschreiben wiederholen, sondern neue Aspekte einbringen.
- bieten beim Schreiben mehr **Freiheiten** als Anschreiben oder Lebenslauf:
  - Man kann mehr von seiner Persönlichkeit zeigen und seine Erfahrungen anschaulich an Beispielen darstellen. Übertreiben sollte man aber nicht. Z. B. sollte man nicht behaupten, bereits alles über den Beruf zu wissen.
  - Man sollte stets den Bezug zu der ausgeschriebenen Stelle im Auge behalten.
- sind **offizielle Briefe** mit einem „verkürzten“ Briefkopf:
  - Sie sollen nicht länger als eine Seite DIN-A4 sein.
  - Sie werden in der Formatierung dem Anschreiben und Lebenslauf angepasst.
  - Sie werden grundsätzlich in der Ich-Form geschrieben.

2 Verfasse ein individuelles Motivationsschreiben, in dem du dein persönliches Interesse, deine Motivation für eine Berufsausbildung oder ein Studium deiner Wahl engagiert darlegst.

- Orientiere dich beim Schreiben an den folgenden **ARBEITSSCHRITTEN**.
- Lass dich inspirieren und wirf ab und zu einen Blick auf den **WORTSCHATZ: TEXTBAUSTEINE**.
- Kontrolliere und korrigiere das Schreiben sorgfältig.
- So kann der Briefkopf gestaltet werden:

Rebecca Amiri 24. Oktober 2021
Lärchenweg 3, 12345 Neustadt
Tel.: 01234 56789, E-Mail: rebecca-amiri@webnet.de

Warum ich eine gute Wahl für Sie bin

Sehr geehrter Herr Dr. Vogt,

ich möchte eine Ausbildung als Rechtsanwaltsfachangestellte machen, weil dieser Beruf so abwechslungsreich und so herausfordernd ist und weil ich mich schon immer für Rechtsfragen interessiert habe.

Arbeitsschritte

- Gib im **Briefkopf** deine **Kontaktdaten** und das aktuelle **Datum** an. Formuliere eine **Überschrift** für dein Motivationsschreiben.
- Sprich deine Ansprechpartnerin, deinen Ansprechpartner an. Komm im ersten Satz gleich auf den Punkt, **deinen Berufswunsch** und **deine Motivation**.
- Betone und belege **deine Stärken**, schildere deine praktischen Erfahrungen, zum Beispiel … in einem Praktikum oder Ferienjob, bei der Hilfe im Haushalt oder in der Nachbarschaft, bei der ehrenamtlichen Mitarbeit in einem Verein, in einer sozialen Einrichtung, in speziellen Kursen oder Arbeitsgemeinschaften in der Schule oder der Volkshochschule … Formuliere **dein Ziel**.
- Stelle einen **Bezug zum Ausbildungsbetrieb** her.
- Äußere zum **Schluss** dein besonderes Interesse an diesem Ausbildungsangebot in diesem Betrieb. Bedanke dich bei dem Ansprechpartner, der Ansprechpartnerin. Freue dich selbstbewusst auf persönliche Gespräche.
- Schließe mit der üblichen **Grußformel** und füge deine **Unterschrift** ein.

Wortschatz: Textbausteine

[dieselben Daten wie im Anschreiben]
Meine Motivation
Weshalb ich eine gute Wahl für Sie bin
Warum ich der richtige Bewerber/
die richtige Bewerberin bin

Sehr geehrte Frau …,
Sehr geehrter Herr …,
… ich möchte eine Ausbildung als … machen, weil dieser Beruf so abwechslungsreich und herausfordernd ist und weil ich mich … schon immer für … begeistert habe.

Zu meinen Stärken zählen … und …
Diese Stärken konnte ich bei … unter Beweis stellen.
Dabei konnte ich erste praktische Erfahrungen sammeln, als ich im Praktikum bei der Firma …
Mir hat das Praktikum große Freude bereitet und auch die Firma war …
Der Umgang mit … gefällt mir so gut, dass ich auch gern in meiner Freizeit …
In der Schule befasse ich mich zurzeit im Fachleistungskurs/Fachunterricht/Profil … intensiv mit …
Nun möchte ich meine Stärken und Erfahrungen für eine erfolgreiche Ausbildung in meinem Wunschberuf nutzen.

Die Ausbildung in Ihrer Firma hat einen hervorragenden Ruf. Ich kenne einige Ihrer Auszubildenden persönlich.
Sie berichteten mir …
Mit großem Interesse habe ich auf Ihrer Firmen-Homepage gelesen, dass …

Als ich auf Ihr Ausbildungsangebot aufmerksam wurde, war mir sofort klar: Diese Gelegenheit … Denn …
Vielen Dank, dass Sie mich für diese Ausbildungsstelle in Betracht ziehen.
Vielen Dank für die Berücksichtigung meiner Bewerbung.
… stehe Ihnen gern für weitere Rückfragen zur Verfügung
… freue mich sehr darauf, Sie persönlich kennenzulernen.

Mit freundlichen Grüßen

[Vorname Nachname]

Schreiben und Präsentieren

Erörtern – linear und antithetisch

Eine lineare Erörterung untersuchen

Thema A Sind Radschnellwege sinnvoll?
Thema B Warum Radschnellwege sinnvoll sind

Radschnellweg in der Region Darmstadt (Hessen)

1 Eine Sache – zwei Erörterungshemen: Um welche „Sache" geht es? Tauscht euch aus.
- Formuliert Thesen, die sich jeweils aus **Thema A** und **Thema B** ableiten lassen, und vergleicht sie.
- Begründet, warum ein Thema nur nach einer These verlangt und das andere nach einer Pro- und einer Antithese (contra).

2 Erörterungen mit nur einer These nennt man „linear". Lest nun die folgende **lineare Erörterung** zum Thema *Warum Radschnellwege sinnvoll sind.* Lasst die Randbemerkungen zunächst noch außer Acht.

Warum Radschnellwege sinnvoll sind *Ursula Sassen*

Morgens in Deutschland – Millionen Menschen machen sich mit dem Auto auf den Weg zur Arbeit: Erwerbstätige, Studenten / Studentinnen, Schülerinnen und Schüler fahren vom Umland in die Städte zu Arbeitsplätzen und Schulen – und nachmittags wieder zurück. Die Folgen sind ständige Staus, verstopfte Straßen, Lärm und Luftverschmutzung. Deshalb sollen möglichst viele Pendler und Pendlerinnen vom Auto aufs Rad umsteigen.
Aber wie kann man Autofahrerinnen / Autofahrer zu einem Umstieg motivieren? Eine Möglichkeit, den Radverkehr für Berufstätige attraktiv zu gestalten, sind gut ausgebaute Radschnellwege.

- Welches bekannte Problem wird in der **Einleitung** anschaulich dargestellt?
- Welche mögliche Lösung wird genannt?
- Wie wird rhetorisch zur Sache hingeführt? (vgl. Zeile 7–9)

Radschnellwege (*auch:* Radschnellverbindungen) sind besondere Radwege. Mit bis zu vier Metern sind sie breiter als andere Radwege. In der Regel sind sie glatt asphaltiert, gut beleuchtet und vom Auto- und Fußverkehr getrennt. Radschnellwege sind insbesondere für den Berufsverkehr angelegt – auch für längere Strecken. Sie tragen dazu bei, dass das Fahrrad auch für Berufstätige eine echte Alternative zum Pkw darstellt.

- In der **Definition** geht es darum, den Sachverhalt zu erklären.
- Nennt die Details.

Radschnellwege sind eine sinnvolle Sache. Gute Gründe sprechen dafür, dass sie von möglichst vielen Menschen genutzt werden sollten.

So können Berufstätige auf ihrem Arbeitsweg täglich Zeit sparen. Wie der Name schon sagt, ermöglichen gut ausgebaute Radschnellwege – vor allem im Stadt-Umland-Verkehr – die rasche Überbrückung von längeren Strecken mit dem Fahrrad. Deshalb hat der Radverkehr auf diesen Wegen meistens Vorfahrt gegenüber dem Autoverkehr. So muss man auf Radschnellwegen nur selten einmal stoppen oder nur kurz warten. An Ampeln gibt es zum Beispiel minimierte Wartezeiten für Radler / Radlerinnen. Auf Radschnellwegen kann man also bequem und zügig fahren und dabei fast so schnell unterwegs sein wie mit dem Auto. Vielleicht sind manche sogar mit dem Rad schneller an ihrem Ziel als die Autofahrerinnen / Autofahrer, die an der Ampel länger warten müssen oder gar im Stau stehen – von der lästigen Parkplatzsuche ganz zu schweigen.

- Womit beginnt der **Hauptteil**?
- Wie wird zu den Argumenten übergeleitet?
- Wie lautet das **1. Argument**?
- Mit welchen Tatsachen wird es untermauert?
- Mit welcher begründeten Vermutung wird es bekräftigt?

Außerdem spart das Fahren mit dem Rad im Vergleich zum Autofahren viel Geld. Denn …

- Wie lautet das **2. Argument**?

Dass darüber hinaus Radfahren die persönliche Fitness fördert, ist ein weiterer Pluspunkt. Jeder weiß doch …

- Nennt das **3. Argument**.

Laut Statistik besitzen vier von fünf Menschen in Deutschland ein Fahrrad. Trotzdem wird es immer noch zu selten für den Weg zur Arbeit genutzt, wohl auch, weil sich viele beim Radfahren im Straßenverkehr gefährdet fühlen. Da ist es ein wichtiger Punkt, dass Radschnellwege den Nutzerinen und Nutzern mehr Sicherheit bieten. Die strikte Trennung von Auto- und Radverkehr verhindert viele Unfälle, wie z. B. Kollisionen mit Kraftfahrzeugen. Man denke zum Beispiel an die schlimmen Unfälle, die bei Abbiegemanövern von Lkws entstehen. Auch Stürze mit dem Rad dürften seltener werden, denn die breiten Wege sind meist gut beleuchtet und vor allem glatt asphaltiert.

- Wozu dient hier die Statistik?
- Nennt das **4. Argument**.
- Wie wird es entfaltet?

Aber das wichtigste Argument ist für mich, dass Radschnellwege umweltfreundlich sind. …

- Warum wird das **5. Argument** so hervorgehoben?

Schreiben und Präsentieren

Dass Radschnellwege wichtig sind, steht für mich außer Frage, weil sie nicht nur für viele Berufstätige einen persönlichen Gewinn an Lebensqualität bedeuten. Auch andere Verkehrsteilnehmer/Verkehrsteilnehmerinnen profitieren, wenn durch Radschnellwege das Verkehrsaufkommen auf den Straßen entlastet wird. Weniger Abgase aus Verbrennungsmotoren sind gut für unsere Luft, die Umwelt und das Klima und somit ein Gewinn für uns alle.

Zurzeit sind deutschlandweit erst vereinzelte Radschnellwege oder Teilabschnitte fertiggestellt und in Betrieb. Die allermeisten Projekte befinden sich 2021 noch in der Planungsphase. Ich meine, wir brauchen Radschnellwege, und zwar jetzt! Deshalb appelliere ich an die Verantwortlichen in Politik und Verwaltung, ehrgeizig daran zu arbeiten, dass die Projekte zügig realisiert werden. Das Steuergeld dafür ist gut angelegt und nachhaltig investiert.

- Der Schluss beginnt mit der **Konklusion**.
  - Warum wird die These hier persönlich bewertet?
  - Welche begründeten Schlussfolgerungen werden gezogen?
- Welche Tatsachen veranlassen die Verfasserin zu einer Forderung und zu einem Appell?
- Womit wird ein deutlicher Schlusspunkt gesetzt?

3 Besprecht im Plenum, was ihr nach dem ersten Lesen über Radschnellwege wisst:
- bauliche Besonderheiten,
- Vorrechte für Radfahrer,
- Sinn und Zweck,
- Realisierung.

4 Begründet, welches Argument euch am meisten überzeugt.

5 Geht den Text abschnittsweise durch. Bearbeitet die Aufgaben am Rand.

6 Drei Argumente in der Erörterung sind noch unvollständig.
- *l* Entfalte das **2. Argument** und schreibe es vollständig auf. Nutze den **Wortschatz: Textbausteine**.
- *ll* Entfalte das **3. Argument** eigenständig und schreibe es vollständig auf.
- *lll* Entfalte das **5. Argument** eigenständig und formuliere es vollständig aus. Berücksichtige, dass dieses Argument im Text an letzter Stelle der Argumentationskette steht. Es muss also **besonders überzeugend** begründet werden.

Wortschatz: Textbausteine

Außerdem sparen Radpendler/Radpendlerinnen im Vergleich zu Autofahrern und Autofahrerinnen viel Geld, denn …
Anschaffung und Unterhalt …
Fahrrad viel günstiger als …
… weder Benzin noch Diesel
… keine Parkgebühren
… keine Steuern
… hohe Versicherungsbeiträge entfallen
Zum Beispiel spart …

7 Lest eure Texte vor und gebt euch ein Feedback:
- Überzeugen die Argumente?
- Sind sie vollständig und enthalten sie: Behauptung + Begründung + Beispiel/Erläuterung?

Aufbau einer linearen Erörterung

Einleitung
↓
Definition
↓
Hauptteil
eine These
Argument 1
↓
Argument 2
↓
…
↓
wichtigstes Argument
↓
Schluss
Konklusion

INFO

Eine lineare Erörterung aufbauen

Eine **lineare Erörterung** verlangt eine sachlich begründete Auseinandersetzung mit einem Thema, bei dem die „Sache“ **nicht** in Frage gestellt wird. So kann sich sinnvollerweise **nur eine These** daraus ergeben. Diese These wird mit einer **Argumentationskette** gestützt. Sachverhalt und Argumente erarbeitet man sich in der Regel aus **Informationsmaterialien** und / oder aus der **Erfahrung**.

- In der **Einleitung** führt man mit einem „Aufhänger“ anschaulich in das Thema ein, um Interesse zu wecken.
- In der **Definition** wird die „Sache“ erklärt.
- Im **Hauptteil** wird die **eine These** mit mehreren entfalteten **Argumenten** (Behauptung + Begründung + Beispiel/Erläuterung) gestützt. Das wichtigste Argument steht stets an letzter Stelle, damit es besser im Gedächtnis haften bleibt. Welches Argument diesen besonderen Stellenwert erhält, entscheidet und begründet der Verfasser / die Verfasserin.
- Im **Schluss** kommt man zu einer eigenen begründeten Schlussfolgerung, der **Konklusion**. Hier kann man appellieren, etwas fordern oder auch etwas zum persönlichen Umgang mit dem Thema sagen.

8 Beschreibt anhand des Schaubildes, wie eine lineare Erörterung aufgebaut wird.

9 Nutzt den Infokasten: Weist Punkt für Punkt am Text auf Seite 78–80 nach.

10 Eine **numerische Gliederung** bildet den formalen und den inhaltlichen Aufbau von Sachtexten ab – ähnlich wie ein Inhaltsverzeichnis. Wie das für eine lineare Erörterung aussehen kann, zeigt euch das Beispiel rechts.

- Beschreibt den formalen Aufbau.
- Wie wird Inhaltliches notiert?

11 Tippt die **numerische Gliederung** am Computer ab.

- Ergänzt die Inhalte.
- Haltet den formalen Aufbau korrekt ein (Thema, Nummerierung …).
- Achtet auf eine übersichtliche Struktur durch eure Formatierung (*kursiv*, **fett** …).

Warum Radschnellwege sinnvoll sind

1 **Einleitung**
- *Verkehrschaos im Berufsverkehr, zu viele Autos*
- *Umstieg aufs Rad, Radschnellwege*

2 **Definition**
Radschnellwege, bis zu 4 m breit …

3 **Hauptteil**
These: *Radschnellwege sind sinnvoll.*

3.1 **Argument 1:** *Zeitersparnis für Pendler*
3.2 **Argument 2:** *Geld sparen*
3.3 …
3.4 …
3.5 …

4 **Schluss**

4.1 **Konklusion:** *Gewinn von Lebensqualität für …*
4.2 **Forderung/Appell:** *Zügige Realisierung …*

Erörtern – linear und antithetisch

Eine lineare Erörterung erarbeiten

Warum Höflichkeit und gutes Benehmen heute noch wichtig sind
Das ist euer Thema für eine lineare Erörterung, die in fünf Schritten erarbeitet wird.

Erster Arbeitsschritt: Das Thema genau lesen – Begriffe klären

1 Überlegt gemeinsam, was die Begriffe „Höflichkeit" und „gutes Benehmen" für euch bedeuten:
- Ergänzt folgende Sätze reihum in der Gruppe:
  Höflichkeit ist für mich …
  Höflichkeit ist wichtig, weil …
  Gutes Benehmen ist für mich …
  Gutes Benehmen ist wichtig, weil …
- Einigt euch auf eine gemeinsame Definition von *Höflichkeit* und *gutem Benehmen* und schreibt sie auf.

Tipp:
Lege eine **Stoffsammlung** an, in der du alles Wichtige übersichtlich auf einem großen Blatt notierst.

Zweiter Arbeitsschritt: Materialien sichten und auswerten

2 Auf dieser Doppeöseitefindet ihr eine kleine Materialsammlung zu dem Thema:
Warum Höflichkeit und gutes Benehmen heute noch wichtig sind
- Erschließt euch die **Texte A** und **B** sowie die **Grafiken C** und **D**.
- Halte in deiner Stoffsammlung vor allem mögliche **Argumente** fest.

Text A Umfrage: Wie wichtig nehmen Sie Benimm-Regeln?*

Gutes Benehmen ist in: 91 Prozent der Menschen in Deutschland meinen, dass gute Manieren wichtig sind. Das ergab eine repräsentative Emnid-Umfrage. Fast alle Befragten finden, dass Höflichkeit das Zusammenleben leichter macht (98 Prozent) und Benimmregeln auch in der Familie wichtig sind (97 Prozent). 92 Prozent sind der Ansicht, wer gute Manieren hat, hat es leichter im Job. Dass Männer mit gutem Benehmen bei Frauen mehr Erfolg haben, ist auch klar – für 91 Prozent. Dass Frauen mit Manieren bei Männern gut ankommen, glauben 82 Prozent. Viele fühlen sich bei den richtigen Umgangsformen unsicher, vor allem bei Einladungen (38 Prozent) und im Beruf (36 Prozent). 24 Prozent haben beim Umgang mit dem anderen Geschlecht Schwierigkeiten mit den Benimm-Regeln.

Text B Warum sind gute Manieren wichtig?* *Ulrike Lindner*

Beim Essen gerade sitzen, nicht in der Nase bohren, Bitte und Danke sagen – gutes Benehmen ist spätestens dann wichtig, wenn Jugendliche ins Berufsleben eintreten und die ersten Bewerbungsgespräche anstehen. Chefinnen und Chefs aller Branchen beklagen nämlich, dass sich viele Berufseinsteiger/-innen durch ihre Umgangsformen disqualifizieren. Doch auch schon in der Schule können Unhöflichkeit und schlechtes soziales Verhalten dazu führen, dass Kinder bei Mitschülerinnen, Mitschülern und Lehrkräften nicht gut ankommen.

Vor allem in der Geschäftswelt gehören gute Manieren einfach dazu. Sie können aber auch im alltäglichen Umgang das Leben deutlich angenehmer gestalten, und zwar für Eltern, Kin-

*Text verändert

der und deren soziales Umfeld. Gute Manieren sind schließlich nichts anderes als ein respektvoller, hilfsbereiter und höflicher Umgang mit dem Gegenüber – und darüber freut sich jeder.

Wer heute Manieren zeigen will, sollte vor allem höflich und hilfsbereit sein und seinen Mitmenschen mit Respekt begegnen. Eltern können ihren Kindern dabei helfen, angemessene Benimm-Regeln zu verinnerlichen. Denn wie man sich benimmt, das lernen Kinder hauptsächlich durch Nachahmung. Sind *bitte, danke* und *gern geschehen* selbstverständlich im Elternhaus, werden Kinder sich daran schnell gewöhnen. Wichtig ist auch, im Zweifelsfall zu erklären, warum bestimmte Benimm-Regeln wichtig sind. Zum Beispiel, dass es die anderen Gäste im Restaurant stört, wenn Kinder über Tische und Stühle turnen.

Schon Kleinkinder können gutes Benehmen lernen, wenn sie erfahren, dass andere Menschen nur so behandelt werden, wie man auch selbst gern behandelt werden würde. Sich entschuldigen, wenn man jemanden versehentlich geschubst hat, andere ausreden lassen und zuhören, wenn jemand etwas sagt, Schimpfwörter nicht ständig benutzen, das alles wird im täglichen Miteinander ohne viele Worte vermittelt.

Auch bei Tisch können einige einfache Regeln in jeder Familie die Grundlage für gutes Benehmen legen: Vor dem Essen Hände waschen, Besteck benutzen statt der Finger, nicht mit vollem Mund sprechen, nicht mit dem Stuhl kippeln sind Regeln, die schon Vorschulkinder beherzigen können und sollten.

Grafik C

Was sich bei Tisch nicht gehört

Befragte ab 14 Jahren

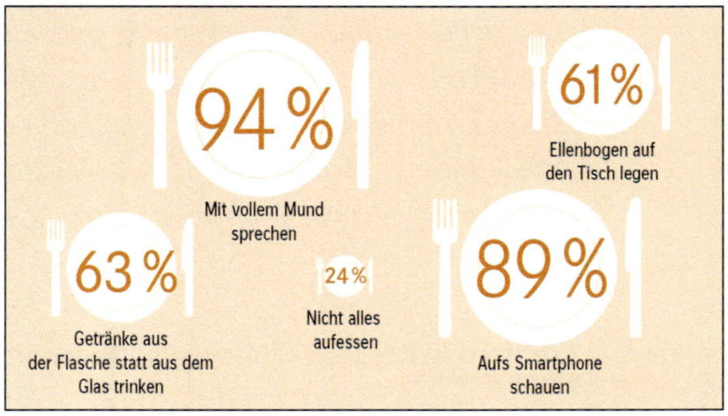

Grafik D

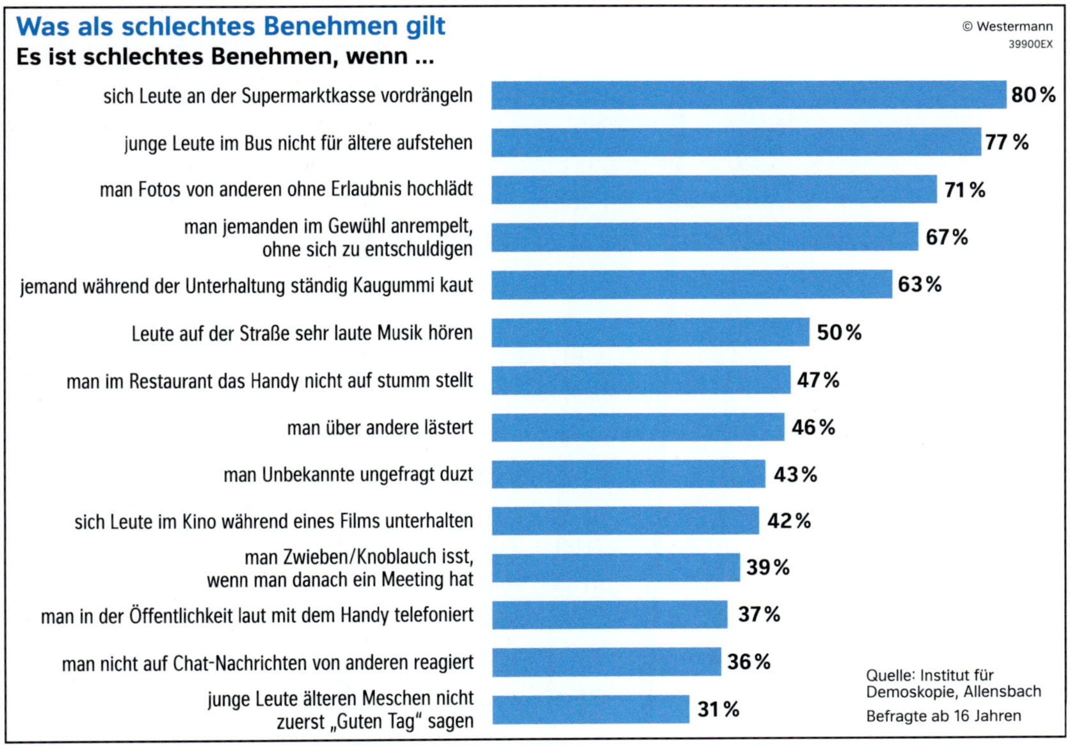

Schreiben und Präsentieren

Dritter Arbeitsschritt: Ordnen und gliedern

3 Erstelle eine **numerische Gliederung** für eine lineare Erörterung mit *I* vier, *II* fünf oder *III* sechs Argumenten.

- Ordne deine Argumente möglichst aufsteigend, also vom schwächsten Argument bis zum stärksten. Dein letztes Argument ist also das wichtigste.
- Notiere zu allen Gliederungspunkten auch inhaltliche Stichwörter.
- Orientiere dich an dem Beispiel auf Seite 81 unten. So ähnlich kannst du beginnen: 81

Warum Höflichkeit und gutes Benehmen heute noch wichtig sind

1 ***Einleitung***
Alltag: sich beim Shoppen ungeniert vordrängeln, Pöbeleien im Netz
Umfrage: 91 Prozent halten gute Manieren für wichtig

2 ***Definition***
Höflichkeit: aufmerksam sein, freundlich sein, sich anständig verhalten
gutes Benehmen: Manieren, Umgangsformen einhalten, Erziehung

3 ***Hauptteil***
These: *Höflichkeit und gutes Benehmen sind heute noch wichtig.*

3.1 ***Argument 1:*** *Grundlegende Tischsitten sind nach wie vor unverzichtbar.*
Sicherheit, sich richtig zu verhalten, z. B. bei Tisch nicht aus der Flasche trinken

3.2 …

Vierter Arbeitsschritt: Die Erörterung ausformulieren

4 Verfasse eine lineare Erörterung zum Thema:
Warum Höflichkeit und gutes Benehmen heute noch wichtig sind.

- Nutze deine Gliederung. Arbeite die Erörterung Punkt für Punkt aus.
- Gliedere den Text optisch: Füge nach jedem Absatz eine Leerzeile ein.
- Manchmal hat man während des Schreibens noch eine gute Idee. Dann kannst du noch etwas ändern, zum Beispiel einen weiteren Aspekt einbringen oder ein anderes Argument an die letzte Stelle setzen.
- Argumentiere sachlich, das Basistempus ist das Präsens.
- Nutze die **Checkliste** und den **Wortschatz: Textbausteine** auf Seite 85.

Tipp:
Schreibe deinen Text am Computer, so lässt er sich besser überarbeiten.

Checkliste

- ✔ Meine **Einleitung** führt mit ein oder zwei interessanten Details ins Thema ein.
- ✔ Meine **Definition** erklärt, was unter *Höflichkeit* und *gutem Benehmen* zu verstehen ist.
- ✔ Im **Hauptteil** stütze ich die **These** mit einer schlüssigen **Argumentationskette**.
- ✔ Ich begründe jedes Argument überzeugend und entfalte es z. B. mit Umfrageergebnissen und / oder anschaulichen Beispielen.
- ✔ Mein wichtigstes Argument steht an der letzten Stelle der Kette.
- ✔ Im **Schluss / in der Konklusion** ziehe ich ein begründetes Fazit.
- ✔ Ich appelliere, stelle Forderungen auf und / oder sage etwas zu meinem Umgang mit dem Thema.
- ✔ Ich bleibe sachlich und verwende das Präsens als Basistempus.
- ✔ Ich denke an die Absätze und füge Leerzeilen ein.

Wortschatz: Textbausteine

Wer kennt es nicht?
Brav steht man in einer Warteschlange und plötzlich …
Und es geht noch schlimmer …
Manche User pöbeln ganz ungeniert …
Trotzdem hat eine Umfrage ergeben, dass 91 Prozent …
Wie passt das zusammen?

Gutes Benehmen und Höflichkeit gehören zusammen, denn höfliche Menschen …
grundlegende Umgangsformen kennen
begegnen anderen mit …
Freundlichkeit, Respekt, Hilfsbereitschaft

Viele gute Gründe sprechen dafür, dass …
Ein Argument ist sicherlich …
Darüber hinaus fördert …
Sehr wichtig ist auch …, denn für …
Außerdem ist … von großer Bedeutung, nämlich …
… ist für mich aber das wichtigste Argument, weil …
Man denke zum Beispiel an …
Wie das folgende Beispiel eindrucksvoll belegt, …
Umfragen belegen beispielsweise …

Für mich steht außer Frage, dass auch heutzutage …
Darum finde ich es so wichtig, …
Vorbildfunktion von Eltern / Erwachsenen
Deshalb appelliere / fordere ich …
Ich selbst werde …

Fünfter Arbeitsschritt: prüfen, überarbeiten, präsentieren

5 Arbeitet in kleinen Gruppen und teilt euch die Aufgaben.
- Ⓜ Führt eine **Schreibkonferenz** durch.
- Ⓜ Prüft eure Erörterungen gegenseitig mithilfe von **Textlupen**.
- Gebt euch ein Feedback.
  Was ist gut gelungen?
  Was sollte verbessert werden?
  Macht dazu konkrete Vorschläge.
- Präsentiert eure überarbeiteten Texte – auch digital – in der Klasse.

Textlupe formaler Aufbau:
Einleitung, Definition, Hauptteil, Schluss; optische Gliederung des Textes durch Absätze

Textlupe Inhalt:
angemessene Inhalte in Einleitung, Definition, Schluss; überzeugende, schlüssige Argumentationskette im Hauptteil

Textlupe Wortwahl und Satzbau:
gut verständliche und flüssige Formulierungen; insgesamt sachlich, korrekte Fachbegriffe

Textlupe sprachliche Richtigkeit:
Rechtschreibung, Zeichensetzung, Grammatik

Schreiben und Präsentieren

Erörtern – linear und antithetisch

Antithetisch erörtern: Materialien auswerten

Den etwas sperrigen Begriff **„antithetisch erörtern“** habt ihr vielleicht noch nicht gehört. Der Begriff bedeutet, dass man ein strittiges Thema erörtert und dabei sowohl Argumente für eine **These (pro)** als auch für die **Antithese (contra)** gegenüberstellt. Ein solches strittiges Thema ist beispielsweise die Frage, ab welchem Alter man wahlberechtigt sein sollte.

Aus dem Wörterbuch*

Antithese, die: entgegengesetzte Behauptung
antithetisch: gegensätzlich, Gegensätze enthaltend
These, die: eine Behauptung in der antithetischen (auch dialektischen) Erörterung, der einer Antithese gegenübergestellt wird und die als Ausgangspunkt für die weitere Argumentation dient
thetisch: behauptend

*Text verändert

Sollte man in Deutschland ab 16 Jahren wählen dürfen?

1 Formuliert für eine antithetische Erörterung die These (pro) und die Antithese (contra). Schreibt beide Thesen an die Tafel oder ans Board.

2 Erstellt ein spontanes Meinungsbild in der Klasse.

3 Tauscht euch über das Ergebnis aus:
- Begründet, warum ihr **für** oder **gegen** „Wählen ab 16“ seid oder warum ihr euch in dieser Frage nicht spontan entscheiden konntet.

ja	~~IIII~~ III
nein	IIII I
unentschieden	~~IIII~~

- Was möchtet ihr mit Blick auf diese Frage für euch noch klären?

In Österreich dürfen Jugendliche ab 16 Jahren seit 2007 an allen politischen Wahlen teilnehmen.

4 Nun sollt ihr zu diesem Thema eine **antithetische Erörterung** erarbeiten – zunächst zu zweit oder in der Gruppe.
- Legt in einem ersten Schritt eine **Stoffsammlung** an.
- Schreibt das **Thema** im genauen Wortlaut auf und haltet die **These** und die **Antithese** fest.
- Notiert auch Fragen, die ihr zur Sache habt.

5 Sichtet im zweiten Schritt die Texte und Grafiken auf Seite 87–90 und wertet diese Materialien aus. 87–90
- Lest den folgenden ▸ **Sachtext** und tauscht euch über die Hinweise am Rand aus.
- Macht euch Notizen und ergänzt eure Stoffsammlung um mögliche Argumente.
- Achtet auch auf Details, die sich als „Aufhänger“ für die Einleitung eignen könnten.

▸ Sachtext

Wie ist das eigentlich mit dem Wahlalter? *Ursula Sassen*

Wer in Deutschland wählen (aktives Wahlrecht) oder gewählt werden (passives Wahlrecht) darf, hängt u. a. nicht nur von der Nationalität ab, sondern auch vom Alter. „Wählen ab 18“, also mit Beginn der Volljährigkeit, ist für uns heute selbstverständlich, aber der Weg dahin war nicht einfach.

Bedeutung von „aktiv“, „passiv“?

Ende der 1960er Jahre – also vor einem guten halben Jahrhundert – gab es Bestrebungen, das Wahlalter in der Bundesrepublik Deutschland herabzusetzen. Dafür war eine sehr umstrittene Änderung des Grundgesetzes notwendig. 1970 beschloss der Bundestag mit der notwendigen Zweidrittelmehrheit, das Grundgesetz zu ändern. Das Alter für das aktive Wahlrecht wurde von 21 auf 18 Jahre und für das passive Wahlrecht von 25 auf 21 Jahre abgesenkt. Zwei Jahre später wurde dann das Wahlrecht angepasst.

Warum war das so schwierig?

Seit wann gibt es das aktive Wahlrecht ab 18 Jahren?

Bemerkenswert: Bei der Bundestagswahl im November 1972 durften nun rund fünf Millionen junge Leute mitwählen, die noch nicht volljährig waren, denn volljährig war man damals erst mit 21 Jahren. Die Volljährigkeit mit 18 Jahren wurde erst 1974 beschlossen, mit der auch die Absenkung des passiven Wahlrechts auf 18 Jahre einherging. Seitdem gilt diese Regelung für ganz Deutschland.

Was war an dieser Wahl so „bemerkenswert“?

Ab wann gilt das passive Wahlrecht?

Bei den Landtagswahlen und den Kommunalwahlen sieht es allerdings nicht einheitlich aus. Hier bestimmen die Parlamente der 16 Bundesländer über das Wahlalter. In vielen Bundesländern dürfen schon 16-Jährige an den Kommunalwahlen teilnehmen und in einigen Bundesländern auch an Landtagswahlen. Für alle anderen gilt auch hier „Wählen ab 18“.

Wieso kommt es zu diesem „Flickenteppich“ beim Wahlalter?

Doch gerade an der „18“ entzündet sich immer wieder die Kritik. So war es auch im Jahr 2019, dem Jahr, in dem viele Jugendliche für ihre Meinung demonstriert haben. Ihr Engagement für Klima und Umwelt wurde vielfach gelobt. Aber bei den Europa-Wahlen im November 2019 blieben alle unter 18 Jahren außen vor – und Forderungen nach einer Absenkung des Wahlalters wurden laut.

Warum flammte im Jahr 2019 eine öffentliche Debatte über das Wahlalter wieder auf?

Jugendliche demonstrieren 2019 in Berlin für Europa

Schreiben und Präsentieren

Wie vor einem halben Jahrhundert ist auch derzeit die Absenkung des Wahlalters umstritten. Die Gegner wollen die Jugendlichen vor manipulativer Beeinflussung schützen oder argumentieren damit, dass 16-und 17-Jährige noch nicht volljährig und darüber hinaus in der Mehrzahl politisch desinteressiert seien. Sie seien noch zu unreif und wüssten auch zu wenig, um politische Entscheidungen zu treffen.

Leitet Argumente ab. **Contra ...**

Die Befürworter verlangen dagegen, dass Jugendliche frühzeitig an politische Mitentscheidung und Mitbestimmung herangeführt werden sollen, das stärke ihr Interesse am politischen Geschehen. Die berechtigten Belange der Jugendlichen würden stärker wahrgenommen werden, da sich die Politik deutlich mehr um die jugendlichen Wähler und Wählerinnen bemühen müsse.

Leitet Argumente ab. **Pro ...**

Was wünschen sich die **Befürworter** noch?

Insgesamt erhoffen sich die Befürworter von einer Absenkung des Wahlalters eine Stärkung der Demokratie und auch eine höhere Wahlbeteiligung. Letzteres hat zumindest bei den Bundestagswahlen 1974 geklappt – mit satten 91 Prozent wurde damals die höchste jemals bei Bundestagswahlen verzeichnete Beteiligung erreicht.

Ob eine solche Wahlbeteiligung heutzutage auch noch möglich wäre?

6 Lest euch in die ▸ **Tabelle** ein und ermittelt:
- Um welche Wahlen geht es?
- Wer und was wird da jeweils gewählt?
- Wie sieht es in eurem Bundesland mit dem Wahlalter aus?
- In welchen Bundesländern haben Jugendliche bei den Kommunalwahlen ein Wahlrecht ab 16 Jahren?
- Welches Land erlaubte 2009 als erstes das „Wählen ab 16 Jahren" auf Landesebene?
- Welche Bundesländer folgten diesem Beispiel?
- Seit wann hat sich in Sachen „Wahlalter" nichts mehr getan?

7 Stellt Vermutungen an: Warum waren wohl viele Bundesländer dazu bereit, das Wahlalter bei den Kommunalwahlen zu senken, bei den Landtagswahlen aber nicht?

▸ **Tabelle**

Wahlalter in Deutschland

Stand 2. Juni 2020

An den Bundestag- und Europawahlen kann man ab 18 Jahren teilnehmen.

	ab ... Jahren	in Kraft seit ...
Bundesländer	**Landtagswahlen**	**Kommunalwahlen**
Baden-Württemberg	18	16 **1995**
Bayern	18	18
Berlin	18	–
Brandenburg	16 **2011**	16 **1995**
Bremen	16 **2009**	16 **1995**
Hamburg	16 **2013**	–
Hessen	18	18
Mecklenburg-Vorpommern	18	16 **1995**
Niedersachsen	18	16 **1995**
Nordrhein-Westfalen	18	16 **1995**
Rheinland-Pfalz	18	18
Saarland	18	18
Sachsen	18	18
Sachsen-Anhalt	18	16 **1995**
Schleswig-Holstein	16 **2013**	16 **1995**
Thüringen	18	16 **1995**

▸ Infografik

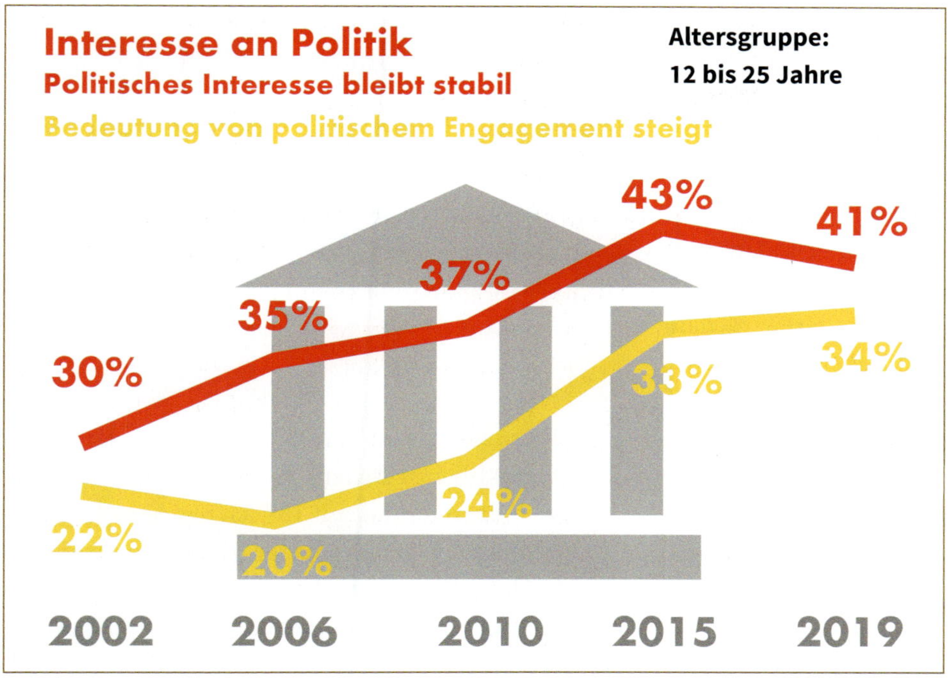

Quelle: 18. SHELL JUGENDSTUDIE. JUGEND 2019

8 Verschafft euch zunächst einen Überblick über die ▸ **Infografik** und ermittelt:
- Um welches Thema geht es? Wonach wurde genau gefragt?
- Benennt die Diagramm-Form.
- Woher stammen die Daten? (Quelle)
- Sind absolute Zahlen oder Prozentzahlen dargestellt?
- Wer wurde wann befragt? (Basis)
- Beschreibt den Verlauf der beiden Linien.
- Diskutiert, welche Stellen im Linienverlauf besonders interessant sind.
- Wie beurteilt ihr die Ergebnisse der Umfrage im Hinblick auf eine Argumentation?

9 Lest die folgenden ▸ **Meinungsäußerungen** hier und auf Seite 90. Tauscht euch aus: 90
- Wer äußert sich für „Wählen ab 16“, wer dagegen?
- Welche Beiträge überzeugen euch besonders? Wo ist das weniger oder überhaupt nicht der Fall?
- Ergänzt eure Stoffsammlung mit weiteren Pro- oder Contra-Argumenten, Begründungen, Beispielen.

▸ Meinungsäußerungen

Aus User-Kommentaren

Meiner Meinung nach ist das Wahlrecht ab 16 zu früh, weil sich die meisten dann noch nicht mit Politik auskennen oder sich damit beschäftigen. Ich glaube nicht, dass man in dem Alter schon genug über Politik weiß, um eine eigene Wahlentscheidung zu treffen. *Sami, 15*

Ich finde, dass auch Jüngere das Recht haben sollten zu wählen. Manchmal sehen Jüngere auch Sachen, die die Älteren nicht erkennen. Und mit dem Wahlrecht würde sicher auch das Interesse der Jugendlichen an Politik steigen. *Luna, 17*

Das Wahlrecht mit 16 würde das Ungleichgewicht zwischen Älteren und Jüngeren ein wenig ausgleichen. Es gibt so viel mehr Menschen über 60 in Deutschland als unter 30. Da ist es doch kein Wunder, dass vor allem Politik für die Älteren gemacht wird. *Moritz, 32*

Viele Jugendliche stehen als Auszubildende im Berufsleben und müssen Steuern zahlen. Aber mitbestimmen, wie in Deutschland regiert wird, das dürfen sie nicht? Das finde ich ungerecht. Die Folgen der politischen Entscheidungen betreffen doch die junge Generation am längsten. Es ist undemokratisch, wenn die Betroffenen nicht mitentscheiden dürfen. *Ina, 20*

Wer sagt eigentlich, dass sich 16-Jährige weniger mit Politik auseinandersetzen als alte Menschen? 16-Jährige sind durchaus in der Lage, politisch zu entscheiden! Viele Jugendliche sind in hohem Maße politisch engagiert, können sich aber (fast) nur außerparlamentarisch äußern. *Udo, 66*

Warum *Wählen ab 18*? Warum nicht mit 16 oder 13? Das ist doch willkürlich. Ich meine, dass eine Absenkung des Wahlalters überfällig ist. Wir Jugendlichen würden uns respektiert fühlen und wären dann eher bereit, uns zu engagieren. *Fahima, 15*

Viele Jugendliche würden einfach das wählen, was ihnen ihre Eltern sagen. Das kann doch nicht ernsthaft gewollt sein. *Yvonne, 23*

Warum muss man volljährig sein, um den Bundestag wählen zu dürfen? Ist man mit 16 wirklich so viel „unreifer" als mit 18? Ich meine nicht. In einigen Bundesländern dürfen 16-Jährige wenigstens bei Kommunal- und Landtagswahlen mitmachen, in anderen nicht. Das ist ungerecht. *Aaron, 16*

Die Forderung, das Wahlrecht auf 16 Jahre zu senken, ist völlig überflüssig. In diesem Alter ist man noch leicht beeinflussbar, ist sich dessen aber nicht bewusst. Ich spreche da aus eigener Erfahrung. Jeder sollte seine Jugend unbeschwert von politischer Verantwortung genießen dürfen. Erwachsen ist man schließlich noch lange genug. *Lena, 34*

Als Vater von drei Kindern zwischen 14 und 19 sage ich: Kein Wahlrecht ab 16. Die interessieren sich für alles Mögliche, aber nicht für Politik. Meiner Meinung nach sind auch die 18-Jährigen noch nicht reif dafür. *Volker, 51*

10 Nachdem du dich ausführlich mit dem Thema „Wählen ab 16" auseinandergesetzt hast, entscheide nun, ob du letztlich die **These** (pro) oder die **Antithese** (contra) in einer Erörterung vertreten willst.

86

- Kreuze in deiner **Stoffsammlung** die **These** (pro) oder die **Antithese** (contra) an.
- Markiere mit zwei verschiedenen Farben: Argumente, Begründungen, Belege, Beispiele für die These (pro) und die Antithese (contra).
- Markiere mit einer dritten Farbe Notizen, die du für die Einleitung oder den Schluss nutzen kannst.

Erörtern – linear und antithetisch

Aufbaumodelle untersuchen – eine Gliederung anfertigen

1 Ermittelt Aufbaumöglichkeiten von antithetischen Erörterungen mithilfe des Infokastens und der beiden Schaubilder: Beschreibt den Aufbau nach dem ℓ ℓℓ **Sanduhrprinzip** und dem ℓℓℓ **Reißverschlussprinzip**.

Aufbau nach dem
Sanduhrprinzip

Einleitung

Hauptteil

These oder Antithese
Argumente
von stark bis
schwach
*
These oder Antithese
Argumente
von schwach bis stark
ausschlaggebendes Argument an letzter Stelle

Schluss | **Synthese**

Aufbau nach dem
Reißverschlussprinzip

Einleitung

1. These	**2. These**
Argument 1 ↘	**Argument 1** ↙
Argument 2 ↘	**Argument 2** ↙
Argument 3 ↘	**Argument 3** ↙
wichtigstes Argument ↘	

Schluss – Synthese

Eine antithetische Erörterung aufbauen

INFO

In einer **antithetischen** (*auch:* dialektischen) **Erörterung** wird ein strittiges Thema von zwei Seiten betrachtet. So ergeben sich aus dem **Thema** eine **These** und eine **Antithese**.

Die **Einleitung** führt zu einer Entscheidungsfrage hin, die offengelassen werden sollte.

Im **Hauptteil** werden **These** und **Antithese** durch entfaltete **Argumente** (Behauptung + Begründung + Beispiel/Erläuterung) gestützt. Er kann unterschiedlich aufgebaut werden.

Beim **Sanduhrprinzip** beginnt man mit der These, die man im Schluss **nicht** vertritt. Gestützt wird diese **1. These** von Argumenten, die in **fallender Reihenfolge** von stark bis schwach gewichtet werden. Dann folgt die **2. These**, die von Argumenten in **steigender Reihenfolge** von schwach bis stark gestützt wird. Das **ausschlaggebende Argument** für den im Schluss vertretenen Standpunkt steht **an letzter Stelle**.

Beim **Reißverschlussprinzip** (*auch:* Ping-Pong-Prinzip) stellt man **These und Antithese gegenüber**. Gestützt werden sie von **Argumenten**, die man ebenfalls **in direktem Wechsel** gegenüberstellt. Auch hier steht das **ausschlaggebende Argument** stets **an letzter Stelle**.

Im **Schluss** wägt man in der **Synthese** die Argumente ab und begründet seinen Standpunkt.

2 Erstelle eine **numerische Gliederung** für deine Erörterung. Richte dich dabei nach dem ℓ ℓℓ **Sanduhrprinzip** oder nach dem ℓℓℓ **Reißverschlussprinzip**.
- Folgendes solltest du bei deiner Entscheidung beachten: Beim **Sanduhrprinzip** kannst du deine Argumente gut im Blick behalten.
  Beim **Reißverschlussprinzip** verlangt der lebendige Wechsel von Pro und Contra sprachliches Geschick, um den roten Faden nicht zu verlieren.
- Auf Seite 92 sind einige Gliederungen bereits angefangen.

3 Nutze für eine Gliederung nach dem **Sanduhrprinzip** einen dieser Vorschläge:

- Wenn du dich im Schluss **für** das *Wählen ab 16* aussprechen möchtest …

Sollte man in Deutschland ab 16 Jahren wählen dürfen?

1 **Einleitung** …

2 **Hauptteil**
2.1 **Antithese** *Nein, man sollte nicht ab …*
2.1.1 sehr wichtiges Argument *Jugendliche werden manipuliert, weil … z. B. …*
2.1.2 wichtiges Argument *Jugendliche sind nicht an Politik interessiert. …*
2.1.3 erwähnenswertes Argument
…

2.2 **These** *Ja, man sollte ab …*
2.2.1 wichtiges Argument …
2.2.2 sehr wichtiges Argument …
2.2.3 ausschlaggebendes Argument …

3 **Schluss – Synthese** …

- Wenn du dich im Schluss **gegen** das *Wählen ab 16* aussprechen möchtest …

Sollte man in Deutschland ab 16 Jahren wählen dürfen?

1 **Einleitung** …

2 **Hauptteil**
2.1 **These** *Ja, man sollte ab …*
2.1.1 sehr wichtiges Argument *Jugendliche auszuschließen ist ungerecht, weil … z. B.*
2.1.2 wichtiges Argument *Das Interesse an Politik wird gestärkt. …*
2.1.3 erwähnenswertes Argument
…

2.2 **Antithese** *Nein, man sollte nicht ab …*
2.2.1 wichtiges Argument …
2.2.2 sehr wichtiges Argument …
2.2.3 ausschlaggebendes Argument …

3 **Schluss – Synthese** …

4 Nutze diesen Vorschlag für eine Gliederung nach dem **Reißverschlussprinzip**:

Sollte man in Deutschland ab 16 Jahren wählen dürfen?

1 **Einleitung** …

2 **Hauptteil**
These *Ja, man sollte ab …*
Antithese *Nein, man sollte nicht ab …*
2.1 Argument *Das Interesse an Politik wird gestärkt, denn … Beispielsweise …*
2.2 Gegenargument *Viele Jugendliche interessieren sich nicht für Politik. Das belegen Umfragen, die …*
2.3 Argument …

↓

2.? **letztes, ausschlaggebendes Argument** …

3 **Schluss, Synthese** …

Tipp:
Wie viele Argumente brauche ich?
Weder beim Sanduhrprinzip noch beim Reißverschlussprinzip ist eine feste Anzahl an Argumenten vorgeschrieben – es sei denn, in der Aufgabenstellung gibt es dazu Vorgaben. Im Allgemeinen gilt, dass die Argumente überwiegen sollten, die zu der These / Antithese gehören, die der Verfasser, die Verfasserin im Schlussteil vertritt. Wichtiger als die Anzahl der Argumente ist, dass du sie überzeugend begründest.

5 Erstelle eine eigene Gliederung am Computer – korrekt formatiert. Deine Stoffsammlung hilft dir dabei, um zu den Punkten deiner Gliederung inhaltliche Stichwörter zu notieren.

Erörtern – linear und antithetisch

Eine antithetische Erörterung schreiben

1 Verfasse eine antithetische Erörterung – entweder nach dem **Sanduhrprinzip** oder nach dem **Reißverschlussprinzip**. Wähle zwischen den Aufgaben 2, 3 oder 4 aus.

2 ***Sollte man in Deutschland ab 16 Jahren wählen dürfen?***
Schreibe die Erörterung Punkt für Punkt nach deiner Gliederung und halte das **Sanduhrprinzip** ein.

92

- Beachte die folgenden **Hinweise** und nutze den **WORTSCHATZ: TEXTBAUSTEINE**.
- Schau ab und zu einmal in deine **Stoffsammlung**.

Hinweise

Thema als Überschrift aufschreiben

Einleitung
Leite deine Erörterung ein
- Worum geht es?
- das Thema nennen, aber den eigenen Standpunkt noch **nicht** verraten

Hauptteil
Leite zur **1. These** über, die deinem Standpunkt **nicht entspricht**.
- Argumente nach dem ***Sanduhrprinzip*** **fallend** ordnen
- **1. Argument** zur **1. These** entfalten
- **2. Argument** zur **1. These** entfalten
- **3. Argument** zur **1. These** entfalten

Leite zur **2. These** über, die deinem Standpunkt **entspricht**.
- Argumente nach dem ***Sanduhrprinzip*** **steigend** ordnen
- **1. Argument** zur **2. These** entfalten
- **2. Argument** zur **2. These** entfalten
- **3. Argument** zur **2. These** entfalten

Schluss / Synthese
Wäge in der **Synthese** deine Argumente ab und äußere deinen **Standpunkt**.
- ein **Gegenargument** berücksichtigen
- deinen Standpunkt mit dem ausschlaggebenden Argument bekräftigen
- sagen, wie du **persönlich** zu dem Thema stehst.
- Forderungen stellen und an Politiker, Erwachsene, Jugendliche … appellieren

WORTSCHATZ: TEXTBAUSTEINE

Sollte man in Deutschland ab 16 Jahren wählen dürfen?
Irgendwo in Deutschland stehen immer Wahlen an. Und wir, die 16- und 17-Jährigen, dürfen meistens nicht mitmachen, nur manchmal bei … Dagegen gilt bei den Bundestags- und Europawahlen … Ob man das Wahlalter auf 16 Jahre senken sollte, ist in Deutschland heiß umstritten.

Sicherlich spricht gegen / für das „Wählen ab 16", dass es negative / positive Folgen haben kann.
Ein wichtiges Argument ist … Nämlich …
Nach einer Umfrage …
Wichtig ist auch noch …, weil … Zum Beispiel …
Nicht ganz so wichtig, aber erwähnenswert … Denn … Das zeigt das Beispiel …

Andererseits gibt es auch Gründe, die für / gegen das „Wählen ab 16" sprechen.
So ist es wichtig, dass …, weil … Beispielsweise …
Außerdem ist sehr wichtig … Denn … Wie das folgende Beispiel eindrucksvoll belegt, …
Am wichtigsten ist aber, dass Jugendliche …
Wie eine Studie zeigt …

Beim Abwägen der Argumente überwiegen für mich die Vor- / Nachteile … Deshalb bin ich …
Allerdings räume ich ein, …
Aber ausschlaggebend ist für mich, dass …
[contra] Jugendliche mit dem „Wählen ab 16" überfordert sind und unnötig belastet werden.
[pro] es undemokratisch ist, Jugendliche von politischen Wahlen auszuschließen.
Als Jugendliche / Jugendlicher möchte ich gern / nicht das Wahlrecht haben, weil …
Politiker, Erwachsene, Jugendliche setzt euch dafür ein …

tt **3** **Sollte man in Deutschland ab 16 Jahren wählen dürfen?**

Erarbeite die Erörterung Punkt für Punkt nach deiner Gliederung und halte das **Sanduhrprinzip** ein.

91, 92

- Argumentiere sachlich, das Basistempus ist das Präsens.
- Nutze beim Schreiben des Textes den **Wortschatz: Textbausteine** und beachte die **Checkliste**. Und schau ab und zu in deine Stoffsammlung.

Wortschatz: Textbausteine

Europa-Wahl 2019: 16- und 17-Jährige in Österreich wahlberechtigt / in Deutschland nicht, ungerecht?
In Deutschland dürfen Jugendliche bisher nur …
Ob man das Wahlalter hierzulande generell auf 16 Jahre senken sollte, ist sehr umstritten.

Einerseits gibt es durchaus Gründe, die für / gegen eine Absenkung des Wahlalters auf 16 Jahre sprechen.
Das wichtigste Argument dafür / dagegen ist wohl, dass … Denn … Beispielsweise …
Wichtig ist auch …, weil … Wie Umfragewerte zeigen …
Erwähnenswert ist noch … Nämlich … Beispielsweise …

Andererseits gibt es gute Gründe für / gegen …
Ein wichtiges Argument ist …, denn … wie …
Außerdem ist es sehr wichtig, dass … Deshalb … Zum Beispiel …
Das wichtigste Argument ist …, weil … Wie eine Umfrage eindrucksvoll belegt, …

Wenn ich die Argumente gegeneinander abwäge, überwiegen für mich …
Ich befürworte / lehne … ab, denn für mich ist entscheidend …
Ich persönlich werde …
Allerdings muss ich einräumen …, obwohl …
Ausschlaggebend ist aber …
Obwohl ich akzeptiere, dass manchmal …, steht für mich grundsätzlich fest …
Ich fordere Politiker / Erwachsene / Jugendliche auf …

Checkliste

- ✔ In der **Einleitung** führe ich interessant in die Sache ein, nenne die Themenfrage, lasse sie aber offen.
- ✔ Im **Hauptteil** halte ich das Sanduhrprinzip ein.
- ✔ Ich stelle zuerst die These auf, die **nicht** meinem Standpunkt entspricht: also entweder die These (pro) oder die Antithese (contra).
- ✔ Die Argumente zur 1. These gewichte ich fallend.
- ✔ Dann leite ich zur 2. These über, die meinem Standpunkt entspricht.
- ✔ Die Argumente zur 2. These gewichte ich steigend.
- ✔ Ich entfalte die Argumente vollständig mit überzeugenden Begründungen, mit Zahlen, Fakten und anschaulichen Beispielen und verknüpfe sie schlüssig.
- ✔ Im **Schluss** wäge ich in der Synthese die Argumente ab und äußere meinen Standpunkt.
- ✔ Ich räume ein Gegenargument ein und bekräftige meinen Standpunkt mit dem ausschlaggebenden Argument.
- ✔ Ich sage etwas zu meinem Umgang mit dem Thema, fordere und appelliere.
- ✔ Im Ton bleibe ich **sachlich** und verwende das **Präsens** als Basistempus.

4 ***Sollte man in Deutschland ab 16 Jahren wählen dürfen?***

Erarbeite die Erörterung Punkt für Punkt nach deiner Gliederung und halte das **Reißverschlussprinzip** ein.

91, 92

- Argumentiere sachlich; Basistempus ist das Präsens.
- Nutze beim Schreiben des Textes die **CHECKLISTE**, den **WORTSCHATZ** und deine Stoffsammlung.

CHECKLISTE

- ✔ In der **Einleitung** stelle ich das Thema kontrovers vor, leite zum Hauptteil über, lasse die Themenfrage offen.
- ✔ Im **Hauptteil** halte ich das Reißverschlussprinzip ein und stelle These und Antithese einander gegenüber.
- ✔ Die Argumente zu These und Antithese ordne ich paarweise in einer Argumentationskette an; mein wichtigstes Argument steht am Ende.
- ✔ Ich verknüpfe die Argumente schlüssig und entfalte sie vollständig mit überzeugenden Begründungen, Zahlen, Fakten und Beispielen.
- ✔ Im **Schluss** wäge ich in der **Synthese** die Argumente ab und äußere meinen **Standpunkt**.
- ✔ Ich räume **Gegenargumente** ein, bekräftige aber meinen Standpunkt mit meinem ausschlaggebenden Argument.
- ✔ Ich sage etwas zum persönlichen Umgang mit dem Thema.
- ✔ Ich appelliere, stelle Bedingungen oder Forderungen auf.
- ✔ Im Ton bleibe ich **sachlich** und verwende das **Präsens** als Basistempus.

WORTSCHATZ

ablehnen, ablehnend
abwägen
akzeptieren, akzeptabel
allerdings
ausschlaggebend
außerdem
befürworten
berücksichtigen
dafür-, dagegensprechen
einerseits, andererseits
einräumen
entscheiden, entscheidend
feststehen, feststehend
generell
grundsätzlich
konsequent, Konsequenz
Mehrheit, Minderheit
protestieren, Protest
sicherlich
überwiegen, überwiegend
vermuten, vermutlich
vor allem
Vorteile, Nachteile
zusammenfassend
zustimmen, Zustimmung

5 Prüft und überarbeitet eure Texte in kleinen Gruppen.
Teilt euch die Aufgaben.

- Ⓜ Führt eine **Schreibkonferenz** durch.
- Ⓜ Prüft eure Erörterungen gegenseitig mithilfe von **Textlupen**.

Textlupe formaler Aufbau:
Einleitung, Hauptteil, Schluss; optische Gliederung des Textes durch Absätze

Textlupe Inhalt:
in der Einleitung und im Schluss angemessene Inhalte;
im Hauptteil überzeugende, schlüssige Argumente

Textlupe Wortwahl und Satzbau:
gut verständliche, flüssige Formulierungen; gelungene Überleitungen und Verknüpfungen; insgesamt sachliche Sprache, korrekte Fachbegriffe

Textlupe sprachliche Richtigkeit:
Rechtschreibung, Zeichensetzung, Grammatik

6 Gebt euch ein Feedback. Was ist gut gelungen? Was sollte verbessert werden? Macht konkrete Vorschläge.

7 Präsentiert eure überarbeiteten Texte – auch digital – in der Klasse.

Erörtern – linear und antithetisch

Lineare Sachtexte auswerten – Thesen diskutieren

Mehr als 12 000 Kilometer von Deutschland entfernt wollen zwei russische Wissenschaftler in der ostsibirischen Tundra „zurück in die Eiszeit" – um die Zukunft zu retten. Dazu sollt ihr einen Kommentar verfassen. Doch zuvor müsst ihr euch sachkundig machen.

M **1** Erschließt die **Texte A** und **B** mit der **Sechs-Schritt-Lesemethode für Sachtexte**. Beachtet auch die Fotos und die Bildunterschriften. Legt eine Stoffsammlung an. 337

Text A

Nördliche Arktis: Permafrostboden taut früher als erwartet*

Angelika Jung-Hüttl, Süddeutsche Zeitung

Der Geophysiker Sergej Zimow und sein Sohn Nikita wollen in Ostsibirien, 360 Kilometer nördlich des Polarkreises[1] am Fluss Kolyma, eine Eiszeitlandschaft erschaffen. Eine Kältesteppe so groß wie Liechtenstein, in der Jakuten-Pferde und Rentiere, Elche, Moschusochsen, Yaks und Bisons weiden. Denn bei den Arbeiten für ihren „Pleistozän[2]-Park" in der Tundra[3] haben sie etwas Ungewöhnliches entdeckt: In 50 Bohrlöchern haben sie Bereiche gefunden, in denen der arktische Tundraboden selbst im Winter nicht mehr vollständig gefriert.

Vater Sergej und Sohn Nikita Zimow im Pleistozän-Park am Ufer des Flusses Kolyma.

„Das hat auch uns überrascht", sagt Guido Grosse, Leiter der Permafrostforschung am Alfred-Wegener-Institut für Polar- und Meeresforschung (AWI) in Potsdam. „Denn in dieser Region herrschen normalerweise von September bis April Lufttemperaturen bis zu minus 40 Grad Celsius." Permafrostböden (Dauerfrostböden), die ganzjährig nicht mehr zufrieren, sind bisher nur vom südlichen Rand des Permafrostes bekannt – etwa vom Yukon-Delta in Alaska. Die aktuellen Klimamodelle sagen solche Tauprozesse in der nördlichen Arktis erst für die zweite Hälfte des Jahrhunderts voraus.

Taut also der Permafrost, weltweit immerhin ein gutes Fünftel der Landmasse, schneller als erwartet? Die negativen Folgen wären enorm. Nicht nur, dass in den arktischen Siedlungen Häuser und Straßen sowie die Pipelines der Ölfirmen instabil werden, weil ihr hart gefrorener Untergrund aufweicht. Beim Tauen der Dauerfrostböden, die viele abgestorbene Pflanzenreste enthalten, werden au-

[1] **Polarkreis:** Breitenkreis von etwa 66,5° nördlicher oder südlicher Breite. Am Tag der Sonnenwende im Sommer geht an den Polarkreisen die Sonne nicht unter und im Winter nicht auf. Die Polarkreise trennen die Polarzone von der gemäßigten Zone.
[2] **Pleistozän:** das vorletzte Erdzeitalter; hier ist das Eiszeitalter vor etwa 12 000 Jahren gemeint.
[3] **Tundra:** Kältesteppe nördlich der polaren Waldgrenze

*Text verändert

ßerdem Abermilliarden Bodenbakterien aktiv, welche das organische Material zersetzen. Dabei entweichen Treibhausgase wie Kohlendioxid und das vielfach klimaschädlichere Methan. Das könnte die Erderwärmung noch zusätzlich beschleunigen. Bereits jetzt hat sich die Luft der Arktis um drei bis vier Grad Celsius stärker erwärmt als in anderen Regionen der Erde. Dies hängt damit zusammen, dass immer mehr Eis an Land und auf dem Meer schmilzt. Die dunkleren Oberflächen reflektieren das Sonnenlicht kaum noch, sondern absorbieren es, was die Erwärmung beschleunigt. Die arktischen Sommer dauern nun einige Wochen länger als noch vor wenigen Jahrzehnten.

Nur 18 Kilometer vom Pleistozän-Park entfernt erforscht Mathias Goeckede vom Max-Planck-Institut für Biogeochemie in Jena seit 2012 den Gasaustausch zwischen Permafrostboden und der Luft. Seitdem habe sich der Boden nahe der Oberfläche um mehrere Grad Celsius erwärmt und die Schneedecke im Winter werde dicker. Im Winter 2012/13 habe die Schneehöhe maximal 80 Zentimeter betragen. „Im Winter 2017/18 war es fast doppelt so viel – über 1,50 Meter", sagt der Wissenschaftler. So eine dicke Schneeschicht wirkt isolierend. Sie hält die sommerliche Wärme im Boden und hindert die kalte Winterluft daran, das Erdreich durchzufrieren. Das könnte die Ursache für die Bodenerwärmung in dem Forschungsareal und bei den Zimows sein. „Es kann sich allerdings auch nur um eine natürliche Variabilität[4] handeln", gibt der Biogeochemiker zu bedenken. „Wenn das allerdings zum Trend wird, dann ist es ein Alarmzeichen."

Dass sich der Permafrostboden auch im sicher geglaubten hohen Norden erwärmt, haben AWI-Wissenschaftler auch auf einer Forschungsstation auf der Insel Samoilow im sibirischen Lena-Delta in langjährigen Messungen beobachtet. Auf Samoilow, etwa 1000 Kilometer nordwestlich der Arbeitsstätte von Goeckede und 660 Kilometer nördlich des Polarkreises, hat sich der Dauerfrostboden innerhalb der letzten 15 Jahre in etwa 20 Metern Tiefe um 1,3 Grad Celsius erwärmt, in zehn Metern Tiefe um 2,8 Grad Celsius und in 2,75 Metern Tiefe sogar um 5,7 Grad Celsius. Zwar ist dort nach wie vor alles gefroren, das Eis ist nur weniger kalt als früher. „Doch es zeigt", so Permafrostforscher Grosse, „die Erderwärmung hat auch in dem sehr kalten Untergrund in der Hocharktis einen Effekt, und der oberflächennahe Permafrost wird wohl selbst in dem sicher geglaubten hohen Norden schon in den kommenden Jahren schwinden."

Noch stärker wirkt sich die Erderwärmung unterhalb der vielen Seen der Arktis aus. In Permafrostgebieten mit viel Eis entstehen im Sommer riesige Wasserlandschaften. Denn das Schmelzwasser kann nicht nach unten versickern und sammelt sich deshalb in den Senken der Tundra. Solche Seenlandschaften hat ein amerikanisch-deutsches Wissenschaftlerteam in Alaska anhand von Bodenmessungen, Satellitenaufnahmen und Computersimulationen untersucht. Das

[4] **Variabilität:** Abwandlung, Veränderung, Variante

Große Weidetiere im Pleistozän-Park

Bisons

Moschusochsen

Yaks

Jakuten-Pferde

Resultat: Die Seen vergrößern sich rasch, und der Permafrost unter neuen Seen taut in wenigen Jahrzehnten bis in eine Tiefe von 15 Metern auf. Über die Seen, Tümpel und Teiche dringt sechs- bis zehnmal so viel Sonnenenergie in den Boden ein, weil Wasser Wärme besser in den Untergrund leitet als die trockenen Torfschichten um die Seen herum. Im Erdreich unter den Seen werden dann auch Bodenbakterien aktiv, und der Ausstoß von Treibhausgasen nimmt zu – nach Schätzung der Forscher so stark, „dass sich die Klimawirkung des tauenden Permafrostes durch dieses zusätzliche Kohlendioxid und Methan bis zum Jahr 2050 verdoppeln könnte“, sagt Guido Grosse, der mit seinen Kollegen vom AWI an diesem Projekt beteiligt war.

Wenn das Eis im Untergrund des Permafrostbodens taut, entstehen im Sommer riesige Seenlandschaften.

Bislang gilt die Arktis, obwohl sich die Luft aufgrund des Klimawandels dort schneller erwärmt als anderswo, als sogenannte Kohlenstoffsenke. Das bedeutet, dass die Pflanzen, die in den Sommermonaten in der Tundra wachsen, durch Fotosynthese mehr Kohlendioxid verbrauchen als durch die Zersetzung der Bakterien erzeugt wird. Doch das ändert sich gerade, meint Grosse. „Ich schätze, die Arktis steht an der Wende zur Treibhausgas-Quelle.“

Inzwischen verfolgen Sergej Zimow und sein Sohn ihren Plan, im Pleistozän-Park mit Herden aus Pflanzenfressern die eiszeitliche Kältesteppe wiederherzustellen und das Auftauen des Permafrostes zu verlangsamen. Die Rentiere, Pferde, Bisons, Yaks und Elche sollen – so das Kalkül – den Boden festtreten und im Winter die Schneedecke niedertrampeln. Dadurch könnte die winterliche Kälte wieder in den Boden eindringen und die Bodenbakterien und somit den Ausstoß von Treibhausgas bremsen, hoffen die Zimows.

„Das ist zwar eine interessante, aber auch ein wenig verrückte Idee“, meint AWI-Wissenschaftler Grosse. Denn das Auftauen des Permafrostes in der riesigen Arktis mithilfe von Weidetieren zu vermindern, würde, wenn überhaupt, nur lokal funktionieren. „Aber mit dem Pleistozän-Park kann man sicherlich viele Leute begeistern und zugleich auf das Thema Permafrost und seine wichtige Rolle für die künftige Klimaentwicklung aufmerksam machen.“

INFO

Wissenschaftliche Thesen

Thesen sind Behauptungen oder Leitsätze, die wissenschaftlich belegt werden müssen oder ansonsten verworfen werden.
Das Formulieren, Begründen und Hinterfragen von Thesen ist ein wichtiger Bestandteil des wissenschaftlichen Arbeitens.

2 Ermittelt die Thesen der Wissenschaftler: Grosse, Goeckede und Zimow.
- Nennt Formulierungen mit Konjunktiven.
- Worauf weisen die Konjunktive hin?

3 Der Pleistozän-Park sei zwar eine interessante, aber auch ein wenig verrückte Idee, meint Guido Grosse. Diskutiert diese Einschätzung und äußert eure Standpunkte.

4 Erschließt den folgenden Artikel aus einem Schweizer Online-Wissenschaftsmagazin, der sich mit einer wissenschaftlichen Studie aus dem Jahr 2020 befasst.

Text B

Herden im Norden könnten den Permafrost retten*

Katrin Schregenberger, higgs.ch

Der arktische Permafrostboden taut. Dadurch könnten große Mengen CO_2 zusätzlich frei werden und den Klimawandel beschleunigen. In Russlands fernem Osten wurden versuchsweise Herden von großen Weidetieren angesiedelt, um diesem Effekt entgegenzuwirken. Eine im Fachjournal *Nature Scientific Reports* veröffentlichte Studie der Universität Hamburg[1] zeigt jetzt erstmals, dass diese Methode den Verlust von Permafrostboden tatsächlich deutlich verlangsamen könnte.

Vorbild ist der Pleistozän-Park in Cherskii im Nordosten Sibiriens. Hier siedelten die Wissenschaftler Sergej und Nikita Zimow vor mehr als 20 Jahren Herden von Bisons, Rentieren und Pferden an. Normalerweise sind in der arktischen Zone heute nur Rentiere wild anzutreffen – und das auch nur sehr selten. Seit 1996 ist der etwa 2000 Hektar große Park umzäunt. Hier leben Steppenbisons, Kalmücken-Rinder[2], Elche, Yaks und Moschusochsen, Rentiere, Schafe und sibirische Yakuten-Pferde. Alles in allem etwa hundert große Weidetiere. Die eigentliche Vision der beiden Forscher ist, dann, wenn es die Wissenschaft erlauben wird, hier wieder Mammuts anzusiedeln. Ein mutiger Plan, dessen Umsetzung aber fraglich ist.

Im Winter hat der Permafrostboden hier etwa minus 10 Grad Celsius, die Luft ist mit Temperaturen bis zu minus 40 Grad deutlich kälter. Reichlich Schneefall sorgt für eine dichte Schneedecke, die den Boden von der kalten Luft isoliert. Wird die Schneeschicht verdichtet, indem sie von den grasenden Tieren umgewälzt und platt getreten wird, verringert sich ihre Isolationswirkung deutlich und der Permafrost friert stärker durch.

„Diese Art von natürlicher Manipulation in Ökosystemen, die für das Klimasystem eine wichtige Rolle spielen, ist bisher noch viel zu wenig erforscht – birgt aber ein enormes Potenzial", sagt Christian Beer vom Centrum für Erdsystemforschung und Nachhaltigkeit der Universität Hamburg.

Im Pleistozän-Park wurde die Bodentemperatur kontinuierlich gemessen. Die langjährigen Untersuchungen aus Russland zeigen,

Eingezäuntes Weideland im Pleistozän-Park (Foto: Nikita Zimow)

Wo die Kalmücken-Rinder entlangtrampeln, hat sich die Landschaft bereits verändert und gleicht jetzt eher einer Feuchtwiese.

Das vor 4000 Jahren ausgestorbene Wollhaarmammut könnte mithilfe der Gentechnik zurückkehren.

[1] **Studie:** Protection of Permafrost Soils from Thawing by Increasing Herbivore Density: Schutz der Permafrostböden vor dem Auftauen durch Erhöhung der Dichte von Pflanzenfressern
[2] **Kalmücken-Rinder:** russische Fleischrinderrasse, ursprünglich aus der Mongolei und China

*Text verändert

dass 100 Tiere auf einem Quadratkilometer die Schneehöhe im Mittel auf die Hälfte reduzieren. Christian Beer und seine Kollegen wollten nun wissen, welchen Effekt dies auf den gesamten arktischen Permafrostboden haben könnte. Würden die Tiere theoretisch auch eine sehr starke Erwärmung der Atmosphäre abfedern und ein Tauen des Permafrostbodens aufhalten können?

Beer nutzte für seine Studie ein spezielles Klimamodell, das solche Temperaturprozesse an der Landoberfläche über das ganze Jahr für die Zukunft simulieren kann. Die Ergebnisse zeigen: Bei ungebremsten Emissionen würde sich der Permafrostboden demnach bis zum Jahr 2100 durchschnittlich um 3,8 Grad Celsius erwärmen und zur Hälfte tauen. Mit Tierherden würde sich der Boden hingegen nur um 2,1 Grad erwärmen. Dies entspräche 44 Prozent weniger Erwärmung, was reichen würde, um 80 Prozent des heutigen Permafrosts zu erhalten, wie das Modell zeigt.

„Es ist zwar utopisch, auf sämtlichen Permafrostböden des Nordens Wildherden anzusiedeln“, sagt Erdsystemwissenschaftler Beer. „Doch unsere Ergebnisse zeigen, dass auch weniger Tiere schon einen kühlenden Effekt hätten. Dies ist eine interessante Methode, den Verlust dauerhaft gefrorener Böden und damit den Abbau der darin enthaltenen riesigen Kohlenstofflager zu verlangsamen.“ Beer und sein Team haben auch mögliche Nebenwirkungen in ihre Berechnungen miteinbezogen. Zum Beispiel zerstören die Tiere im Sommer die kühlende Moosschicht am Boden, was ihn zusätzlich erwärmt. Der Schneeeffekt im Winter ist jedoch um ein Vielfaches höher. Die Studie zeigt: Die Wiederansiedelung von großen Pflanzenfressern im Grasland der Arktis könnte den Permafrost retten. Mit oder ohne Mammuts.

Die Studie im Science-Check der Redaktion

Die Studie geht nicht auf unterschiedliche Böden oder Vegetation ein, sondern geht in der Modellierung von einem Standard aus. Die Studie dient dazu, zu zeigen, dass die Herdenhaltung einen positiven Effekt auf die Permafrostböden haben. Die Berechnungen sind aber mit Vorsicht zu genießen und müssen durch weitere Studien bestätigt werden. Auch die biologische Machbarkeit wurde nicht geprüft. Das soll nun in einem zweiten Schritt geschehen.

5 Ermittelt, welche Fragestellung der Studie von Christian Beer zugrunde liegt.
- Wie wurde untersucht? Erklärt in diesem Zusammenhang die Fachbegriffe ***Modell***, ***Modellierung*** und ***Standard***.
- Was hat die Studie ergeben? Ermittelt die Thesen.
- Nennt Formulierungen in **Text B**, die auf Unsicherheiten hinweisen.

6 Im „Science-Check der Redaktion“ wird behauptet, die Berechnungen seien „mit Vorsicht zu genießen“. Wie wird diese Bewertung begründet? Was soll in einem zweiten Schritt der Studie erfolgen?

7 Diskutiert, wie ihr die Ergebnisse von Christian Beers Studie einordnet.

Diagramm C

Comparison of soil temperature observations (°C) at 90 cm depth inside and outside the Pleistocene Park, Kolyma river lowland, Russian Far East during one year. The mean annual difference is –1.9°C.[1]

From: Protection of Permafrost Soils from Thawing by Increasing Herbivore Density[2]

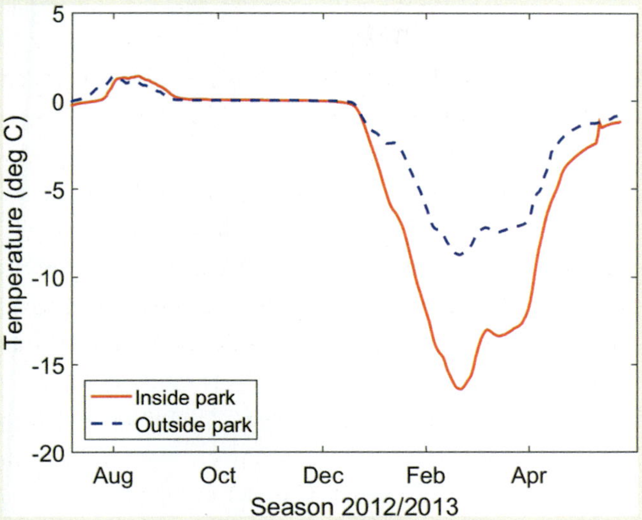

[1] Vergleich der beobachteten Bodentemperaturen in 90 cm Tiefe innerhalb und außerhalb des Pleistozän-Parks während eines Jahres. Die mittlere jährliche Differenz beträgt –1,9°C.
[2] Studie: „Schutz der Permafrostböden vor dem Auftauen durch Erhöhung der Dichte von Pflanzenfressern“

8 Lest dieses Liniendiagramm. Beachtet die Überschrift und die Legende.
Macht euch zu folgenden Stichpunkten Notizen:

- Thema und Quelle der Daten
- erhobene Daten (Art der Messungen)
  - Orte und Tiefe
  - Monate, Jahre
- Verlauf der beiden Kurven im Vergleich
  - die jeweils niedrigsten und höchsten Temperaturen
  - ähnlicher Verlauf, deutliche Abweichungen

9 Haltet wesentliche Aussagen aus **Diagramm C** schriftlich fest und zieht abschließend ein Fazit.

Wortschatz

absinken, sinken	gleich	sich ändern
außerhalb	Höchstwert	sich einpendeln auf
betragen	identisch	stark, stärker, am stärksten
Bodentemperatur	innerhalb	Tiefe (Bodentiefe)
deutlich	Kurvenverlauf	Tiefstwert, -e
Differenz, die	messen, gemessen	unterschiedlich
erreichen	nahezu	verlaufen
etwa	Grad Celsius (°C)	von … bis
Niveau, das	gemeinsam	Wert, Werte (Messwerte)
Fazit, das	schlussfolgern, Schlussfolgerung	Zentimeter (cm)

Thematische Karte D

INFO

Thematische Karte

Anders als bei einer **physischen Landkarte**, die zumeist das Relief der Erdoberfläche abbildet, wird in einer **thematischen Karte** ein bestimmtes Thema dargestellt, wie hier z. B. die Verteilung von bestimmten Messstationen.

Permafrostgebiete auf der Nordhalbkugel

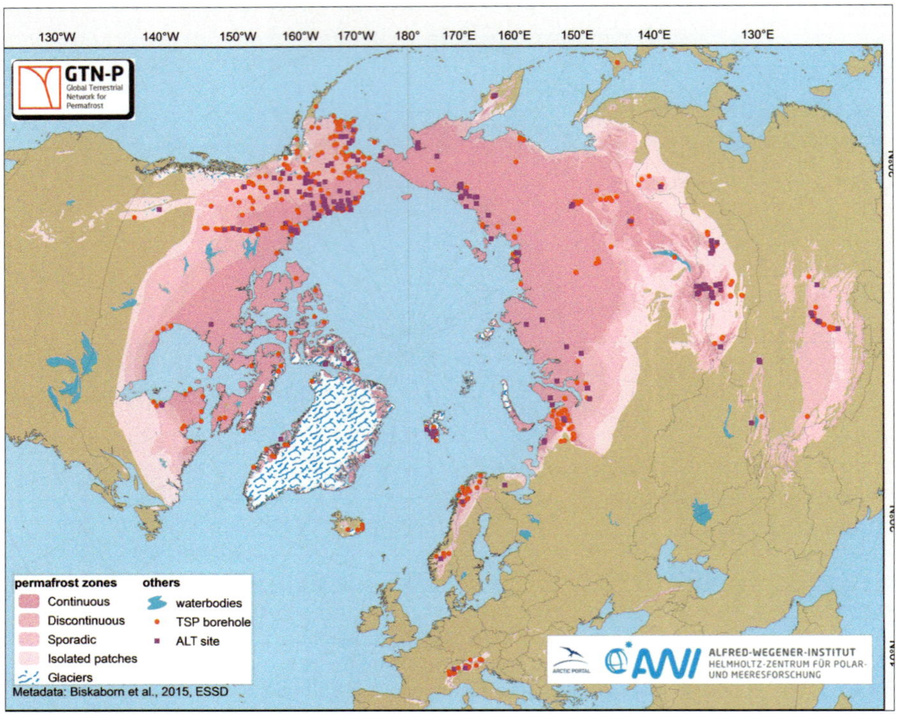

Verteilung der Messstationen, in denen die Temperatur des Permafrosts sowie die Auftautiefe im Sommer gemessen wird

10 Orientiert euch räumlich auf dieser Karte.
- Ermittelt den Nordpol (90° nördliche Breite) und nennt die Kontinente.
- Verortet Russland, Skandinavien, Island, Grönland, Kanada und Alaska.
- Zeigt, wo der Pleistozän-Park (68.7nördliche Breite/161.3 östliche Länge) etwa liegt.

INFO

Permafrostzonen

kontinuierlicher (zusammenhängender) **Permafrost**:
- Tiefe: bis zu mehreren hundert Metern
- taut im Sommer etwa 0,5 bis 1 Meter auf

diskontinuierlicher (unzusammenhängender) **Permafrost**
- Tiefe: max. 60 Meter / min. 15 Meter
- taut im Sommer etwa 1 bis 1,5 Meter auf

sporadischer (zerstreuter) **Permafrost**
- Tiefe: nur wenige Meter
- taut im Sommer etwa 1,5 bis 3,5 Meter auf

isolierter Permafrost: vereinzelte Vorkommen

11 Beschreibt wesentliche Inhalte der **thematischen Karte D**. Beachtet die
- Überschrift,
- Quellenhinweise,
- Jahresangabe,
- Legende sowie
- den Infokasten.

12 Stellt Vermutungen über mögliche Ursachen für die ungleiche Verteilung von Messstationen an.
Formuliert Fragen und Forderungen, die sich daraus ergeben können.

13 Verfasse einen kurzen informativen Text zu dieser **thematischen Karte D** und ziehe ein Fazit.
Die Karte des Alfred-Wegener-Instituts (AWI) zeigt für das Jahr 2015 die Verbreitung der Permafrostgebiete auf der nördlichen Halbkugel und die Verteilung von …

Erörtern – linear und antithetisch

Journalistische Kommentare verfassen

1 Stell dir vor, du sollst für ein Online-Magazin zu der Frage Stellung nehmen, ob Projekte wie der Pleistozän-Park dazu beitragen können, das Tauen der arktischen Permafrostböden abzuwenden bzw. zu verlangsamen. Erarbeite dir dazu einen **journalistischen Kommentar**.

- Beziehe dich schwerpunktmäßig auf **Text A** und die **thematische Karte D** (96–98, 102) oder auf **Text B** und das **Diagramm C**. (99–101)
- Formuliere den Standpunkt, den du in dieser Frage vertreten willst. Sichte deine Stoffsammlung: Bei weiterem Informationsbedarf recherchiere beispielsweise unter https://pleistocenepark.ru/de/. (Stand: Juni 2021)
- Beachte beim Schreiben auch die folgenden Informationen (Infokasten) und die **CHECKLISTE**.
- Schreibe deinen Kommentar am PC.

INFO

Merkmale journalistischer Kommentare

Im Gegensatz zu tatsachenbetonten journalistischen Textsorten (Nachrichten, Hintergrundberichte), gehören **Kommentare** zu den **meinungsbetonten Textsorten** in den Medien. In Kommentaren nehmen Journalisten oder Experten aus ihrer Sicht kritisch Stellung zu aktuellen Ereignissen, über die sie berichten. Zumeist wollen sie die Öffentlichkeit auf Probleme / Missstände hinweisen – mitunter auch provokativ. **Wie** ein journalistischer Kommentar geschrieben wird, ist eine individuelle Entscheidung. Jedoch gibt es einige typische Merkmale.

Welche Merkmale sind typisch für Kommentare?

- Kommentare werden namentlich gekennzeichnet, z. B. *Ein Kommentar von …*
- Sie sind argumentativ, also sachlich, manchmal auch provokativ. Sie kommen meist zu einem eindeutigen Fazit, das in Forderungen und Appellen mündet.
- Die Sprache ist …
  - sachlich informierend, z. B. *Auch Nebenwirkungen werden miteinbezogen.*
  - kritisch bewertend, z. B. *Die Berechnungen sind mit Vorsicht zu genießen.*
  - appellierend, z. B. *Die Menschheit muss begreifen, …* *Höchste Zeit zu handeln!*
- Als Aufmacher dient eine kurze Schlagzeile, z. B. *Permafrost: Das große Tauen*
- Die Ich-Form wird vermieden, z. B. *Darum sollte jeder …* statt: *Darum meine ich, jeder …*

CHECKLISTE

- ✔ Mit einer kurzen, „knackigen" Überschrift wecke ich Interesse.
- ✔ Ich leite kurz ins Thema ein und erkläre den Sachverhalt, auf den sich der Kommentar bezieht.
- ✔ Meinen Standpunkt dazu äußere ich möglichst früh und eindeutig.
- ✔ Ich argumentiere folgerichtig und überzeugend.
- ✔ Gegebenenfalls entkräfte ich Gegenargumente und kritisiere Missstände.
- ✔ Ich ziehe ein klares Fazit, das in Forderungen und in Appellen mündet.
- ✔ Mein Anliegen formuliere ich verständlich – mitunter auch provozierend – in einer klaren, präzisen Sprache.
- ✔ Ich kennzeichne direkte und indirekte Zitate angemessen.

2 Überlegt, wie ihr eure Kommentare im Plenum präsentieren möchtet. Besprecht das auch mit eurem Lehrer / eurer Lehrerin.

Erörtern – linear und antithetisch

Überprüfe dein Wissen und Können

1 Entscheide, ob die folgenden Aussagen auf **antithetische** Erörterungen, **lineare** Erörterungen oder auf **beide** zutreffen. *a) beide, b) …*

a) Es geht bei dieser Textsorte um eine sachlich begründete Auseinandersetzung mit einem bestimmten Thema.
b) Das Thema stellt die „Sache" nicht in Frage, deshalb ergibt sich nur eine These.
c) Das Thema stellt die „Sache" in Frage, deshalb ergeben sich daraus These und Antithese.
d) Die Einleitung führt mit einem „Aufhänger" anschaulich in das Thema ein.
e) Die Einleitung führt zu einer Entscheidungsfrage hin, die offengelassen werden sollte.
f) Mit einer Definition wird die „Sache" erklärt.
g) Im Hauptteil wird die eine These mit einer Argumentationskette gestützt.
h) Im Hauptteil steht stets das wichtigste Argument an letzter Stelle.
i) Der Hauptteil wird nach dem Sanduhr- oder dem Reißverschlussprinzip aufgebaut.
j) Im Schluss kommt man zu einer eigenen begründeten Schlussfolgerung, der Konklusion.
k) Im Schluss wägt man die Argumente in einer Synthese gegeneinander ab und äußert den eigenen Standpunkt.
l) Im Schluss kann man appellieren, etwas fordern oder auch etwas zum eigenen Umgang mit dem Thema sagen.

A ***Warum Jugendliche zusammen mit ihren Eltern verreisen sollten***
B ***Ist es für Jugendliche empfehlenswert, ohne Eltern zu verreisen?***
C ***Warum Jugendliche zusammen mit Freunden verreisen sollten***

2 Um welche „Sache" geht es in allen drei Themen **A**, **B** und **C**?
- Notiere, welches Thema antithetisch bzw. linear erörtert werden sollte.
- Formuliere die These / Antithese, die sich jeweils aus dem Thema **A**, dem Thema **B** und dem Thema **C** ableiten lässt.

3 Das Balkendiagramm stammt aus einer Studie, in der 11- bis 27-Jährige zu ihrem Reiseverhalten befragt wurden.
- Notiere die Frage, auf die hier Antwort gegeben wird.
- Waren Mehrfachnennungen möglich?

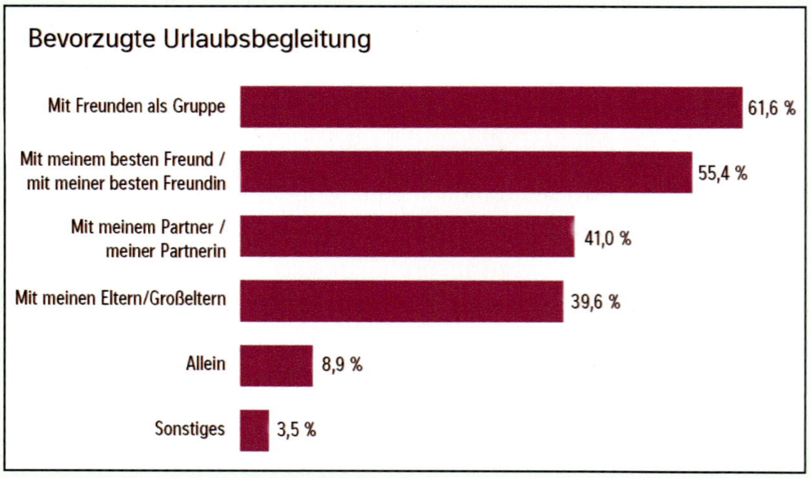

4 Vervollständige zur Beschreibung der Grafik die folgenden fünf Sätze.

1 *Die überwiegende Mehrheit der jungen Leute bevorzugt mit 61,6 Prozent das …*
2 *Auf dem zweiten Platz folgen als bevorzugte Urlaubsbegleitungen …*
3 *Platz 3 und Platz 4 liegen fast gleichauf: …*
4 *Ganz auf eine Urlaubsbegleitung verzichten …*
5 *Kurz zusammengefasst lautet das Ergebnis: …*

5 Wähle eines der Themen **A**, **B** oder **C** auf Seite 126 aus.

6 Nutze einige Umfrageergebnisse und verfasse eine passende Einleitung zu deinem gewählten Thema.

7 Fertige zu dem gewählten Thema eine passende numerische Gliederung an. Dazu kannst du die folgenden Argumente verwenden – oder auch eigene:

Jugendliche machen beim Urlaub ohne Eltern wichtige soziale Erfahrungen.
Jugendliche möchten ihre Ferien für die kostbare gemeinsame Zeit mit der Familie nutzen.
Jugendliche sind nicht reif genug, um auf sich allein gestellt zu sein.
Das Verreisen mit den Eltern bietet Jugendlichen mehr Schutz.
Jugendreisen können sehr kostspielig sein.
Jugendliche lernen, Verantwortung zu übernehmen.
Urlaub ohne Eltern ist spannend und macht Spaß.

Thema (lineare Erörterung)

1 **Einleitung**
Aufhänger/Umfrage

2 **Definition**
Erläuterungen zur Sache

3 **Hauptteil**
3.1 **These:** nur <u>eine</u> These
3.1.1 erwähnenswertes Argument: …
3.1.2 wichtiges Argument: …
3.1.3 sehr wichtiges Argument: …
3.1.4 letztes und wichtigstes Argument: …

4 **Schluss/Konklusion**
begründete Schlussfolgerung, Forderung, Appell …

Thema (antithetische Erörterung)

1 **Einleitung**
Aufhänger/Umfrage/offene Fragestellung

2 **Hauptteil**
2.1. **These oder Antithese:** (Nein/Ja, man sollte …)
2.1.1 sehr wichtiges Argument: …
2.1.2 wichtiges Argument: …
2.1.3 erwähnenswertes Argument: …
2.2 **Antithese oder These** (Ja/Nein, man sollte …)
2.2.1 wichtiges Argument: …
2.2.2 sehr wichtiges Argument: …
2.2.3 letztes und wichtigstes Argument: …

3 **Schluss/Synthese**
Abwägen von Argumenten, eigener Standpunkt, Forderung, Appell …

t **8** Entfalte eines der Argumente aus deiner Gliederung. Begründe es und führe ein passendes Beispiel an.

tt **9** Entfalte dein wichtigstes Argument, also das letzte Argument im **Hauptteil** deiner Gliederung. Begründe es ausführlich und führe anschauliche Beispiele aus eigener und / oder allgemeiner Erfahrung an.

ttt **10** Schreibe – passend zum gewählten Thema und zu deiner Gliederung – deine Schlussüberlegungen auf.

Schreiben und Präsentieren

Literarische Texte analysieren

Inhalte zusammenfassen und interpretieren: Bausteine

1 Die nächsten Seiten sollen euch noch einmal zeigen, wie ihr den Inhalt eines Textes zusammenfassen und den Text interpretieren könnt. Lest euch dafür zunächst die Novelle „Das Bettelweib von Locarno" von Heinrich von Kleist auf Seite 223–225 durch, denn um sie geht es hier. 223–225

2 Notiert euch Stichwörter zum Inhalt der Geschichte:
- ***Personen:*** *Marchese …*
- ***Ereignisse:*** *Marquise bietet einem Bettelweib einen Platz an, …*
- ***Ort:*** *Schloss bei Locarno …*

3 An einem Beispiel könnt ihr hier sehen, wie ein Textabschnitt strukturiert zusammengefasst werden kann:

Geschichte (Text verändert)

[…] Die Frau, da sie sich erhob, glitschte mit der Krücke auf dem glatten Boden aus, und beschädigte sich, auf eine gefährliche Weise, das Kreuz; dergestalt, dass sie zwar noch mit unsäglicher Mühe aufstand und quer, wie es vorgeschrieben war, über das Zimmer ging, hinter den Ofen aber, unter Stöhnen und Ächzen, niedersank und verschied […]

Inhaltswiedergabe:

… Die Frau rutscht auf dem Boden aus und verletzt sich dabei so schwer, dass sie stirbt.

4 Fasst den Inhalt der Geschichte mithilfe eurer Stichwörter aus Aufgabe 2 mündlich zusammen.

5 Fasse den Inhalt der Geschichte „Das Bettelweib von Locarno" nun schriftlich zusammen. Du kannst dazu die folgenden Sätze aus dem **WORTSCHATZ: TEXTBAUSTEINE** ergänzen.

WORTSCHATZ: TEXTBAUSTEINE

Die Novelle „ … " stammt von …
In dieser Geschichte bietet die Frau eines … einem Bettelweib … an.
Der Marchese aber …
Auf dem Weg dorthin …
Mehrere Jahre später will der Marchese …, weil …
Ein Ritter aus … will es …
Er übernachtet … und hört …
Da er glaubt, …, verzichtet er auf den Kauf.

Auch andere Käufer …
Als der Marchese selbst der Sache auf den Grund gehen möchte, …
Er hört …
In der zweiten Nacht …
In der dritten Nacht …
Der Hund …
Der Schlossherr ist derart entsetzt, dass er …
Seine Frau …

Textanalyse

INFO

Eine **Textanalyse** besteht aus zwei Bausteinen:
1: aus der **strukturierten Zusammenfassung der Fakten**,
die man dem **Inhalt** des Textes entnimmt. Das ist die **Inhaltswiedergabe**.
Diese **Zusammenfassung** gibt Auskunft darüber,

- was der wesentliche Inhalt des Textes ist,
- was im Einzelnen geschieht und an welchem Ort (wo?) sich die Ereignisse abspielen,
- welche Figuren im Text vorkommen und in welchen Beziehungen sie zueinander stehen.

2: aus der **Kundgabe der begründeten Meinung**, die man aus dem **Verständnis** von diesem Text gewinnt. Das ist die **Interpretation**.
Diese **Interpretation** gibt Auskunft darüber,

- wie der Text **sprachlich gestaltet** ist – und **wie Gestaltung und Inhalt zusammenwirken**,
- welche **Bedeutung** der Text hat – worum es darin geht,
- wie der Text **auf den Leser / die Leserin wirkt**.

Wörtliche Zitate werden in der Textanalyse durch Anführungszeichen und Zeilenangaben (bei Gedichten: Versangaben) gekennzeichnet.

6 Über „Das Bettelweib von Locarno" gibt es eine Fülle von Textanalysen, Lexikonartikeln und Schülerarbeiten, die man im Internet finden kann.

- Vermutet: Worin ähneln sich wohl alle Textanalysen?
- Und worin werden sie sich wohl (manchmal extrem) unterscheiden?
  Lest im Infokasten nach – und begründet eure Annahmen.

7 Die folgenden Sätze stammen aus Inhaltswiedergaben und Interpretationen zur Geschichte „Das Bettelweib von Locarno".

- Untersucht: Welche Sätze **fassen** den **Inhalt zusammen**? Welche sind **Interpretation**?
- Begründet eure Zuordnungen mithilfe des Infokastens.

a) Im „Bettelweib von Locarno" geht es letztlich um das Verhältnis von Schuld und Sühne, indem der „Marchese" sein rücksichtsloses Verhalten gegenüber einer kranken Frau mit dem Tode büßen muss.
b) Die Hauptfigur in der Novelle ist ein „Marchese", der aus finanziellen Gründen sein Schloss verkaufen möchte.
c) Ein reicher Graf aus Florenz wird durch spukhafte Geräusche um Mitternacht vom Kauf des Schlosses abgehalten.
d) Das „Bettelweib von Locarno" ist keine Geschichte über Schuld und Sühne, sondern eine Geschichte über das Verhältnis von Armut und Reichtum. Mit dem „Marchese" wird der reiche Adel kritisiert, der seinen Aufgaben, nämlich dem Respekt und der Hilfsbereitschaft gegenüber Bedürftigen, nicht nachkommt.
e) Hauptthema dieser dramatischen Geschichte ist das Gespenstische, dem ein Mensch ausgesetzt ist, der vernünftiges Handeln außer Acht lässt.
f) Am Ende kann die Marquise ihren vom Wahnsinn befallenen Ehemann nicht mehr retten und reist mit einer Kutsche in die Stadt ab.

Schreiben und Präsentieren

8 Entwirf nun eine Interpretation dieser Geschichte.
Darin sollst du wiedergeben, wie du die Geschichte verstehst, wie sie auf dich wirkt.

- Du kannst dabei den **Wortschatz: Textbausteine** und den **Wortschatz** verwenden.
- Auf Seite 115–117 findest du ein **Kleines Lexikon von Ausdrücken zu Prosa-Interpretationen**. Auch diese Stichwörter können dir bei den Formulierungen für deine Interpretation helfen.
- Du kannst auch Interpretationssätze aus Aufgabe 7 a)–f) auf Seite 107 verwenden, wenn du sie für deine eigene Interpretation für passend hältst.

115–117

Wortschatz: Textbausteine

Die Sprache der Geschichte ist bestimmt von …
Manche Sätze sind …
Dadurch bekommt das Geschehen …
Wenn man den Text vorliest, müsste man …

Besonders auffällig ist die dreimalige … der … des Bettelweibs.
Das geschieht mit den Worten „…".
Diese Wiederholungen machen die Geschichte …

Die Geschichte ist im Basistempus …
In Zeile … wechselt der Erzähler vom … ins …
Dadurch entsteht …

Kleists „Bettelweib von Locarno" ist eine … Geschichte.
Sie will etwas aussagen über …
Möglich wäre aber auch …
Auf mich wirkt die Geschichte …

Wortschatz

Basistempus Präteritum
dramatisch
Einbeziehung des Lesers/ der Leserin
fantastisch
Geräusche
gespenstisch
Höhepunkt
Macht der Reichen
Nächstenliebe
Ohnmacht der Armen
Rache, rächen
Rücksichtslosigkeit
komplizierte Satzgefüge
Schuld, schuldig
Spannung, spannend
Steigerung, steigern
szenisches Präsens
Unrecht
Vergeltung

9 Lest euch eure Interpretationsentwürfe vor.
Gebt euch gegenseitig Anregungen und übt konstruktiv Kritik.

10 Im folgenden Auszug aus einer Interpretation wurde zweierlei Kritik geübt.
Vergleiche die Stellen hier mit denen in der Geschichte.

- Was muss als **Zitat** gekennzeichnet werden?
  Und in welchen Zeilen steht es?
- Berichtige den Text.

… Besonders spannend finde ich, dass die Geräusche bei dem Weg, den das Bettelweib genommen hat, noch mehrere Male wiederholt werden. Als der Ritter im Schloss übernachtete, hörte er, wie etwas quer über das Zimmer gegangen und hinter dem Ofen, unter Stöhnen und Ächzen, niedergesunken ist. Als der Marchese selbst im Zimmer übernachtete, sind es die Worte: quer über das Zimmer ging, und hinter dem Ofen, unter Geseufz und Geröchel niedersank. In der nächsten Nacht dasselbe unbegreifliche, gespensterartige Geräusch. Und in der letzten Nacht ist noch einmal von dem entsetzlichen Geräusch die Rede. Durch diese Wiederholungen wird das Geisterhafte besonders eindrucksvoll.

Du musst die Stellen, die du wörtlich übernommen hast, in Anführungszeichen setzen – und auch die Zeilenzahl dazu angeben.

Schreibe im Präsens!

Literarische Texte analysieren

Inhaltswiedergabe und Interpretation: Entwurf und Übung

1 Auf den nächsten beiden Seiten könnt ihr üben, eine Textanalyse zu der Geschichte „Bericht über Hattington“ von Walter Jens zu schreiben. Dazu müsst ihr euch den Text auf Seite 228–231 zunächst aufmerksam durchlesen. Macht euch dabei Notizen

228–231

- zum Erzähler der Geschichte,
- zu den Hauptfiguren,
- zur Reihenfolge der Ereignisse und Konflikte,
- zum Ausgang der Geschichte.

2 Entwirf den ersten Teil der Textanalyse: die **zusammenfassende Wiedergabe des Inhalts**. Verwende dabei deine Notizen.
ℓ Orientiere dich am folgenden **WORTSCHATZ: TEXTBAUSTEINE**.
ℓℓ ℓℓℓ Orientiere dich an dem **WORTSCHATZ: INHALTSWIEDERGABE**.
Wenn du Sätze aus dem Text **zitieren** möchtest, musst du sie in Anführungszeichen setzen

WORTSCHATZ: TEXTBAUSTEINE

Der Text „…“ von … spielt in der fiktiven Kleinstadt …
Die Ereignisse werden wiedergegeben von einem …, der … wohnt.
Der Verbrecher … ist im letzten Winter …
Dieser war auf eine Anzeige hin …
Unter den Menschen in der Stadt geht nun die Angst um, Hattington …
Es verbreitet sich das Gerücht, …
*„Das Misstrauen beherrschte die Stadt …“ (Zeile ***).*
Das legt sich vorübergehend, als jemand berichtet, …
Doch es flammt umso stärker auf, als eine Frau …, ein Mädchen … und ein Mann …
Man verdächtigt …
Jeder verdächtigt nun jeden, dass …
*Ein „allgemeiner Verfall der Sitten“ (Zeile ***) beginnt.*
Die Jugendlichen …
Unter den Bürgern/Bürgerinnen kommt es zu …
Besonders betroffen sind …
Sogar die Kirche …
Am Karfreitag …
Er kann also nicht …
Der Ich-Erzähler hat zwar …, doch er …

WORTSCHATZ: INHALTSWIEDERGABE

Angst
ausgebrochen
Drohungen
Erzähler
Fanatiker
Gefängnis
Gerücht
Hexenjagd
Hysterie
jüdischer Arzt
Jugendliche
misshandelt
Misstrauen
Morde
Raserei
Schrecken
Schuld
schwarze Listen
Tätlichkeiten
Verbrecher
Verdacht, Verdächtigungen
Verfall der Sitten
verstecken

3 Lest euch eure Entwürfe gegenseitig vor und besprecht sie.

4 Überprüfe die Inhaltsangabe noch einmal mithilfe der **CHECKLISTE**.

CHECKLISTE: INHALTSWIEDERGABE

- ✔ Ich habe im Einleitungssatz den Titel und den Autor / die Autorin genannt.
- ✔ Ich habe beachtet, wer der Erzähler der Geschichte ist.
- ✔ Ich habe die wichtigsten Ereignisse zusammenfassend wiedergegeben.
- ✔ Ich habe die Zeitform Präsens gewählt.
- ✔ Ich habe Zitate in Anführungszeichen gesetzt und die Zeilenzahl angegeben.

Schreiben und Präsentieren

5 Bevor ihr eure eigene Interpretation schreibt, sollt ihr den Auszug einer Interpretation bearbeiten. Hier könnt ihr noch einmal erkennen, welche Fehler sich beim Schreiben einschleichen können. Lest den Textauszug und vergleicht ihn mit den Kritikpunkten.

… In der gesamten Geschichte scheint es um die Suche nach einem Schwerverbrecher zu gehen. Doch das ist nur vordergründig der Fall. Im Grunde geht es darum wie eine Gemeinschaft kaputt geht, wenn einer den anderen verdächtigt und Angst vor ihm hat. Am Schluss der Geschichte wurde die Leiche des Verbrechers gefunden. „Von diesem Tag an begann es wieder ruhig zu werden bei uns", schreibt der Erzähler. Einige der Einwohner zogen weg aus der Stadt. Doch viele die dablieben „sind nicht frei von Schuld", wie am Ende gesagt wird. Wen der Erzähler der Morde verdächtigt, scheint nicht mehr wichtig zu sein. Es ist eine Geschichte darüber, wie sich Furcht und Terror ausbreiten, wenn die Menschen sich nicht mehr vertrauen. Ich finde sie deswegen echt toll, weil sie sich auch auf Verhältnisse von heute übertragen lässt.

- *Aufgepasst: An die Zeilenangaben bei den Zitaten denken!*
- *Umgangssprachliche Ausdrücke solltest du vermeiden!*
- *Ein Zitat ist nicht richtig wiedergegeben. Überprüfe das!*
- *Du solltest genauer auf die Kommasetzung achten!*
- *Manchmal schreibst du im Präteritum. Achte auf das Präsens!*

6 Schreibe diesen Auszug in berichtigter Form auf.

7 Entwirf nun den zweiten Teil der Textanalyse, die **Interpretation**. Du kannst dabei den **WORTSCHATZ: TEXTBAUSTEINE** (oder einen Teil daraus) verwenden.

8 Interpretiere den Text, indem du die Hinweise im Infofasten auf Seite 107 beachtest. Du kannst dabei Stichwörter aus dem **Kleinen Lexikon von Ausdrücken für Prosa-Interpretationen** auf Seite 115–117 verwenden.

107

115–117

WORTSCHATZ: TEXTBAUSTEINE INTERPRETATION

Im Titel des Textes gibt den Hinweis auf einen „Bericht".
Doch liest sich das Ganze eher …
Da wird eine Spannung aufgebaut, die …
Das Wort „Bericht" soll wohl darauf hinweisen, dass …
Die Sprache des Textes ist zwar …, aber …
*Die eigentliche Bedeutung der Geschichte lässt sich mit einem Kernsatz wiedergeben, der etwa in der Mitte des Textes steht: „…" (Zeile ***).*
Es geht also nicht so sehr um …, sondern um …
Das wird auch durch den Schluss der Geschichte deutlich, in dem der Erzähler darauf hinweist, dass …
Übertragen lässt sich diese Geschichte auch auf andere Ereignisse wie zum Beispiel …
Die Geschichte will etwas aussagen über …
Auf mich wirkt der Text …

CHECKLISTE: INTERPRETATION

- ✔ Ich habe Zitate innerhalb meines Textes in Anführungszeichen gesetzt und die Zeilenzahl angegeben.
- ✔ Ich habe beschrieben, worauf es in dieser Geschichte ankommt.
- ✔ Ich habe angegeben, wie die Geschichte auf mich wirkt.
- ✔ Ich habe meine Interpretation im Basistempus Präsens geschrieben.

9 Überprüfe deine Interpretation mithilfe der **CHECKLISTE**.

Literarische Texte analysieren

Eine eigene Textanalyse verfassen

1 Verfasse eine Textanalyse der Geschichte „Die grüne Krawatte“ von Arthur Schnitzler. Lies dazu die Geschichte zunächst einmal aufmerksam.

Die grüne Krawatte

Arthur Schnitzler

Ein junger Herr namens Cleophas wohnte zurückgezogen in seinem Hause nahe der Stadt. Eines Morgens wandelte ihn die Lust an, unter Menschen zu gehen. Da kleidete er sich wohlanständig an wie immer, tat eine neue grüne Krawatte um und begab sich in den Park. Die Leute grüßten hin höflich, fanden, dass ihm die grüne Krawatte vorzüglich zu Gesicht stehe, und sprachen durch einige Tage mit viel Anerkennung von der grünen Krawatte des Herrn Cleophas. Einige versuchten, es ihm gleichzutun, und legten grüne Krawatten an wie er – freilich waren sie aus gemeinerem Stoff und ohne Anmut geknüpft.

Bald darauf machte Herr Cleophas wieder einen Spaziergang durch den Park, in einem neuen Gewand, aber mit der gleichen grünen Krawatte. Da schüttelten einige bedenklich den Kopf und sagten: „Schon wieder trägt er die grüne Krawatte … Er hat wohl keine andere …“ Die etwas nervöser waren riefen aus: „Er wird uns noch zur Verzweiflung bringen mit seiner grünen Krawatte!“

Als Herr Cleophas das nächste Mal unter die Leute ging, trug er eine blaue Krawatte. Da riefen einige: „Was für eine Idee, plötzlich mit einer blauen Krawatte daherzukommen?“ Die Nervöseren aber riefen laut: „Wir sind gewohnt, ihn mit einer grünen zu sehen! Wir brauchen es uns nicht gefallen zu lassen, dass er heute mit einer blauen erscheint!“ Aber manche waren sehr schlau und sagten: „Ah, uns wird er nicht einreden, dass diese Krawatte blau ist. Herr Cleophas trägt sie, und daher ist sie grün.“

Das nächste Mal erschien Herr Cleophas, wohlanständig gekleidet wie immer, und trug eine Krawatte vom schönsten Violett. Als man ihn von Weitem kommen sah, riefen die Leute höhnisch aus: „Da kommt der Herr mit der grünen Krawatte!“

Besonders gab es eine Gesellschaft von Leuten, der ihre Mittel nichts anderes erlauben, als Zwirnsfäden um den Hals zu schlingen. Diese erklärten, dass Zwirnsfäden das Eleganteste und Vornehmste seien, und hassten überhaupt alle, die Krawatten trugen und besonders Herrn Cleophas, der immer wohlanständig gekleidet war und schöner und besser geknüpfte Krawatten trug als irgendeiner. Da schrie einmal der Lauteste unter diesen Menschen, als er Herrn Cleophas des Weges kommen sah: „Die Herren mit der grünen Krawatte sind Wüstlinge!“ Herr Cleophas kümmerte sich nicht um ihn und ging seines Weges.

Als Herr Cleophas das nächste Mal im Park spazieren ging, schrie der laute Herr mit dem Zwirnsfaden um den Hals: „Die Herren mit der grünen Krawatte sind Diebe!“ Und manche schrien mit. Cleophas zuckte die Achseln und dachte, dass es mit den Herren, die jetzt grüne Krawatten trugen, doch weit gekommen sein müsste. Als er das dritte Mal wieder kam, schrie die ganze Menge, allen voran der laute Herr mit dem Zwirnsfaden um den Hals: „Die Herren mit der grünen Krawatte sind Meuchelmörder!“ Da bemerkte Cleophas, dass viele Augen auf ihn gerichtet waren. Er erinnerte sich, dass er auch öfters grüne Krawatten getragen hatte, trat auf den Gesellen mit dem Zwirnsfaden zu und fragte: „Wen meinen sie denn eigentlich? Am Ende mich auch?“ Da erwiderte jener: „Aber, Herr Cleophas, wie können Sie glauben – ? Sie tragen doch keine grüne Krawatte!“ Und er schüttelte ihm die Hand und versicherte ihn seiner Hochachtung.

Cleophas grüßte und ging. Aber als er sich in gemessener Entfernung befand, klatschte der Mann mit dem Zwirnsfaden in die Hände und rief: „Seht ihr, wie er sich getroffen fühlt? Wer darf jetzt noch daran zweifeln, dass Cleophas ein Wüstling, Dieb und Meuchelmörder ist!“

2 Setze dich inhaltlich und analytisch mit diesem Text auseinander:
- Notiere für jeden Absatz Details zu den jeweiligen Figuren und ihren Handlungen:
- Achte bei deiner Analyse auf **Verhaltensweisen**, das **äußere Erscheinungsbild**, **sprachliche Äußerungen**, **emotionale Reaktionen** …:

1. Absatz:
Herr Cleophas: *geht elegant gekleidet spazieren, trägt dazu eine grüne Krawatte.*
Leute: *grüßen ihn höflich und loben / bewundern seine Krawatte.*
Einige tragen kurz darauf ebenfalls eine grüne Krawatte – allerdings von … Stoff und ohne sorgfältige Knüpfung.

2. Absatz:
Herr Cleophas: *erneuter Spaziergang, andere Kleidung, doch gleiche grüne Krawatte*
Leute: *Bemerkungen und Sprüche;*
werfen ihm … vor; andere reagieren sogar …

3. Absatz: … *4. Absatz: …* *5. Absatz: …* *6. Absatz: …* *7. Absatz: …*

3 Erkläre die Formulierung „aus gemeinerem Stoff" in Zeile 8.

4 Vermute, warum einige Leute bereits beim zweiten Spaziergang von Herrn Cleophas nervös werden und Bemerkungen und Sprüche machen.
- Welche Gründe / Motive könnten sie dafür haben?
- Wie stellst du dir diese Leute vor?

5 Beschreibe die Steigerung, die sich anhand der Reaktion der Leute im Fortgang des Textes aufbaut. Nutze dazu folgende Begriffe, die hier alphabetisch aufgelistet sind.
Anerkennung – Bedenken – Hass – Lügen – Nervosität – Neid –Verleumdung

6 Interpretiere die Zeilen 45-47 am Ende des vorletzten Absatzes.
- Wie muss diese Erwiderung des lauten Herrn wohl gelesen werden?
- Begründe deine Einschätzung!

7 Nimm Stellung dazu, wie du das Verhalten von Herrn Cleophas gegenüber dem lauten Mann mit dem Zwirnsfaden bewertest.
Beziehe auch den Schluss des Textes in deine Bewertung mit ein.

8 Stell dir vor, Herr Cleophas begegnet den Leuten beim nächsten Spaziergang erneut.
- Wie könnte diese Begegnung wohl verlaufen?
- Welche Krawatte mag Herr Cleophas gewählt haben?

9 Erläutere, weshalb diese Geschichte als **Parabel** angesehen werden kann. 210
- Welche Lehre / Einsicht kannst du für dich aus diesem Text ziehen?
- Gibt es Situationen, auf die du die Geschichte übertragen kannst?

Schreiben und Präsentieren

10 Schreibe nun deine Textanalyse.

- Die Wörter aus den beiden folgenden **WORTSCHÄTZEN** können dir dabei helfen.
- Du kannst auch Ausdrücke aus dem **Kleinen Lexikon für Interpretationen** verwenden. 115–117

Tipps zur Wiedergabe von wörtlichen Reden:

In diesem Text kommen fast in jedem Absatz **wörtliche Reden** vor.
Diese wörtlichen Reden solltest du in deiner inhaltlichen Zusammenfassung **nicht** wörtlich, sondern verkürzt wiedergeben:

- entweder **im Konjunktiv I**: *…, sie seien gewohnt, dass seine Krawatte grün ist.*
- oder mit **zusammenfassenden Verben**:
  Sie wundern sich über seine blaue Krawatte.

WORTSCHATZ: REDEZUSAMMENFASSENDE VERBEN

abweichen:	*Er weicht nicht von seinem Vorurteil ab.*
sich beklagen:	*einige beklagen sich darüber, dass …*
beschimpfen:	*sie beschimpfen ihn als …*
beschuldigen:	*sie beschuldigen ihn der …*
bestätigt fühlen:	*Er fühlt sich in seiner Meinung bestätigt.*
bezichtigen:	*sie bezichtigen ihn der …*
sich empören:	*sie empören sich über …*
fragen nach:	*er fragt ihn nach seiner Meinung …*
irritiert sein:	*sie sind irritiert über …*
nennen:	*sie nennen ihn …*
schimpfen:	*sie schimpfen über …*
verhöhnen:	*sie verhöhnen den Herrn mit …*
verspotten:	*sie verspotten ihn wegen …*
vorwerfen:	*sie werfen ihm … vor*
wundern:	*sie wundern sich über …*
zurückweisen:	*Er weist seine Frage zurück.*

WORTSCHATZ: INTERPRETATION

Anerkennung
Angst vor dem Fremden
Beschuldigung
Feindbild
Gruppe, Gruppenzwang
individuelle Freiheit
Individuum
Kritik, kritisieren
Missachtung
nachahmen
Neid, neidisch
Selbstbestätigung
unterstellen
Unterstellung
verurteilen
Vorurteil
vorwerfen
Vorwurf

11 Überprüfe deine Textanalyse zum Schluss mithilfe der **CHECKLISTE**.

CHECKLISTE: ANALYSE UND INTERPRETATION

- ✔ Ich habe zu Beginn den Titel und den Autor / die Autorin genannt.
- ✔ Ich habe den Inhalt zusammenfassend wiedergegeben.
- ✔ Ich habe die wörtlichen Reden in verkürzter Form wiedergegeben.
- ✔ Ich bin im Interpretationsteil auf die sprachliche Gestaltung eingegangen.
- ✔ Ich habe Zitate in Anführungszeichen gesetzt und mit der Zeilenzahl belegt.
- ✔ Ich habe herausgearbeitet, wofür die Geschichte ein Beispiel ist.
- ✔ Ich habe dargestellt, wie der Text auf mich wirkt.
- ✔ Ich habe den gesamten Text im Basistempus Präsens geschrieben.

Literarische Texte analysieren

Kleines Lexikon von Ausdrücken für Prosa-Interpretationen

Absicht:
Die Absicht des Erzählers / der Erzählerin ist …
Die Erzählabsicht ist wohl …

andeuten / Andeutungen:
An einigen Stellen deutet der Erzähler / die Erzählerin nur kurz an, dass …
In diesem Satz lässt uns der Erzähler / die Erzählerin bereits ahnen, dass …
Der Erzähler / Die Erzählerin deutet damit an, dass …

Anfang:
Am Anfang des Textes steht … / Den Anfang bildet …

anregen:
Die Geschichte regt dazu an, darüber nachzudenken, …

anschaulich:
Die Fülle der Adjektive macht diesen Text besonders anschaulich.
Die Anschaulichkeit kommt durch … zustande.
Besonders anschaulich wird das Geschehen dadurch geschildert, dass …

Aufbau:
Der Text ist folgendermaßen aufgebaut: …

auffällig:
Besonders auffällig an diesem Text ist / sind …
Am auffälligsten ist der Satzbau / die Wortwahl …

Aussage:
Die wichtigste Aussage in diesem Text ist: …

beginnen:
Der Text beginnt mit …

beschreiben:
Der Autor / Die Autorin beschreibt in seinem / ihrem Text …

bestehen aus:
Der Text besteht aus … Abschnitten.

beziehen auf:
Wenn ich den Text auf die heutige Zeit / auf meine Situation beziehe, …

deutet an / deutet darauf hin:
Diese Textstelle / Der Schluss deutet darauf hin …
Mit diesem Bild wird angedeutet, …
Die Metapher kann als … gedeutet werden.

Dialog:
Der Text ist von Dialogen zwischen … und … bestimmt.

Eindruck:
Die Geschichte macht auf mich den Eindruck …
Äußerlich macht der Text den Eindruck …, doch in Wirklichkeit …

Ereignisse:
Folgende Ereignisse bestimmen den Inhalt des Textes: …

ergeben:
Für mich ergibt sich daraus …

erregen / anregen:
Der Text erregt beim Leser / der Leserin Mitgefühl / Ratlosigkeit / Angst …
Der Text regt den Leser / die Leserin zu … an.

Erzähler / Erzählerin:
Die Geschichte wird von einem Ich-Erzähler / einer Ich-Erzählerin erzählt.

Erzähler / Erzählerin:
Die Geschichte wird von einem allwissenden Erzähler / einer allwissenden Erzählerin erzählt, der / die in alle Figuren hineinschauen kann.

Erzählerkommentare:
Insgesamt x-mal gibt es Kommentare des Erzählers / der Erzählerin, mit denen er / sie die Ereignisse / das Verhalten von … / den Fortgang der Geschichte … ironisch / humorvoll / kritisch / sorgenvoll … bewertet.

Figuren:
Die wichtigsten Figuren der Geschichte sind …

Form:
Die Form des Textes ist eine Kurzgeschichte / ein Bericht / eine Anekdote / eine Parabel / eine Erzählung / eine Novelle …

Frage des Erzählers / der Erzählerin an die Leser / Leserinnen:
Mit dieser Frage wendet sich der Erzähler / die Erzählerin direkt an den Leser / die Leserin. Mit dieser Frage will uns der Erzähler / die Erzählerin auf seine / ihre Seite ziehen und für seine / ihre Sicht / Perspektive einnehmen.

Gedankenreden:
Die Gedankenreden der Figur lassen den Leser / die Leserin teilhaben an seinen / ihren Empfindungen …

gehen … um:
In diesem Text geht es vor allem um / darum …

Hauptfigur:
Die Hauptfigur / Hauptfiguren der Geschichte ist / sind …

Innerer Monolog:
Die inneren Monologe der Figur … lassen mich unmittelbar teilhaben an ihren Gedanken und Gefühlen …

Intention:
Die Intention / Absicht des Erzählers / der Erzählerin ist …

Metapher:
Die Metapher in Zeile … deute ich folgendermaßen …
Die Metapher vom … in Zeile … deute ich als …
Diese Metapher weckt in mir die Vorstellung …

Mittelpunkt:
Im Mittelpunkt des Textes / des Geschehens steht …

Motiv:
Der Text wird von dem folgenden Motiv bestimmt …
Im Mittelpunkt dieses Textes steht das Motiv …
Das wiederholt auftretende Motiv von … lässt sich deuten als …

Es bleibt offen / Offen bleiben / Offen bleibt / Offene Frage:
Das Ende der Geschichte bleibt offen.
Offen bleibt am Ende, ob …
Offen / Unbeantwortet bleibt für mich zum Schluss die Frage …
Eine offene Frage ist für mich …

Pointe:
Die Pointe des Textes bildet …

Rätsel / rätselhaft:
Ein Rätsel bleibt für mich …
Rätselhaft bleibt (für mich) an diesem Text …

Rückblenden:
An manchen Stellen weist uns der Erzähler / die Erzählerin auf Ereignisse hin, die bereits in der Vergangenheit stattgefunden haben.

Satzbau:
Der Text ist bestimmt von einfachen Sätzen / von langen / komplizierten Satzgefügen …

Schluss:
Der Schluss des Textes deutet darauf hin, dass … / bleibt offen.

spannend:
Besonders spannend an dieser Geschichte ist …

Sprache:
Auffällig an der Sprache ist …
Die Sprache des Textes ist bestimmt von …

Tempus:
Das Erzähltempus / Das Basistempus der Geschichte ist das …

Tempuswechsel:
Auf dem Höhepunkt der Geschichte wechselt der Autor / die Autorin vom … ins …

Thema:
Das zentrale Thema des Textes ist …

Text:
In diesem Text geht es vor allem um …
Dies ist ein Text über …
Dies ist ein ungewöhnlicher, spannender … Text über …

Titel:
Der Titel des Textes lautet … Er verweist von Beginn an auf …
Der Titel erscheint zunächst rätselhaft …

Überlegungen:
Die Überlegungen des Verfassers / der Verfasserin kreisen um …

übertragen:
Die Ereignisse dieses Textes lassen sich auch auf unsere Zeit übertragen …
Übertragen lassen sich die Geschehnisse auch auf …

ungeklärt:
Ungeklärt bleibt am Ende …

Verständnis / verstehen:
Meinem Verständnis nach ist das … gemeint.
Ich verstehe das so …
Nicht ganz verstanden habe ich …

Vorausdeutungen:
An einer Stelle deutet die Erzählerin / der Erzähler etwas an, das noch in der Zukunft liegt. Aber genauere Informationen bekommen wir hier noch nicht.

Wechsel der Zeitformen:
Es gibt Textstellen / Passagen / Abschnitte …, da wechselt die Autorin / der Autor vom Präteritum ins Präsens. Das Geschehen wird dadurch besonders nah an den Leser / die Leserin herangezoomt. So hat man das Gefühl, man nimmt unmittelbar teil / ist unmittelbar am Geschehen beteiligt.

Wiederholungen:
Auffällig sind die vielen Wiederholungen von …
Das Wort / Der Satz … wird im Text x-mal wiederholt / kommt in diesem Text x-mal vor.

Wirkung:
Die Wirkung dieser Textstelle ist …
Das wirkt auf die Leser / Leserinnen beunruhigend / beschwichtigend / befreiend / rätselhaft …

Wörter und Wortgruppen:
Einige Sätze beginnen mit Wörtern oder Wortgruppen, die in besonderer Weise Spannung / Aufmerksamkeit / Irritation … erzeugen.

Wortstellung:
Manche Sätze beginnen mit einer auffälligen Reihenfolge der Wörter.

zentral:
Die zentrale Aussage des Textes ist …

Zentrum:
Im Zentrum der Aussage steht der Gedanke / die Überlegung / die Absicht / das Ziel …

LESEN Umgang mit Texten und Medien

Expressionismus

Gesellschafliche Hintergründe des Expressionismus

Edvard Munch: Der Schrei

Was waren das für mutige junge Leute, die vor 100 Jahren die Literatur veränderten! Die meisten von ihnen waren zwischen zwanzig und dreißig Jahre alt, als sie ihre Gedichte und Geschichten schrieben. Und sie waren aufsässig. Sie lehnten sich auf gegen ihre Väter und Lehrer. Sie hassten das autoritäre Kaiserreich. Sie litten unter dem Chaos des modernen Großstadtlebens. Sie sagten der Industrialisierung den Kampf an, dem Militarismus und der Gewalt. Und sie wollten nicht mehr so schreiben, wie es ihre klassischen Vorfahren getan hatten. Es entstand fast so etwas wie eine Revolution in der Dichtung – genauso wie in der Malerei.

Es ist die Zeit zwischen 1910 und 1925, die als „Expressionismus" bezeichnet wird – also als Ausdruck der Gefühle. Der Begriff entstammt der damaligen Malerei.

Die Bilder des jungen Picasso und von Franz Marc wurden in jener Zeit „expressionistisch" genannt. Das bekannteste Bild des Expressionismus ist wohl „Der Schrei" des Norwegers Edvard Munch, das auch als Sinnbild für die expressionistische Dichtung bezeichnet werden kann. Man schrie heraus, worunter man litt. Man erfand neue Wörter und Wortverbindungen, um auszudrücken, was man empfand. Man wollte auf das Leid der Menschen und auf die Gefahren, die man im maßlosen Anwachsen der Großstädte sah, mit seiner Sprache aufmerksam machen – und damit die Welt verbessern.

Ludwig Meidner: Apokalyptische Stadt

Alaunstraße in Dresden (1915)

Ludwig Meidner (1884–1966)

Auf, zu Himmeln auf
schreien Häuserreihen,
trümmern Wände sich hebend und schreien.
Wind um weiß Gesicht,
Essen[1], Türme, Wolken flattern weit.
Asphalt, der zu Bergen saust,
sprüht Kinder hoch.

[1] Essen: Schornsteine

1 Dies sind die ersten Verse und ein Bild eines typisch expressionistischen Künstlers. Der Text ist schwer verständlich. Doch er wendet sich ja auch nicht in erster Linie an den Verstand, sondern er will die Gefühle ansprechen.
- Welche Gefühle nehmt ihr bei euch wahr, wenn ihr den Text lest und solch ein Bild betrachtet?
- Beschreibt, wie ihr die fremdartigen Metaphern empfindet und deutet:
  schreien Häuserreihen – trümmern Wände – Asphalt, der zu Bergen saust – sprüht Kinder hoch.

LESEN Umgang mit Texten und Medien

Expressionismus

Ein expressionistisches Gedicht erschließen

Ludwig Meidner: Straßen und Cafés: Potsdamer Platz

1 Schaut euch das Bild ganz in Ruhe an und steigt darin ein – als wärt ihr ein Teil davon.

- Welche Stimmung nehmt ihr wahr?
- Wie fühlt ihr euch selbst inmitten der vielen Menschen?
- Was könnt ihr alles hören, sehen, fühlen, riechen?

2 Lest euch das folgende Gedicht zuerst leise durch – und lest es dann auch laut.

Städter (1914)

Alfred Wolfenstein (1883–1945)

Dicht wie die Löcher eines Siebes stehn ↱
Fenster beieinander, drängend fassen ↱
Häuser sich so dicht an, dass die Straßen ↱
Grau geschwollen wie Gewürgte sehn.

Ineinander dicht hineingehakt ↱
Sitzen in den Trams[1] die zwei Fassaden ↱
Leute, ihre nahen Blicke baden ↱
Ineinander, ohne Scheu befragt.

Unsre Wände sind so dünn wie Haut,
Dass ein jeder teilnimmt, wenn ich weine.
Unser Flüstern, Denken ... wird Gegröle ...

– Und wie still in dick verschlossner Höhle
Ganz ungerührt und ungeschaut
Steht ein jeder fern und fühlt: alleine.

↱ = **Enjambement**: ein „Zeilensprung“, der immer dann auftritt, wenn eine Sinneinheit durch das Ende eines Verses unterbrochen wird und der Sinnzusammenhang erst in der nächsten Zeile vervollständigt wird:
Dicht wie die Löcher eines Siebes stehn ↱
Fenster beieinander ...

[1] Tram: Straßenbahn

3 Wer ein Gedicht verstehen will, muss – fast wie ein Detektiv – auf Spurensuche gehen.
Dieses Gedicht ist bestimmt ...

- von Wörtern, die etwas von **Enge** und **Zusammengedrängtsein** ausdrücken.
  Geht auf Spurensuche nach solchen Wörtern: *Dicht, drängend ...*
- von Wörtern über **Traurigkeit** und **Einsamkeit**. Ermittelt auch solche Wörter – und lest sie vor.

4 Das Gedicht trägt die Überschrift „Städter“. Was beklagt der Dichter mit Blick auf die Situation, in der sich damals viele Menschen in der Großstadt befanden? Zitiert entsprechende Verse und übersetzt sie mit euren Worten.

5 Dieses Gedicht steht in einer sehr alten Form, die es seit dem 13. Jahrhundert gibt.
Eine solche Gedichtform ist ein **Sonett**.

- Man nennt die einzelnen Strophen **Terzette** (Dreier) und **Quartette** (Vierer).
  Wie sind sie angeordnet?
- Wie sind die Verse gereimt? Gebt es mit den Buchstaben von **a** bis **d** an.

6 Dieses Gedicht ist insgesamt ein Sinnbild über **Nähe** und **Ferne** der Menschen zueinander.
Geht auf Spurensuche nach Ausdrücken, die diesen Gegensatz kennzeichnen.

7 Tragt das Gedicht nun noch einmal laut vor. Achtet dabei auch auf die Enjambements!

Expressionismus

Zwei expressionistische Gedichte deuten und vergleichen

1 In jener Zeit des Expressionismus hielten es manche Menschen für möglich, dass der Weltuntergang bevorsteht. Der Halleysche Komet stand 1910 hell am Himmel; man fürchtete, dass er mit der Erde zusammenstößt. Naturkatastrophen rissen neu erbaute Eisenbahnbrücken und Dämme ein. Hochhäuser von nie da gewesener Höhe wuchsen in den Himmel. Der Passierdampfer „Titanic" lief auf einen Eisberg, ging unter und riss 1500 Menschen in den Tod. Die Welt schien aus den Fugen geraten zu sein. Für manche Dichter schien das Weltende gekommen zu sein. Eines der berühmtesten Gedichte des Expressionismus ist „Weltende" von Jakob van Hoddis. Lest euch das Gedicht zuerst einmal vor.

Ludwig Meidner: Brennende Stadt

Weltende (1911)

Jakob van Hoddis (1887–1942)

Dem Bürger fliegt vom spitzen Kopf[1] der Hut,
In allen Lüften hallt es wie Geschrei,
Dachdecker stürzen ab und gehn entzwei
Und an den Küsten – liest man – steigt die Flut.

Der Sturm ist da, die wilden Meere hupfen
An Land, um dicke Dämme zu zerdrücken.
Die meisten Menschen haben einen Schnupfen.
Die Eisenbahnen fallen von den Brücken.

[1] Die Metapher „spitzer Kopf" kennzeichnet den ehrgeizigen Spießbürger, dem es nur darum ging, möglichst viel Geld zu verdienen und die ärmeren Menschen auszunutzen.

2 Beschreibt, welche Gefühle bei euch anklingen, wenn ihr solche Verse lest.

3 Welche Verhältnisse klagt dieses Gedicht eigentlich an?
Begründet eure Meinung mit entsprechenden Textstellen.

4 Das Gedicht ist aber nicht nur eine Anklage, sondern es enthält auch Textstellen mit bitterem Humor (Sarkasmus). Lest solche Passagen vor.

5 Im Vergleich zum Inhalt ist die Form dieses Gedichtes ganz konventionell: zwei Strophen mit je vier Versen. Gebt an, in welcher Form es gereimt ist – und in welchem Metrum es steht.

6 Versucht einmal, die Metapher „In allen Lüften hallt es wie Geschrei" im zweiten Vers zu deuten.

7 Das folgende Gedicht hat Else Lasker-Schüler verfasst.
Es trägt denselben Titel wie das Gedicht von Jakob van Hoddis.
Doch es ist von ganz anderer Art.
Lest es einmal laut vor und spürt seiner Stimmung nach.

Weltende (1903)

Else Lasker-Schüler (1869–1945)

Es ist ein Weinen in der Welt,
Als ob der liebe Gott gestorben wär,
Und der bleierne Schatten, der niederfällt,
4 Lastet grabesschwer.

Komm, wir wollen uns näher verbergen …
Das Leben liegt in aller Herzen
Wie in Särgen.

8 Du! Wir wollen uns tief küssen –
Es pocht eine Sehnsucht an die Welt,
An der wir sterben müssen.

8 Was für eine Stimmung wird in diesem Gedicht zum Ausdruck gebracht? Welche Art von „Weltende" beklagt die Dichterin? Tauscht eure Deutungen aus.

9 Was könnte wohl mit der Metapher „der bleierne Schatten" gemeint sein? Gebt diese Metapher in eigenen Worten wieder.

10 Vergleicht die beiden Gedichte über das „Weltende". Welches der Gedichte …
- empfindet ihr eher als traurig, welches eher als protestierend?
- ist von einer Art bösem Humor mitbestimmt, welches von tiefem Ernst?
- spricht über Gefahren in der Umwelt, welches vor allem über eine persönliche Beziehung?
- sieht die größte Gefahr im Chaos, welches im Tod?
- ist eher individuell und unkonventionell aufgebaut – welches eher traditionell?

Begründet eure Meinung mit Aussagen aus beiden Gedichten.

Else Lasker-Schüler: Deckblatt zu: Gesammelte Gedichte

Expressionismus

Ein Gedicht über chaotische Zustände untersuchen

Otto Dix: Kriegskrüppel, 1938. © VG Bild-Kunst, Bonn 2021

Im Expressionismus klagten Dichter und Maler über die chaotischen Zustände ihrer Zeit: über Armut, Kranke, Hunger, Ausbeutung der Arbeiter und Krieg. Doch sie klagten nicht nur, sie schrieben auch Gedichte und malten Bilder mit bösem Humor und Sarkasmus – satirische Kritik also, mit der sie ihr Publikum auf die schlimmen Verhältnisse aufmerksam machen wollten. Die Gedichte und Cartoons hatten dabei oft etwas Witziges und Unterhaltsames. Man sollte bei allem Leid und aller Kritik auch lachen können – wie das bei politischen Karikaturen noch heute der Fall ist.

1 Lest euch das Gedicht gegenseitig vor.

Die Dämmerung (1911)

Alfred Lichtenstein (1889–1914)

Ein dicker Junge spielt mit einem Teich.
Der Wind hat sich in einem Baum gefangen.
Der Himmel sieht verbummelt aus und bleich,
Als wäre ihm die Schminke ausgegangen.

Auf lange Krücken schief herabgedrückt
Und schwatzend kriechen auf dem Feld zwei Lahme.
Ein blonder Dichter wird vielleicht verrückt.
Ein Pferdchen stolpert über eine Dame.

An einem Fenster klebt ein fetter Mann.
Ein Jüngling will ein weiches Weib besuchen.
Ein grauer Clown zieht sich die Stiefel an.
Ein Kinderwagen schreit und Hunde fluchen.

2 Sprecht darüber, was euch an diesem Gedicht besonders auffällt.

3 Einige Schülerinnen und Schüler haben das Gedicht folgendermaßen kommentiert:

Nehmt Stellung zu diesen Aussagen.

4 Das Gedicht hat die Überschrift „Dämmerung“. Worauf könnte der Dichter wohl damit hinweisen?

5 Die folgenden sprachlichen Mittel sind typisch für expressionistische Gedichte:
- neue Wortschöpfungen
- ungewöhnliche Wortbildungen
- irritierende Vergleiche
- sarkastische Ausdrücke
- provozierende Aussagen
- verrückte Metaphern (Bilder)
- Mehrdeutigkeiten
- bewusst falsche Grammatik
- Aneinanderreihungen von Wörtern, die nicht zusammenpassen
- Übertreibungen
- Anklagen
- Ausdrücke der Verzweiflung

Welche sprachlichen Mittel findet ihr in diesem Gedicht? Gebt euch darüber Auskunft, indem ihr passende Stellen benennt.

6 Vielleicht habt ihr auch schon einmal eine Krise oder eine schwierige Zeit erlebt. Schreibt ein Gedicht im expressionistischen Stil darüber. Es kann ernst oder witzig sein. Es muss sich nicht reimen!

7 Analysiere das Gedicht von Alfred Lichtenstein. Nutze dazu auch auf Informationen auf Seite 124 oben.
- Formuliere eine Einleitung.
- Fasse den Inhalt zusammen.
- Beschreibe, welche sprachlichen Mittel verwendet werden.
- Gib Auskunft darüber, wie das Gedicht auf dich wirkt.

Expressionismus

Geschichtlicher Hintergrund: Eine Gesellschaft im Umbruch

1 Lest den folgenden Text über die tiefgreifenden Veränderungen in der damaligen Gesellschaft aufmerksam. Schaut auch, wie sich diese Veränderungen in der Kunst widergespiegelt haben.

Eine Gesellschaft im Umbruch

Beginn der Industrialisierung

Die Spinnmaschine, die Dampfmaschine oder erste Verfahren zur Stahlgewinnung veränderten die Arbeits- und Lebensbedingungen der Menschen grundlegend. In Deutschland erreichte die Industrialisierung ihren Höhepunkt um 1900. Nun konnten auch hier durch höhere landwirtschaftliche Erträge und bessere medizinische Versorgung die Menschen länger leben. Die Städte wuchsen, die Bevölkerungszahl stieg von 1866 bis 1914 von rund 40 auf 67,5 Millionen an.

Die gesellschaftliche und politische Situation

Auch die Form des gesellschaftlichen Zusammenlebens änderte sich. In der alten Ständegesellschaft entschied die Geburt über standesgemäße Heirat und Berufswahl eines Menschen. Mit der Industrialisierung wurden die Menschen je nach Besitz an Kapital und Bildungsgrad in drei Klassen eingeteilt. Deshalb spricht man auch von einer Dreiklassengesellschaft. Der ehemals **erste Stand**, der Adel, brachte die besten Voraussetzungen mit: Adlige besetzten weiterhin die führenden Stellen in Politik und Militär. So kam das 1871 gegründete deutsche Kaiserreich ohne die Beteiligung des Volkes zustande und war ein militärisch ausgerichteter Obrigkeitsstaat. Von 1888 bis 1918 gab Kaiser Wilhelm II. die politische Richtung vor. Die **zweite Klasse**, das Bürgertum, folgte ihm. Zum Bürgertum zählten verschiedene Gruppen wie z. B. Fabrikbesitzer, Bankiers, Ärzte und Beamte bzw. Handwerker. Zwischen ihnen gab es große Unterschiede in der Lebensweise und dem Einkommen. Gemeinsam war ihnen, dass der Vater pflichtbewusst für das Einkommen sorgte und die Familie mit fast militärischer Strenge führte. Die Mutter kümmerte sich um die Kinder und den Haushalt. Existenzielle Not gab es nur selten. Die zahlenmäßig größte **dritte Klasse** aber war die besitzlose Arbeiterklasse, die meist am Existenzminimum lebte.

Arbeiterleben in der Großstadt

Mit dem Bau von großen Industriebetrieben wuchs auch der Bedarf an Arbeitskräften. Deshalb wanderten immer mehr Menschen vom Land in die Städte. Da die Arbeiter in den Industriebetrieben trotz einer 6-Tage-Arbeitswoche und einer 13-stündigen täglichen Arbeitszeit nur geringe Löhne erhielten, stieg die Nachfrage an preiswerten Wohnungen sprunghaft an. Deshalb entstand um den historischen Kern der Städte ein Gürtel dicht gedrängter, minimal ausgestatteter Mietshäuser. Für eine sechsköpfige Familie stand oft nur ein Zimmer zur Verfügung.

Jacob Steinhardt: Die Stadt (1913)

Die Gemeinschaftstoiletten befanden sich im Treppenhaus oder auf dem Hof. Doch die Menschen litten nicht nur unter den ärmlichen Wohnverhältnissen, unmenschlichen Arbeitsbedingungen und überlangen Arbeitszeiten, sondern auch unter der Anonymität. Herausgerissen aus der ländlichen Großfamilie, lebten sie nun in sogenannten Kernfamilien ohne soziale Sicherung. Um ihre Lage zu verbessern, schlossen sich die Arbeiter in Parteien und Gewerkschaften zusammen. Diese politische Arbeit versuchte der Staat zu unterbinden. So wurde per Gesetz verboten, Flugblätter zu verteilen und Versammlungen abzuhalten. Personen, die sich politisch betätigten, wurden verhaftet und mitunter auch ausgewiesen.

Ausbau des Bildungssystems

Da die Industrialisierung immer mehr und vor allem gut ausgebildete Arbeitskräfte brauchte, wurde das Bildungssystem stark ausgebaut. Bildung wurde eine Grundlage für den sozialen Aufstieg von Männern und zunehmend auch von Frauen. Zwar gab es die allgemeine Schulpflicht schon seit längerer Zeit, doch setzte sie sich erst im Kaiserreich allgemein durch. Dies führte zum Ausbau der Volksschulen. Aber auch die höheren Schulen entwickelten sich weiter. Dennoch blieben die Gymnasien und Universitäten für Arbeiterkinder meist unerreichbar, da viele schon im Alter von 9 Jahren neben dem Besuch der Schule in den Fabriken zum Lebensunterhalt der Familie beitragen mussten. Somit verschärfte sich die Kluft zwischen Arm und Reich weiter.

Die veränderte Rolle der Frau

Frauen unterstanden im Kaiserreich ihrem Vater oder Ehemann. Gleichberechtigung gab es nicht. Der Mann bestimmte, wo die Familie wohnte, wie sie lebte und wie das Geld verwendet wurde. Er allein konnte auch darüber entscheiden, ob seine Frau berufstätig sein durfte. Dennoch veränderte sich die wirtschaftliche und soziale Stellung der Frau im Kaiserreich. Eine Arbeiterfrau musste neben Haushalt und Kindererziehung zusätzlich Fabrikarbeit leisten, um zum Überle-

Heinrich Zille (1858-1929): Hof im Scheunenviertel (Berlin)

ben der Familie beizutragen. Aber auch bürgerliche Frauen, die unverheiratet waren, wurden selbstständiger. Sie kümmerten sich um eine Ausbildung, die ihnen ein eigenständiges Leben ermöglichte. Mit der Berufstätigkeit stieg auch das Selbstbewusstsein der Frauen. Sie forderten politisches Mitspracherecht und gründeten Vereine. Erste Erfolge errangen sie ab 1900, als auch Mädchen in Jungengymnasien aufgenommen und zum Studium zugelassen wurden. Erst mit der Einführung der Weimarer Verfassung im Jahr 1919 erhielten die Frauen das gesetzliche Wahlrecht.

Vorherrschende Stimmungen in der Gesellschaft

Geprägt war das Leben aller Menschen um 1900 von einer bis dahin nicht gekannten Mobilität und Technisierung des Lebens, z. B. durch die Entdeckung der Elektrizität und des Telefons, die Entwicklung des Automobils, der Eisenbahn und des Dampfschiffes. Der Ablauf in den Fabriken und die Maschinen gaben nicht nur den Takt für die Produktion, sondern auch für das Leben der Menschen vor. Dadurch entstand das Gefühl, alles Traditionelle würde sich auflösen, der Mensch würde zum Sklaven der Maschinen. Ein Teil der Menschen versank dadurch in einer pessimistischen Grundhaltung und sah keine Lösung für die Konflikte; ein anderer Teil der Menschen jedoch hatte die Hoffnung, dass durch einen großen Krieg die gesellschaftlichen und politischen Probleme zu lösen seien. Deshalb wurde alles Militärische stark überbewertet und viele Menschen nahmen den Ausbruch des Ersten Weltkrieges anfangs sogar begeistert auf. Sie sahen in einem Krieg die Chance, die Welt zu verändern. Aufbruchsstimmung und Weltuntergangsstimmung lagen dicht beieinander, auch bei einigen jungen Künstlern. Umso größer war nach Ausbruch des Krieges das Entsetzen über die Kriegsrealität.

2 Gebt euch gegenseitig Auskunft über folgende Fragen zum Text:
- Woraus besteht eine „Ständegesellschaft“?
- Wie viele Stunden in der Woche musste ein Fabrikarbeiter damals arbeiten?
- Worüber bestimmte der Mann in der damaligen Zeit?
- Welche Gefühle bestimmten die Menschen des dritten Standes damals vor allem?
- Wann erhielten die Frauen zum ersten Mal das Recht zu wählen?
- Was taten die Arbeiter, um ihre Lage zu verbessern?

3 Betrachtet das Bild „Hof im Scheunenviertel“ von Heinrich Zille auf Seite 129 aufmerksam.
- Wie sah es mit der Wasserversorgung in den Wohnungen der armen Leute aus?
- Wo befand sich die Toilette?
- Wie trockneten die Leute ihre Wäsche?
- Wo luden die Menschen ihren Hausmüll ab?
- Wie waren die Menschen gekleidet?

129

4 Schaut euch auch das Familienbild auf Seite 128 oben an:
- Wie groß mag die Wohnung für eine Familie gewesen sein?
- Wie viele Generationen leben in dieser Wohnung miteinander?

Expressionismus

Ein Gedicht und eine Geschichte in ihrem historischen Kontext

Bis zum Ausbruch des Ersten Weltkrieges (1914–1918) sahen einige expressionistische Dichter den Krieg als Chance für einen Neuanfang. Sie glaubten, dass mit einem großen Krieg die alte Gesellschaft untergehen würde und sich Möglichkeiten für einen Neuanfang ergeben würden. Einige Dichter waren voller Enthusiasmus in den Krieg gezogen. Dort aber brach die grausame Kriegswirklichkeit über sie herein. Viele junge Expressionisten, z. B. Alfred Lichtenstein, Ernst Wilhelm Lotz, August Stramm, Georg Trakl, starben bereits in den ersten Kriegstagen des Jahres 1914. Die überlebenden Künstler wandten sich mit ihrer Literatur und Malerei nun vehement gegen den Krieg.

1 Dieses Gedicht ist ganz anders, als es Gedichte sonst sind: Es besteht zwar aus Versen und Strophen. Aber … Lest das Gedicht und untersucht, welche lyrischen Elemente ihm fehlen.

2 Auffällig in diesem Gedicht sind die Ausdrücke des Krieges. Stellt sie zusammen und sprecht darüber.

3 Wie wird die Natur hier vom Krieg beeinflusst, verändert? Nennt Stellen, an denen das deutlich wird.

4 Der „Regen“ spielt hier ebenfalls eine besondere Rolle. Was trifft auf ihn zu?
- Er steht auf Seiten des Feindes.
- Ihm ist der Krieg gleichgültig.
- Er verhilft den Kriegern zum Sieg.
- Er unterscheidet nicht zwischen Freund und Feind.

5 Untersucht, welche Einstellung der lyrische Sprecher zum Krieg hat.

Otto Dix: Sturmtruppe geht unter Gas vor, 1924.
© VG Bild-Kunst, Bonn 2021

Schlacht am Nachmittag (1915)

Wilhelm Klemm (1881–1968)

Fern in dunkles Blau staffelte sich
Das Land. Dörfer brannten. Flammenfahnen
Standen schräg empor. Der Rauch ging träge
Und dünn über den Horizont, der geheimnisvoll gärte[1].

Geschützdonner rollte ernst. Über den Fluss
Drang verworrener Lärm. Gewehrfeuer meckerte.
Überall platzten Schrapnells[2]. Die Wolken des Himmels
Wurden gefasert. Standen in blassen Flocken

Trübe über der Erde. Bis der Regen kam,
Gegen Abend. Lückenlos fallend auf Freund und Feind,
Auf das Feld der Ehre und Unehre. Auf Mann und Ross,
Auf Rückzug und Vormarsch. Auf Tote und Lebende.

[1] gären: brodeln, sich schäumend auflösen
[2] Schrapnells: Splittergeschosse

6 Lest euch diesen Ausschnitt aus einer Geschichte vor, in der ein junger Soldat (Clemens) im Ersten Weltkrieg (1914–1918) die schrecklichen Kriegswirren in einer von Panzern zerstörten Stadt erleben musste.

Stücke

Fritz von Unruh (1916)

Geräusche, Echo und Gegenecho, lärmten straßenheran. Grundmauern bebten. Fenster beschlugen vom Dampf fauchenden Atems; Ungeheuer regten sich in der Ruinenstadt. Clemens schreckte hoch, zimmerein quoll rote Luft. In seinen Mantel gekrallt, starrte er durch das Bodenfenster zur Straße: Um Höllenmaschinen marschierten dünne Männchen mit roten Beinen; ihr Wille trieb den Nachtspuk an; Pflastersteine bäumten sich auf wie Menschenleiber. Sie wurden niedergestampft, dass sie hinklapperten wie Skelette, und ein Blutstrahl aus dem Herzen der Menschheit mitten durch den Himmel spritzte. Clemens brach in die Knie und bohrte beide Arme in den funkensprühenden Himmel [...] Während ihm alles Böse der Erde aus zerrissener Luft eine Grimasse schnitt, sank er schweißkalt zur Erde neben seinem Freunde hin [...] Hauserschütternder Lärm in der Unterstadt schreckte ihn auf. Fliegerabwehrkanonen beschossen französische Doppeldecker. Da die Straßen geräumt werden mussten, suchte er Schutz. Clemens hatte sich auf einen Hügel geflüchtet, der das Städtchen überhöhte. Knospendralle Zweige vergitterten ihm schwankend den Himmel. Windweißes Gras blieb hinter seinem Schritt. Ein Baum, der mächtig im Ast und Gezweige wuchs, fesselte ihn. Nachdenklich schritt er über goldwarme Steinplatten und Moos von Jahrhunderten durch einen Kirchhof auf die Grabkapelle zu. Türen waren offen, er ging hinein. Eine Bank, auf die er sich setzen wollte, brach zusammen [...] Clemens stierte ins Graue, als sei er der letzte Mensch und außer ihm nur noch Gewürm auf Erden [...] Er fühlte sich schwach im Gebein und schlich, als folgte ihm Fremdes, mit verhaltenem Atem aus der Kirche. Das weite Land übersah er mit allen Straßen wie vom Mittelpunkt aus. Überall bewegten sich Beine. Regimenter marschierten; Batterien[1] rasselten. Unaufhörlicher Lärm vorrückender Truppen. Wie Plätschern von tausend Bächen, die bis zum Meer streben. Sein Herz klopfte bis in den Hals hinein [...]

[1] Batterien: Kriegsgerät

7 Welchen Eindruck macht dieser Textausschnitt auf euch?
Gebt euch gegenseitig Auskunft, was ihr beim Lesen empfunden habt.

8 Was fällt euch an der Sprache dieses Textes auf?
Nennt Wörter, die ihr noch nie vorher gelesen habt.

9 Wie werden in dem Text Gefühle zum Ausdruck gebracht – und welche Gefühle sind es?

10 Welche sprachlichen Gestaltungsmittel werden in diesem Text eingesetzt?
Bilder – Metaphern – Wortneuschöpfungen – Satzbau
Sucht entsprechende Textstellen heraus und lest sie vor.

Expressionismus

Einen Auszug aus einem Roman untersuchen

Der folgende Textausschnitt aus dem Roman „Berlin Alexanderplatz“ von Alfred Döblin schildert den ersten Gang des entlassenen Häftlings *Franz Biberkopf* durch die Stadt Berlin. Biberkopf, ein einfacher Zementarbeiter, war wegen Totschlags aus Eifersucht zu vier Jahren Haft verurteilt worden. Jetzt steht er vor dem Gefängnis und hat den festen Vorsatz, ein anständiges Leben neu zu beginnen.

1 Lest euch den Text durch und achtet darauf, wie der Entlassene die ersten Schritte in die zurückgewonnene Freiheit erlebt.

Berlin Alexanderplatz (1929) (Auszug)

Alfred Döblin (1878–1957)

Mit der 41 in die Stadt

Er stand vor dem Tor des Tegeler[1] Gefängnisses und war frei. Gestern hatte er noch hinten auf den Äckern Kartoffeln geharkt mit den anderen, in Sträflingskleidung, jetzt ging er im gelben Sommermantel, sie harkten hinten, er war frei.

Er ließ Elektrische auf Elektrische vorbeifahren, drückte den Rücken an die rote Mauer und ging nicht. Der Aufseher am Tor spazierte einige Male an ihm vorbei, zeigte ihm seine Bahn, er ging nicht. Der schreckliche Augenblick war gekommen (schrecklich, Franze, warum schrecklich?), die vier Jahre waren um. Die schwarzen, eisernen Torflügel, die er seit einem Jahre mit wachsendem Widerwillen betrachtet hatte (Widerwillen, warum Widerwillen?), waren hinter ihm geschlossen. Man setzte ihn wieder aus. Drin saßen die anderen, tischlerten, lackierten, sortierten, klebten, hatten noch zwei, fünf Jahre. Er stand an der Haltestelle.

Die Strafe beginnt.

[1] Tegel: Stadtteil im Norden Berlins

Er schüttelte sich, schluckte. Er trat sich auf den Fuß. Dann nahm er einen Anlauf und saß in der Elektrischen. Mitten unter den Leuten. Los. Das war zuerst, als wenn man beim Zahnarzt sitzt, der eine Wurzel mit der Zange gepackt hat und zieht, der Schmerz wächst, der Kopf will platzen. Er drehte den Kopf zurück nach der roten Mauer, aber die Elektrische sauste mit ihm auf den Schienen weg, dann stand nur noch sein Kopf in der Richtung des Gefängnisses. Der Wagen machte eine Biegung, Bäume, Häuser traten dazwischen. Lebhafte Straßen tauchten auf, die Seestraße, Leute stiegen ein und aus. In ihm schrie es entsetzt: Achtung, Achtung, es geht los. Seine Nasenspitze vereiste, über seine Backe schwirrte es. „Zwölf Uhr Mittagszeitung", „B. Z.", „Die neue Illustrierte", „Die Funkstunde neu", „Noch jemand zugestiegen?" Die Schupos haben jetzt blaue Uniformen. Er stieg unbeachtet wieder aus dem Wagen, war unter Menschen. Was war denn? Nichts. Haltung, ausgehungertes Schwein, reiß dich zusammen, kriegst meine Faust zu riechen. Gewimmel, welch Gewimmel. Wie sich das bewegte. Mein Brägen[2] hat wohl kein Schmalz mehr, der ist wohl ganz ausgetrocknet. Was war das alles. Schuhgeschäfte, Hutgeschäfte, Glühlampen, Destillen. Die Menschen müssen doch Schuhe haben, wenn sie so viel rumlaufen, wir hatten ja auch eine Schusterei, wollen das mal festhalten. Hundert blanke Scheiben, lass sie doch blitzern, die werden dir doch nicht bange machen, kannst sie ja kaputt schlagen, was ist denn mit die, sind eben blank geputzt. Man riss das Pflaster am Rosenthaler Platz auf, er ging zwischen den anderen auf Holzbohlen.

Man mischt sich unter die anderen, da vergeht alles, dann merkst du nichts, Kerl.

Figuren standen in den Schaufenstern in Anzügen, Mänteln, mit Röcken, mit Strümpfen und Schuhen. Draußen bewegte sich alles, aber – dahinter – war nichts! Es – lebte – nicht! Es hatte fröhliche Gesichter, es lachte, wartete auf der Schutzinsel gegenüber Aschinger[3] zu zweit oder zu dritt, rauchte Zigaretten, blätterte in Zeitungen. So stand das da wie die Laternen – und –

[2] Ausdruck für den Kopf
[3] Aschinger: Name eines Restaurants in Berlin-Tiergarten

wurde immer starrer. Sie gehörten zusammen mit den Häusern, alles weiß, alles Holz.

Schreck fuhr in ihn, als er die Rosenthaler Straße herunterging und in einer kleinen Kneipe ein Mann und eine Frau dicht am Fenster saßen: Die gossen sich Bier aus Seideln[4] in den Hals, ja was war dabei, sie tranken eben, sie hatten Gabeln und stachen damit Fleischstücke in den Mund, dann zogen sie die Gabeln wieder heraus und bluteten nicht. Oh, krampfte sich sein Leib zusammen, ich kriege es nicht weg, wo soll ich hin? Er antwortete: Die Strafe.

Er konnte nicht zurück, er war mit der Elektrischen so weit hierher gefahren, er war aus dem Gefängnis entlassen und musste hier hinein, noch tiefer hinein.

Das weiß ich, seufzte er in sich, dass ich hier rin muss und dass ich aus dem Gefängnis entlassen bin. [...]

[4] Seidel: Bezeichnung für ein Bierglas

2 Sprecht zunächst einmal darüber, wie dieser Textausschnitt auf euch wirkt und welche Besonderheiten euch auffallen.

3 Da wird also ein Mann aus dem Gefängnis in die Freiheit entlassen.
- Doch wie erlebt er diese Freiheit? Wovor fürchtet er sich? Was will Biberkopf wohl damit ausdrücken, wenn er sagt: „Die Strafe beginnt“?
- Sucht weitere Textstellen heraus, in denen deutlich wird, wie die Freiheit auf ihn einwirkt: *„Der schreckliche Augenblick war gekommen“ …*

4 Wem begegnet Biberkopf auf seinem Weg? Es sind sehr unterschiedliche Menschen: *Mitfahrer in der Elektrischen, Schaffner …*
Und wie schätzt er die Menschen ein: *freundlich, distanziert, vertraut, feindlich, entgegenkommend, abweisend, fremd …?*

5 Die Sprache dieses Textes ist eine besonders expressive Collage aus Erzählsätzen, Gedankenreden, Ausrufen, vollständigen und unvollständigen Sätzen.
Sucht solche Stellen heraus:
- Was berichtet der Erzähler?
- Was denkt Franz Biberkopf in Gedankenreden bei sich selbst?
- Wo fordert sich Biberkopf in der Du-Form zu etwas auf?
- Welche Sätze sind unvollständig oder bestehen nur aus einem einzigen Wort?
- Welche Sätze sind lang und bestehen vor allem aus Aufzählungen?
- Welche Ausrufe (übrigens: **ohne** Ausrufezeichen!) kommen im Text vor?

6 Eine Rolle in dieser expressionistischen Sprache spielt auch die Zeichensetzung. Sucht nach Textstellen mit Punkten, Fragezeichen, Klammern und Gedankenstrichen.

7 In manchem, was Franz Biberkopf so im Kopf herumgeht, kommen Ausdrücke im Berliner Dialekt vor. Findet dafür Beispiele und lest sie vor.

Expressionismus

Vergleich zweier Stadtgedichte

1 Zwei Dichter geben hier den Eindruck von der Stadt wieder, in der sie aufgewachsen sind: Theodor Storm von seiner Heimatstadt Husum (1851) und der Expressionist Paul Zech von seiner Heimatstadt Wuppertal (1914). Tragt beide Gedichte vor.

Die nüchterne Stadt (1914)

Paul Zech (1881–1946)

Straßauf, straßab durchstreifen wir die Stadt,
die graue Stadt, die Stadt zermürbter Brücken.
Verlumpte Bettler drohen giftig mit den Krücken
und Händler drücken uns an Häusern platt.

Aus Wirtshausfenstern wirbelt fetter Bratgeruch
und Lustgebrüll aus hundert Singspielhallen.
Wir müssen schnell die Riemen fester schnallen[1]
und ducken uns vor Fremdenhass und Lästerfluch.

Den Korso[2] überwölkt Geheul von Schiffsfanfaren
und Bahngeräusch bleit sich in unsre Nerven rücksichtslos.
Aus Pflasterritzen wuchert Unkraut riesengroß.

Verkrüppelt stehn paar Linden am Kanal.
Verstimmte Glocken überwimmern Lust und Qual
und nirgends sieht man Kinder, die sich um ein Spielwerk[3] scharen.

Die Stadt (1851)

Theodor Storm (1817–1888)

Am grauen Strand, am grauen Meer
Und seitab liegt die Stadt;
Der Nebel drückt die Dächer schwer,
Und durch die Stille braust das Meer
Eintönig um die Stadt.

Es rauscht kein Wald, es schlägt im Mai
Kein Vogel ohn Unterlass;
Die Wandergans mit hartem Schrei
Nur fliegt in Herbstesnacht vorbei,
Am Strande weht das Gras.

Doch hängt mein ganzes Herz an dir,
Du graue Stadt am Meer;
Der Jugend Zauber für und für
Ruht lächelnd doch auf dir, auf dir,
Du graue Stadt am Meer.

[1] Wir müssen die Riemen fester schnallen: Wir müssen uns einschränken, bescheiden sein.
[2] Korso: Straßenzug
[3] Spielwerk: Spielgeräte auf dem Spielplatz

2 Lest euch jetzt die beiden Gedichte aufmerksam durch.
Achtet dabei besonders auf Folgendes und macht euch Notizen dazu:
- Wer sind die **lyrischen Sprecher**: Ein lyrisches Wir? Ein lyrisches Ich?
- Von welchen **Standorten** aus geben sie ihre Eindrücke wieder:
  Eher mitten aus der Stadt heraus? Eher aus einer gewissen Entfernung zur Stadt?
- **Wie** sprechen sie über ihre Stadt:
  Beschreiben sie Positives? Oder eher Negatives?
  Ist ihnen ihre Heimatstadt eher sympathisch oder eher unsympathisch?
- **Worüber** sprechen sie in ihren Gedichten:
  Über Menschen, Natur, Tiere, Pflanzen, Gebäude, Geräusche, Gerüche?
- Ist an ihrer **Sprache** etwas auffällig:
  Wiederholen sich manche Wörter? Verwenden sie „besondere“ Wörter?
- Welche **Form** haben die beiden Gedichte:
  Wie viele Strophen, Verse, welches Reimschema, welches Metrum (Jambus, Trochäus)?

3 Besprecht und vergleicht eure Ergebnisse.

4 Ordnet beiden Gedichten – wie in einem Quiz – folgende Nomen und Adjektive aus dem **Wortschatz** zu – und charakterisiert sie damit.
Für jedes Gedicht sind gleich viele Wörter aufgeführt. Einige Wörter aber passen zu beiden Gedichten:
***Theodor Storm:** düster, dreistrophiges Gedicht …*
***Paul Zech:** anklagend, düster…*

Wortschatz

anklagend	Heimweh	positiv
betriebsam	laut	Pflanzen
dreistrophiges	leise	Sonett
Gedicht	liebevoll	still
düster	melancholisch	Tiere
chaotisch	Menschen	turbulent
eintönig	naturalistisch	wütend
expressionistisch	Lyrisches Ich	Wetter
Gebäude	Lyrisches Wir	Zivilisation
grau	negativ	

5 Interpretiere das Gedicht von Paul Zech.
Du kannst dabei den **Wortschatz: Textbausteine** nutzen.

Wortschatz: Textbausteine

Das Gedicht mit dem Titel „…" wurde von … im Jahr … geschrieben.
Es handelt sich um ein typisch … Gedicht.
Gleich im ersten Vers tritt als Sprecher des Gedichtes das … auf.
Es befindet sich …
Von diesem Standpunkt aus weist es auf … hin.
Dabei werden vor allem laute Geräusche wie … genannt.
Die Gefühle, die dabei zum Ausdruck kommen, sind …
Im letzten Vers drückt es … darüber aus, dass…
Die Form des Gedichtes ist …
Diese strenge Form bildet ein Gegengewicht zu …
Die Sprache des Gedichtes…
Abschließend möchte ich sagen …

LESEN Umgang mit Texten und Medien

Goethe: „Faust – Der Tragödie erster Teil“

Historische Entwicklung des Fauststoffes

Mehr als sechzig Jahre seines Lebens hat sich Johann Wolfgang von Goethe mit der Figur des „Faust“ beschäftigt. Was war das für eine Figur, die den Dichter über so einen langen Zeitraum nicht losließ?
Im folgenden Text erhaltet ihr einige Informationen zur Geschichte des Fauststoffes.

Alles, was über den historischen Georg Johann Faust bekannt ist, liegt zwischen Aberglauben und Sage.

Es gilt als ziemlich sicher, dass von 1480–1540 ein gewisser *Georg Zabel* gelebt hat, der sich erst später den Namen **Faustus** – der Glückhafte – zulegte.

Spärliche Fakten deuten auf einen umherziehenden Wunderheiler, Astrologen und volksverbundenen Gelehrten hin. Aber auch von einem Magier, Scharlatan und Prahlhans ist die Rede. Auf jeden Fall muss er aufgrund seiner besonderen Fähigkeiten eine geheimnisvolle Person gewesen sein, die dem Volk imponierte.

Eine derartige Wirkung machte den herrschenden Ständen Angst, und so hielt man ihn für einen Oppositionellen – einen Aufwiegler und Ketzer.

Sein geheimnisvoller Tod, wahrscheinlich die Folge eines Experimentes mit chemischen Stoffen, führte zu heftigen Spekulationen. Kirchliche Kreise setzten alles daran, Faust als einen von Satan besessenen Zauberer und Schwarzkünstler darzustellen, dessen Seele in der Hölle schmoren muss.

Die studentische Jugend dichtete ihm allerlei Geschichten und Anekdoten an und machte ihn zu einem „Kämpfer“ gegen die feudale Herrschaft, einem „Wahrheitssucher“, den die Sehnsucht nach den Geheimnissen der Natur ins Verderben gestürzt hatte – einer, der die Glaubenslehre anzweifelte und nach Gesetzen in Natur und Gesellschaft suchte. Wer sich im Mittelalter nicht mit dem Glauben zufrieden gab, sondern andere Möglichkeiten suchte, die Welt zu erklären, musste im Komplott mit höllischen Mächten sein.

Die Kirche hatte ihr Weltbild festgeschrieben – die Ordnung auf der Welt und alle Regeln seien nach Gottes Plan unabänderlich vorgegeben. Seit es die Bibel gibt, sei es überflüssig, ja verwerflich, im „Buch der Natur“ zu forschen.

Das Volk liebte seinen Doktor Faust wegen seines Mutes, trotz aller Anfeindungen seinen Weg zu gehen.

Auf der Frankfurter Herbstmesse (1587) erregte ein Buch, dessen Verfasser nicht genannt wurde, großes Aufsehen. Auf dem Deckblatt war zu lesen:

„Historia / Von D. Johann Fausten, dem weitbeschreyten Zauberer und Schwartzkünstler, / Wie er sich gegen dem Teuffel auff eine benandte Zeit verschrieben, / Was er hierzwischen für seltzame Abentheuwer gesehen, selbs angerichtet und getrieben, biß er endtlich seinen wol verdienten Lohn empfangen.“

Der Verleger Johann Spieß, ein strenger Protestant, nutzte die Faustgeschichte im damaligen Sinne der Kirche als Abschreckung. Indem der gottlose Faust seinen „gerechten“ Lohn für das Bündnis mit dem Teufel erhielt, wird er den Christenmenschen als Warnung geschildert.

1589 wurde das Faustthema auch von dem englischen Dramatiker Christopher Marlowe (1564–1593) aufgegriffen. Mit seinem Drama „The Tragical History of the Life and Death of Doctor Faustus“ brachte er eine Figur auf die Bühne, die die von der

Glaubenslehre gesetzten Grenzen durchbrechen will, auch mit dem Risiko, zugrunde zu gehen. Marlowe wies nicht mehr mit dem „moralischen Zeigefinger“ auf Faust, sondern er stellte einen selbstbewussten Wissenschaftler dar, der auf dem Weg zur Welterkenntnis an Grenzen stößt und eine Beute des Teufels wird.

Ab 1746 führten wandernde Komödianten in Hamburg den „Faust“ als Puppenspiel auf.

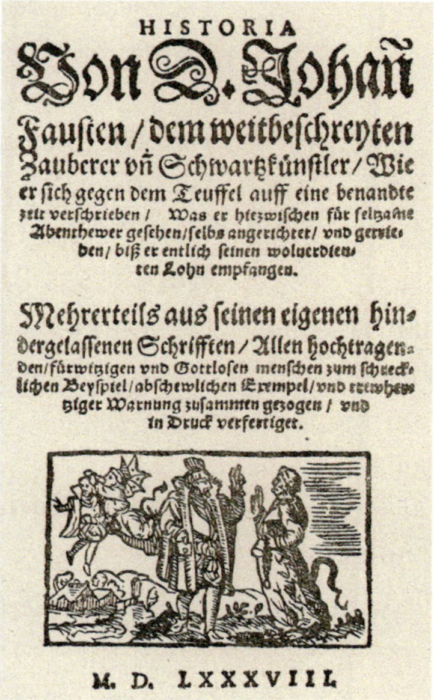
HISTORIA
Von D. Johann Fausten / dem weitbeschreyten Zauberer vnd Schwartzkünstler / Wie er sich gegen dem Teuffel auff eine benandte zeit verschrieben / Was er hierzwischen für seltzame Abentheuwer gesehen / selbs angerichtet / vnd getrieben / biß er entlich seinen wolverdienten Lohn empfangen.

Mehrerteils auß seinen eigenen hinderlassenen Schrifften / Allen hochtragenden / fürwitzigen vnd Gottlosen menschen zum schrecklichen Beyspiel / abschewlichen Exempel / vnd treuwhertziger Warnung zusammen gezogen / vnd in Druck verfertiget.

M. D. LXXXVIII.

Die Spieltexte wurden von den Puppenspielerfamilien an die folgenden Generationen mündlich weitergegeben, sodass es sehr unterschiedliche Aufführungen gab. Überlieferte Fassungen von Puppenspielen zeigten Faust mitunter als einen unbedeutenden, ausschweifenden Genussmenschen, der eher aus niederen Motiven handelt.

Das Typische der Faustfigur – der verzweifelt nach Erkenntnissen Suchende – ist hier nicht zu finden.

Auch in der Epoche des Sturm und Drang wurde das Faustthema immer wieder von verschiedenen Autoren bearbeitet. Zunehmend wird der eigentliche Gehalt des Faustthemas erkannt.

Im Theaterstück von Friedrich Müller (1749–1825) ging der Faust zum Beispiel als reuiger Sünder von der Bühne (1778).

Gotthold Ephraim Lessing (1729–1781) ist der Erste, der in seinem Faustfragment (1759) von der Tradition abwich, Faust zu verdammen. Fausts Rettung sollte die Auflösung seiner Geschichte sein.

Auch Johann Wolfgang von Goethe (1749–1832) war fasziniert von der Faustfigur. Bereits in seiner Kindheit war er über das Puppenspiel mit der Faustfigur in Berührung gekommen. Als Rechtsreferendar[1] nahm Goethe 1771 / 1772 in Frankfurt am Kindsmordprozess gegen Margarethe Brandt teil. Aus den Prozessakten geht hervor:

„Susanna Margretha Brandtin, 24 Jahr alt, [...] könne nicht leugnen, dass sie mit einem im Gasthaus zum Einhorn einlogierten Holländer, dessen Namen sie nicht wisse, gegen abgelaufenes Weihnachtsfest den Beischlaf ausgeführt [habe].“

„Um der Schande und des Vorwurfs der Leute zu entgehen, dass sie ein unehrliches Kind geboren [hat]“, verheimlichte sie ihre Schwangerschaft und tötete das neugeborene Kind.

Das Schicksal der Frau ging dem jungen Goethe sehr nahe und so kam ihm die Idee, diese Tragödie literarisch zu verarbeiten.

Bereits in den nächsten zwei Jahren schreibt Goethe erste Szenen zum Faustdrama und 1775 beendet er die Arbeit am „Urfaust“.

Wegen längerer Krankheit und seiner Studien greift Goethe das Thema erst während seiner Italienreise 1786 wieder auf und schreibt zwei weitere Szenen. Nach seiner Rückkehr 1788 drängt Schiller ihn ständig, am „Faust“ weiterzuarbeiten. Im Jahr 1808 geht das Drama „Faust – Der Tragödie erster Teil“ in Druck. 1831, wenige Monate vor seinem Tod, vollendet Goethe den zweiten Teil.

[1] Jurist, der mit dem 1. Staatsexamen sein Jurastudium an einer Universität abgeschlossen hat

1 Im Text wird die Entwicklung des Fauststoffes über mehrere Jahrhunderte verfolgt. Ihr könnt drei unterschiedliche Sichtweisen auf Faust erkennen. Belegt sie am Text und ordnet sie zeitlich ein.

2 Faust – eine Figur, die über viele Jahrhunderte „lebendig“ geblieben ist. Welche Eigenschaften und Werte der Faustfigur waren für die Menschen über alle Zeiten hinweg wichtig? Welche Erklärungen habt **ihr** dafür?

3 Erarbeite dir eine Übersicht zum Thema **„Die Geschichte des Fauststoffes“**. Gehe dabei chronologisch vor.

Johann Wolfgang von Goethe: „Faust – Der Tragödie erster Teil“

„Faust – Der Tragödie erster Teil“: Aufbau und Struktur des Dramas

Einleitung
Vers 1–353

Drei Prologe
(Vorrede)
Zueignung (Vers 1–32)
Vorspiel auf dem Theater (Vers 33–242)
Prolog im Himmel (Vers 243–353)

Die Gelehrtentragödie
Vers 354–2604

In der **Gelehrtentragödie** wird Heinrich Faust als ein verzweifelter Wissenschaftler und Arzt vorgestellt. Er zieht das Fazit seiner langjährigen Studien und sieht, dass sie ihn zu keinen tiefgreifenden Erkenntnissen geführt haben. Deshalb verbündet er sich mit Mephisto, der vorgibt, ihm helfen zu wollen, ihn letztlich aber ins Unglück stürzt.

Fausts Verzweiflung
Nacht (Vers 354–807)

Mephistos Dienste und die Wette
Vor dem Tor (Vers 808–1177)
Studierzimmer (Vers 1178–1529)
Studierzimmer (Vers 1530–2072)

Reisestationen
Auerbachs Keller in Leipzig (Vers 2073–2336)
Hexenküche (Vers 2337–2604)

Die Gretchentragödie
Vers 2605–4612

Die **Gretchentragödie** handelt vom Scheitern der Beziehung von Faust und Gretchen, dem Tod ihrer Mutter und ihres Bruders sowie von der Geburt und Ermordung ihres Kindes und ihrer eigenen Hinrichtung.

Begegnung und Begierde
Straße (Vers 2605–2677)
Abend (Vers 2678–2804)
Spaziergang (Vers 2805–2864)
Der Nachbarin Haus (Vers 2865–3024)
Straße (Vers 3025–3072)
Garten (Vers 3073–3204)
Ein Gartenhäuschen (Vers 3205–3216)
Wald und Höhle (Vers 3217–3373)
Gretchens Stube (Vers 3374–3413)
Marthens Garten (Vers 3414–3543)
Am Brunnen (Vers 3544–3586)
Zwinger (Vers 3587–3619)
Nacht (Vers 3620–3775)
Dom (Vers 3776–3834)
Walpurgisnacht (Vers 3835–4222)

Scheitern und Tod
Walpurgisnachtstraum (Vers 4223–4398)
Trüber Tag. Feld (Vers 1–60)
Nacht. Offen Feld (Vers 4399–4404)
Kerker (Vers 4405–4614)

1 Anhand dieser Skizze könnt ihr euch einen ersten Überblick zum Aufbau und zum Inhalt des Dramas verschaffen. Während der Arbeit am Text kann euch diese Übersicht zur Orientierung dienen.

[1] Versangaben vgl.: Johann Wofgang von Goethe: Faust – Der Tragödie erster Teil. Hamburger Lesehefte, 29. Heft, o. J.

Bei Goethes **„Faust"** handelt es sich um ein **klassisches Drama**. Es gilt als das bedeutendste und meistzitierte Werk der deutschen Literatur.
Es besteht aus zwei Teilen: „Der Tragödie erster Teil" (1808) und „Der Tragödie zweiter Teil" (1831). Die Tragödie spielt in Deutschland um das Jahr 1500 und handelt von dem Arzt und Wissenschaftler Heinrich Faust. Er verzweifelt an den Möglichkeiten des menschlichen Erkenntnisvermögens, da ihm die Wissenschaften keine Antworten auf die Frage nach dem Sinn des Daseins geben können. So ist er unfähig, sein Leben zu genießen. Aus diesem Grund lässt er sich auf ein verhängnisvolles Geschäft mit dem Teufel ein und riskiert sein Seelenheil.
Eine Besonderheit in Goethes Drama „Faust – Der Tragödie erster Teil" besteht darin, dass es zu diesem Drama drei Einleitungen gibt: „Zueignung", „Vorspiel auf dem Theater", „Prolog im Himmel".
Die „Zueignung", auch *Widmung* genannt, spiegelt Goethes Gedanken anlässlich der Wiederaufnahme der Arbeit am „Faust" 1797 nach mehr als zwanzig Jahren wider. Er spricht darin die Personen des Dramas selbst an, berichtet vom Erwachen des Schaffensprozesses und beschreibt, was er dabei empfindet. Er trauert den vergangenen Zeiten nach, seiner Jugend, seiner ersten Liebe und den verlorenen Freunden dieser Zeit.
Das „Vorspiel auf dem Theater" thematisiert das Verhältnis von Dichtung und Publikum aus drei unterschiedlichen Perspektiven: Der *Direktor* hat natürlich Interesse daran, dass das Geschäft läuft und genügend Geld in die Kasse kommt. Darüber hinaus sind er und auch der *Schauspieler* (lustige Person) bereit, dem Publikumsgeschmack so weit wie nur möglich entgegenzukommen. Der *Dichter* hingegen betont den eigenständigen Wert der Kunst. Sie steht nicht im Dienste weltlicher Interessen.
Da Goethe in Weimar auch als Theaterdirektor gearbeitet hat, ist anzunehmen, dass dieses Vorspiel ein wenig seine eigenen Erfahrungen widerspiegelt, die er dort gemacht hat.
Zur eigentlichen Handlung des „Faust" gehört nur der „Prolog im Himmel", der auch als „himmlische" Rahmenhandlung für das Geschehen auf der Erde zu betrachten ist.

Tipp:
Die Auszüge aus dem Drama, die ihr in diesem Kapitel vorfindet, folgen dieser Hamburger Ausgabe: *Johann Wofgang von Goethe: Faust – Der Tragödie erster Teil. Hamburger Lesehefte, 29. Heft, o. J.*
Die ausgewählten Auszüge in Praxis Sprache 10 sind zu eurer besseren Verständigung im Unterricht jeweils immer neu mit Zeilenzählern im 5er-Schritt versehen.
Die Auszüge, auf die wir zur selbstständigen Lektüre im Textbuch verweisen, geben wir zum leichteren Auffinden mit den Versangaben aus dieser Hamburger Ausgabe (HA) an.

140

2 Die Skizze zum Aufbau und zur Struktur des Dramas auf der gegenüberliegenden Seite wird euch sicher helfen, bei der Bearbeitung der unterschiedlichen Szenen stets den „roten Faden" im Blick zu behalten.
- Nehmt euer Textbuch zur Hand und lest die erste Einleitung des Dramas: „Zueignung".
- Lest Textstellen vor, die Goethes Gedanken und Gefühle bei der Wiederaufnahme der Arbeit am „Faust" widerspiegeln.

3 Tauscht euch aus, was ihr unter dem Begriff „Tragödie" versteht. Nutzt dazu Lexika oder das Internet. Macht euch Aufzeichnungen dazu.

LESEN Umgang mit Texten und Medien

Johann Wolfgang von Goethe: „Faust – Der Tragödie erster Teil“

Prolog im Himmel: Die Wette zwischen dem Herrn und Mephisto

Die Szene beginnt mit einem Lobgesang der Erzengel[1] auf den Herrn und seine Schöpfung. Sie preisen die Sonne als Lebensspenderin, werfen einen Blick auf die Erde und betrachten das Toben von Naturgewalten und deren zerstörerische Energie. Doch Gott selbst vermögen auch die Engel nicht zu ergründen. Im Himmel, außerhalb von Fausts Welt, begegnen sich der Herr und Mephisto. Mephisto verstrickt den Herrn in ein Gespräch.

➡ Exposition

Einführung in das Drama: Die handelnden Personen, die Vorgeschichte, die Verhältnisse und die Zustände, aus denen der Konflikt entspringt, werden erklärt.

Prolog im Himmel (HA: Vers 243–353)

[...]
MEPHISTOPHELES. Da du, o Herr, dich einmal wieder nahst
Und fragst, wie alles sich bei uns befinde,
Und du mich sonst gewöhnlich gerne sahst,
So siehst du mich auch unter dem Gesinde.
Verzeih, ich kann nicht hohe Worte machen,
Und wenn mich auch der ganze Kreis verhöhnt;
Mein Pathos[2] brächte dich gewiss zum Lachen,
Hättst du dir nicht das Lachen abgewöhnt.
Von Sonn und Welten weiß ich nichts zu sagen,
Ich sehe nur, wie sich die Menschen plagen.
Der kleine Gott der Welt bleibt stets von gleichem Schlag,
Und ist so wunderlich als wie am ersten Tag.
Ein wenig besser würd er leben,
Hättst du ihm nicht den Schein des Himmelslichts gegeben;
Er nennt's Vernunft und braucht's allein,
Nur tierischer als jedes Tier zu sein.
Er scheint mir, mit Verlaub von Euer Gnaden,
Wie eine der langbeinigen Zikaden,
Die immer fliegt und fliegend springt
Und gleich im Gras ihr altes Liedchen singt;
Und läg er nur noch immer in dem Grase!
In jeden Quark begräbt er seine Nase.
DER HERR. Hast du mir weiter nichts zu sagen?
Kommst du nur immer anzuklagen?
Ist auf der Erde ewig dir nichts recht?
MEPHISTOPHELES.
Nein, Herr! ich find es dort, wie immer, herzlich schlecht.
Die Menschen dauern mich in ihren Jammertagen,
Ich mag sogar die armen selbst nicht plagen.
DER HERR. Kennst du den Faust?
MEPHISTOPHELES. Den Doktor?
DER HERR. Meinen Knecht!
MEPHISTOPHELES.
Fürwahr! er dient Euch auf besondre Weise.
Nicht irdisch ist des Toren Trank noch Speise.
Ihn treibt die Gärung in die Ferne,
Er ist sich seiner Tollheit halb bewusst;
Vom Himmel fordert er die schönsten Sterne.
Und von der Erde jede höchste Lust,
Und alle Näh und alle Ferne
Befriedigt nicht die tief bewegte Brust.
DER HERR. Wenn er mir jetzt auch nur verworren dient,
So werd ich ihn bald in die Klarheit führen.
Weiß doch der Gärtner, wenn das Bäumchen grünt.
Dass Blüt und Frucht die künft'gen Jahre zieren.
MEPHISTOPHELES.
Was wettet Ihr? den sollt Ihr noch verlieren,
Wenn Ihr mir die Erlaubnis gebt,
Ihn meine Straße sacht zu führen!
DER HERR. Solang er auf der Erde lebt,
Solange sei dir's nicht verboten.
Es irrt der Mensch, solang er strebt.
MEPHISTOPHELES. Da dank ich Euch; denn mit den Toten
Hab ich mich niemals gern befangen.
Am meisten lieb ich mir die vollen, frischen Wangen.
Für einen Leichnam bin ich nicht zu Haus;
Mir geht es wie der Katze mit der Maus.
DER HERR. Nun gut, es sei dir überlassen!
Zieh diesen Geist von seinem Urquell ab,
Und führ ihn, kannst du ihn erfassen,
Auf deinem Wege mit herab,
Und steh beschämt, wenn du bekennen musst:
Ein guter Mensch in seinem dunklen Drange
Ist sich des rechten Weges wohl bewusst.
MEPHISTOPHELES. Schon gut! nur dauert es nicht lange.
Mir ist für meine Wette gar nicht bange.

Wenn ich zu meinem Zweck gelange,
Erlaubt Ihr mir Triumph aus voller Brust.
Staub soll er fressen, und mit Lust,
Wie meine Muhme[3], die berühmte Schlange.
DER HERR. Du darfst auch da nur frei erscheinen;
Ich habe deinesgleichen nie gehasst.
Von allen Geistern, die verneinen,
Ist mir der Schalk am wenigsten zur Last.
Des Menschen Tätigkeit kann allzu leicht erschlaffen,
Er liebt sich bald die unbedingte Ruh;
Drum geb ich gern ihm den Gesellen zu,
Der reizt und wirkt und muss als Teufel schaffen. –
Doch ihr, die echten Göttersöhne,
Erfreut euch der lebendig reichen Schöne!
Das Werdende, das ewig wirkt und lebt,
Umfass euch mit der Liebe holden Schranken,
Und was in schwankender Erscheinung schwebt,
Befestiget mit dauernden Gedanken.
(Der Himmel schließt, die Erzengel verteilen sich.)
MEPHISTOPHELES *(allein)*.
Von Zeit zu Zeit seh ich den Alten gern,
Und hüte mich, mit ihm zu brechen.
Es ist gar hübsch von einem großen Herrn,
So menschlich mit dem Teufel selbst zu sprechen.

1 Untersucht diese Szene.
- Benennt die Figuren und den Ort der Handlung.
- Gebt mit euren Worten wieder, worüber diskutiert wird.

2 Beschreibt das Verhältnis zwischen Mephisto und dem Herrn.
- Was halten sie voneinander? Wie gehen sie miteinander um?
- Welche Rolle weist der Herr Mephisto zu? (Vers 51–52, 59–65, 72–85)

3 Vergleicht das Bild, welches Mephisto und der Herr von den Menschen haben.
- Lest dazu noch einmal die Verse 10–30, 53, 64–65, 76–79.
- Macht euch Notizen und sprecht über die Unterschiede im Menschenbild[4] der beiden Figuren.

4 Der Herr lenkt das Gespräch auf Faust. Auch auf diese Figur haben Mephisto und der Herr eine unterschiedliche Sicht. Lest noch einmal den Dialog von Vers 31–71.
- Notiert euch entsprechende Textstellen und deutet sie.
- Tauscht eure Ergebnisse in der Klasse aus.

Faust aus der Sicht des Herrn	*Faust aus der Sicht von Mephisto*
Vers 33: Meinen Knecht! → Der Herr ist überzeugt, dass Faust gottesfürchtig ist und ihm dient.	*Vers 35–42: […] Ihn treibt die Gärung in die Ferne […] Vom Himmel fordert er die schönsten Sterne […] → Mephisto beschreibt Faust als einen ruhelosen Toren[5], der …*
Vers 43–46: Wenn er mir jetzt auch nur verworren dient, […]	

5 Worin mündet die kontroverse Diskussion zwischen Mephisto und dem Herrn letztendlich?
- Werdet euch klar über ihre Motive und darüber, welches Ziel sie jeweils verfolgen.
- Diskutiert und argumentiert. Nutzt dafür geeignete Textstellen.

[1] die wichtigsten Vertreter der himmlischen Heerscharen / die wahren Göttersöhne, im Gegensatz zu den „gefallenen Engeln", zu denen Mephisto gehört
[2] feierliche Ergriffenheit
[3] Tante
[4] Begriff für die Vorstellung, die jemand vom Wesen des Menschen und seiner Bestimmung auf der Erde hat
[5] eine eigensinnige, unbelehrbare Person; jemand, der Unerreichbarem nachjagt

Johann Wolfgang von Goethe: „Faust – Der Tragödie erster Teil“

Die Gelehrtentragödie: Faust in der Erkenntniskrise

➡ Steigen der Handlung mit erregendem Moment

Der Konflikt spitzt sich zu – Erklärung der inneren und äußeren Bedingungen des Konflikts

In dem folgenden Monolog trefft ihr auf Faust, einen angesehenen Gelehrten und Doktor.

Nacht (HA: Vers 354–807)

In einem hoch gewölbten, engen gotischen Zimmer
Faust unruhig auf seinem Sessel am Pulte.

FAUST. Habe nun, ach! Philosophie,
Juristerei und Medizin,
Und leider auch Theologie
Durchaus studiert, mit heißem Bemühn.
Da steh ich nun, ich armer Tor,
Und bin so klug als wie zuvor!
Heiße Magister, heiße Doktor gar,
Und ziehe schon an die zehen Jahr'
Herauf, herab und quer und krumm
Meine Schüler an der Nase herum –
Und sehe, dass wir nichts wissen können!
Das will mir schier das Herz verbrennen.
Zwar bin ich gescheiter als alle die Laffen,
Doktoren, Magister, Schreiber und Pfaffen;
Mich plagen keine Skrupel noch Zweifel,
Fürchte mich weder vor Hölle noch Teufel –
Dafür ist mir auch alle Freud entrissen,
Bilde mir nicht ein, was Rechts zu wissen,
Bilde mir nicht ein, ich könnte was lehren,
Die Menschen zu bessern und zu bekehren.
Auch hab ich weder Gut noch Geld,
Noch Ehr und Herrlichkeit der Welt;
Es möchte kein Hund so länger leben!
Drum hab ich mich der Magie ergeben,
Ob mir durch Geistes Kraft und Mund
Nicht manch Geheimnis würde kund;
Dass ich nicht mehr mit sauerm Schweiß
Zu sagen brauche, was ich nicht weiß;
Dass ich erkenne, was die Welt
Im Innersten zusammenhält,
Schau alle Wirkenskraft und Samen
Und tu nicht mehr in Worten kramen.
[...]

1 Beschreibt, in welcher Verfassung ihr Faust hier antrefft.
- Geht dabei auf seine Gefühlslage ein.
- Lest Textstellen vor, die euren Eindruck belegen.

2 Offensichtlich befindet er sich in einer tiefen Krise.
- Erläutert, was genau ihn als Wissenschaftler quält.
- Welche Konsequenzen zieht er aus seinem Resümee?

3 Lest die Verse 29–30.
- Zitiert seinen sehnlichsten Wunsch. Welchen Dingen will er auf die Spur kommen?
- Interpretiert diese Worte.
- Diskutiert über mögliche Motive, die Faust zu diesem Wunsch treiben.

4 Stellt euch vor, Faust würde in unserer Zeit leben. Auf welche Fragen würde er heute verzweifelt nach Antworten suchen?

5 Am Ende des Monologs flammt Hoffnung auf. Welchen Weg sieht Faust, seinen inneren Konflikt zu lösen? Lest dazu auch im Infokasten auf Seite 145 oben.

Figurenkarte
Name: Faust
Beruf: Gelehrter …
Innerer Konflikt: …
Wünsche / Ziele: …
Handlungsmotive: …
Eigenschaften: …

INFO

Magie

Magie spielte im Mittelalter eine große Rolle. An der Universität zu Krakau wurde Zauberei sogar als Wissenschaft gelehrt. Hauptbereiche der Magie waren: Astrologie und Wahrsagerei, Alchemie, Zauberei und Geisterbeschwörung sowie Heilkunde. Zur Alchemie gehörte vor allen Dingen die Suche nach dem Fünften Element. Dies sollte die Verbindung zwischen den vier Elementen Feuer, Wasser, Luft und Erde herstellen und somit des Rätsels Lösung sein. Das Fünfte Element wird auch als Stein der Weisen bezeichnet, der angeblich alle Krankheiten heilen könnte.

6 Begleite Faust nun auf den wichtigsten Stationen seines Lebens. Lege dir dafür eine **Figurenkarte** an. Deine Aufzeichnungen kannst du dann beim Fortgang der Handlung immer weiter vervollständigen.

Alles Verstandeswissen bringt Faust nicht weiter, in seinem Streben zu erkennen, *„was die Welt / Im Innersten zusammenhält“* (Vers 29–30). Er muss einen Weg finden, der ihn befähigt, *„was Rechts zu wissen“* (Vers 18), also tiefer zu schauen, als es mit dem Verstand möglich ist. Er startet einen **1. Versuch**, diesem Ziel näher zu kommen. Mit Zauberzeichen und Formeln fleht er die Geister um Hilfe an. Faust überschreitet dabei zum ersten Mal seine Grenzen. So versucht er, die Natur mithilfe der Magie zur Preisgabe ihrer Geheimnisse zu zwingen. Er öffnet das geheimnisvolle Buch von Nostradamus[1]. Beim Anblick des Zeichens des Makrokosmos[2] (HA: Vers 430 ff.) fühlt sich Faust seinem Ziel nah. Er glaubt, Eintritt in die Geisterwelt erhalten zu haben und folglich die Zusammenhänge des Kosmos zu verstehen. Faust muss jedoch erkennen, dass es ihm unmöglich ist, mit seinem begrenzten, menschlichen Verstand die Wunder und Geheimnisse des Makrokosmos zu durchdringen.
Als nächstes entdeckt er im selben Buch das Zeichen des Erdgeistes, von dem er sich magisch angezogen fühlt (HA: Vers 460).

[1] französischer Arzt, Apotheker und Astrologe (1503–1566)
[2] das große Ganze der Welt, das vom Menschen nicht ohne technische, gedankliche oder mathematische Hilfsmittel wahrgenommen werden kann

Nacht (Vers 354–807)

[…]
GEIST. Wer ruft mir?
FAUST *(abgewendet)*. Schreckliches Gesicht!
GEIST. Du hast mich mächtig angezogen,
An meiner Sphäre lang gesogen,
Und nun –
FAUST. Weh! ich ertrag dich nicht!
GEIST. Du flehst eratmend, mich zu schauen,
Meine Stimme zu hören, mein Antlitz zu sehn;
Mich neigt dein mächtig Seelenflehn,
Da bin ich! – Welch erbärmlich Grauen
Fasst Übermenschen dich! Wo ist der Seele Ruf?
Wo ist die Brust, die eine Welt in sich erschuf
Und trug und hegte, die mit Freudebeben
Erschwoll, sich uns, den Geistern, gleich zu heben?
Wo bist du, Faust, des Stimme mir erklang,
Der sich an mich mit allen Kräften drang?
Bist du es, der, von meinem Hauch umwittert,
In allen Lebenstiefen zittert,
Ein furchtsam weggekrümmter Wurm?

FAUST. Soll ich dir, Flammenbildung, weichen?
Ich bin's, bin Faust, bin deinesgleichen!
GEIST. In Lebensfluten, im Tatensturm
Wall ich auf und ab,
Webe hin und her!
Geburt und Grab,
Ein ewiges Meer,
Ein wechselnd Weben,
Ein glühend Leben,
So schaff ich am sausenden Webstuhl der Zeit
Und wirke der Gottheit lebendiges Kleid.
FAUST. Der du die weite Welt umschweifst,
Geschäftiger Geist, wie nah fühl ich mich dir!
GEIST. Du gleichst dem Geist, den du begreifst,
Nicht mir! *(Verschwindet.)*
FAUST *(zusammenstürzend)*. Nicht dir?
Wem denn?
Ich Ebenbild der Gottheit!
Und nicht einmal dir! *(Es klopft.)*
O Tod! ich kenn's – das ist mein Famulus[3] –
Es wird mein schönstes Glück zunichte!
Dass diese Fülle der Gesichte
Der trockne Schleicher stören muss!
[...]

[3] Famulus: Gehilfe, Student

7 Beurteilt das Zusammentreffen von Faust mit dem Erdgeist.
- Warum fühlt er sich dem Erdgeist so nahe?
- Wie sieht ihn der Erdgeist?
- Wie endet das Zusammentreffen?

Fausts **1. Versuch**, durch Magie die Geheimnisse der Natur aufzuspüren, ist gescheitert. In seinem Studierzimmer reflektiert er seine Niederlage. Aus seiner anfänglichen Hoffnung wird **tiefste** Verzweiflung. Auf der Suche nach dem geistigen Durchdringen der Welt startet er einen **2. Versuch**.

[...]
FAUST *(allein)*.
[...]
Den Göttern gleich ich nicht! Zu tief ist es gefühlt;
Dem Wurme gleich ich, der den Staub durchwühlt,
Den, wie er sich im Staube nährend lebt,
Des Wandrers Tritt vernichtet und begräbt.
[...]
Lässt sich Natur des Schleiers nicht berauben,
Und was sie deinem Geist nicht offenbaren mag,
Das zwingst du ihr nicht ab mit Hebeln und mit Schrauben.
[...]
Doch warum heftet sich mein Blick auf jene Stelle?
Ist jenes Fläschchen dort den Augen ein Magnet?
Warum wird mir auf einmal lieblich helle,
Als wenn im nächt'gen Wald uns Mondenglanz umweht?
Ich grüße dich, du einzige Phiole[4],
Die ich mit Andacht nun herunterhole!
In dir verehr ich Menschenwitz und Kunst.
Du Inbegriff der holden Schlummersäfte,
Du Auszug aller tödlich feinen Kräfte,
Erweise deinem Meister deine Gunst!
Ich sehe dich, es wird der Schmerz gelindert,
Ich fasse dich, das Streben wird gemindert,
Des Geistes Flutstrom ebbet nach und nach.
Ins hohe Meer werd ich hinausgewiesen,
Die Spiegelflut erglänzt zu meinen Füßen,
Zu neuen Ufern lockt ein neuer Tag.
Ein Feuerwagen schwebt auf leichten Schwingen
An mich heran! Ich fühle mich bereit,
Auf neuer Bahn den Äther[5] zu durchdringen,
Zu neuen Sphären reiner Tätigkeit.
Dies hohe Leben, diese Götterwonne,
Du, erst noch Wurm, und die verdienest du?
Ja, kehre nur der holden Erdensonne
Entschlossen deinen Rücken zu!
Vermesse dich, die Pforten aufzureißen,
Vor denen jeder gern vorüberschleicht.
[...]

8 Beschreibt Fausts unterschiedliche Stimmungen.

[4] Phiole: birnenförmiges Glasgefäß, das bereits von den Alchimisten benutzt wurde
[5] Äther: *hier:* die Weite des Himmels

Johann Wolfgang von Goethe: „Faust – Der Tragödie erster Teil“

Die Gelehrtentragödie: Faust in der Existenzkrise

Die Kirchenglocken, die zum Osterfest rufen, halten Faust vorerst von seinem Vorhaben ab. Er begibt sich mit seinem Famulus[1] Wagner hinaus in die freie Natur – auf einen Osterspaziergang.
Während ihres Osterspaziergangs werden Faust und Wagner von einem schwarzen Pudel umkreist. Faust ist das Tier nicht ganz geheuer, trotzdem nimmt er den Hund mit in seine Studierstube. Dort befällt Faust erneut tiefe Unzufriedenheit. Doch dann erwacht sein Tatendrang aufs Neue: Er arbeitet an einer Übersetzung des Neuen Testaments ins Deutsche, als plötzlich der Pudel heult, bellt und wächst, seine Gestalt verändert und in Nebelschwaden gehüllt wird.

Studierzimmer (HA: Vers 1178–1529)

[…]
MEPHISTOPHELES *(tritt, indem der Nebel fällt, gekleidet*
wie ein fahrender Scholastikus[1]*, hinter dem Ofen hervor).*
Wozu der Lärm? was steht dem Herrn zu Diensten?
FAUST. Das also war des Pudels Kern!
Ein fahrender Skolast? Der Casus[2] macht mich lachen.
MEPHISTOPHELES. Ich salutiere den gelehrten Herrn!
Ihr habt mich weidlich schwitzen machen.
FAUST. Wie nennst du dich?
MEPHISTOPHELES. Die Frage scheint mir klein
Für einen, der das Wort so sehr verachtet,
Der, weit entfernt von allem Schein,
Nur in der Wesen Tiefe trachtet.
FAUST. Bei euch, ihr Herrn, kann man das Wesen
Gewöhnlich aus dem Namen lesen,
Wo es sich allzu deutlich weist,
Wenn man euch Fliegengott, Verderber, Lügner heißt.
Nun gut, wer bist du denn?
MEPHISTOPHELES. Ein Teil von jener Kraft,
Die stets das Böse will und stets das Gute schafft.
FAUST. Was ist mit diesem Rätselwort gemeint?
MEPHISTOPHELES. Ich bin der Geist, der stets verneint!
Und das mit Recht; denn alles, was entsteht,
Ist wert, dass es zugrunde geht;
Drum besser wär's, dass nichts entstünde.
So ist denn alles, was ihr Sünde,
Zerstörung, kurz das Böse nennt,
Mein eigentliches Element.
[…]

1 Mephisto spricht hier in Rätseln. Analysiert seinen Auftritt.
- Deutet seine Worte. Wie argumentiert er?
- Erläutert Mephistos Weltbild[3].

2 Lege eine Figurenkarte zu Mephisto an. Vervollständige deine Aufzeichnungen im Verlauf der Handlung.

[1] lat.: Schüler
[2] Fall / Vorfall
[3] bestimmte Vorstellung von der Welt: über ihre Entstehung, über Machtverhältnisse, Entwicklungsmöglichkeiten; über Auffassungen vom Diesseits und Jenseits usw.

Faust wagt einen **3. Versuch**, um seinem friedlosen Erdendasein zu entkommen. In seiner Enttäuschung ist er bereit, jede Hilfe anzunehmen – auch die des Teufels. Die Macht, die ihm das „Böse“ verleiht, scheint ihm der letzte mögliche Weg zu sein, die Welt zu durchschauen.

[...]
FAUST. In jedem Kleide werd ich wohl die Pein
Des engen Erdelebens fühlen.
Ich bin zu alt, um nur zu spielen,
Zu jung, um ohne Wunsch zu sein.
Was kann die Welt mir wohl gewähren?
Entbehren sollst du! sollst entbehren!
Das ist der ewige Gesang,
Der jedem an die Ohren klingt,
Den, unser ganzes Leben lang,
Uns heiser jede Stunde singt.
Nur mit Entsetzen wach ich morgens auf,
Ich möchte bittre Tränen weinen,
Den Tag zu sehn, der mir in seinem Lauf
Nicht E i n e n Wunsch erfüllen wird, nicht E i n e n,
Der selbst die Ahnung jeder Lust
Mit eigensinnigem Krittel mindert,
Die Schöpfung meiner regen Brust
Mit tausend Lebensfratzen hindert.
Auch muss ich, wenn die Nacht sich niedersenkt,
Mich ängstlich auf das Lager strecken;
Auch da wird keine Rast geschenkt,
Mich werden wilde Träume schrecken.
Der Gott, der mir im Busen wohnt,
Kann tief mein Innerstes erregen;
Der über allen meinen Kräften thront,
Er kann nach außen nichts bewegen;
Und so ist mir das Dasein eine Last,
Der Tod erwünscht, das Leben mir verhasst.
MEPHISTOPHELES.
Und doch ist nie der Tod ein ganz willkommner Gast.
FAUST. O selig der, dem er im Siegesglanze
Die blut'gen Lorbeern um die Schläfe windet,
Den er, nach rasch durchrastem Tanze,
In eines Mädchens Armen findet!
O wär ich vor des hohen Geistes Kraft
Entzückt, entseelt dahingesunken!
MEPHISTOPHELES.
Und doch hat jemand einen braunen Saft,
In jener Nacht, nicht ausgetrunken.
FAUST. Das Spionieren, scheint's, ist deine Lust.
MEPHISTOPHELES.
Allwissend bin ich nicht; doch viel ist mir bewusst.

FAUST. Wenn aus dem schrecklichen Gewühle
Ein süß bekannter Ton mich zog,
Den Rest von kindlichem Gefühle
Mit Anklang froher Zeit betrog,
So fluch ich allem, was die Seele
Mit Lock- und Gaukelwerk umspannt,
Und sie in diese Trauerhöhle
Mit Blend- und Schmeichelkräften bannt!
Verflucht voraus die hohe Meinung,
Womit der Geist sich selbst umfängt!
Verflucht das Blenden der Erscheinung,
Die sich an unsre Sinne drängt!
Verflucht, was uns in Träumen heuchelt,
Des Ruhms, der Namensdauer Trug!
Verflucht, was als Besitz uns schmeichelt,
Als Weib und Kind, als Knecht und Pflug!
Verflucht sei Mammon[4], wenn mit Schätzen
Er uns zu kühnen Taten regt,
Wenn er zu müßigem Ergetzen
Die Polster uns zurechtelegt!
Fluch sei dem Balsamsaft der Trauben!
Fluch jener höchsten Liebeshuld!
Fluch sei der Hoffnung! Fluch dem Glauben,
Und Fluch vor allen der Geduld!
[...]

[4] *abschätzig für* Geld, Reichtum

3 Erläutert die Anspielung, die Mephisto in Vers 39–40 macht.

4 Lest die Verse 44–67 noch einmal laut vor.
- Untersucht, an wen oder was genau seine „Verfluchungen“ gerichtet sind.
- Vergleicht diese Szene mit der Eingangsszene **Nacht** auf Seite 144.
- In welcher Verfassung ist Faust jetzt? Tauscht euch aus.
  Denkt dabei an Begriffe wie *Krise, Verzweiflung, innerer Konflikt, Existenzkrise.*

144

Mephisto triumphiert, er ist überzeugt, dass er Faust von seinem Streben nach Erkenntnis abbringen kann, indem er ihm Genuss und Sinneslust bieten wird. Er nutzt Fausts depressive Stimmung und schlägt ihm ein „Geschäft“ vor.

[...]
MEPHISTOPHELES.
[...]
Hör auf, mit deinem Gram[5] zu spielen,
Der, wie ein Geier, dir am Leben frisst;
Die schlechteste Gesellschaft lässt dich fühlen,
Dass du ein Mensch mit Menschen bist.
Doch so ist's nicht gemeint,
Dich unter das Pack zu stoßen.
Ich bin keiner von den Großen;
Doch willst du mit mir vereint
Deine Schritte durchs Leben nehmen,
So will ich mich gern bequemen,
Dein zu sein, auf der Stelle.
Ich bin dein Geselle,
Und mach ich dir's recht,
Bin ich dein Diener, bin dein Knecht!
FAUST. Und was soll ich dagegen dir erfüllen?
MEPHISTOPHELES. Dazu hast du noch eine lange Frist.
FAUST. Nein, nein! der Teufel ist ein Egoist
Und tut nicht leicht um Gottes willen,
Was einem andern nützlich ist.
Sprich die Bedingung deutlich aus;
Ein solcher Diener bringt Gefahr ins Haus.
MEPHISTOPHELES.
Ich will mich h i e r zu deinem Dienst verbinden,
Auf deinen Wink nicht rasten und nicht ruhn;
Wenn wir uns drüben wieder finden,
So sollst du mir das Gleiche tun.
FAUST. Das Drüben kann mich wenig kümmern;
Schlägst du erst diese Welt zu Trümmern,
Die andre mag darnach entstehn.
Aus dieser Erde quillen meine Freuden,
Und diese Sonne scheinet meinen Leiden;
Kann ich mich erst von ihnen scheiden,
Dann mag, was will und kann, geschehn.
Davon will ich nichts weiter hören,
Ob man auch künftig hasst und liebt,
Und ob es auch in jenen Sphären
Ein Oben oder Unten gibt.

[5] Leid, Trauer

MEPHISTOPHELES. In diesem Sinne kannst du's wagen.
Verbinde dich; du sollst, in diesen Tagen,
Mit Freuden meine Künste sehn,
Ich gebe dir, was noch kein Mensch gesehn.
FAUST. Was willst du armer Teufel geben?
Ward eines Menschen Geist, in seinem hohen Streben,
Von deinesgleichen je gefasst?
Doch hast du Speise, die nicht sättigt, hast
Du rotes Gold, das ohne Rast,
Quecksilber gleich, dir in der Hand zerrinnt,
Ein Spiel, bei dem man nie gewinnt,
Ein Mädchen, das an meiner Brust
Mit Äugeln schon dem Nachbar sich verbindet,
Der Ehre schöne Götterlust,
Die, wie ein Meteor, verschwindet.
Zeig mir die Frucht, die fault, eh man sie bricht,
Und Bäume, die sich täglich neu begrünen!
MEPHISTOPHELES.
Ein solcher Auftrag schreckt mich nicht,
Mit solchen Schätzen kann ich dienen.
Doch, guter Freund, die Zeit kommt auch heran,
Wo wir was Guts in Ruhe schmausen mögen.
FAUST. Werd ich beruhigt je mich auf ein Faulbett legen,
So sei es gleich um mich getan!
Kannst du mich schmeichelnd je belügen,
Dass ich mir selbst gefallen mag,
Kannst du mich mit Genuss betrügen,
Das sei für mich der letzte Tag!
Die Wette biet ich!
MEPHISTOPHELES. Topp!
FAUST. Und Schlag auf Schlag!
Werd ich zum Augenblicke sagen:
Verweile doch! du bist so schön!
Dann magst du mich in Fesseln schlagen,
Dann will ich gern zugrunde gehn!
Dann mag die Totenglocke schallen,
Dann bist du deines Dienstes frei,
Die Uhr mag stehn, der Zeiger fallen,
Es sei die Zeit für mich vorbei!
MEPHISTOPHELES.
Bedenk es wohl, wir werden's nicht vergessen.
FAUST. Dazu hast du ein volles Recht;
Ich habe mich nicht freventlich[6] vermessen.
Wie ich beharre, bin ich Knecht,
Ob dein, was frag ich, oder wessen.
[…]

[6] auf verwerfliche, frevelhafte Weise

5 Jetzt hat Mephisto endgültig die Oberhand gewonnen.
- Untersucht, welcher Art das Geschäft ist, das Mephisto Faust vorschlägt. Welche Auswirkungen könnte es haben?
- Notiert, was genau Mephisto anbietet und was er dafür haben will.

6 Bevor Faust den Handel mit dem Teufel eingeht, vergewissert er sich noch, ob der ihm tatsächlich nützlich sein kann. (Vers 45–57)
- Welche Qualität haben Fausts Wünsche? Wie bewertet ihr sie?
- Untersucht, auf welchen Gebieten Faust Wissenszuwachs verlangt.
- Begründet, warum Faust sich letztlich mit dem „Bösen" verbündet.

7 Faust sorgt dafür, dass am Ende aus dem Geschäft eine **Wette** wird.
- Beschreibt diese Wette mit euren Worten. (Vers 63–69)
- In welchem Moment und nur unter welcher Bedingung ist Faust bereit, Mephisto zu gehören? (Vers 70–79)

8 Gestaltet einen Vertrag, in dem Fausts Forderungen und sein Einsatz notiert sind. Schrift, Papier und Siegel sollten historisch anmuten.

9 Lest noch einmal im **Prolog im Himmel** auf Seite 142–143 nach. Erläutert, warum es für Mephisto so bedeutsam ist, dass die Wette mit Faust zustande kommt.

142–143

Johann Wolfgang von Goethe: „Faust – Der Tragödie erster Teil“

Die Gretchentragödie: Fausts Begierde

Mephisto glaubt sich seinem Ziel nah. Dem Herrn gegenüber ist er in Bringschuld. Also unternimmt er einen ersten Versuch, Faust auf seine „Bahn“ zu ziehen. Er führt ihn in Auerbachs Keller, eine Weinschenke in Leipzig. Durch Alkohol und derbe Späße will er Faust von seinem Erkenntnisdrang abbringen. Doch das Saufgelage und die primitiven Gespräche widern Faust an. Nach kurzer Zeit schon äußert er: „Ich hätte Lust, nun abzufahren.“ (HA: Vers 2296) Da greift der Teufel zur stärksten Kraft, die er kennt: zur Sinnlichkeit. Mithilfe eines Hexentranks wird Faust sowohl seelisch als auch körperlich um viele Jahre verjüngt. Im Spiegel erscheint ihm danach das Bild einer schönen Frau. Im Sinnesgenuss wird sich Faust verlieren, so hofft Mephisto. Und tatsächlich erwacht in Faust die sexuelle Begierde, als er Margarete trifft, ein unschuldiges bürgerliches Mädchen.

Straße (HA: Vers 2605–2677)

Faust. Margarete *vorübergehend.*

FAUST. Mein schönes Fräulein[1], darf ich wagen,
Meinen Arm und Geleit Ihr anzutragen?
MARGARETE. Bin weder Fräulein, weder schön,
Kann ungeleitet nach Hause gehn.
(Sie macht sich los und ab.)
FAUST. Beim Himmel, dieses Kind ist schön!
So etwas hab ich nie gesehn.
Sie ist so sitt- und tugendreich,
Und etwas schnippisch doch zugleich.
Der Lippe Rot, der Wange Licht,
Die Tage der Welt vergess ich's nicht!
Wie sie die Augen niederschlägt,
Hat tief sich in mein Herz geprägt;
Wie sie kurz angebunden war,
Das ist nun zum Entzücken gar!
Mephistopheles tritt auf.
FAUST. Hör, du musst mir die Dirne[2] schaffen!
MEPHISTOPHELES. Nun, welche?
FAUST. Sie ging just vorbei.
MEPHISTOPHELES. Da die? Sie kam von ihrem Pfaffen,
Der sprach sie aller Sünden frei;
Ich schlich mich hart am Stuhl vorbei.
Es ist ein gar unschuldig Ding,
Das eben für nichts zur Beichte ging;
Über die hab ich keine Gewalt!
FAUST. Ist über vierzehn Jahr doch alt.

[1] im Mittelalter Bezeichnung für eine Dame von hohem Stand
[2] Mädchen

LESEN Umgang mit Texten und Medien

MEPHISTOPHELES. Du sprichst ja wie Hans Liederlich,
Der begehrt jede liebe Blum für sich,
Und dünkelt ihm, es wär kein Ehr
Und Gunst, die nicht zu pflücken wär;
Geht aber doch nicht immer an.
FAUST. Mein Herr Magister Lobesan[3],
Lass Er mich mit dem Gesetz in Frieden!
Und das sag ich Ihm kurz und gut:
Wenn nicht das süße junge Blut
Heut Nacht in meinen Armen ruht,
So sind wir um Mitternacht geschieden.
MEPHISTOPHELES. Bedenkt, was gehn und stehen mag!
Ich brauche wenigstens vierzehn Tag',
Nur die Gelegenheit auszuspüren.
FAUST. Hätt ich nur sieben Stunden Ruh,
Brauchte den Teufel nicht dazu,
So ein Geschöpfchen zu verführen.
MEPHISTOPHELES. Ihr sprecht schon fast wie ein Franzos;
Doch bitt ich, lasst's Euch nicht verdrießen:
Was hilft's, nur grade zu genießen?
Die Freud ist lange nicht so groß,
Als wenn Ihr erst herauf, herum,
Durch allerlei Brimborium,
Das Püppchen geknetet und zugericht't,
Wie's lehret manche welsche Geschicht[4].
FAUST. Hab Appetit auch ohne das.
MEPHISTOPHELES. Jetzt ohne Schimpf und ohne Spaß.
Ich sag Euch, mit dem schönen Kind
Geht's ein für alle Mal nicht geschwind.
Mit Sturm ist da nichts einzunehmen;
Wir müssen uns zur List bequemen.
FAUST. Schaff mir etwas vom Engelsschatz!
Führ mich an ihren Ruheplatz!
Schaff mir ein Halstuch von ihrer Brust,
Ein Strumpfband meiner Liebeslust!
MEPHISTOPHELES. Damit Ihr seht, dass ich Eurer Pein
Will förderlich und dienstlich sein,
Wollen wir keinen Augenblick verlieren,
Will Euch noch heut in ihr Zimmer führen.
FAUST. Und soll sie sehn? sie haben?
MEPHISTOPHELES. Nein!
Sie wird bei einer Nachbarin sein.
Indessen könnt Ihr ganz allein
An aller Hoffnung künft'ger Freuden
In ihrem Dunstkreis satt Euch weiden.
FAUST. Können wir hin?
MEPHISTOPHELES. Es ist noch zu früh.
FAUST. Sorg du mir für ein Geschenk für sie! *(Ab.)*
MEPHISTOPHELES.
Gleich schenken? Das ist brav! Da wird er reüssieren[5]!
Ich kenne manchen schönen Platz
Und manchen altvergrabnen Schatz;
Ich muss ein bisschen revidieren[6]. *(Ab.)*

[3] *spöttisch für:* Lehrer
[4] Erzählungen von Verführungen in den alten italienischen Novellen
[5] Erfolg haben
[6] *hier:* nachsehen

1 Gretchen kommt in der Szene **Straße** kaum zu Wort. Trotzdem erfahrt ihr hier schon viel über sie: zu ihrem Äußeren, zu ihrer Moral, zu ihrem Glauben, zu ihrem Verhalten. Fasst zusammen.

2 Erklärt Gretchens abweisendes Verhalten gegenüber Faust. Legt dann auch für Gretchen eine **Figurenkarte** an.

3 Untersucht, warum Mephisto Faust als „Hans Liederlich" (Vers 27) bezeichnet. Lest entsprechende Textstellen als Belege vor.

Abend (HA: Vers 2678–2804)

Ein kleines reinliches Zimmer.

[…]
MARGARETE.
[…]
(Sie eröffnet den Schrein, ihre Kleider einzuräumen, und erblickt das Schmuckkästchen.)
Wie kommt das schöne Kästchen hier herein?
Ich schloss doch ganz gewiss den Schrein.
Es ist doch wunderbar! Was mag wohl drinne sein?
Vielleicht bracht's jemand als ein Pfand,
Und meine Mutter lieh darauf.
Da hängt ein Schlüsselchen am Band,
Ich denke wohl, ich mach es auf!
Was ist das? Gott im Himmel! Schau,
So was hab ich mein Tage nicht gesehn!
Ein Schmuck! Mit dem könnt eine Edelfrau
Am höchsten Feiertage gehn.
Wie sollte mir die Kette stehn?
Wem mag die Herrlichkeit gehören?
(Sie putzt sich damit auf und tritt vor den Spiegel.)
Wenn nur die Ohrring' meine wären!
Man sieht doch gleich ganz anders drein.
Was hilft euch Schönheit, junges Blut?
Das ist wohl alles schön und gut,
Allein man lässt's auch alles sein;
Man lobt euch halb mit Erbarmen.
Nach Golde drängt,
Am Golde hängt
Doch alles. Ach wir Armen!

4 Beschreibt, welche Gefühle dieses Schmuckkästchen bei Gretchen auslöst. Ergänzt anschließend ihre Figurenkarte.

5 Nutzt das Textbuch (HA) und tragt das Lied vom „König in Thule" (Vers 2759–2782) vor.
Stellt eine Beziehung zwischen dem Inhalt dieses Liedes und Gretchens seelischer Verfassung in ihrem kleinen Zimmer her.

Spaziergang (HA: Vers 2805–2864)

Faust in Gedanken auf und ab gehend. Zu ihm Mephistopheles.

[…]
MEPHISTOPHELES.
Denkt nur, den Schmuck, für Gretchen angeschafft,
Den hat ein Pfaff hinweggerafft! –
Die Mutter kriegt das Ding zu schauen,
Gleich fängt's ihr heimlich an zu grauen:
Die Frau hat gar einen feinen Geruch,
Schnuffelt immer im Gebetbuch,
Und riecht's einem jeden Möbel an,
Ob das Ding heilig ist oder profan[7];
Und an dem Schmuck da spürt' sie's klar,
Dass dabei nicht viel Segen war.
Mein Kind, rief sie, ungerechtes Gut
Befängt die Seele, zehrt auf das Blut.
Wollen's der Mutter Gottes weihen,
Wird uns mit Himmels-Manna[8] erfreuen!
Margretlein zog ein schiefes Maul,
Ist halt, dacht' sie, ein geschenkter Gaul,
Und wahrlich! gottlos ist nicht der,
Der ihn so fein gebracht hierher.
Die Mutter ließ einen Pfaffen kommen;
Der hatte kaum den Spaß vernommen,
Ließ sich den Anblick wohl behagen.
Er sprach: So ist man recht gesinnt!
Wer überwindet, der gewinnt.
Die Kirche hat einen guten Magen,
Hat ganze Länder aufgefressen,
Und doch noch nie sich übergessen;
Die Kirch allein, meine lieben Frauen,
Kann ungerechtes Gut verdauen.
[…]

[7] einfach
[8] in der Bibel die Notspeise der Israeliten in der Wüste Sinai

Gretchens Nachbarin, Frau Marthe, ist die ideale Partnerin für Mephisto, um Zugang zu Gretchen zu erlangen. Außerdem erweist sie sich als seelenverwandt mit Mephisto und übernimmt gern die Rolle der Kupplerin[9].
Nach einem neuerlichen Geschenk für Gretchen überredet sie diese, der Mutter nichts zu sagen und den Schmuck heimlich bei ihr anzulegen.
In der Szene **Garten** kommt es zu einem ersten längeren Gespräch zwischen Faust und Gretchen. Mephisto unterhält sich inzwischen mit Frau Marthe.

[9] Frau, die bewusst (mitunter gewerbsmäßig) eine Heirat vermitteln möchte durch Anwendung unredlicher Mittel

6 Lest die nächste Szene mit verteilten Rollen.

Garten (HA: Vers 3073–3204)

Margarete an Faustens Arm. Marthe mit Mephistopheles auf und ab spazierend.

MARGARETE.
Ich fühl es wohl, dass mich der Herr nur schont,
Herab sich lässt, mich zu beschämen.
Ein Reisender ist so gewohnt,
Aus Gütigkeit fürlieb zu nehmen;
Ich weiß zu gut, dass solch erfahrnen Mann
Mein arm Gespräch nicht unterhalten kann.
FAUST. Ein Blick von dir, ein Wort mehr unterhält
Als alle Weisheit dieser Welt. *(Er küsst ihre Hand.)*
MARGARETE. Inkommodiert[10] Euch nicht! Wie könnt Ihr sie nur küssen?
Sie ist so garstig, ist so rau!
Was hab ich nicht schon alles schaffen müssen!
Die Mutter ist gar zu genau.
(Gehn vorüber.)
[…]
MARGARETE. Ja, aus den Augen aus dem Sinn!
Die Höflichkeit ist Euch geläufig;
Allein Ihr habt der Freunde häufig,
Sie sind verständiger, als ich bin.
FAUST. O Beste! glaube, was man so verständig nennt,
Ist oft mehr Eitelkeit und Kurzsinn.
MARGARETE. Wie?
FAUST. Ach, dass die Einfalt, dass die Unschuld nie
Sich selbst und ihren heil'gen Wert erkennt!
Dass Demut, Niedrigkeit, die höchsten Gaben
Der liebevoll austeilenden Natur –

[10] keine Umstände machen

MARGARETE. Denkt Ihr an mich ein Augenblickchen nur,
Ich werde Zeit genug an Euch zu denken haben.
FAUST. Ihr seid wohl viel allein?
MARGARETE. Ja, unsre Wirtschaft ist nur klein,
Und doch will sie versehen sein.
Wir haben keine Magd; muss kochen, fegen, stricken
Und nähn und laufen früh und spat;
Und meine Mutter ist in allen Stücken
So akkurat!
Nicht dass sie just so sehr sich einzuschränken hat;
Wir könnten uns weit eh'r als andre regen:
Mein Vater hinterließ ein hübsch Vermögen,
Ein Häuschen und ein Gärtchen vor der Stadt.
Doch hab ich jetzt so ziemlich stille Tage;
Mein Bruder ist Soldat,
Mein Schwesterchen ist tot.
Ich hatte mit dem Kind wohl meine liebe Not;
Doch übernähm ich gern noch einmal alle Plage,
So lieb war mir das Kind.
FAUST. Ein Engel, wenn dir's glich.
MARGARETE. Ich zog es auf, und herzlich liebt' es mich.
Es war nach meines Vaters Tod geboren.
Die Mutter gaben wir verloren,
So elend wie sie damals lag,
Und sie erholte sich sehr langsam, nach und nach.
Da konnte sie nun nicht dran denken,
Das arme Würmchen selbst zu tränken,
Und so erzog ich's ganz allein,
Mit Milch und Wasser, so ward's mein
Auf meinem Arm, in meinem Schoß
War's freundlich, zappelte, ward groß.
FAUST. Du hast gewiss das reinste Glück empfunden.
MARGARETE. Doch auch gewiss gar manche schwere Stunden.
Des Kleinen Wiege stand zu Nacht
An meinem Bett; es durfte kaum sich regen,
War ich erwacht;
Bald musst' ich's tränken, bald es zu mir legen,
Bald, wenn's nicht schwieg, vom Bett aufstehn
Und tänzelnd in der Kammer auf und nieder gehn,
Und früh am Tage schon am Waschtrog stehn;
Dann auf dem Markt und an dem Herde sorgen,
Und immer fort wie heut so morgen.
Da geht's, mein Herr, nicht immer mutig zu;
Doch schmeckt dafür das Essen, schmeckt die Ruh.
(Gehn vorüber.)

[...]
FAUST. Du kanntest mich, o kleiner Engel, wieder,
Gleich als ich in den Garten kam?
MARGARETE. Saht Ihr es nicht? ich schlug die Augen nieder.
FAUST. Und du verzeihst die Freiheit, die ich nahm?
Was sich die Frechheit unterfangen,
Als du jüngst aus dem Dom gegangen?
MARGARETE. Ich war bestürzt, mir war das nie geschehn;
Es konnte niemand von mir Übels sagen.
Ach, dacht' ich, hat er in deinem Betragen
Was Freches, Unanständiges gesehn?
Es schien ihn gleich nur anzuwandeln,
Mit dieser Dirne gradehin zu handeln.
Gesteh ich's doch! Ich wusste nicht, was sich
Zu Eurem Vorteil hier zu regen gleich begonnte;
Allein gewiss, ich war recht bös auf mich,
Dass ich auf Euch nicht böser werden konnte.
FAUST. Süß Liebchen!
MARGARETE. Lasst einmal!
(Sie pflückt eine Sternblume und zupft die Blätter ab, eins nach dem andern.)
FAUST. Was soll das? Einen Strauß?
MARGARETE. Nein, es soll nur ein Spiel.
FAUST. Wie?
MARGARETE. Geht! Ihr lacht mich aus.
(Sie rupft und murmelt.)
FAUST. Was murmelst du?
MARGARETE *(halblaut)*. Er liebt mich – liebt mich nicht.
FAUST. Du holdes Himmelsangesicht!
MARGARETE *(fährt fort)*. Liebt mich – Nicht – Liebt mich – Nicht –
(Das letzte Blatt ausrupfend, mit holder Freude.)
Er liebt mich!
FAUST. Ja, mein Kind! Lass dieses Blumenwort
Dir Götterausspruch sein. Er liebt dich!
Verstehst du, was das heißt? Er liebt dich!
(Er fasst ihre beiden Hände.)
MARGARETE. Mich überläuft's!
FAUST. O schaudre nicht! Lass diesen Blick,
Lass diesen Händedruck dir sagen,
Was unaussprechlich ist:
Sich hinzugeben ganz und eine Wonne
Zu fühlen, die ewig sein muss!
Ewig! – Ihr Ende würde Verzweiflung sein
Nein, kein Ende! Kein Ende!
(Margarete drückt ihm die Hände, macht sich los und läuft weg. Er steht einen Augenblick in Gedanken, dann folgt er ihr.)
[...]

Im Gartenhäuschen küssen sich Faust und Gretchen innig und gestehen sich gegenseitig ihre Liebe. Nachdem sich Faust verabschiedet hat, denkt Gretchen über diesen Abend nach.

Gartenhäuschen (HA: Vers 3205–3216)

[...]

MARGARETE. Du lieber Gott! was so ein Mann
Nicht alles, alles denken kann!
Beschämt nur steh ich vor ihm da,
Und sag zu allen Sachen ja.
Bin doch ein arm unwissend Kind,
Begreife nicht, was er an mir find't. *(Ab.)*

7 Welches Bild von Gretchen könnt ihr euch bisher machen?
- Welche Verhaltensweisen und Eigenschaften sind euch vertraut, welche eher fremd?
- Vergleicht eure Ergebnisse.

8 Welches Bild hat Gretchen von sich selbst?
Tauscht euch aus und belegt eure Aussagen anhand der Auszüge zur Szene **Garten**, Seite 154–155. Denkt an:
Familienverhältnisse, Besitzverhältnisse, Charaktereigenschaften.

Figurenkarte
...

Gretchens Selbstbild:	*Textauszug: Garten, Seite 154–155*
Gretchen glaubt, dass sie Faust nicht auf Augenhöhe begegnen kann. Sie weiß, dass er ihr an Wissen und Erfahrung überlegen ist.	*Ich weiß zu gut, dass solch erfahrnen Mann / Mein arm Gespräch nicht unterhalten kann. (Vers 6–7)*
...	...

9 Wie sind die Gefühle von Gretchen für Faust und umgekehrt?
- Sucht im Text nach den „Liebesgeständnissen" der beiden und notiert Versangaben.
- Lest euch die entsprechenden Verse vor.
- Welche Chance räumt Gretchen ihrer Liebe ein?

10 Faust spricht von „[...] höchsten Gaben / Der liebevoll austeilenden Natur –" (Seite 154, Vers 25–26).
- Welche „Gaben" meint er hier?
- Lassen sich auch Widersprüche ermitteln?
- Diskutiert eure Eindrücke und argumentiert mithilfe von passendenTextstellen.

Johann Wolfgang von Goethe: „Faust – Der Tragödie erster Teil“

Die Gretchentragödie: Fausts Liebe und Schuld

Im Zusammentreffen mit Gretchen erlebt Faust höchstes Liebesglück. Danach zieht er sich zurück. Er braucht Zeit zum Nachdenken. In der Szene **Wald und Höhle** (HA: Vers 3217–3373) kommt es zu einer Art Selbsterkenntnis.
Faust denkt über alles nach, was in der Vergangenheit geschehen ist. Zunächst befindet er sich allein im Wald und wird sich seines starken Zwiespalts bewusst. Ihm wird klar, wie stark er bereits von Mephisto abhängig ist und welch schlechten Einfluss er auf ihn hat. Faust erkennt, dass er Gretchens heile Welt zerstören wird, wenn er zu ihr zurückkehrt. Als Mephisto auftaucht und spöttisch über Gretchens Liebeskummer berichtet, beschimpft Faust seinen Komplizen voller Wut. Er verdammt Mephisto, weil dieser seinen inneren Frieden stört und seine Begierde erneut entfacht. Daraufhin kehrt Faust zurück und trifft Gretchen.

➡ Höhepunkt / Peripetie
Volle Entfaltung des Konflikts – absoluter Zwang der Klärung

Wald und Höhle (HA: Vers 3217–3373)

FAUST *(allein)*.
Erhabner Geist, du gabst mir, gabst mir alles,
Warum ich bat. Du hast mir nicht umsonst
Dein Angesicht im Feuer zugewendet.
Gabst mir die herrliche Natur zum Königreich,
Kraft, sie zu fühlen, zu genießen. […]
[…]
O dass dem Menschen nichts Vollkommnes wird,
Empfind ich nun. Du gabst zu dieser Wonne,
Die mich den Göttern nah und näher bringt,
Mir den Gefährten, den ich schon nicht mehr
Entbehren kann, wenn er gleich, kalt und frech,
Mich vor mir selbst erniedrigt und zu Nichts,
Mit einem Worthauch, deine Gaben wandelt.
Er facht in meiner Brust ein wildes Feuer
Nach jenem schönen Bild geschäftig an.
So tauml' ich von Begierde zu Genuss,
Und im Genuss verschmacht ich nach Begierde.
Mephistopheles tritt auf.
MEPHISTOPHELES.
Habt Ihr nun bald das Leben gnug geführt?
Wie kann's Euch in die Länge freuen?
Es ist wohl gut, dass man's einmal probiert;
Dann aber wieder zu was Neuem!
FAUST. Ich wollt, du hättest mehr zu tun,
Als mich am guten Tag zu plagen.
MEPHISTOPHELES. Nun, nun! ich lass dich gerne ruhn,
Du darfst mir's nicht im Ernste sagen.
An dir Gesellen, unhold, barsch und toll,
Ist wahrlich wenig zu verlieren.
Den ganzen Tag hat man die Hände voll!
Was ihm gefällt und was man lassen soll,
Kann man dem Herrn nie an der Nase spüren.
FAUST. Das ist so just der rechte Ton!
Er will noch Dank, dass er mich ennuyiert[1].
[…]
MEPHISTOPHELES.
[…]
Genug damit! Dein Liebchen sitzt dadrinne,
Und alles wird ihr eng und trüb.
Du kommst ihr gar nicht aus dem Sinne,
Sie hat dich übermächtig lieb.
Erst kam deine Liebeswut übergeflossen,
Wie vom geschmolzenen Schnee ein Bächlein übersteigt;
Du hast sie ihr ins Herz gegossen,
Nun ist dein Bächlein wieder seicht.
Mich dünkt, anstatt in Wäldern zu thronen,
Ließ es dem großen Herren gut,
Das arme affenjunge Blut
Für seine Liebe zu belohnen.
Die Zeit wird ihr erbärmlich lang;
Sie steht am Fenster, sieht die Wolken ziehn

[1] langweilt

Über die alte Stadtmauer hin.
Wenn ich ein Vöglein wär! so geht ihr Gesang
Tage lang, halbe Nächte lang.
Einmal ist sie munter, meist betrübt,
Einmal recht ausgeweint,
Dann wieder ruhig, wie's scheint,
Und immer verliebt.
FAUST. Schlange! Schlange!
MEPHISTOPHELES *(für sich)*. Gelt! dass ich dich fange!
FAUST. Verruchter! hebe dich von hinnen,
Und nenne nicht das schöne Weib!
Bring die Begier zu ihrem süßen Leib
Nicht wieder vor die halb verrückten Sinnen!
MEPHISTOPHELES.
Was soll es denn? Sie meint, du seist entflohn,
Und halb und halb bist du es schon.
FAUST. Ich bin ihr nah, und wär ich noch so fern,
Ich kann sie nie vergessen, nie verlieren;
Ja, ich beneide schon den Leib des Herrn,
Wenn ihre Lippen ihn indes berühren.
MEPHISTOPHELES.
Gar wohl, mein Freund! Ich hab Euch oft beneidet
Ums Zwillingspaar, das unter Rosen weidet.
FAUST. Entfliehe, Kuppler!
MEPHISTOPHELES. Schön! Ihr schimpft, und ich muss lachen.
Der Gott, der Bub' und Mädchen schuf,
Erkannte gleich den edelsten Beruf,
Auch selbst Gelegenheit zu machen.
Nur fort, es ist ein großer Jammer!
Ihr sollt in Eures Liebchens Kammer,
Nicht etwa in den Tod.
FAUST. Was ist die Himmelsfreud in ihren Armen?
Lass mich an ihrer Brust erwarmen!
Fühl ich nicht immer ihre Not?
Bin ich der Flüchtling nicht? der Unbehauste?
Der Unmensch ohne Zweck und Ruh,
Der wie ein Wassersturz von Fels zu Felsen brauste
Begierig wütend nach dem Abgrund zu?
Und seitwärts sie, mit kindlich dumpfen Sinnen,
Im Hüttchen auf dem kleinen Alpenfeld,
Und all ihr häusliches Beginnen
Umfangen in der kleinen Welt.
Und ich, der Gottverhasste,
Hatte nicht genug,
Dass ich die Felsen fasste
Und sie zu Trümmern schlug!
Sie, ihren Frieden musst' ich untergraben!
Du, Hölle, musstest dieses Opfer haben!
Hilf, Teufel, mir die Zeit der Angst verkürzen!
Was muss geschehn, mag's gleich geschehn!
Mag ihr Geschick auf mich zusammenstürzen
Und sie mit mir zugrunde gehn!
[...]

1 Mit welchen Gedanken und Gefühlen quält sich Faust hier?
- Zitiert Textstellen, die seine Verfassung widerspiegeln.
- Erläutert seine Sichtweise auf Mephisto.
- Beschreibt Fausts Konflikt mit euren Worten.

2 Skizziert die Rolle von Mephisto in dieser Szene. Untersucht die Motive für sein Handeln.

3 Faust entschließt sich, Gretchen wiederzusehen.
- Lest noch einmal die Verse 69–104. Wie bewertet ihr diesen Entschluss?
- Setzt euch auch mit den Motiven für seinen Entschluss auseinander.

4 Weist nach, dass sich in dieser Szene bereits die Katastrophe andeutet. Zitiert entsprechende Verse.

5 Inwiefern lässt sich die Szene **Wald und Höhle** als Höhepunkt des Dramas bezeichnen?

6 Gretchen vermisst Faust. Sie hat ihn lange Zeit nicht gesehen.
- Lies die Szene **Gretchens Stube** im Textbuch (HA: Vers 3374–3413).
- Beschreibe Gretchens Stimmung.
- Stelle ihre Gefühle ihren Ahnungen gegenüber.

In Marthens Garten begegnen sich die Liebenden wieder.

Marthens Garten (HA: Vers 3414–3544)

Margarete. Faust.

MARGARETE. Versprich mir, Heinrich!
FAUST. Was ich kann!
MARGARETE. Nun sag, wie hast du's mit der Religion?
Du bist ein herzlich guter Mann,
Allein ich glaub, du hältst nicht viel davon.
FAUST. Lass das, mein Kind! Du fühlst, ich bin dir gut;
Für meine Lieben ließ ich Leib und Blut,
Will niemand sein Gefühl und seine Kirche rauben.
MARGARETE. Das ist nicht recht, man muss dran glauben.
FAUST. Muss man?
MARGARETE. Ach! wenn ich etwas auf dich könnte!
Du ehrst auch nicht die heil'gen Sakramente.
FAUST. Ich ehre sie.
MARGARETE. Doch ohne Verlangen.
Zur Messe, zur Beichte bist du lange nicht gegangen.
Glaubst du an Gott?
FAUST. Mein Liebchen, wer darf sagen:
Ich glaub an Gott?
Magst Priester oder Weise fragen,
Und ihre Antwort scheint nur Spott
Über den Frager zu sein.
MARGARETE. So glaubst du nicht?
FAUST. Misshör mich nicht, du holdes Angesicht!
Wer darf ihn nennen?
Und wer bekennen:
Ich glaub ihn.
Wer empfinden,
Und sich unterwinden
Zu sagen: Ich glaub ihn nicht?
[...]
Und wenn du ganz in dem Gefühle selig bist,
Nenn es dann, wie du willst,
Nenn's Glück! Herz! Liebe! Gott!
Ich habe keinen Namen
Dafür! Gefühl ist alles;
Name ist Schall und Rauch,
Umnebelnd Himmelsglut.
MARGARETE. Das ist alles recht schön und gut;
Ungefähr sagt das der Pfarrer auch,
Nur mit ein bisschen andern Worten.
FAUST. Es sagen's allerorten
Alle Herzen unter dem himmlischen Tage,
Jedes in seiner Sprache;
Warum nicht ich in der meinen?
MARGARETE.
Wenn man's so hört, möcht's leidlich scheinen,
Steht aber doch immer schief darum;
Denn du hast kein Christentum.
[...]
FAUST. Ach, kann ich nie
Ein Stündchen ruhig dir am Busen hängen,
Und Brust an Brust und Seel in Seele drängen?
MARGARETE. Ach, wenn ich nur alleine schlief!
Ich ließ dir gern heut Nacht den Riegel offen;
Doch meine Mutter schläft nicht tief,
Und würden wir von ihr betroffen,
Ich wär gleich auf der Stelle tot!
FAUST. Du Engel, das hat keine Not.
Hier ist ein Fläschchen! Drei Tropfen nur
In ihren Trank umhüllen
Mit tiefem Schlaf gefällig die Natur.
MARGARETE. Was tu ich nicht um deinetwillen?
Es wird ihr hoffentlich nicht schaden!
FAUST. Würd ich sonst, Liebchen, dir es raten?
MARGARETE. Seh ich dich, bester Mann, nur an,
Weiß nicht, was mich nach deinem Willen treibt;
Ich habe schon so viel für dich getan,
Dass mir zu tun fast nichts mehr übrig bleibt. *(Ab.)*
[...]

7 Gretchen stellt Faust in Vers 3 (Seite159) eine für sie sehr bedeutsame Frage.
- Erläutere, welche Bedeutung diese Frage für Gretchen hat.
- Erkläre, wie Faust auf diese Frage reagiert.

8 Während des Gesprächs verliert Faust sein eigenes Ziel nicht aus den Augen.
- Was genau will er eigentlich?
- Welche Vorbereitungen hat er getroffen?

Gretchen und Faust verbringen ihre erste gemeinsame Liebesnacht. Um dafür ungestört zu sein, hat Gretchen ihrer Mutter ein Schlafmittel verabreicht, welches sie von Faust bekommen hat. Dieses Mittel tötet Gretchens Mutter jedoch unbeabsichtigt.
In der Szene **Am Brunnen** erfährt Gretchen Einzelheiten über das Schicksal von Bärbelchen, einem Mädchen aus dem Dorf.

Am Brunnen (HA: Vers 3544–3586)

Gretchen und Lieschen mit Krügen.

[...]
LIESCHEN. Es stinkt!
Sie füttert zwei, wenn sie nun isst und trinkt.
GRETCHEN. Ach!
LIESCHEN. So ist's ihr endlich recht ergangen.
Wie lange hat sie an dem Kerl gehangen!
Das war ein Spazieren,
Auf Dorf und Tanzplatz Führen,
Musst' überall die Erste sein,
Kurtesiert'[2] ihr immer mit Pastetchen und Wein;
Bild't' sich was auf ihre Schönheit ein,
War doch so ehrlos, sich nicht zu schämen,
Geschenke von ihm anzunehmen.
War ein Gekos und ein Geschleck;
Da ist denn auch das Blümchen weg!

[2] umwerben, den Hof machen

GRETCHEN. Das arme Ding!
LIESCHEN. Bedauerst sie noch gar!
Wenn unsereins am Spinnen war,
Uns nachts die Mutter nicht hinunterließ,
Stand sie bei ihrem Buhlen süß,
Auf der Türbank und im dunkeln Gang
Ward ihnen keine Stunde zu lang.
Da mag sie denn sich ducken nun,
Im Sünderhemdchen Kirchbuß tun!
GRETCHEN. Er nimmt sie gewiss zu seiner Frau.
LIESCHEN. Er wär ein Narr! Ein flinker Jung
Hat anderwärts noch Luft genung.
Er ist auch fort.
GRETCHEN. Das ist nicht schön!
LIESCHEN. Kriegt sie ihn, soll's ihr übel gehn.
Das Kränzel reißen die Buben ihr,
Und Häckerling[3] streuen wir vor die Tür! *(Ab.)*
GRETCHEN *(nach Hause gehend).*
Wie konnt' ich sonst so tapfer schmälen,
Wenn tät ein armes Mägdlein fehlen!
Wie konnt' ich über andrer Sünden
Nicht Worte gnug der Zunge finden!
Wie schien mir's schwarz, und schwärzt's noch gar,
Mir's immer doch nicht schwarz gnug war,
Und segnet' mich und tat so groß,
Und bin nun selbst der Sünde bloß!
Doch – alles, was dazu mich trieb,
Gott! war so gut! ach war so lieb!

[3] gehäckselte Substanz (z. B.. Stroh), die anstatt von Blumen zum Schimpf verstreut wird

9 In Lieschens Schilderungen wird das Schicksal von Margarete bereits angedeutet.
- Beschreibt, was sie im Einzelnen zu erwarten hat.
- Belegt eure Aussagen am Text.

10 Auf dem Heimweg denkt Gretchen an die Vergangenheit zurück (Vers 34–43) und reflektiert ihr damaliges Verhalten sehr kritisch.
Fasse ihren inneren Monolog mit deinen Worten zusammen.
So kannst du beginnen:
Nachdem Lieschen über das Schicksal einer Freundin gespottet hat, denkt Gretchen darüber nach, wie sie sich in der Vergangenheit in solchen Situationen verhalten hat. Wenn ein Mädchen „sündigte", dann bedeutete das in der damaligen Zeit …

Gretchens Bruder Valentin hat von den Gerüchten über seine Schwester gehört. In der Szene **Nacht** (HA: Vers 3620–3775) begibt er sich zu seinem Elternhaus, um sich Klarheit zu verschaffen und die „Schande" seiner Schwester zu rächen. Er sieht, wie Faust sich dem Haus nähert. Es kommt zu einem unehrenhaften Duell, in dessen Folge Valentin von Faust tödlich getroffen wird.

Nacht (HA: Vers 3620–3775)

Straße vor Gretchens Türe.

[…]

VALENTIN. Ich sterbe! das ist bald gesagt
Und bälder noch getan.
Was steht ihr Weiber, heult und klagt?
Kommt her und hört mich an!
(Alle treten um ihn.)
Mein Gretchen, sieh! du bist noch jung,
Bist gar noch nicht gescheit genung,
Machst deine Sachen schlecht.
Ich sag dir's im Vertrauen nur:
Du bist doch nun einmal eine Hur;
So sei's auch eben recht!
GRETCHEN. Mein Bruder! Gott! Was soll mir das?
VALENTIN. Lass unsern Herrgott aus dem Spaß.
Geschehn ist leider nun geschehn,
Und wie es gehn kann, so wird's gehen
Du fingst mit einem heimlich an,
Bald kommen ihrer mehre dran,
Und wenn dich erst ein Dutzend hat,
So hat dich auch die ganze Stadt.
enn erst die Schande wird geboren,
Wird sie heimlich zur Welt gebracht,
Und man zieht den Schleier der Nacht
Ihr über Kopf und Ohren;
Ja, man möchte sie gern ermorden.
Wächst sie aber und macht sich groß,
Dann geht sie auch bei Tage bloß,
Und ist doch nicht schöner geworden.
Je hässlicher wird ihr Gesicht,
Je mehr sucht sie des Tages Licht.
Ich seh wahrhaftig schon die Zeit,
Dass alle brave Bürgersleut,
Wie von einer angesteckten Leichen,
Von dir, du Metze![4] seitab weichen.
Dir soll das Herz im Leib verzagen,
Wenn sie dir in die Augen sehn!
Sollst keine goldne Kette mehr tragen!
In der Kirche nicht mehr am Altar stehn!
In einem schönen Spitzenkragen
Dich nicht beim Tanze wohlbehagen!
In eine finstre Jammerecken
Unter Bettler und Krüppel dich verstecken
Und, wenn dir dann auch Gott verzeiht,
Auf Erden sein vermaledeit[5]!
[…]

[4] *alt für:* Prostituierte
[5] verflucht

11 Kurz vor seinem Tod äußert Valentin seine Moralvorstellungen.
- Wie bewertet Valentin Gretchens Fehlverhalten?
- Wie beschreibt er die Folgen?

12 Die Mutter tot, der Bruder ermordet und Faust geflohen! Gretchen sucht Zuflucht im Dom.
- Lies die Verse 3776–3834 im Textbuch (HA).
- Notiere, welche Visionen Gretchen hat, wenn sie an ihre Zukunft denkt.
- Welche Rolle spielt der „Böse Geist"?

13 Reflektiert die einzelnen Etappen der Liebesbeziehung zwischen Faust und Gretchen bis hierher und macht euch ihre Entwicklung bewusst.
Bezieht die Begriffe *Liebe, Vertrauen, Glaube* und *Verantwortung* in eure Überlegungen ein.

14 Fasse zusammen und erläutere schriftlich die Konflikte, in denen sich sowohl Faust als auch Gretchen nunmehr befinden.

15 Gretchen ist ungewollt schwanger. Während des Gottesdienstes im Dom (Textbuch, HA: Vers 3776–3834) wird ihr bewusst, dass sie für den Tod ihrer Mutter und ihres Bruders verantwortlich ist.
- Diskutiert über Gretchens Schuld. Führt Textbeispiele an.
- Schreibe einen **inneren Monolog** aus der Sicht von Gretchen.

Durch die Tötung von Gretchens Bruder verstrickt sich Faust immer mehr in Schuld. Als Mörder unterliegt er nun dem Blutbann, das heißt, er ist für „vogelfrei“[6] erklärt worden. Faust muss fliehen und Gretchen ihrem Unglück überlassen. Daraufhin zieht Mephisto Faust nun in das wilde Leben der Walpurgisnacht auf dem Brocken. Doch inmitten des teuflischen Treibens der Hexen wird Faust die Reinheit Gretchens besonders bewusst. Plötzlich hat er eine Vision: Gretchen – verlassen, gefesselt, mit durchschnittenem Hals. Ernüchtert beschuldigt Faust Mephisto, alles Unglück verursacht zu haben.

INFO

Walpurgisnacht

Die Nacht vom 30. April zum 1. Mai – die Nacht, in der angeblich die Hexen, insbesondere auf dem Blocksberg (dem Brocken / Harz), ein großes Fest abhalten. Sie warten auf den Besuch des „gehörnten Gottes“ – des Teufels. In vielen Regionen wird dieser Brauch gepflegt. Dazu verkleidet man sich und führt Hexentänze auf.

→ Retardierendes Moment

Während der fallenden Handlung erneute Spannungssteigerung – neue Lösungswege eröffnen sich.

Trüber Tag. Feld[6] (HA: Seite 123–124)

Faust. Mephistopheles.

FAUST. Im Elend! Verzweifelnd! Erbärmlich auf der Erde lange verirrt und nun gefangen! Als Missetäterin im Kerker zu entsetzlichen Qualen eingesperrt – das holde unselige Geschöpf! Bis dahin! dahin! – Verräterischer, nichtswürdiger Geist, und das hast du mir verheimlicht! – Steh nur, steh! Wälze die teuflischen Augen ingrimmend im Kopf herum! Steh und trutze mir durch deine unerträgliche Gegenwart! Gefangen! Im unwiederbringlichen Elend! Bösen Geistern übergeben und der richtenden gefühllosen Menschheit! Und mich wiegst du indes in abgeschmackten Zerstreuungen, verbirgst mir ihren wachsenden Jammer und lässest sie hülflos verderben!

MEPHISTOPHELES. Sie ist die Erste nicht.

FAUST. Hund! abscheuliches Untier! – Wandle ihn, du unendlicher Geist! wandle den Wurm wieder in seine Hundsgestalt, wie er sich oft nächtlicher Weile gefiel, vor mir herzutrotten, dem harmlosen Wandrer vor die Füße zu kollern und sich dem niederstürzenden auf die Schultern zu hängen. Wandl' ihn wieder in seine Lieblingsbildung, dass er vor mir im Sand auf dem Bauch krieche, ich ihn mit Füßen trete, den Verworfnen! – Die Erste nicht! – Jammer! Jammer! von keiner Menschenseele zu fassen, dass mehr als ein Geschöpf in die Tiefe dieses Elendes versank, dass nicht das Erste genug tat für die Schuld aller Übrigen in seiner windenden Todesnot vor den Augen des ewig Verzeihenden! Mir wühlt es Mark und Leben durch, das Elend dieser Einzigen; du grinsest gelassen über das Schicksal von Tausenden hin!

[6] Im Textbuch (HA) wird die bisherige Verszählung für die Szene „Trüber Tag. Feld“ unterbrochen, da Goethe diese Szene in Prosaform aus dem „Urfaust“ übernommen hat.

MEPHISTOPHELES. Nun sind wir schon wieder an der Grenze unsres Witzes, da, wo euch Menschen der Sinn überschnappt. Warum machst du Gemeinschaft mit uns, wenn du sie nicht durchführen kannst? Willst fliegen und bist vorm Schwindel nicht sicher? Drangen wir uns dir auf, oder du dich uns?

FAUST. Fletsche deine gefräßigen Zähne mir nicht so entgegen! Mir ekelt's! – Großer herrlicher Geist, der du mir zu erscheinen würdigtest, der du mein Herz kennest und meine Seele, warum an den Schandgesellen mich schmieden, der sich am Schaden weidet und am Verderben sich lechzt?

MEPHISTOPHELES. Endigst du?

FAUST. Rette sie! oder weh dir! Den grässlichsten Fluch über dich auf Jahrtausende!

MEPHISTOPHELES. Ich kann die Bande des Rächers nicht lösen, seine Riegel nicht öffnen. – Rette sie! – Wer war's, der sie ins Verderben stürzte? Ich oder du?

FAUST *(blickt wild umher.)*

MEPHISTOPHELES. Greifst du nach dem Donner? Wohl, dass er euch elenden Sterblichen nicht gegeben ward! Den unschuldig Entgegnenden zu zerschmettern, das ist so Tyrannenart, sich in Verlegenheiten Luft zu machen.

FAUST. Bringe mich hin! Sie soll frei sein!

MEPHISTOPHELES. Und die Gefahr, der du dich aussetzest? Wisse, noch liegt auf der Stadt Blutschuld von deiner Hand. Über des Erschlagenen Stätte schweben rächende Geister und lauern auf den wiederkehrenden Mörder.

FAUST. Noch das von dir? Mord und Tod einer Welt über dich Ungeheuer! Führe mich hin, sag ich, und befrei sie.

MEPHISTOPHELES. Ich führe dich, und was ich tun kann, höre! Habe ich alle Macht im Himmel und auf Erden? Des Türmers Sinne will ich umnebeln, bemächtige dich der Schlüssel und führe sie heraus mit Menschenhand! Ich wache! die Zauberpferde sind bereit, ich entführe euch. Das vermag ich.

FAUST. Auf und davon!

16 Diskutiert mit Blick auf Faust, in welchem Ausmaß er Schuld auf sich geladen hat und für die Verkettung der traurigen Ereignisse in Gretchens Leben verantwortlich ist.

17 Beschreibt, wie Mephisto mit Fausts Vorwürfen umgeht.
- Wie erklärt **er** das Unglück?
- Zitiert entsprechende Textstellen.

18 Nimm jetzt selbst schriftlich Stellung dazu und erläutere deine Sichtweise auf die Schuldfrage.
Beachte beim Argumentieren die mittelalterlichen Moralvorstellungen. Vergleiche dazu Lieschens Äußerungen (Seite 160–161, Vers 5–32) und Valentins Äußerungen (Seite 162, Vers 7–44).

160–161

162

Johann Wolfgang von Goethe: „Faust – Der Tragödie erster Teil"

Die Gretchentragödie: Begleichung der Schuld

Gretchen hat inzwischen ein Kind geboren; von Faust alleingelassen, hat sie es in ihrer Verzweiflung getötet und wurde als Kindsmörderin zum Tode verurteilt. Auf Zauberpferden reiten Faust und Mephisto am Hinrichtungshügel Rabenstein vorbei zum Kerker. Mit Zaubermacht öffnet Mephisto die Tore. Hier harrt Gretchen ihrer Todesstrafe.
In der folgenden Szene hat Gretchen einen starken Auftritt.

1 Lest die Szene mit verteilten Rollen.

→ Lösung
Konflikt wird gelöst – positiv oder negativ.

Kerker (HA: Vers 4405–4615)

Faust (mit einem Bund Schlüssel und einer Lampe, vor einem eisernen Türchen.)

Mich fasst ein längst entwohnter Schauer,
Der Menschheit ganzer Jammer fasst mich an.
Hier wohnt sie, hinter dieser feuchten Mauer,
Und ihr Verbrechen war ein guter Wahn!
Du zauderst, zu ihr zu gehen!
Du fürchtest, sie wieder zu sehen!
Fort! Dein Zagen zögert den Tod heran.
(Er ergreift das Schloss. Es singt inwendig.)
Meine Mutter, die Hur,
Die mich umgebracht hat!
Mein Vater, der Schelm,
Der mich gessen hat!
Mein Schwesterlein klein
Hub auf die Bein,
An einem kühlen Ort;
Da ward ich ein schönes Waldvögelein;
Fliege fort, fliege fort!
FAUST *(aufschließend).* Sie ahnet nicht, dass der Geliebte lauscht,
Die Ketten klirren hört, das Stroh, das rauscht.
(Er tritt ein.)
MARGARETE *(sich auf dem Lager verbergend).*
Weh! Weh! Sie kommen. Bittrer Tod!
FAUST *(leise).* Still! Still! ich komme, dich zu befreien.
MARGARETE *(sich vor ihn hinwälzend).*
Bist du ein Mensch, so fühle meine Not.
FAUST. Du wirst die Wächter aus dem Schlafe schreien!
(Er fasst die Ketten, sie aufzuschließen.)

MARGARETE *(auf den Knien).*
Wer hat dir, Henker, diese Macht
Über mich gegeben!
Du holst mich schon um Mitternacht.
Erbarme dich und lass mich leben!
Ist's morgen früh nicht zeitig genung? *(Sie steht auf.)*
Bin ich doch noch so jung, so jung!
Und soll schon sterben!
Schön war ich auch, und das war mein Verderben.
Nah war der Freund, nun ist er weit;
Zerrissen liegt der Kranz, die Blumen zerstreut.
Fasse mich nicht so gewaltsam an!
Schone mich! Was hab ich dir getan?
Lass mich nicht vergebens flehen,
Hab ich dich doch mein Tage nicht gesehen!
FAUST. Werd ich den Jammer überstehen!
MARGARETE. Ich bin nun ganz in deiner Macht.
Lass mich nur erst das Kind noch tränken.
Ich herzt' es diese ganze Nacht;
Sie nahmen mir's, um mich zu kränken,
Und sagen nun, ich hätt' es umgebracht.
Und niemals werd ich wieder froh.
Sie singen Lieder auf mich! Es ist bös von den Leuten!
Ein altes Märchen endigt so,
Wer heißt sie's deuten?
FAUST *(wirft sich nieder).* Ein Liebender liegt dir zu Füßen,
Die Jammerknechtschaft aufzuschließen.
MARGARETE *(wirft sich zu ihm).*
O lass uns knien, die Heil'gen anzurufen!
Sieh! unter diesen Stufen,
Unter der Schwelle
Siedet die Hölle!
Der Böse,
Mit furchtbarem Grimme,
Macht ein Getöse!
FAUST *(laut).* Gretchen! Gretchen!
MARGARETE *(aufmerksam).* Das war des Freundes Stimme!
(Sie springt auf. Die Ketten fallen ab.)
Wo ist er? Ich hab ihn rufen hören.
Ich bin frei! Mir soll niemand wehren.
An seinen Hals will ich fliegen,
An seinem Busen liegen!
Er rief: Gretchen! Er stand auf der Schwelle.
Mitten durchs Heulen und Klappen der Hölle,
Durch den grimmigen, teuflischen Hohn
Erkannt' ich den süßen, den liebenden Ton.
FAUST. Ich bin's!
MARGARETE. Du bist's! O sag es noch einmal!
(Ihn fassend.) Er ist's! Er ist's! Wohin ist alle Qual?
Wohin die Angst des Kerkers? der Ketten?
Du bist's! Kommst, mich zu retten!
Ich bin gerettet! –
Schon ist die Straße wieder da,
Auf der ich dich zum ersten Male sah.
Und der heitere Garten,
Wo ich und Marthe deiner warten.
FAUST *(fortstrebend).* Komm mit! Komm mit!

MARGARETE. O weile!
Weil ich doch so gern, wo du weilest. *(Liebkosend.)*
FAUST. Eile!
Wenn du nicht eilest,
Werden wir's teuer büßen müssen.
MARGARETE. Wie? du kannst nicht mehr küssen?
Mein Freund, so kurz von mir entfernt,
Und hast's Küssen verlernt?
Warum wird mir an deinem Halse so bang?
Wenn sonst von deinen Worten, deinen Blicken
Ein ganzer Himmel mich überdrang,
Und du mich küsstest, als wolltest du mich ersticken.
Küsse mich!
Sonst küss ich dich! *(Sie umfasst ihn.)*
O weh! deine Lippen sind kalt,
Sind stumm.
Wo ist dein Lieben
Geblieben?
Wer brachte mich drum? *(Sie wendet sich von ihm.)*
FAUST. Komm! Folge mir! Liebchen, fasse Mut!
Ich herze dich mit tausendfacher Glut;
Nur folge mir! Ich bitte dich nur dies!
MARGARETE *(zu ihm gewendet)*.
Und bist du's denn? Und bist du's auch gewiss?
FAUST. Ich bin's! Komm mit!
MARGARETE. Du machst die Fesseln los,
Nimmst wieder mich in deinen Schoß.
Wie kommt es, dass du dich vor mir nicht scheust? –
Und weißt du denn, mein Freund, wen du befreist?
FAUST. Komm! komm! schon weicht die tiefe Nacht.
MARGARETE. Meine Mutter hab ich umgebracht,
Mein Kind hab ich ertränkt.
War es nicht dir und mir geschenkt?
Dir auch. – Du bist's! ich glaub es kaum.
Gib deine Hand! Es ist kein Traum!
Deine liebe Hand! – Ach aber sie ist feucht!
Wische sie ab! Wie mich deucht,
Ist Blut dran.
Ach Gott! was hast du getan!
Stecke den Degen ein,
Ich bitte dich drum!
FAUST. Lass das Vergangne vergangen sein,
Du bringst mich um.
MARGARETE. Nein, du musst übrig bleiben!
Ich will dir die Gräber beschreiben.
Für die musst du sorgen
Gleich morgen;
Der Mutter den besten Platz geben,
Meinen Bruder sogleich darneben,
Mich ein wenig beiseit,
Nur nicht gar zu weit!
Und das Kleine mir an die rechte Brust.
Niemand wird sonst bei mir liegen!
Mich an deine Seite zu schmiegen,
Das war ein süßes, ein holdes Glück!
Aber es will mir nicht mehr gelingen;
Mir ist's, als müsst ich mich zu dir zwingen,
Als stießest du mich von dir zurück;
Und doch bist du's und blickst so gut, so fromm.
FAUST. Fühlst du, dass ich es bin, so komm!
MARGARETE. Dahinaus?
FAUST. Ins Freie.
MARGARETE. Ist das Grab drauß,
Lauert der Tod, so komm!
Von hier ins ewige Ruhebett
Und weiter keinen Schritt –
Du gehst nun fort? O Heinrich, könnt ich mit!
FAUST. Du kannst! So wolle nur! Die Tür steht offen.
MARGARETE. Ich darf nicht fort; für mich ist nichts
zu hoffen.
Was hilft es fliehn? Sie lauern doch mir auf.
Es ist so elend, betteln zu müssen,
Und noch dazu mit bösem Gewissen!
Es ist so elend, in der Fremde schweifen,
Und sie werden mich doch ergreifen!
[...]
MARGARETE. Gericht Gottes! dir hab ich mich
übergeben!
MEPHISTOPHELES *(zu Faust)*.
Komm! komm! Ich lasse dich mit ihr im Stich.
MARGARETE. Dein bin ich, Vater! Rette mich!
Ihr Engel! Ihr heiligen Scharen,
Lagert euch umher, mich zu bewahren!
Heinrich! Mir graut's vor dir.
MEPHISTOPHELES. Sie ist gerichtet!
STIMME *(von oben)*. Ist gerettet!
MEPHISTOPHELES *(zu Faust)*. Her zu mir!
(Verschwindet mit Faust.)
STIMME *(von innen, verhallend)*. Heinrich! Heinrich!

LESEN Umgang mit Texten und Medien

2 Beschreibt die Verfassung, in der Faust Gretchen antrifft. Achtet in diesem Zusammenhang auch auf die gehäuften Regieanweisungen.

3 Faust schlägt Gretchen die Flucht vor.
Was setzt sie seinen Plänen entgegen?
- Zitiert Textstellen zu Gretchens ungebrochener Liebe zu Faust und zu Gretchens Umgang mit ihrer Schuld.
- Erläutert die Motive, die sie letztlich zum Bleiben veranlassen.
- Positioniert euch zu ihrem Verhalten.

Figurenkarte
...

4 Analysiert die Bedeutung von Gretchens Liebe zu Faust für seine Persönlichkeitsentwicklung.
Welche Erfahrungen konnte Faust machen?

5 Goethes Drama „Faust" endet als Tragödie. Diskutiert Gründe dafür, dass diese Liebesbeziehung scheitern musste. Denkt dabei an gesellschaftliche, soziale und weltanschauliche Bedingungen.

6 Lest noch einmal die letzten Verse des ersten Teils der Tragödie. (Seite 167, Vers 169–173)
- Wie interpretiert ihr Goethes Sichtweise auf das Ende?
- Setzt euch mit dieser Gestaltung des Schlusses auseinander.

7 Setzt euch in Kleingruppen zusammen und stellt eure **Figurenkarten** vor. Vergleicht eure Ergebnisse. Vielleicht könnt ihr noch einige Eintragungen ergänzen.

8 Hier seht ihr eine Figurenkonstellation zum ersten Teil des Dramas „Faust“. Macht euch die Bedeutung der Pfeile und ihrer Beschriftungen klar.

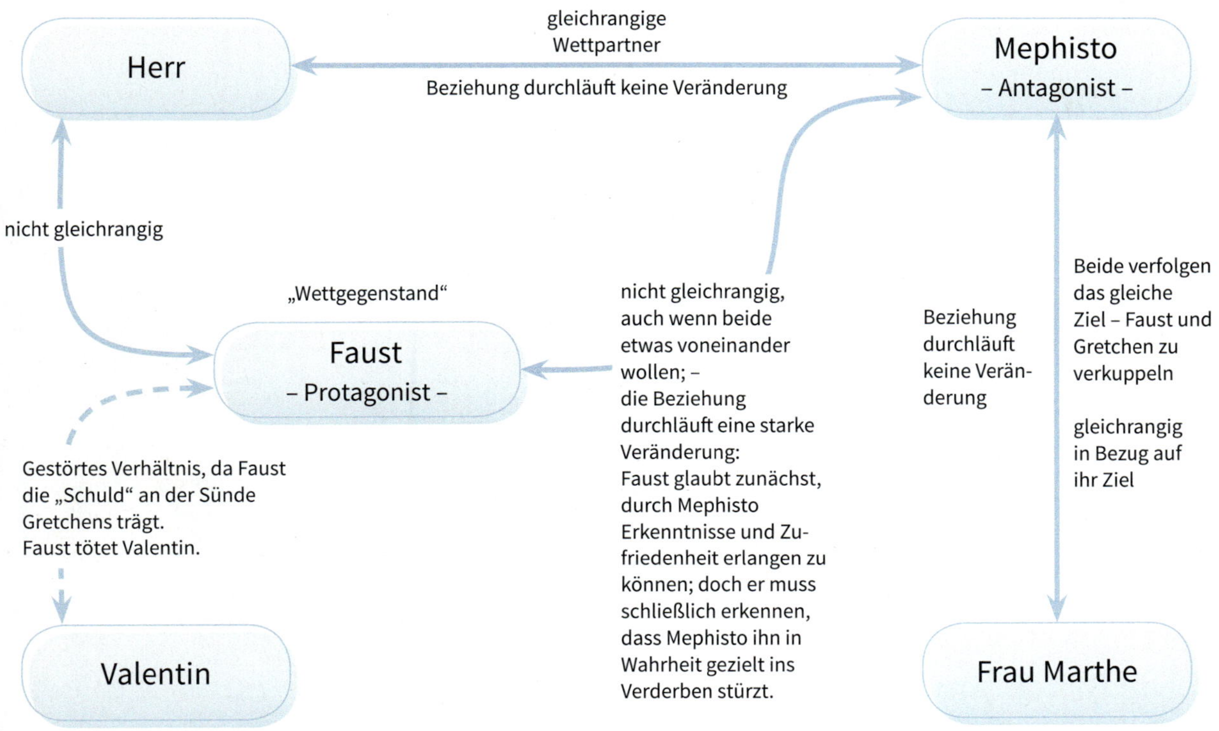

9 Informiert euch im Infokasten und fertigt dann eine eigene Figurenkonstellation an.

- Berücksichtigt dabei nicht nur die obigen Angaben, sondern ergänzt sie und bezieht sowohl **Gretchen**, ihre **Mutter** als auch **Lieschen** mit ein.
- Greift dazu auf die Ergebnisse eurer Figurenkarten zurück.

INFO

Figurenkonstellation

Figurenkonstellationen sind Schaubilder, mit denen die **sozialen, familiären** oder **emotionalen** Beziehungen literarischer Figuren zueinander anschaulich dargestellt werden können. Von besonderem Interesse ist dabei das Beziehungsgeflecht zwischen **Protagonist / Protagonistin** und den **übrigen Figuren** der Handlung.
Der Protagonist / die Protagonistin ist die zentrale Figur in einem Drama und meist daran zu erkennen, dass er / sie sich während der Handlung verändert. Dieser Figur gegenüber steht der **Antagonist / die Antagonistin** (Gegenspieler/-in), der / die dem Protagonisten oder der Protagonistin Schaden zufügen will.

Da Figurenkonstellationen der **Veranschaulichung** dienen, enthalten sie neben stichwortartigen **Textinformationen** auch **grafische Elemente**, wie zum Beispiel Pfeile, gestrichelte Linien, Einkreisungen, Unterstreichungen, farbliche Hervorhebungen oder Bildsymbole. Figurenkonstellationen haben in der Regel eine kurze Überschrift.

Balladenwerkstatt

Eine Ballade zu einem Hörspiel ausgestalten

Hintergrundinformationen:

Während eines furchtbaren Sturms am 28. Dezember 1879 brach nachts die große Eisenbahnbrücke über den Taystrom in Schottland zusammen. Das geschah genau in dem Moment, als gerade ein Zug mit sieben Wagen darüberfuhr. Er stürzte 100 Fuß[1] tief ins Wasser. Alle 13 Brückenspannungen – jede etwa 750 Meter lang – waren zusammen mit den Säulen verschwunden. Die genaue Zahl der Toten konnte nie ermittelt werden. Viele Zeitungen berichteten damals von dem schrecklichen Unglück. Unter dem unmittelbaren Eindruck dieser Katastrophe schrieb Theodor Fontane seine berühmte Ballade „Die Brück' am Tay".

Die Brück' am Tay

Theodor Fontane (1819–1898)

When shall we three meet again?[2]
Macbeth

„Wann treffen wir drei wieder zusamm?"
„Um die siebente Stund', am Brückendamm."
„Am Mittelpfeiler."
„Ich lösche die Flamm."
„Ich mit."
„Ich komme von Norden her."
„Und ich vom Süden."
„Und ich vom Meer."
„Hei, das gibt einen Ringelreihn,
Und die Brücke muss in den Grund hinein."
„Und der Zug, der in die Brücke tritt
Um die siebente Stund'?"
„Ei, der muss mit."
„Muss mit."
„Tand[3], Tand
Ist das Gebilde von Menschenhand!"

Auf der Norderseite, das Brückenhaus –
Alle Fenster sehen nach Süden aus,
Und die Brücknersleut' ohne Rast und Ruh
Und in Bangen sehen nach Süden zu,
Sehen und warten, ob nicht ein Licht
Übers Wasser hin „Ich komme" spricht,
„Ich komme, trotz Nacht und Sturmesflug,
Ich, der Edinburgher Zug."

Und der Brückner jetzt: „Ich seh' einen Schein
Am anderen Ufer. Das muss er sein.
Nun, Mutter, weg mit dem bangen Traum,
Unser Johnie kommt und will seinen Baum,
Und was noch am Baume von Lichtern ist,
Zünd' alles an wie zum Heiligen Christ,
Der will heuer zweimal mit uns sein –
Und in elf Minuten ist er herein."

Und es war der Zug. Am Süderturm
Keucht er vorbei jetzt gegen den Sturm,
Und Johnie spricht: „Die Brücke noch!
Aber was tut es, wir zwingen es doch.
Ein fester Kessel, ein doppelter Dampf,
Die bleiben Sieger in solchem Kampf.
Und wie's auch rast und ringt und rennt,
Wir kriegen es unter, das Element.

Und unser Stolz ist unsre Brück';
Ich lache, denk' ich an früher zurück,
An all den Jammer und all die Not
Mit dem elend alten Schifferboot;
Wie manche liebe Christfestnacht
Hab' ich im Fährhaus zugebracht
Und sah unsrer Fenster lichten Schein
Und zählte und konnte nicht drüben sein."

Auf der Norderseite, das Brückenhaus –
Alle Fenster sehen nach Süden aus.
Und die Brücknersleut' ohne Rast und Ruh
Und in Bangen sehen nach Süden zu;
Denn wütender wurde der Winde Spiel,
Und jetzt, als ob Feuer vom Himmel fiel',
Erglüht es in niederschießender Pracht
Überm Wasser unten ... Und wieder ist Nacht.

„Wann treffen wir drei wieder zusamm?"
„Um Mitternacht, am Bergeskamm."
„Auf dem hohen Moor, am Erlenstamm."
„Ich komme."
„Ich mit."
„Ich nenn' euch die Zahl."
„Und ich die Namen."
„Und ich die Qual."
„Hei!
Wie Splitter brach das Gebälk entzwei."
„Tand, Tand
Ist das Gebilde von Menschenhand."

1 Erzählt den Handlungsverlauf der Ballade mit euren Worten nach.
- Was geschieht in dieser Nacht?
- Wo ereignet sich das Ganze?
- Womit sind die einzelnen Figuren und Personen beschäftigt?
- Wer hat das Unglück beobachtet?

2 Welche Erklärung habt ihr für das Unglück? Belegt eure Vermutung am Text.

[1] Fuß = 30 cm
[2] Fontane zitiert hier eine der drei Hexen aus Shakespeares Drama „Macbeth". Dort handelt es sich um Windhexen, die sich zu einer Verschwörung treffen, um ihr Zerstörungswerk zu verabreden und miteinander zu feiern.
[3] Tand: der *(lat.)*: wertloses Zeug, Trödelkram

3 Zu Beginn der Ballade treffen sich drei Hexen und schmieden den Plan, die Brücke und den Zug in die Tiefe zu reißen. Was meint ihr: Warum entwickeln die drei ein solch überaus höllisches Vorhaben? Tauscht eure Vermutungen aus.

4 Ihr wisst natürlich, dass es in Wirklichkeit keine Hexen gibt.
- Wofür könnten sie in dieser Ballade stellvertretend stehen?
- Was meinen sie, wenn sie sagen: *„Tand, Tand Ist das Gebilde von Menschenhand"?* Drückt es mit euren Worten aus.

5 Theodor Fontane beschreibt diese Schreckensnacht sehr anschaulich.
- Sucht nach Textstellen, die diese Naturgewalten erkennen lassen, und lest sie vor.
- Woran könnt ihr erkennen, dass sich die Brücknersleut fürchten?

6 In welcher Strophe sprechen Johnies Eltern über die neue Brücke? Lest die Passage vor und unterhaltet euch darüber, was die Brücke für diese Menschen bedeutet.

7 Johnie – der Sohn der Brücknersleut – ist der Lokführer im Zug.
- Was ist das für einer? Welchen Eindruck gewinnt ihr von ihm?
- Was meint Johnie, wenn er sagt: „Wir kriegen es unter, das Element."?
- Von welchem Kampf spricht Johnie hier und was genau macht ihn so zuversichtlich?

8 Ihr könnt aus dieser Ballade ein Hörspiel gestalten.
- Dazu braucht ihr ein gutes Mikrofon und ein Aufnahmegerät.
- Hier findet ihr einige Tipps, die ihr beim Planen des Hörspiels beachten solltet:

Wort und Ton: Wer im Hörspiel schweigt, der ist nicht da.

- Unterschiedliche Stimmen präsentieren die Figuren, die ihre Gedanken und Gefühle (innere Vorgänge) aussprechen bzw. hörbar machen.
- Unterschiedliche Stimmen gehören aber auch zu verschiedenen Personen, die miteinander im Gespräch sind.
- Überlegt euch, an welchen Stellen ihr die verschiedenen Figuren ausführlicher miteinander sprechen lassen möchtet. Solche Dialoge müsst ihr dann noch ausarbeiten und den einzelnen Figuren und Szenen zuordnen.
  Ihr könntet zum Beispiel das Gespräch zwischen den Brücknersleut ausschmücken und ihre Ahnungen und Ängste zum Ausdruck bringen.
  Oder ihr könnt Johnies Gedanken rund um die Brücke weiter ausgestalten und dadurch „zum Leben erwecken".

Musik oder Geräusche

können entweder zur Handlung gehören und Stimmung erzeugen oder als Vor-, Zwischen- bzw. Nachspiel eingesetzt werden.

Blende/ Schnitt

Im Unterschied zu einem Theaterstück gibt es keine Einteilung in Szenen und Akte, sondern in Spielphasen. Gliederungsmittel hierbei ist die Blende, mit deren Hilfe der zeitliche Ablauf gesteuert werden kann:

Einblenden = Öffnen des Tonreglers für die Tonaufzeichnung
Ausblenden = Schließen des Tonreglers
Überblenden = wenn sich eine zweite Phase über die erste legt, bevor diese ausgeblendet wird.

Textbuch

Ähnlich wie beim Film das Drehbuch, solltet ihr euch beim Hörspiel ein Textbuch anlegen, um einen genauen Überblick über eure Spielphasen und alle dazugehörigen Einteilungen zu haben.

Spielphasen	*Sprecher/ Sprecherinnen*	*Handlung*	*Blenden*	*Geräusche/ Musik*

Sprechproben

Versucht eure Figuren durch unterschiedliche Stimmen gut unterscheidbar zu machen. Die Zuhörer und Zuhörerinnen müssen auch mit geschlossenen Augen wissen, welche Person der Ballade gerade spricht.

- Erprobt Möglichkeiten, eure Stimme zu modulieren (im Ausdruck zu verändern): laut / leise, ängstlich / freudig, lebhaft / müde …), sodass für eure Zuhörer und Zuhörerinnen ein richtiges Bild in ihren Köpfen entstehen kann.
- Die Aufnahme mithilfe von Smartphone und Computer steht ganz am Schluss, wenn alles klappt, der Text perfekt sitzt und die Geräuscheinblendungen an der richtigen Stelle funktionieren.

Geräusche

Regen: Eine Hand voller getrockneter Erbsen auf ein Sieb rollen oder Zellophan knistern lassen.

Wind / Sturm: Über Holzbrettchen ein Stück Seidenstoff ziehen. Durch das Tempo des Ziehens wird die Windstärke variiert. Blasen in leere Flaschen oder Reiben einer Kleiderbürste über Stoff oder Pappe funktioniert ebenfalls sehr gut.

Donner: Dünne Blechpappe oder großen Karton schütteln oder rhythmisch verbiegen. Nüsse in aufgeblasenen Luftballon stecken und ganz nah am Mikrofon heftig schütteln.

Wellen: Hand in mit Wasser gefüllter Plastikschüssel so bewegen, dass das Wasser am Rand leicht anschlägt.

Zuggeräusch: Zwei Brettchen, die mit Sandpapier bezogen sind, rhythmisch aneinanderreiben. Probiert es auch mit zwei Bögen Papier. Das Signalhorn der Lok könnt ihr durch Blasen über den Hals einer leeren Flasche erzeugen.

Einsturz der Brücke: Einen Kochtopf mit Besteckteilen füllen und zu Boden fallen lassen. Für den Aufprall im Fluss kann man einen Bauklotz mit einem Tuch umwickeln und in eine Wasserschüssel fallen lassen – Mikrofon am Schüsselrand.

Balladenwerkstatt

Eine Ballade erschließen und deuten

Bertolt Brecht (1898–1956)

Eine der berühmtesten Gedichtsammlungen von Bertolt Brecht ist seine „Hauspostille“. Hier stellte er von 1927 an Gedichte und vor allem Balladen zusammen, die er ausdrücklich für Lesebücher in den Schulen vorgesehen hatte. Deswegen nannte er die einzelnen Teile auch „Lektionen“, also eine Art von Unterrichtseinheiten.
Im dritten Teil dieser Lektionen stehen die „Chroniken“; das sind Balladen „über Abenteuer kühner Männer und Frauen in fremden Erdteilen“. Brecht empfahl sogar, diese Gedichte zur Begleitung der Gitarre vorzutragen. Einer dieser Texte ist die folgende Ballade „Von des Cortez’ Leuten“.

Das Geschehen in dieser Ballade geht auf ein Ereignis zurück, das sich um das Jahr 1520 in Mexiko abgespielt hat. Eine Gruppe von Soldaten des spanischen Eroberers Hernando Cortez hatte sich auf ihren Eroberungszügen im Urwald mit ihren Zugtieren und Geräten verirrt und ging dort in wenigen Tagen zugrunde.
Die Männer waren das heiße Klima nicht gewohnt, sie kannten sich in den unwegsamen Gebieten nicht aus, sie tranken zu viel Alkohol und starben schließlich vor Erschöpfung oder erlagen Krankheiten.

Von des Cortez’ Leuten

Bertolt Brecht

Am siebten Tage unter leichten Winden
Wurden die Wiesen heller. Da die Sonne gut war
Gedachten sie zu rasten. Rollten Branntwein
Von den Wägen, machten Ochsen los.
Die schlachteten sie gegen Abend. Da es kühl wurd
Schlug man vom Holz des nachbarlichen Sumpfes
Armdicke Äste, knorrig, gut zu brennen.
Dann schlangen sie gewürztes Fleisch hinunter
Und fingen singend um die neunte Stunde
Mit Trinken an. Die Nacht war kühl und grün.
Mit heisrer Kehle, tüchtig vollgesogen
Mit einem letzten, kühlen Blick nach großen Sternen
Entschliefen sie gen Mitternacht am Feuer.
Sie schlafen schwer, doch mancher wußte morgens
Daß er die Ochsen einmal brüllen hörte.

Erwacht gen Mittag, sind sie schon im Wald.
Mit glasigen Augen, schweren Gliedern, heben
Sie ächzend sich aufs Knie und sehen staunend
Armdicke Äste, knorrig, um sie stehen
Höher als mannshoch, sehr verwirrt, mit Blattwerk
Und kleinen Blüten süßlichen Geruchs.
Es ist sehr schwül schon unter ihrem Dach
Das sich zu dichten scheint. Die heiße Sonne
Ist nicht zu sehen, auch der Himmel nicht.
Der Hauptmann brüllt als wie ein Stier nach Äxten.
Die liegen drüben, wo die Ochsen brüllten.
Man sieht sie nicht. Mit rauen Flüchen stolpern
Die Leute im Geviert, ans Astwerk stoßend
Das zwischen ihnen durchgekrochen war.
Mit schlaffen Armen werfen sie sich wild
In die Gewächse, die leicht zittern, so
Als ginge leichter Wind von außen durch sie.
Nach Stunden Arbeit pressen sie die Stirnen
Schweißglänzend finster an die fremden Äste.
Die Äste wuchsen und vermehrten langsam
Das schreckliche Gewirr. Später, am Abend
Der dunkler war, weil oben Blattwerk wuchs
Sitzen sie schweigend, angstvoll und wie Affen
In ihren Käfigen, vor Hunger matt.
Nachts wuchs das Astwerk. Doch es mußte Mond sein
Es war noch ziemlich hell, sie sahn sich noch.
Erst gegen Morgen war das Zeug so dick
Daß sie sich nimmer sahen, bis sie starben.
Den nächsten Tag stieg Singen aus dem Wald.
Dumpf und verhallt. Sie sangen sich wohl zu.
Nachts ward es stiller. Auch die Ochsen schwiegen.
Gen Morgen war es, als ob Tiere brüllten
Doch ziemlich weit weg. Später kamen Stunden
Wo es ganz still war. Langsam fraß der Wald
In leichtem Wind, bei guter Sonne, still
Die Wiesen in den nächsten Wochen auf.

1 Berichtet euch gegenseitig, was ihr nach dem ersten Lesen behalten habt.

LESEN Umgang mit Texten und Medien

2 Die Ballade erzählt das Geschehen in folgenden „Stationen“ a) bis l).
Suche zu den inhaltlichen Angaben die Verse des Gedichtes:
Vers 1–3: a) Vers 3–7: b) Vers 8–10: …

a) Die Männer kommen nach einem langen Marsch endlich auf eine Lichtung im Urwald.
b) Sie bereiten ein Lagerfeuer vor.
c) Die Krieger essen und trinken und singen Soldatenlieder.
d) Sie schlafen ein; von fern hören sie noch die Ochsen brüllen.
e) Am nächsten Tag merken sie, dass sich der Urwald um sie herum verdichtet hat.
f) Sie suchen auf Anordnung des Hauptmanns ihre Äxte.
g) Sie versuchen, sich aus dem Urwald zu befreien.
h) Nach wenigen Stunden sind sie von der Arbeit ermüdet.
i) Am Abend sind die Männer im Urwald eingeschlossen.
j) Am nächsten Tag sind sie völlig erschöpft; einige von ihnen singen noch vor sich hin.
k) In der folgenden Nacht wächst der Wald um sie herum weiter; sie können den Mond nicht mehr sehen.
l) Am letzten Morgen sterben auch die Tiere. Die ganze Gruppe geht im Urwald zugrunde.

3 Bertolt Brecht hat in seiner Ballade ein Geschehen auf wenige Tage verdichtet, das sicher länger gedauert hat.
- Was ist eigentlich wirklich das Thema dieser Ballade?
- Worum geht es dem Balladenerzähler vor allem?
  Hier sind vier Aussagen. Welche entspricht dem Text am ehesten?

Das eigentliche Thema der Ballade ist, …
a) wie spanische Eroberer Mexiko eroberten.
b) welche Schwierigkeiten die Eroberer Mexikos in dem fremden Land hatten.
c) wie die Natur für das Eindringen der Eroberer Rache nimmt.
d) wie sich spanische Eroberer im Urwald Mexikos verirrten.

4 Mensch und Natur werden in dieser Ballade äußerst gegensätzlich dargestellt.
Beschreibt, was die Menschen alles tun – und wie es auf euch wirkt, was die Natur mit den Menschen macht.

5 Stell dir vor, einer der Krieger hätte in seinem Tagebuch Aufzeichnungen darüber gemacht, was in den wenigen Tagen geschehen ist. Dieses Tagebuch ist dann später vielleicht auch gefunden worden, sodass es andere Eroberer lesen konnten. –
Schreibe solch eine Tagebuchnotiz auf:

17. Juni 1520:
Nach einem wahnsinnig anstrengenden Marsch von sieben Tagen durch den dunklen Urwald sind wir an eine Lichtung gekommen, auf der wir endlich wieder einmal die Sonne sahen. Unsere Gruppe besteht aus etwa zwanzig Leuten. Wir haben die Ochsen von den Wagen losgemacht und beschlossen zu rasten. …

Balladenwerkstatt

Sprachliche Gestaltungsmittel einer Ballade untersuchen

Der junge Heinrich Heine

Überall auf der Welt, wo man die deutsche Sprache lernt, kennt man den Dichter Heinrich Heine. Viele Menschen können einige seiner Gedichte wie die „Loreley“ oder „Belsatzar“ auswendig. Heine gehört eben zu den bekanntesten Dichtern der deutschen Sprache.

Harry Heine, so nannte man ihn damals, wurde in der Düsseldorfer Altstadt am 13. Dezember 1797 geboren. Seine Eltern, Betty und Samson Heine, gehörten der jüdischen Gemeinde Düsseldorfs an. Erst als sich Harry später christlich taufen ließ, nahm er den Namen Heinrich an.

Der kleine Harry muss ein recht widerborstiger Junge gewesen sein, der in der Nachbarschaft viele Streiche verübte. Dafür wurde er oft in den Hühnerstall gesperrt. Der Junge machte sich aber nicht viel daraus, sondern krähte darin wie ein Hahn und versetzte damit alle Hühner der Nachbarshöfe in Aufregung. Das Hühnerhäuschen wurde bald sein Lieblingsspielplatz.

Später spielte er dann mit seiner Schwester Charlotte in diesem Häuschen. Sie dachten sich Reime aus und fantasierten Geschichten zusammen. Der kleine Harry war ein sehr guter Schüler. Er war übermütig, lernte schnell und überraschte seine Lehrer und Mitschüler mit seinen Talenten. Für seine Schwester schrieb er einmal einen Schulaufsatz, in dem ein Gespenst mit glühenden Augen und feuerspeiendem Rachen vorkam.

Heines Mutter war eine strenge und sehr vernünftige Frau. Sie sorgte dafür, dass Harry keine Romane las, nicht ins Theater ging und sich vor allem nicht in Gespenstergeschichten vertiefte. „Sie hatte nämlich damals“, so schreibt Heine später, „die größte Angst, dass ich ein Dichter werden möchte; das wäre das Schlimmste, was mir passieren könnte.“ Doch mit 16 Jahren lernte er das „rote Sefchen“ kennen, Josepha Edel, die in der Nähe von Düsseldorf wohnte. Sie war seine erste große Liebe. Doch da dieses Mädchen aus einer Scharfrichterfamilie[1] stammte, war sie bei den konservativen Heines nicht willkommen. Josepha war das, was wir heute einen „Outsider“ nennen würden. In seinen Memoiren schrieb Heine später: „Ich küsste die schöne Scharfrichterstochter. Ich küsste sie nicht bloß aus zärtlicher Neigung, sondern auch aus Hohn gegen die alte Gesellschaft und alle ihre dunklen Vorurteile.“ Jedenfalls verdankte der junge Heine wichtige Einflüsse auf seine Dichtung diesem Mädchen, das viele alte deutsche Volkslieder kannte. In seinem späteren Studium lernte er dann weitere Volkslieder kennen. Ihnen ist es zu verdanken, dass er wie kein anderer Gedichte schrieb, die dem Volk gefielen. Ohne das rote Sefchen wäre er wohl nie der Dichter geworden, der in seinen Gedichten zugleich gefühlvoll und widerborstig war. Als Achtzehnjähriger begann er dann, regelmäßig Gedichte zu schreiben. Einige von ihnen gehören heute zu den berühmtesten Gedichten der deutschen Literatur.

[1] Scharfrichter: Henker

1 Beschreibt mit euren Worten, was für ein besonderer Mensch dieser junge Harry Heine gewesen sein muss und welche Fähigkeiten er hatte. Geht dabei auf folgende Aspekte ein:

- Geburtsort,
- Eltern und Schwester,
- Heine als Schüler,
- Verbote der Mutter,
- seine erste Freundin,
- welchen Einfluss das Mädchen auf ihn hatte,
- seine ersten literarischen Erfahrungen.

2 Viele der Gedichte und Balladen von Heinrich Heine sind sehr berühmt geworden. Auch die folgende Ballade zählt dazu. Lest sie vor.

Belsatzar

Heirnich Heine

Die Mitternacht zog näher schon;
In stummer Ruh lag Babylon.

Nur oben in des Königs Schloss,
Da flackert's, da lärmt des Königs Tross[1].

Dort oben in dem Königssaal
Belsatzar hielt sein Königsmahl.

Die Knechte saßen in schimmernden Reih'n
Und leerten die Becher mit funkelndem Wein.

Es klirrten die Becher, es jauchzten die Knecht';
So klang es dem störrigen Könige recht.

Des Königs Wangen leuchten Glut;
Im Wein erwuchs ihm kecker[2] Mut.

Und blindlings reißt der Mut ihn fort;
Und er lästert die Gottheit mit sündigem Wort.

Und er brüstet sich frech und lästert wild;
Die Knechtenschar ihm Beifall brüllt.

Der König rief mit stolzem Blick;
Der Diener eilt und kehrt zurück.

Er trug viel gülden Gerät auf dem Haupt;
Das war aus dem Tempel Jehovas[3] geraubt.

Und der König ergriff mit frevler Hand[4]
Einen heiligen Becher, gefüllt bis am Rand.

Und er leert ihn hastig bis auf den Grund
Und rufet laut mit schäumendem Mund:

„Jehova! dir künd ich auf ewig Hohn[5], –
Ich bin der König von Babylon!"

Doch kaum das grause Wort verklang,
Dem König ward's[6] heimlich im Busen bang.

Das gellende Lachen verstummte zumal[7];
Es wurde leichenstill im Saal.

Und sieh! und sieh! an weißer Wand,
Da kam's hervor wie Menschenhand;

Und schrieb, und schrieb an weißer Wand
Buchstaben von Feuer, und schrieb und schwand.

Der König stieren Blicks da saß,
Mit schlotternden Knien und totenblass.

Die Knechtenschar saß kalt durchgraut,
Und saß gar still, gab keinen Laut.

Die Magier kamen, doch keiner verstand
Zu deuten die Flammenschrift an der Wand.

Belsatzar ward aber in selbiger Nacht
Von seinen Knechten umgebracht.

[1] Tross: Gefolgschaft
[2] keck: frech, herausfordernd
[3] Jehova: Gott
[4] mit frevler Hand: gotteslästerlich, anmaßend
[5] Hohn: Verachtung
[6] ward's: wurde es
[7] zumal: auf einmal

3 Tauscht euch darüber aus, welche Bilder beim Lesen der Ballade in euren Köpfen entstanden sind.

4 Heines Ballade „Belsatzar" gehört zu den spannendsten Balladen der deutschen Literatur.
- Welche Wirkung übt sie auf euch aus?
- Welche Stellen findet ihr besonders aufregend?
- Beschreibt die Atmosphäre, die hier geschildert wird.

Einer von Heines berühmten Lehrern war Professor August Schlegel aus Bonn. Bei ihm hörte Heine Vorlesungen, bei ihm lernte er die Schriftstellerei. Seinen „Belsatzar" legte Heine damals seinem Professor zur Begutachtung vor und beseitigte die Mängel und Fehler, auf die ihn sein Lehrer aufmerksam gemacht hatte. Herausgekommen ist ein Meisterwerk. Heine war stolz darauf – und das zu Recht!

5 Schaut euch die Sprache und Form dieser Ballade nun einmal im Detail an und untersucht ihre gestalterischen Besonderheiten:

A Die Verse bestehen in der Regel aus vier **betonten** – und dazwischen vier **unbetonten Silben**:
Die Mit-ter-nacht zog nä-her schon; | in stum-mer Ruh lag Ba-by-lon.
Doch so regelmäßig geht es nicht immer zu. Wenn es aufregend wird, ändert sich die Anzahl der Silben. Beschreibt einmal, wie die **vierte** Strophe aufgebaut ist.

B Die Verse sind mit **Paarreimen** klanglich aneinander gebunden. Doch es gibt auch Klangähnlichkeiten innerhalb der Verse, z. B. **Stabreime**. Das sind gleiche Wortanfänge wie *kl*irrten – *kl*ang in der 5. Strophe. Geht auf Spurensuche nach ähnlichen Stabreimen.

C Doch auch innerhalb der Wörter gibt es **„Klangmalerei"** – Wörter, deren Vokale sich ähneln: dunkle oder helle Vokale: *in stummer Ruh – es klirrten die Becher …*
An welchen Stellen der Ballade bevorzugt Heinrich Heine helle, an welchen Stellen bevozugt er dunkle Vokale? Und was hat das mit dem Inhalt zu tun?

D Die Ballade beginnt in der üblichen **Zeitform** des Erzählens, dem **Präteritum**.
Doch schon in der zweiten Strophe wählt Heine das Präsens.
*Des Königs Wangen **leuchten** Glut / Im Wein **erwuchs** ihm kecker Mut.*
Dieser auffällige Wechsel kennzeichnet ein ständiges Hin und Her von erzählerischer Distanz einerseits und von szenischer Nähe andererseits.
Sucht die Stellen heraus, die mit dem Präsens **besonders nahe** an die Leserinnen und Leser herangerückt werden. Sucht anschließend die Stellen heraus, mit denen dann wiederum Distanz hergestellt wird.

E Von den 42 Versen der Ballade sind sehr viele mit *und, da, dort* verbunden.
Zählt einmal nach, wie viele dieser Verbindungen es gibt und was genau sie bewirken.

F Die Ballade ist in Szenen aufgebaut – wie ein Film. In wie viele „Szenen" lässt sich dieses kleine Drama einteilen? Kennzeichnet die einzelnen Abschnitte.
Untersucht dann auch einmal, wo der Erzähler (der „Kameramann") in den einzelnen Strophen steht, aus welcher Perspektive er das Ganze beschreibt, wo er etwas aus der Ferne betrachtet, wo er etwas ganz nah „heranzoomt".

G Beschreibt die Figur Belsatzars: Wie verändert sich sein Verhalten im Laufe des Textes? Und warum wird er am Ende eigentlich umgebracht?

6 Heines *„Belsatzar"* solltet ihr unbedingt selbst auch einmal zu Gehör bringen, denn diese Ballade lebt ja wie ein Theaterstück vom **gesprochenen Wort**.
Bereitet sie also für einen Vortrag vor.
Bei eurem Vortrag kommt es vor allem darauf an, das **Dramatische stimmlich hervorzuheben**:
- durch den Wechsel zwischen **sachlichem Berichten** und **dramatischem Erzählen**,
- durch den Wechsel zwischen **laut** und **leise**, zwischen **schnell** und **langsam**.

Viel Erfolg!

Heinrich Heine nutzte oft alte Geschichten, Märchen und Sagen als Vorlagen für seine Texte. Seine Ballade „Belsatzar" geht auf eine Geschichte zurück, die im Alten Testament steht. Sie erzählt von König Belsatzar, der im Jahre 593 v. Chr. die Regierungsgeschäfte seines Vaters in der Stadt Babylon (im heutigen Irak) führte – und ein herrschsüchtiger Mann war. Auf einem Fest ließ er sich zur Lästerung des jüdischen Gottes Jehova hinreißen. Darauf fand eine Art Gottesgericht statt, das zum Untergang Babylons führte.

Das Buch Daniel im Alten Testament, Kapitel 5

Rembrandt van Rijn (1606–1669): Das Gastmahl des Belsazar (um 1635)

König Belsatzar machte ein herrliches Festmahl für seine tausend Männer vom Königshof und soff sich voll mit ihnen. Und als er betrunken war, ließ er die goldenen und silbernen Gefäße herbringen, die sein Vater aus dem Tempel Jehovas zu Jerusalem geraubt hatte, damit der König mit seinen Kriegern und Knechten, mit seinen Frauen und Nebenfrauen daraus tränke. Da wurden die goldenen und silbernen Gefäße herbeigebracht, [...] und der König, seine Mächtigen, seine Frauen und Nebenfrauen tranken daraus. Und als sie so tranken, lobten sie die goldenen, silbernen, ehernen, eisernen, hölzernen und steinernen Götzen. Doch in diesem Augenblick gingen Finger hervor wie von einer Menschenhand, die schrieben gegenüber dem Leuchter auf die getünchte Wand in dem königlichen Saal. Und der König erblickte die Hand, die da schrieb. Da wurde der König blass vor Angst, und seine Gedanken erschreckten ihn, sodass er wie gelähmt war und ihm die Beine zitterten. Und der König ließ den Weisen von Babel sagen: Welcher Mensch diese Schrift lesen kann und mir sagt, was sie bedeutet, soll mit Purpur gekleidet werden [...] Da wurde Daniel vor den König geführt. Und der König sprach zu Daniel: Ich habe von dir sagen hören, dass du Deutungen zu geben und Geheimnisse zu offenbaren vermagst. Da fing Daniel an und sprach vor dem König: So lautet die Schrift, die dort geschrieben steht: Mene mene Tekel u-parsin. Und sie bedeutet dies: Mene, das ist, Gott hat dein Königtum gezählt und beendet. Tekel, das ist, man hat dich auf der Waage gewogen und zu leicht befunden. Peres, das ist, dein Reich ist zerteilt und den Medern und Persern gegeben.
Da befahl Belsatzar, dass man Daniel mit Purpur kleiden sollte [...] Aber in derselben Nacht wurde Belsatzar getötet.

7 Wenn man die Ballade mit dem Text des Alten Testaments vergleicht, dann fällt auf, dass Heine vieles verändert hat.

- Was lässt er unberücksichtigt? Was verändert er? Was fügt er hinzu?
- Weder im Testament noch in der Ballade wird gesagt, **warum** Belsatzar umgebracht worden ist. Stellt Vermutungen darüber an.
- Die Wirkungen der Ballade und des Erzähltextes aus dem Testament sind völlig anders. Beschreibt die Unterschiede mit euren Worten.

Balladenwerkstatt

Balladen erschließen und vortragen

1 Lest diese Ballade zunächst einmal leise.

Weihnachtsabend

Theodor Storm

Die fremde Stadt durchschritt ich sorgenvoll,
Der Kinder denkend, die ich ließ zu Haus,
Weihnachten war's; durch alle Gassen scholl
Der Kinderjubel und des Markts Gebraus.

Und wie der Menschenstrom mich fortgespült,
Drang mir ein heiser' Stimmlein an das Ohr:
„Kauft, lieber Herr!" Ein magres Händchen hielt
Feilbietend[1] mir ein ärmlich' Spielzeug vor.

Ich schrak empor, und beim Laternenschein
Sah ich ein bleiches Kinderangesicht;
Wes Alters und Geschlechts es mochte sein,
Erkannt' ich im Vorübertreiben nicht.

Nur von dem Treppenstein, darauf es saß,
Noch immer hört' ich, mühsam, wie es schien:
„Kauft, lieber Herr!" den Ruf ohn' Unterlass;
Doch hat wohl keiner ihm Gehör verliehn.

Und ich? – War's Ungeschick, war es die Scham,
Am Weg zu handeln mit dem Bettelkind?
Eh' meine Hand zu meiner Börse[2] kam,
Verscholl das Stimmlein hinter mir im Wind.

Doch als ich endlich war mit mir allein,
Erfasste mich die Angst im Herzen so,
Als säß' mein eigen Kind auf jenem Stein
Und schrie' nach Brot, indessen[3] ich entfloh.

2 Welche Gedanken gehen euch nach dem ersten Lesen durch den Kopf? Tauscht euch aus.

[1] feilbieten: jemandem etwas zum Kauf anbieten
[2] Börse: *hier:* Geldbörse
[3] indessen: währenddessen, während

3 Sprecht zu zweit oder in kleinen Gruppen über folgende Fragen:

- Wo ist der Mann unterwegs – und an welchem besonderen Abend? An wen muss er dabei immerzu denken?
- Wem begegnet der Mann auf seinem Weg? Von welchen Umständen wird diese „Begegnung" bestimmt?
- Wie verhält sich der Mann in dieser Situation?
- Wie deutet ihr in dem Kontext die Verse 13–20?

4 Obwohl sich der Mann erst im Nachhinein des Kindes richtig bewusst wird, kann er es doch sehr eindrücklich beschreiben. Lest die Strophen 2–6 aufmerksam und ermittelt sprachliche Hinweise, die die Lebenssituation des Kindes widerspiegeln.

5 Als der Mann wieder allein ist, scheint er sein Verhalten zu bereuen. Welches Gefühl ist für diese Veränderung ausschlaggebend?

6 Tragt die Ballade nun auch einmal vor.

Auf hohem Gerüste

Joachim Ringelnatz

Auf hohem Gerüst am Turme
Da steht ein Mann allein
Und zwingt im tobenden Sturme
Mit ehernem Werkzeug den Stein.

Er schwingt den kalten Hammer
Und stöhnt dazwischen rauh –
Zu Hause in dumpfiger Kammer
Liegt eine kranke Frau.

Viel Jahre sind verronnen.
Er hat mit Fleiß geschafft
Und hat doch nichts gewonnen,
Verloren Mut und Kraft.

Auch jetzt im Sturmestoben
Er seines Unglücks denkt,
Als hoch vom Dach er oben
Den Bick zur Erde lenkt.

Ja, springst du jetzt hinunter,
Dann bist du sicher tot.
Und liegst du unten zerschmettert,
Dann fühlst du nicht mehr die Not.

Wie oft in schwindelnder Höhe
Stand so er ganz verzagt,
In bitterer Verzweiflung
Hat er sich stets gesagt:

Ja, springst du jetzt hinunter,
Dann bist du sicher tot.
Doch liegst du unten zerschmettert –
Hat Weib und Kind kein Brot.

7 Das lyrische Ich befindet sich wohl schon seit Längerem in einer verzweifelten Lage.
- Welchen Beruf übt der Mann aus?
- Welche großen körperlichen Herausforderungen bringt dieser Beruf mit sich?
- Welcher Weg scheint für den Mann der einzige zu sein, diesem Schicksal zu entfliehen?

8 Welche Erkenntnis stürzt den Mann in diese tiefe Mutlosigkeit und Verzweiflung? Welches fürsorgliche Denken aber hält ihn stets davon ab, vollends den Mut zu verlieren und zu resignieren?

9 Tragt auch diese Ballade laut vor.

Gedichtewerkstatt

Gestaltungsmomente eines modernen Gedichtes

Mählich[1] durchbrechende Sonne

Arno Holz

Schönes, grünes, weiches Gras.
Drin liege ich.
Inmitten goldgelber Butterblumen!

Über mir, warm, der Himmel:
ein weites, schütteres,
lichtwühlig, lichtblendig, lichtwogig
zitterndes Weiß,
das mir die Augen
langsam, ganz
langsam
schließt.

Wehende Luft,
kaum merklich ein
Duft,
ein zartes Summen.

Nun bin ich fern
von jeder Welt,
ein sanftes Rot erfüllt mich ganz,
und deutlich spüre ich,
wie die Sonne mir durchs Blut rinnt –
minutenlang.

Versunken alles. Nur noch ich.
Selig!

1 Beschreibt, welche besondere Situation in diesem Gedicht eingefangen ist. Nehmt Bezug auf Details:
- Wo befindet sich das lyrische Ich?
- Was alles nimmt es wahr? Und welche Sinne sind daran beteiligt?

2 Wie in vielen seiner Gedichte hat Arno Holz auch hier höchst ungewöhnliche Wortkombinationen geschaffen. Daraus sind Wörter entstanden, die man so in keinem Lexikon oder Wörterbuch findet, z. B.: *lichtwühlig, lichtblendig, lichtwogig.* Beschreibt, wie diese Wörter entstanden sind.

[1] allmählich, langsam

3 Vier Farben spielen in diesem Gedicht eine zentrale Rolle.
- Lest noch einmal in den entsprechenden Strophen nach.
- Erklärt, in welchem Zusammenhang das lyrische Ich diese Farben wahrnimmt und beschreibt.

4 Auf welche unterschiedlichen Aspekte der Texte gehen die Schülerinnen und Schüler mit ihren Beiträgen im folgenden Gespräch ein?

5 Tragt das Gedicht nun auch gestaltend vor. Ruft euch zur Gestaltung eures Vortrags die folgenden Informationen zum Enjambement noch einmal in Erinnerung.

INFO

Enjambement

Bei einem Enjambement geht ein Satz oder eine Sinneinheit über das Zeilenende eines Verses hinaus (↱) und gleitet in den nächsten Vers hinein:

Wehende Luft, |
kaum merklich ein ↱
Duft, |
ein zartes Summen. ||

Beim Vortrag sollte man über ein Enjambement **nicht** einfach „hinweglesen“. Vielmehr sollte man eine ganz kleine Pause machen, **ohne** allerdings die Stimme absinken zu lassen. Denn Enjambements sind immer auch Spannungssignale.

6 Dieses Gedicht von Arno Holz lässt sich auf vielerlei Weise variieren. Nimm es als Muster, um selbst ein Gedicht zu schreiben, das deine besonderen Empfindungen und Erfahrungen in der Natur widerspiegelt.
- Auch dir sind beim Kombinieren und Erfinden von Wörtern keine Grenzen gesetzt. Die Wörter müssen aber inhaltlich in dein Gedicht hineinpassen.
- Schreibe dein Gedicht am Computer über die Mittelachse.
- Entscheide, welche Wörter durch deinen Zeilenumbruch besonders hervortreten sollen.

Tipp: Von diesen Beispielen kannst du dich anregen lassen:

Schöner, weißer, weicher Sand.
Drin liege ich.
Inmitten ...
Ich hebe die Arme,
mich reckend, mich badetuch-
streckend,
sandkörnergreifend
über den Kopf.
...

Schöne, bequeme, wiegende
Hängematte.
Drin liege ich.
Zwischen ...

Schönes, kühles, klares Wasser.
Drin schwimme ich.
Inmitten
...

7 Überlegt, wie ihr eure Texte präsentieren möchtet.

LESEN Umgang mit Texten und Medien

Gedichtewerkstatt

Sinnaussagen durch die Anordnung der Verse akzentuieren

1 Hier findet ihr die Prosaformen[1] von drei verschiedenen Gedichten.
Jeder Text entspricht im Wortbestand dem zugrunde liegenden Original.
Kein Wort wurde hinzugefügt, weggelassen oder umgestellt.
Auch die Zeichensetzung und die Groß-/Kleinschreibung entsprechen den Originalen.
Lest die drei Texte zunächst leise.

Ursula Krekel: **Warnung***

Komm aus der Höhe herab steig mal von deinem Ross sieh einfach zu
und staune wie ich den Kopf hebe die Schultern die Arme davonfliege
in klarer Luft ohne mich umzusehen nach dir

hans-curt flemming: **ein zettel an meiner tür***

ich bin auf der suche nach mir daher bin ich vorübergehend nicht anzutreffen
bis dahin ist was aussieht wie ich nur die verpackung

Peter-Torsten Schulz: **Bist so schön!***

Bist so schön, Augenblick! Bleibe doch noch ein Stück! Was ist anders, als es war?
Bin so überglücklich da! Bist so schön, Augenblick! Bleibe doch noch ein Stück!

2 Suche dir einen der drei Texte aus und baue daraus ein Gedicht. Nutze dazu die Anleitung rechts.

3 Welcher Aufbau gefällt dir jetzt am besten? Wie ist es dir gelungen, die gewünschten Sinnakzente deutlich zu machen?

4 Stellt eure Ergebnisse im Plenum vor und vergleicht sie. Begründet für euren Text, warum ihr euch jeweils so entschieden habt.

5 Vergleicht eure Fassungen nun auch mit den Originalgedichten auf Seite 346. Welche Unterschiede entdeckt ihr?

346

Anleitung:

- Sprich den Text, den du dir ausgesucht hast, zunächst mehrmals leise vor dich hin oder lies ihn laut. So kannst du dich am besten in seine Stimmung einfühlen und das Thema verstehen.
- Bring dann das Sprachmaterial „in Form", indem du es zu Versen und vielleicht auch zu Strophen anordnest. Experimentiere mit den folgenden Gestaltungsmöglichkeiten:
  - Einteilung der Strophen,
  - Anordnung der Verse,
  - Verwendung von Enjambements,
  - Alleinstellung von Wörtern oder Wortgruppen in einer Strophe.

[1] erzählende, beschreibende Texte aller Art

* Text verändert

Gedichtewerkstatt

Gedichte untersuchen und interpretieren

Das Gewitter

Nikolaus Lenau

Noch immer lag ein tiefes Schweigen
Rings auf den Höh'n; doch plötzlich fuhr
Der Wind nun auf zum wilden Reigen[1]
Die sausende Gewitterspur.

Am Himmel eilt mit dumpfem Klange
Herauf der finstre Wolkenzug:
So nimmt der Zorn im heißen Drange
Den nächtlichen Gedankenflug.

Der Himmel donnert seinen Hader[2];
Auf seiner dunklen Stirne glüht
Der Blitz hervor, die Zornesader,
Die Schrecken auf die Erde sprüht.

Der Regen stürzt in lauten Güssen;
Mit Bäumen, die der Sturm zerbrach,
Erbraust der Strom zu meinen Füßen; –
Doch schweigt der Donner allgemach[3].

Der Sturm lässt seine Flügel sinken,
Der Regen säuselt milde Ruh;
Da sah ich froh ein Hüttlein winken
Und eilte seiner Pforte zu.

[1] Reigen: ein von Gesang begleiteter (Rund)tanz, bei dem eine größere Zahl von Tänzerinnen und Tänzern (paarweise) einem Vortänzer und Vorsänger schreitend oder hüpfend folgt
[2] Hader: Zank, Streit
[3] allgemach: = langsam, allmählich

1 Lest dieses Gedicht laut.

2 Wie wird der Verlauf des Gewitters in diesem Gedicht geschildert? Ordnet dazu die folgenden Zwischenüberschriften den einzelnen Strophen zu.

Donner und Blitz sind zu hören und zu sehen
Wolken ziehen auf
Der Sturm legt sich
Ausbruch des Regens
Abebben des Donners
Erste Vorboten des Gewitters

LESEN Umgang mit Texten und Medien

3 Untersucht den Inhalt und den Aufbau des Gedichtes nun genauer. Lasst euch dabei von folgenden Fragen leiten und nutzt die beiden Infokästen auf dieser Seite.

- Wo befindet sich das lyrische Ich, das das Geschehen erzählt? Und was tut es gerade? Betrachtet es das Naturschauspiel aus der Distanz oder befindet es sich mittendrin in dem Unwetter? Nennt entsprechende Verse als Beleg.
- Durch welche sprachlichen Gestaltungsmittel wird das Geschehen zum Leben erweckt? Achtet auf …
  – anschauliche Adjektive und Nomen,
  – lautmalerische Verben,
  – Personifikationen.
- Welches Metrum liegt dem Gedicht zugrunde?
- Gibt es ein einheitliches Reimschema?
- In welcher Strophe des Gedichtes wird eine Wendung zum Ausdruck gebracht? Woran lässt sich diese Wendung auch optisch erkennen?
- Durch welche Metapher wird diese Wende bildlich zum Ausdruck gebracht?
- Wie endet das Geschehen für das lyrische Ich? Nennt auch hier eine Metapher, die dies zum Ausdruck bringt.

INFO

Jambus, Trochäus, Daktylus und Anapäst

Ein Vers kann aus drei, vier, fünf oder sechs betonten Silben bestehen. Die Abfolge der betonten und unbetonten Silben kann durch verschiedene Metren gestaltet sein.

Jambus, Trochäus (sprich: *Tro-chä-us*), **Daktylus** (sprich: *Dak-ty-lus*) und **Anapäst** sind Metren (Singular: Metrum), die in sehr vielen Gedichten vorkommen.

Der **Jambus** besteht aus zwei Silben *(ta-dám)* wie der Städtename *Ber-**lín**.*
Der **Trochäus** besteht aus zwei Silben *(dám-ta)* wie der Städtename ***Dórt**-mund.*
Der **Daktylus** besteht aus drei Silben *(dám-ta-ta)* wie der Städtename ***Düs**-sel-dorf.*
Der **Anapäst** besteht aus drei Silben *(ta-ta-dám)* wie der Städtename *Os-na-**brück***.

Der lebendige Fluss dieser Metren beim Sprechen – das ist der **Rhythmus** eines Gedichtes.

INFO

Metaphern

Metaphern sind Bilder, bei denen die Wörter nicht in ihrer eigentlichen, sondern in einer **übertragenen Bedeutung** verwendet werden.

Durch Metaphern werden Dinge oder Erscheinungen in der Natur lebendig.
Eine besondere Form der Metapher ist die **Personifikation.**
Wenn in Gedichten leblose Dinge, Pflanzen, Naturerscheinungen oder Tiere etwas tun, was insbesondere Menschen tun können, dann werden sie personifiziert, das heißt: Sie treten wie Personen auf und erhalten menschliche Züge.

Metaphern sprechen in besonderer Weise unsere **Gefühle** und **sinnliche Wahrnehmung** an – und prägen sich deshalb auch viel stärker ein als Begriffe.

4 Tragt das Gedicht nun auch laut vor.
- Lasst das Heraufziehen und Austoben des Gewitters, aber auch das Abebben und die wieder einkehrende Ruhe am Ende durch eure Betonungen und Gesten lebendig werden.
- Achtet auch darauf, in welchen Strophen Enjambements vorkommen. Probt das Hinübergleiten eurer Stimme als verbindendes Element zwischen diesen Versen.

5 Hier findet ihr eine Interpretation zum Gedicht „Das Gewitter“ von Nikolaus Lenau. Lest sie euch zunächst laut vor.

Nikolaus Lenau beschreibt in seinem Gedicht „Das Gewitter“ das plötzliche Heraufziehen und den Ausbruch eines Gewitters. Beobachtet wird dieses Naturschauspiel von einem lyrischen Ich, das sich in der vierten Strophe („zu meinen Füßen“) und in der fünften Strophe „Da sah ich froh ein Hüttlein winken / Und eilte seiner Pforte zu“ persönlich zu Wort meldet.

Thema

Lyrisches Ich

Das Gedicht besteht aus fünf Strophen, die jeweils zu vier Versen angeordnet sind. In jeder Strophe wird eine bestimmte Phase dieses heraufziehenden Gewitters besonders zum Ausdruck gebracht. Die Verse aller Strophen reimen im Kreuzreim miteinander. Und auch das Metrum ist regelmäßig. Es besteht aus einem Jambus mit jeweils vier betonten Silben.

Aufbau und Form

In der ersten Strophe spürt man kurz noch die Ruhe vor dem Sturm „Noch immer lag ein tiefes Schweigen / Rings auf den Höh'n“, bevor dann plötzlich der Wind losbricht „[...] doch plötzlich fuhr / Der Wind nun auf zum wilden Reigen / Die sausende Gewitterspur“.

Inhalt Strophe 1

In der zweiten Strophe ziehen dann bereits die finstren Wolken rasch am Himmel auf. Begleitet von „dumpfem Klange“ (Donnergrollen) scheinen sie zornig zu sein, sodass das lyrische Ich in seinen Gedanken gestört wird.

Inhalt Strophe 2

Eine weitere Steigerung kann man in der dritten Strophe entdecken: Ein dunkler Himmel schickt seinen streitsüchtigen Donner und seine zornigen Blitze auf die Erde, die dort ihren ganzen Schrecken versprühen.

Inhalt Strophe 3 – Steigerung

Und dann gibt es kein Halten mehr: Laut stürzt der Gewitterregen in der vierten Strophe herab, wird zu einem reißenden Strom, führt sogar entwurzelte Bäume mit sich und erbraust zu Füßen des lyrischen Ich. Doch mitten in dieser brausenden Phase ebbt der Donner langsam ab.

Inhalt Strophe 4 – Weitere Steigerung / Höhepunkt

In der letzten Strophe dann beruhigen sich die Naturgewalten wieder: Der Sturm lässt nach, der Regen verliert an Stärke – und das lyrische Ich entdeckt eine kleine Hütte, zu der es eilig hinstrebt.

Strophe 5 – Beruhigung der Naturgewalten

Das Schöne an diesem Gedicht ist für mich, dass dieses brausende und tosende Gewitter vollkommen personifiziert ist. Es wird wie ein wilder Geselle beschrieben, der seine Fesseln mit allen Kräften sprengt.

Personifikation

In der ersten Strophe lässt es den Wind auffahren (Vers 2–3); in der zweiten Strophe lässt es seine finsteren Wolken mit „dumpfem Klange“ (noch entfernter Donner) heraufziehen und wirkt dadurch bedrohlich (Vers 7–8). In der dritten Strophe wird der Blitz sogar mit einer Zornesader verglichen (Vers 11), die Schrecken versprüht (Vers 12). Das ist ein schönes Bild für wild gezackte Himmelsblitze, die sich explosionsartig entladen.

Vergleich

In der vierten Strophe werden gleich zwei Seiten des Gewitters beschrieben: das Erbrausen seines Regenstromes auf der einen und das allmähliche Schweigen des Donners auf der anderen Seite.

Die schönste Metapher für das Gewitter entdeckt man in Strophe 5. Das Bild „Der Sturm lässt seine Flügel sinken“ macht deutlich: Das Gewitter hat sich nun genug ausgetobt. Es ist müde, zieht sich zurück und „Der Regen säuselt milde Ruh“.

Metapher

Und auch das lyrische Ich ist nun erschöpft und eilt auf die kleine Hütte zu, um sich von den heftigen Naturgewalten zu erholen. Das Hüttlein verheißt ihm Unterschlupf und Sicherheit. Beides kommt sehr schön in der Personifikation „Da sah ich froh ein Hüttlein winken / Und eilte seiner Pforte zu“ zum Ausdruck.

Lyrisches Ich – Personifikation

6 Untersucht gemeinsam den Aufbau dieser Interpretation.
Macht euch Notizen dazu.
Die Stichwörter rechts am Rand geben euch eine gute Orientierungshilfe.

7 Sprecht auch darüber, ob euch sprachliche Besonderheiten an dieser Interpretation aufgefallen sind.

8 Schreibe nun selbst eine Interpretation zu diesem Gedicht.
Du kannst dazu folgendermaßen vorgehen:

- Du kannst die Interpretation auf Seite 189 und 190 noch einmal lesen.
- Dann setzt du dich nochmals vertiefend mit dem Gedicht von Nikolaus Lenau auseinander. 187
- Anschließend schreibst du deine eigene Interpretation.
- Als Hilfestellung kannst du auf die markierten Formulierungshilfen in der Interpretation und auf die Stichwörter rechts am Rand zurückgreifen.
- Nutze auch deine Notizen aus Aufgabe 6.

- Du setzt dich noch einmal vertiefend mit dem Gedicht von Nikolaus Lenau auseinander. 187
- Dann schreibst du deine Interpretation.

9 Auch das nächste Gedicht setzt sich mit einem Gewitter auseinander. Lest es laut vor – und lasst das Gewitter in eurem Vortrag lebendig werden.

Gewitter

Rose Ausländer

Ein Vesuv[1] ist heut' der Himmel,
spaltet sich und speit heraus
Dämpfe, wolkiges Gewimmel
und es schlägt in Saus und Braus
ein Gewitter
ein Geknitter,
Blitz und Donner, Wind und Wetter
nieder auf die seidnen Blätter,
und es prasselt, rast und schwillt
um die nackten, warmen Schollen,
und ein Sturmwind knattert wild
in die Ströme und sie rollen
dröhnend in ihr tiefes Grab – – –
und es lässt und lässt nicht ab:
An den Mauern brechen Fluten
sich in Wut und Brandungsgluten
und die Erde wird ein Meer – – – – –
Plötzlich ist es still und leer
und der Himmel lehnt sich bleich
an das rauschende Gefild
und er lächelt wieder mild.

[1] Vesuv: aktiver Vulkan in der Nähe der italienischen Stadt Neapel

10 Erarbeitet euch dieses Gedicht in kleinen Gruppen. Untersucht im gemeinsamen Gespräch zum Beispiel:

- das Thema,
- die Art und Weise, wie das Gewitter hier dargestellt wird,
- den Aufbau und die Form,
- Metrum und Reimform,
- sprachliche Gestaltungsmittel wie Vergleich, Personifikation, Wiederholungen, Lautmalerei …,
- Besonderheiten in der Zeichensetzung.

11 Schreibe nun eine Interpretation zu diesem Gedicht von Rose Ausländer.

LESEN Umgang mit Texten und Medien

Gedichtewerkstatt

Zwei Gedichte miteinander vergleichen

1 Die Gedichte von Nikolaus Lenau und Rose Ausländer setzen sich beide inhaltlich mit einem Gewitter auseinander. Und trotzdem unterscheiden sie sich auch voneinander. Mit jedem Gedicht einzeln habt ihr euch ja schon intensiv beschäftigt.

- Versucht nun einmal, die Gemeinsamkeiten und Unterschiede der beiden Gedichte durch einen Vergleich herauszustellen. Arbeitet dazu in Gruppen.
- Nehmt bei diesem Vergleich die folgenden Punkte näher unter die Lupe:

- das Thema,
- die Art und Weise, wie das Gewitter jeweils dargestellt wird,
- den Aufbau und die Form,
- Metrum und Reimform,
- sprachliche Gestaltungsmittel wie Vergleich, Personifikation, Wiederholungen, Lautmalerei …,
- Besonderheiten in der Zeichensetzung.

2 Überlegt, ob ihr eure Beobachtungen zunächst stichwortartig festhalten möchtet. Eine gute Übersicht bietet dazu eine Tabelle.

	Nikolaus Lenau: **Das Gewitter**	Rose Ausländer: **Gewitter**
Thema		
Inhaltliche Darstellung des Gewitters		
Aufbau und Form		
Metrum und Reimform		
Sprachliche Gestaltungsmittel		
Besonderheiten in der Zeichensetzung		

3 Tragt eure Ergebnisse zusammen und schreibt sie in einem interpretierenden Text auf.
Das folgende Textgerüst kannst du als Hilfestellung nutzen.

Zwei Gedichte im Vergleich miteinander:

Nikolaus Lenau: „Das Gewitter“ – Rose Ausländer: „Gewitter“

Thema

Die beiden Gedichte von Rose Ausländer und Nikolaus Lenau setzen sich mit dem Naturschauspiel eines Gewitters auseinander. Das wird auch schon in der Überschrift der beiden Texte deutlich. Bei Nikolaus Lenau heißt es „Das Gewitter“ und bei Rose Ausländer „Gewitter“.

Inhaltliche Darstellung

In der Darstellung und in der Beschreibung des Gewitters gibt es jedoch deutliche Unterschiede. Rose Ausländer beschreibt den wilden und ungestümen Ausbruch eines Gewitters. Anders als bei Nikolaus Lenau wird hier also nicht der Prozess des Auf- und Abziehens des Gewitters mit all seinen Folgen beschrieben. Bei Rose Ausländer geht es vielmehr gleich zu Beginn richtig zur Sache. Schon im ersten Vers wird der Himmel verglichen mit einem Vulkan (Zitat als Beleg …).

In den folgenden Versen entfaltet das Gewitter dann seine ganze Kraft …

Aufbau und Form Reimform

Das Gedicht von Rose Ausländer ist im Gegensatz zu dem Gedicht von Nikolaus Lenau nicht in mehrere Strophen eingeteilt und gegliedert. Es besteht nur aus einer einzigen Strophe. Die Verse reimen sich zum Teil im Paarreim und zum Teil im Kreuzreim miteinander. Nur ein einziger Vers reimt sich mit keinem anderen Vers: (Zitat als Beleg …).

Aufbau und Form Reimform

Das Gedicht von Nikolaus Lenau besteht aus fünf Strophen, die jeweils zu vier Versen angeordnet sind. Die Verse reimen sich im … In jeder Strophe wird eine bestimmte Phase dieses heraufziehenden Gewitters besonders zum Ausdruck gebracht.

Inhaltliche Darstellung

In der ersten Strophe spürt man …
In der zweiten Strophe ziehen dann bereits …
Eine weitere Steigerung kann man in der dritten Strophe entdecken …
Und dann gibt es im Gedicht von Nikolaus Lenau kein Halten mehr: Laut und übermächtig …
In der letzten Strophe dann …

Sprachliche Gestaltung

Im Gedicht von Rose Ausländer tragen verschiedene lautmalerische Nomen, Verben und Adjektive (Zitat als Beleg …) dazu bei, dass man dieses Naturschauspiel beinahe live … kann. Während dieses Gewitters prasselt so viel Wasser und Sturmwind auf die Erde nieder, dass sie gleichsam selbst zu einem Meer wird (Zitat als Beleg …).

Sprachliche Gestaltung

Doch dann folgt abrupt ein Wechsel, denn … In diesen letzten vier Versen wird der Himmel als personifiziertes Wesen dargestellt, das … (Zitat als Beleg …). Auf diese Weise wird das Gewitter hier … Hinzu kommt, dass das Gedicht im Präsens geschrieben ist. Dadurch hat man als Leser oder auch als Zuhörer das Gefühl, man sei …

Bei Nikolaus Lenau ist das Gewitter … Diese Personifikation bewirkt, … Sehr anschaulich wird das Gewitter bei Nikolaus Lenau aber auch durch die Metapher in Strophe … (Zitat als Beleg …). Durch diese Metapher entsteht ein richtiges Bild in unseren Köpfen, das uns das Gewitter als sehr … und … präsentiert.

Persönliche Wertung

Am Gedicht „Das Gewitter“ von Nikolaus Lenau gefällt mir besonders gut, dass …

Dazu fällt mir ein …

Auch … hat mich sehr beeindruckt.

Die Sprache in diesem Gedicht setzt das Gewitter sehr … in Szene und durch die Personifikation wirkt es ganz und gar …

Der schönste Vers steht für mich in Strophe …, denn hier …

Als Leser oder als Zuhörer bekommt man das … und das … des Gewitters, aber auch das Abebben und die wieder einkehrende … sehr schön vor Augen geführt.

Am Gedicht „Gewitter“ von Rose Ausländer gefällt mir gut, dass man vom Anfang bis zum Ende die unbändige … und … eines Gewitters miterleben kann. Auch die Personifikationen, die das Gewitter …, finde ich sehr … und …

Gedichtewerkstatt

Ein Gedicht untersuchen und interpretieren

Zu dir

Joachim Ringelnatz

Sie sprangen aus rasender Eisenbahn
Und haben sich gar nicht weh getan.

Sie wanderten über Geleise,
Und wenn ein Zug sie überfuhr,
Dann knirschte nichts. Sie lachten nur.
Und weiter ging die Reise.

Sie schritten durch eine steinerne Wand,
Durch Stacheldrähte und Wüstenbrand,
Durch Grenzverbote und Schranken
Und durch ein vorgehaltnes Gewehr,
Durchzogen viele Meilen Meer. –

Meine Gedanken. –

Ihr Kurs ging durch, ging nie vorbei.
Und als sie dich erreichten,
Da zitterten sie und erbleichten
Und fühlten sich doch unsagbar frei.

1 Das Gedicht ist spannend und rätselhaft zugleich. Erobert euch dieses Gedicht mithilfe der folgenden Fragen:
- In welcher Situation mag sich das lyrische Ich befinden?
- Zu wem schickt es wohl seine Gedanken auf die Reise? In welcher Beziehung mögen die beiden zueinander stehen?
- Wo vermutet ihr das Gegenüber? Wie gelangt man dorthin? Und welche Gefahren sind dabei zu überwinden?
- In welcher Zeitform ist das Gedicht geschrieben? Welche Wirkung entsteht dadurch?
- Was ist eigentlich das Thema des Gedichtes? Bezieht die Überschrift in eure Überlegungen mit ein.

2 Dieses Gedicht lebt durch und durch von der Personifizierung.
- Wer oder was ist hier eigentlich personifiziert?
- Welche menschlichen Eigenschaften und Fähigkeiten werden dabei deutlich?

3 In welchem Vers gibt sich das lyrische Ich zu erkennen?

4 Das Gedicht enthält Adjektive, Nomen und Verben, die diese besondere Reise sehr anschaulich beschreiben. Nennt Beispiele dafür.

5 In diesem Gedicht lassen sich vielfältige sprachliche Gestaltungsmittel erkennen.
- Schaut es euch dazu einmal mit den folgenden Markierungen an.
- Gebt erste Erkenntnisse mit euren Worten wieder.

Zu dir

Joachim Ringelnatz

Sie sprangen aus rasender Eisenbahn
Und haben sich gar nicht weh getan.

Sie wanderten über Geleise,
Und wenn ein Zug sie überfuhr,
Dann knirschte nichts. Sie lachten nur.
Und weiter ging die Reise.

Sie schritten durch eine steinerne Wand,
Durch Stacheldrähte und Wüstenbrand,
Durch Grenzverbote und Schranken
Und durch ein vorgehaltnes Gewehr,
Durchzogen viele Meilen Meer. –

Meine Gedanken. –

Ihr Kurs ging durch, ging nie vorbei.
Und als sie dich erreichten,
Da zitterten sie und erbleichten
Und fühlten sich doch unsagbar frei.

6 Nehmt die folgende Übersicht zu Hilfe und identifiziert die sprachlichen Gestaltungsmittel mithilfe der Markierungen im Text.

sprachliches Mittel	Erklärung
Anapher	mehrere Verse oder Strophen **beginnen** mit dem gleichen Wort / den gleichen Wörtern
Ellipse	unvollständiger Satz
Parallelismus	Wiederholung derselben Wortreihenfolge oder derselben Satzkonstruktion
Personifikation	Leblose Dinge oder Naturerscheinungen werden personifiziert, das heißt: Sie treten wie Personen auf und erhalten dadurch menschliche Züge.

7 Die Gedanken überwinden zahlreiche Gefahren auf ihrer beschwerlichen Reise. Wie erklärst du dir vor diesem Hintergrund die letzte Strophe? Schreibe deine Interpretation dazu auf.

8 Tauscht eure Gedanken und Deutungen zu diesem Gedicht nun in einem Interpretationsgespräch untereinander aus. Lasst euch von den folgenden Schüleräußerungen anregen:

Mir hat das Gedicht sehr gut gefallen. Es hört sich so an wie eine richtige Abenteuergeschichte.

Ja, den Eindruck habe ich auch. Es wirkt fast so, als ob das Ganze wirklich passiert sei. Aber das geht ja eigentlich gar nicht, denn Gedanken sind ja keine …

Vielleicht geht es in diesem Gedicht um ein Liebespaar. Und einer von beiden musste weg in ein anderes Land, zum Beispiel aus beruflichen Gründen. Und das lyrische Ich sitzt nun zu Hause und hat totale Sehnsucht – und schickt …

… und stellt sich auf diese Weise vor, wie viele Abenteuer es da bestehen müsste, weil die Reise so lange dauert und so beschwerlich ist und weil das Du so weit weg ist. Vielleicht hat es ja auch Angst, dass das Du …

Das ist ja alles gut und schön. Aber dann müssten die Gedanken doch happy sein, wenn sie endlich beim Du ankommen. Aber dort zittern sie und erbleichen – und gleichzeitig fühlen sie sich „unsagbar frei“. Ist das nicht ein Widerspruch?

Ich habe eine Idee: Es könnte ja sein, dass den Gedanken bei der Ankunft plötzlich ganz deutlich bewusst wird, in welcher Gefahr sie die ganze Zeit über geschwebt haben. Und darüber sind sie nun ganz erschrocken, weil sie unterwegs gar nicht über diese Gefahren nachgedacht haben. Und gleichzeitig fühlen sie sich total frei, weil …

9 Ihr könnt für euer Interpretationsgespräch auch die **Leitfragen zur Erschließung von Gedichten** auf Seite 198–199 zu Hilfe nehmen.

198–199

LESEN Umgang mit Texten und Medien

Gedichtewerkstatt

Leitfragen zur Erschließung von Gedichten

Für die Auseinandersetzung mit Gedichten gibt es verschiedene Leitfragen, aus denen man Anhaltspunkte für ihre Erschließung und Deutung gewinnen kann. Hier findet ihr solche Aspekte einmal in einer **Übersicht von Leitfragen** versammelt.
Achtung: Nicht erschrecken!
Nicht jeder Aspekt spiegelt sich in jedem Gedicht wider.
Verschafft euch daher zunächst einmal einen Überblick.
Viele Fragen sind euch sicherlich schon sehr vertraut.

Leitfragen zur Erschließung von Gedichten

Erster Eindruck und Anmutung

- Welche Gefühle und Gedanken werden bei dir ausgelöst?
- Welche Eindrücke bleiben in besonderer Weise bei dir haften?
- Was hast du beim ersten Lesen noch nicht verstanden?

Lyrisches Ich

- Gibt es ein lyrisches Ich?
- Wie gibt es sich zu erkennen: als *Ich*, als *Wir* oder in Form der *du*-Anrede?
- Was denkt dieses Ich?
- In welcher Situation befindet es sich?
- Welche Einstellung oder Grundhaltung des lyrischen Ich kannst du herauslesen: *glücklich, traurig, ruhig betrachtend, sachlich, kritisch, begeistert, humorvoll, ironisch, belehrend, rebellisch …?*

Thema / Inhalt

- Worüber ist das wohl ein Gedicht?
  Über die Liebe, die Natur, den Tod, über Alltägliches, Sehnsüchte, über Stimmungen und Gefühle, Träume, rätselhafte Erscheinungen …?

Äußere Form und Inhalt

- Wie viele Strophen und Verse hat das Gedicht?
- Ist der Aufbau regelmäßig / unregelmäßig?
- Ist das Gedicht in freien Versen geschrieben?
- Sind die Verse eher kurz oder lang?
- Sind die Verse zentriert gesetzt?
- Fallen einzelne Verse im Gesamtaufbau besonders auf?
- Unterscheiden sich die Strophen inhaltlich voneinander?
- Sind Gegensätze in den Strophen zu erkennen?
- Gibt es ein Zusammenspiel von äußerer Form und Inhalt?

Rhythmus und Versmaß

- Ist der Rhythmus des Gedichtes regelmäßig oder unregelmäßig, ist er eher bewegt oder eher ruhig?
- Gibt es auffällige Wechsel oder Brüche im Rhythmus des Gedichtes?
- Welches Metrum (Versmaß) ist in dem Gedicht vorherrschend?
- Gibt es Enjambements?

Reime und Klang

- Gibt es Reime?
- Welches Reimschema liegt vor?
- Gibt es lautmalerische Wörter?
- Gibt es auffällige Wiederholungen bestimmter Wörter oder Laute (Vokale, Konsonanten)?

Sprachliche Gestaltungsmittel

- Fällt an der Zeichensetzung etwas auf?
- Gibt es Auffälligkeiten in der Groß- / Kleinschreibung?
- Gibt es Auffälligkeiten in der Wortwahl oder im Aufbau der Sätze?
- Gibt es Wiederholungen? Von welcher Art sind sie?

Sprachliche Bilder

- Gibt es Metaphern und Vergleiche?
- Gibt es Personifikationen?
  (Dinge, Naturerscheinungen oder Tiere, die menschliche Züge erhalten und wie Personen auftreten)
- Wendet sich die Sprache an das Gefühl?
- Welche Sinne werden angesprochen?
  (Sehen, Hören, Riechen, Fühlen, Schmecken)

Wirkung und Deutung

- Wie verstehst du das Gedicht, nachdem du dich näher damit befasst hast?
- Welche Gefühle und Gedanken löst das Gedicht in dir aus?
- Welche Verse, Wörter, lyrischen Bilder … haben dich besonders beeindruckt?
- Hat sich dein erster Eindruck bestätigt?
- Gibt es auch Fragen, die für dich offengeblieben sind?
- Was kannst du aus dem Gedicht auf deine Situation oder auf dein Leben übertragen?
- Gibt es eine Erfahrung, die für dich absolut neu ist?
- Wie würdest du das Gedicht sprechen:
  eher nachdenklich, eher fröhlich oder eher traurig,
  eher sachlich und nüchtern, eher langsam oder eher schnell,
  eher laut oder eher leise …?

Gedichtewerkstatt

Rätselhafte Bilder eines Gedichtes erschließen und deuten

1 Lest das Gedicht zunächst leise und macht euch mit seinem Inhalt vertraut.

Der Baum

Karl Krolow

Dann war da dieser Baum.
Nichts weiter als grün,
wenn es so weit war,
mit einem Schatz von Blättern und Vögeln,
Schatten, je nach Tageszeit,
bei schönem Wetter,
ohne Umwelt, für sich,
mit Gewitter und Leuten,
die sich kurz unte ihm liebten,
den Kopf voll Sonne –
ein Gedicht wert wie dieses.
Dieser Baum. Ich warf
einen Stein nach ihm.
Er kam nicht zurück.
Ich bestieg ihn langsam
und verirrte mich
in einem fernen Land.

2 Tragt das Gedicht nun vor.
Tauscht anschließend eure ersten Eindrücke aus:
- Welche Stimmung vermittelt euch das Gedicht von Karl Krolow?
- Welches Bild von einem Baum entsteht beim Lesen und Hören vor eurem inneren Auge?

3 In mehreren Versen findet ihr Hinweise darauf, dass sich das lyrische Ich auf sehr bewundernde Weise mit diesem Baum auseinandersetzt.
Nennt Wörter und Formulierungen, die diese Bewunderung zum Ausdruck bringen.

4 Welche Details machen denn nun eigentlich die außergewöhnliche Pracht dieses Baumes aus?
- Wem gibt dieser Baum ein Zuhause?
- Wem spendet er Schatten und Muße?
- Wie versteht ihr in dem Kontext den siebten Vers?

5 Die bildhafte sprachliche Gestaltung des Gedichtes trägt dazu bei, den besonderen Wert dieses Baumes für das lyrische Ich auch für uns Leser und Leserinnen zugänglich zu machen.
Erschließt euch diese sprachliche Gestaltung:
- Bereits der erste Vers springt mitten hinein in die unmittelbare Begegnung mit diesem Baum. Wie ist das hier sprachlich gemacht?
- Was fällt an der Zeitformgestaltung dieses Verses und des gesamten Gedichtes auf?
- Welche Verse tragen dazu bei, dass ein Bild von diesem Baum auch unmittelbar vor **unserem** inneren Auge entstehen kann?
- An welcher Stelle zeigt sich der erste Vers noch einmal in verkürzter Form?
- Wie entschlüsselt ihr den daran anschließenden Satz (Vers 12–13)?
  Und wie stellt ihr euch dieses ***nach*** bildlich vor:
  Ist es wohl ein Steinwurf gegen den Stamm – oder ein Steinwurf in die Höhe …?
- Welche Erklärung habt ihr dafür, dass der Stein nicht zurückkam – allen Gesetzen der Schwerkraft zum Trotz?
- Was erfahrt ihr im Anschluss daran über das lyrische Ich?
- Und schließlich: Wie deutet ihr die drei letzten Verse?

6 Wenn du diesen Baum malen würdest …:
- Welche Jahreszeit würdest du wählen?
- Was wären unabdingbare Bestandteile für dein Bild?

7 Du kannst selbst auch „einsteigen“ in dieses Gedicht und ein Teil von ihm werden, indem du einzelnen Versen deine Gedanken oder Fragen als **Kommentare** hinzufügst.
Schreibe das Gedicht ab und fügte deine Kommentare dort ein, wo du das möchtest.

Gedichtewerkstatt

Die sprachliche Gestaltung eines Gediches untersuchen und deuten

Vielleicht habt ihr auch schon einmal folgende Erfahrung gemacht: Jemand braucht Hilfe oder Unterstützung oder einen freundlichen Rat ... – doch die angesprochene Person hat dazu gerade keine Zeit, keine Lust ... oder sie möchte sich einfach nicht näher auf diese Situation einlassen. Von solch einer Begegnung erzählt das folgende Gedicht von Bertolt Brecht.

1 Lest das Gedicht zunächst leise – und tragt es dann auch laut vor.

Fahrend in einem bequemen Wagen

Bertolt Brecht

Fahrend in einem bequemen Wagen
Auf einer regnerischen Landstraße
Sahen wir einen zerlumpten Menschen bei Nachtanbruch
Der uns winkte, ihn mitzunehmen, sich tief verbeugend.
Wir hatten ein Dach und wir hatten Platz und wir fuhren vorüber
Und wir hörten mich sagen, mit einer grämlichen Stimme: Nein
Wir können niemand mitnehmen.
Wir waren schon weit voraus, einen Tagesmarsch vielleicht
Als ich plötzlich erschrak über diese meine Stimme
Dies mein Verhalten und diese
Ganze Welt.

[1] grämlich: missmutig

2 Setzt euch zunächst mit Fragen zum **Inhalt** dieses Gedichtes auseinander:

- Welche Personengruppen treffen hier aufeinander?
  Beschreibt die unterschiedlichen Situationen, in denen sie sich jeweils befinden.
- Wer äußert eine Bitte?
  Und wie wird diese Bitte von der anderen Seite aufgenommen?
- Welche Konsequenzen ergeben sich aus dieser Reaktion für beide Seiten?

3 Macht euch nun auch mit dem **Aufbau** und der **sprachlichen Gestaltung** des Gedichtes vertraut.
Arbeitet zu zweit oder in kleinen Gruppen.

Das Gedicht besteht aus nur drei ganzen Sätzen.
Erschließt euch die Struktur dieser Sätze mit ihrer Inhalts- und Bedeutungsebene:

■ Der **erste Satz** (Vers 1–4) beginnt mit einem Partizip Präsens – und er endet mit einem Partizip Präsens. Dazwischen stehen drei Adjektive.

- Beschreibt die Gegensätze, die sich in dieser sprachlichen Gestaltung widerspiegeln.

■ Der **zweite Satz** greift diesen Spannungsbogen auf:
Beinahe in einem Atemzug wird mithilfe einer mit *und* verbundenen Satzreihe und eines Adjektivs die Situation und die Reaktion der Reisenden charakterisiert.

- Lest die Verse 5, 6 und 7 laut.
- Achtet dabei auf die Personalpronomen (auch auf die Häufigkeit ihres Vorkommens!) sowie auf das Adjektiv.
- Untersucht und beschreibt, wie diese Wöter den Satz prägen und welche Wirkung sie auf euch beim Lesen haben.

■ Der **dritte Satz** mit den Versen 8–12 stellt einen Wendepunkt dar:
Hier stellt das lyrische Ich unmittelbar einen Bezug zu sich selbst her und erschrickt plötzlich angesichts seiner fehlenden Hilfsbereitschaft und Solidarität.
Es erkennt sein Versäumnis – selbst wenn sich dieses Versäumnis „nur" mit Gleichgültigkeit oder auch Bequemlichkeit hätte rechtfertigen lassen.
Macht am Beispiel der hier verwendeten Pronomen deutlich:

- Worauf ist dieser erschrockene Blick als Erstes gerichtet?
- Worauf richtet sich das Erschrecken anschließend?
- Und auf wen ist die erschreckende Erkenntnis dann ganz am Schluss gerichtet?

4 Tauscht die Ergebnsise eurer Textarbeit in einem gemeinsamen Interpretationsgespräch aus.

5 Tragt das Gedicht von Bertolt Brecht nun noch einmal mit eurem jetzigen Wissen und Verständnis gestaltend vor.

Gedichtewerkstatt

Sich über Gedichte in Interpretationsgesprächen austauschen

1 Die Gedichte auf dieser Doppelseite setzen sich mit sehr persönlichen Themen, Wünschen, Erfahrungen und Gefühlen auseinander.

- Lest alle Texte zunächst einmal in Ruhe.
- Entscheidet, welches Gedicht ihr euch gern näher erobern möchtet.
- Arbeitet zu zweit oder in Gruppen und führt dazu ein Interpretationsgespräch. Ihr könnt dazu auf die **Leitfragen** von Seite 198–199 zurückgreifen.
- Stellt eure Ergebnisse anschließend im Plenum vor.

Bilder

Charlotte Morgenthal

Habe ein Foto von dir,
verteile Schnipsel in der
Luft
– Freiheit –
Doch ein Bildband
zieht sich durch meinen Körper
erfüllt mein Herz
hinterlässt
Spuren

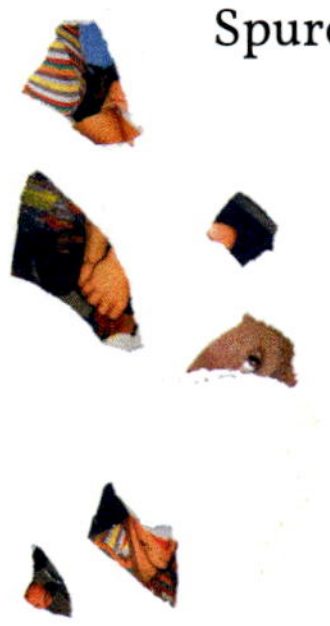

Im Zug

Wolfgang Bächler

Oft habe ich Angst,
im falschen Zug zu sitzen.

Ich frage den Schaffner,
ob ich nicht umsteigen muss.
Er verneint es.

Ich bin unzufrieden.

Nie mehr

Ulla Hahn

Das hab ich nie mehr gewollt
Um das Telefon streichen am Fenster stehn
Keinen Schritt aus dem Haus gehn Gespenster sehn
Das hab ich nie mehr gewollt

Das hab ich nie mehr gewollt
Briefe die triefen schreiben zerreißen
Mich linksseitig quälen bis zu den Nägeln
Das hab ich nie mehr gewollt

Das hab ich nie mehr gewollt
Soll dich der Teufel holen.
Herbringen. Schnell.
Mehr hab ich das nie gewollt.

Dich

Erich Fried

Dich nicht näher denken
und dich nicht weiter denken
dich denken wo du bist
weil du dort wirklich bist

Dich nicht älter denken
und dich nicht jünger denken
nicht größer nicht kleiner
nicht hitziger und nicht kälter.

Dich denken und mich nach dir sehnen
dich sehen wollen
und dich lieb haben
so wie du wirklich bist.

Es ist Nacht

Christian Morgenstern

Es ist Nacht,
und mein Herz kommt zu dir,
hält's nicht aus
hält's nicht aus mehr bei mir.

Legt sich dir auf die Brust,
wie eine Stein,
sinkt hinein,
zu dem deinen hinein.

Dort erst,
dort erst kommt es zur Ruh,
liegt am Grund
seines ewigen Du.

Mondnacht

Joseph von Eichendorff

Es war, als hätt der Himmel
Die Erde still geküsst,
Dass sie im Blütenschimmer
Von ihm nun träumen müsst.

Die Luft ging durch die Felder,
Die Ähren wogten sacht,
Es rauschten leis die Wälder,
So sternklar war die Nacht.

Und meine Seele spannte
Weit ihre Flügel aus,
Flog durch die stillen Lande,
Als flöge sie nach Haus.

Was man so braucht

Mascha Kaléko

Man braucht nur eine Insel
allein im weiten Meer.
Man braucht nur einen Menschen.
Den aber braucht man sehr.

Gedichtewerkstatt

Parallelgedichte schreiben – Zwei Texte entflechten

Wenn du nicht da bist

Peter-Torsten Schulz

bin ich nicht
hab ich nicht
mach ich nicht

weiß ich nicht
find ich nicht
kann ich nicht

glaub ich nicht
denk ich nicht
fühl ich nicht

Wenn du nicht da bist,
wird Glück zu Glas.

aufbruch

hans-curt flemming

es riecht nach aufbruch
dabei ist erst februar
ein lachen streift durch
meinen bauch und
glitzert durch die poren
ich atme tief und fühl
das prickeln auf der haut
und manchmal hab ich angst
vor so viel unverdientem glück
es riecht nach aufbruch
und mir wachsen kleine flügel
mein rücken ist nicht länger krumm
ich stehe schon
auf meinen eignen füßen
ein bisschen länger
sonne noch und wärme
und ich flieg
davon

auf dem fahrrad

annemarie zornack

heute ist ein tag
da könnte man
in eine birke beißen

da möchte man
den blumen die köpfe abreißen

da reißt man den mund auf
damit die sonne
nach innen scheint

vor lauter glück
vor lauter glück

1 Suche dir eines der drei Gedichte aus.
- Erarbeite dir seinen Aufbau und seine Form.
- Schreibe dann ein Parallelgedicht. Behalte den Aufbau des Originalgedichtes bei.
- Du kannst vom Originaltext einzelne Verse übernehmen. Aber in einigen Versen sollten auch **deine** persönlichen Gedanken zum Ausdruck kommen.

2 Im folgenden Text wurde ein Alltagsgedicht über eine persönliche Erfahrung mit einer kurzen Zeitungsnachricht verflochten.
Lest den Text und stellt Vermutungen zum Inhalt an.

Grausam – Ausgesetzt

Wolfgang Menzel

Alljährlich werden
Rechts auf dem Seitenstreifen
in der Bundesrepublik,
grau ein Hund,
besonders vor den großen Ferien,
zu einer Steinfigur erstarrt,
Hunderte von Tieren
Vorderläufe vorgestreckt,
im Lauf verharrt,
den Kopf gereckt,
an Autobahnen
ausgesetzt der Einsamkeit,
für die sein Hirn
nicht programmiert,
steht er und starrt,
das Nackenhaar gesträubt;
verantwortungslos
in seine gelben Augen trifft
ausgesetzt
der Strahl des Aufblendlichts.
und einem unvorstellbar
grausamen Schicksal überlassen.
Vorbei.
Rückspiegelblick ins Nichts.

3 Abgesehen von einigen Reimen erkennt ihr das Gedicht insbesondere an den sprachlichen Bildern.
Arbeitet mit einer Kopie. Markiert darauf die Zeilen des Gedichtes und lest es dann vor.

4 Worin besteht grundsätzlich der Unterschied, wenn ein Gedicht solch ein Thema aufgreift – oder wenn eine Zeitung darüber berichtet?

5 Sammelt selbst Nachrichten zu Themen, die euch sehr interessieren, und verquickt sie mit eigenen Versen.
- Arrangiert dann Sätze und Verse zu neuen Gedichten.
- Präsentiert eure Texte in einer kleinen Ausstellung.

Textwerkstatt

M Schreibgespräch: Sich der Deutung eines Textes nähern

1 Lasst euch den folgenden Text vorlesen. Schließt dabei die Augen.

Der Geldbriefträger

Thomas Bernhard

Der Geldbriefträger[1] flüchtet mit seiner gefüllten Ledertasche über die Grenze. Er durchschwimmt den Fluß und rettet sich auf einen aus dem Dickicht[2] hervorstehenden Aststumpf. Er zieht seine Schuhe aus und streunt[3] barfuß durch den Wald. Je weiter er sich von seinem Dorf entfernt, desto düsterer wird die Landschaft. Schließlich ist er der Finsternis[4] ausgeliefert. Er muß über Moosflächen kriechen und reißt sich die Knie auf. Nach seiner Zeitrechnung müßte es längst wieder Tag geworden sein. Aber die Finsternis verändert sich nicht. Selbst Schreie, die er, auf einem gefällten Baumstamm sitzend, hervorstößt, haben kein Echo. Dann entdeckt er plötzlich: *Ich darf nicht schreien!* Er sieht ein Licht, die Umrisse[5] eines Bauernhauses. Er nähert sich, zieht die Geldtasche hinter sich her. Er klappt die Tasche auf und zu und schleppt sich wieder fort. Er denkt: *Ich darf nicht hingehen!* Der Hunger beginnt seine Arbeit und wirft ihn schließlich fiebernd in einen Graben. Vor dem Aufprall erwacht er und stellt fest, daß alles nur ein Traum war, von dem nichts übriggeblieben ist als sein fiebriger Körper. Er steht auf und geht hinaus. Er macht einen Spaziergang und legt sich erst um vier Uhr früh wieder schlafen. Trotzdem gibt er am darauffolgenden Tag die Stelle als Geldbriefträger auf und läßt sich versetzen. Seiner Frau sagt er, daß er lieber in der Stadt leben möchte, unter vielen Menschen, die Finsternis wäre dort nicht so groß.

[1] Geldbriefträger: Geldboten; männliche Beamte in der Deutschen Bundespost, die in den Jahren 1868–1995 speziell für die Auszahlung von Geldbeträgen (Rentenauszahlung, Postanweisungen) eingesetzt wurden. Durch den bargeldlosen Zahlungsverkehr (Geldautomaten, Scheckkarten) verlor die Bargeldauslieferung an Bedeutung. Die letzten Geldbriefträger wurden 1995 in den Innendienst versetzt.
[2] Dickicht: dickes Gebüsch, dichter junger Wald
[3] streunt (*von:* streunen): ohne erkennbares Ziel irgendwo herumlaufen
[4] Finsternis: undurchdringliche Dunkelheit ohne Licht
[5] Umrisse: äußere Linien eines Objektes, die sich vom Hintergrund abheben

2 Notiere spontan, was dir nach dem Hören des Textes in Erinnerung geblieben ist.

3 Der Deutung dieses Textes könnt ihr euch nun mithilfe der folgenden Methode annähern:

Ⓜ Schreibgespräch

Führt zusammen mit einem Partner / einer Partnerin ein Schreibgespräch:

- Jeder schreibt in einem ersten Satz spontan auf, was ihm zu diesem Text durch den Kopf geht oder was er über den Text denkt.
- Dann werden die Blätter getauscht.
  Nun muss der Partner jeweils auf die Notizen des anderen reagieren:
  Ihr könnt den Kommentar des anderen bestätigen, zurückweisen, neue Gedanken oder Deutungen einbringen usw. Gesprochen wird bei diesem Austausch **nicht**!
- Die Blätter mit den Dialogen werden so lange hin- und hergereicht, bis die beiden Schreibpartner nichts mehr ergänzen möchten.
- Lest euch dann gegenseitig eure „Gespräche" im Plenum vor.
- Nehmt am Ende noch einmal Stellung zu euren Dialogen. Vielleicht möchtet ihr die ein oder andere Deutung korrigieren. Und vielleicht gibt es ja sogar Deutungen, auf die ihr allein nicht gekommen wärt …

4 Was ist das **Thema** dieser Geschichte? Fasst es mit eigenen Worten zusammen.

5 Die Wahl der Verben in diesem Text trägt besonders dazu bei, die überaus große körperliche Anstrengung des Geldbriefträgers anschaulich zu machen.

- Sucht diese Verben aus dem Text heraus und notiert sie der Reihe nach.
- Lest sie nun laut hintereinander weg. Welche Wirkung stellt ihr fest?

6 Die Hauptzeitform, in der diese Geschichte erzählt wird, ist das **Präsens**.
Spürt der Wirkung der Zeitform noch einmal **beim lauten Lesen** des gesamten Textes nach.

7 Die Sprache, in der die Geschichte erzählt wird, ist einerseits sachlich beschreibend. Gleichzeitig ist sie aber auch spannend und emotional. Geht auf Spurensuche und nehmt die folgenden sprachlichen Gestaltungsmittel genauer unter die Lupe:

- **Wortwahl:**
  Sucht Wörter aus der **Alltagssprache, spannende** oder **besondere** Wörter
- **Gedankenreden:**
  Ermittelt zwei Beispiele, in denen der auktoriale Erzähler die Gedanken und Gefühle des Geldbriefträgers in Form von **Gedankenreden** zum Ausdruck bringt.
- **Anzahl von Hauptsätzen im Verhältnis zu Satzgefügen:**
  Untersucht, welche Satzart häufiger im Text vorkommt.

8 Wie deutet ihr den Entschluss, den der Geldbriefträger am nächsten Tag fasst, für sein weiteres Leben?

- Welchen Stellenwert erhält in dem Zusammenhang der Traum, den er hatte?
- Erläutert in diesem Kontext auch die mögliche Bedeutung der dreimal verwendeten Metapher Finsternis. Nutzt dazu den Infokasten.

Metaphern

INFO

Metaphern sind Bilder, bei denen die Wörter nicht in ihrer eigentlichen, sondern in einer **übertragenen Bedeutung** verwendet werden. Durch Metaphern werden Gefühle, Dinge oder auch Erscheinungen der Natur sehr anschaulich und bildhaft dargestellt.

Textwerkstatt

Parabeln – Mit Geschichten Beispiele geben

In diesem Teilkapitel lernt ihr zwei „Keuner-Geschichten“ von Bertolt Brecht kennen. Mit diesem Herrn Keuner oder Herrn K. hat Brecht eine Figur geschaffen, deren Geschichten Widersprüche enthalten. Sie wollen die Leser provozieren, zum Nachdenken und zum Diskutieren anregen.

Freundschaftsdienste

Bertolt Brecht

Als Beispiel für die richtige Art, Freunden einen Dienst zu erweisen, gab Herr K. folgende Geschichte zum besten. „Zu einem alten Araber kamen drei junge Leute und sagten zu ihm: ‚Unser Vater ist gestorben. Er hat uns siebzehn Kamele hinterlassen und im Testament verfügt, daß der Älteste die Hälfte, der Zweite ein Drittel und der Jüngste ein Neuntel der Kamele bekommen soll. Jetzt können wir uns über die Teilung nicht einigen; übernimm du die Entscheidung!‘ Der Araber dachte nach und sagte: ‚Wie ich es sehe, habt ihr, um gut teilen zu können, ein Kamel zu wenig. Ich habe selbst nur ein einziges Kamel, aber es steht euch zur Verfügung. Nehmt es und teilt dann, und bringt mir nur, was übrigbleibt.‘ Sie bedankten sich für diesen Freundschaftsdienst, nahmen das Kamel mit und teilten die achtzehn Kamele nun so, daß der Älteste die Hälfte, das sind neun, der Zweite ein Drittel, das sind sechs, und der Jüngste ein Neuntel, das sind zwei Kamele bekam. Zu ihrem Erstaunen blieb, als sie ihre Kamele zur Seite geführt hatten, ein Kamel übrig. Dieses brachten sie, ihren Dank erneuernd, ihrem alten Freund zurück.“
Herr K. nannte diesen Freundschaftsdienst richtig, weil er keine besonderen Opfer verlangte.

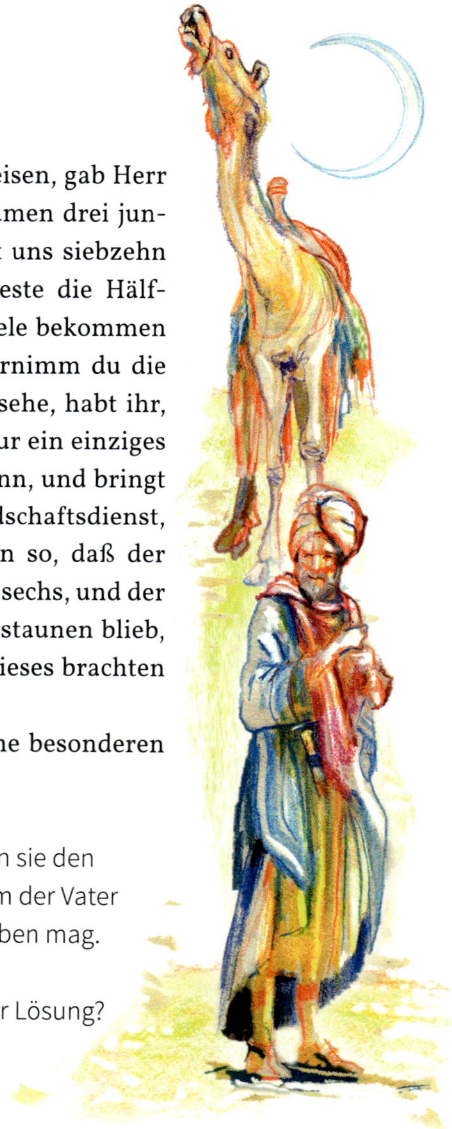

1 Wie wäre die Rechnung wohl für die Brüder ausgegangen, wenn sie den Araber **nicht** um Hilfe gebeten hätten? Vermutet einmal, warum der Vater seine Söhne vor diese scheinbar unlösbare Aufgabe gestellt haben mag.

2 Welchen Vorschlag unterbreitet der alte Araber den Brüdern zur Lösung? Und was stellen die Söhne schließlich erstaunt fest?

INFO

Parabeln – Beispielgeschichten

Die Parabel ist eine kurze und lehrhafte Erzählung. Die Geschichten, die in Parabeln erzählt werden, werfen mit ihren Beispielen Fragen über die Moral und ethische Grundsätze auf. Das im Vordergrund stehende Ereignis / Geschehen hat eine **übertragene Bedeutung** und soll so die Leser zum Nachdenken anregen und zu einer Erkenntnis führen.

3 Lest nun den ersten und letzten Satz der Geschichte noch einmal und deutet die Sätze.
- Welche „Botschaften“ schwingen darin mit?
- Ist ein Freundschaftsdienst aus eurer Sicht nur dann richtig, wenn er nichts kostet?
- Untermauert eure Argumente mit Beispielen. Ihr könnt dazu auch den Infokasten nutzen.

Herr Keuner und die Flut

Bertolt Brecht

Herr Keuner ging durch ein Tal, als er plötzlich bemerkte, daß seine Füße in Wasser gingen. Da erkannte er, daß sein Tal in Wirklichkeit ein Meeresarm war und daß die Zeit der Flut herannahte. Er blieb sofort stehen, um sich nach einem Kahn umzusehen, und solange er auf einen Kahn hoffte, blieb er stehen. Als aber kein Kahn in Sicht kam, gab er diese Hoffnung auf und hoffte, daß das Wasser nicht mehr steigen möchte. Erst als ihm das Wasser bis ans Kinn ging, gab er auch diese Hoffnung auf und schwamm. Er hatte erkannt, daß er selber ein Kahn war.

4 Fasst die Handlung der Geschichte zusammen und macht erste Deutungsversuche:
- Was erscheint euch merkwürdig an der Handlung?
- Was erfahrt ihr über Herrn Keuner?

5 Herrn Keuners Verhalten und sein Denken verändern sich im Laufe der Handlung. Untersucht diese Veränderungen genauer und folgt dabei dem Text.

Situation:	*Erkenntnis:*	*Erkenntnis:*	*Erkenntnis:*	*Übertragene Bedeutung:*
Herr Keuner geht durch ein Tal. Plötzlich geht er durch Wasser.	*Tal = Meeresarm*	*Herr Keuner bleibt stehen; er sieht sich nach einem Kahn um.*	*Hoffnung auf fremde Hilfe*	*Herr Keuner will aus der Bedrohung gerettet werden*
kein Kahn	*Herr Keuner sieht: Es gibt keinen Kahn.*	*Herr Keuner bleibt weiterhin stehen.*	*Hoffnung, dass das Wasser nicht weiter steigt*	*Er hofft, dass die Katastrophe ausbleibt.*
Wasser steigt weiter, steht Herrn Keuner bis zum Kinn.	…	…	…	…

6 Lest den Text ein zweites Mal und sprecht dann über folgende Aspekte:
Ereignis / Geschehen – übertragener Sinn – Erkenntnis.
Diskutiert, welche übertragene Bedeutung die beiden Metaphern ***steigendes Wasser – Kahn*** in diesem Kontext haben könnten.

7 Interpretiert die Erkenntnis, die Herr Keuner am Schluss für sich gewinnt.
- Welche Bedeutung könnte sie für sein **zukünftiges Leben** haben?
- Welche Erkenntnis **könnt ihr für euch** aus diesem Text gewinnen?

8 Beschreibt, inwiefern diese Geschichte eine Parabel ist. Schaut noch einmal in den **Infokasten** und bezieht eure Ergebnisse aus den Aufgaben 6 und 7 mit ein.

Textwerkstatt

Eine Parabel deuten

Geschichte der Flucht

Hugo von Hofmannsthal

Ich spreche von der Geschichte der Flucht des Ratgebers des großen indischen Königs aus dem Turmzimmer. Ich spreche von dieser alten und wunderbar ermutigenden Geschichte. Er fiel in Ungnade, und der König ließ ihn im obersten Gemach eines schwindelnd hohen Turmes einsperren. Er aber, der Unglückliche, hatte eine treue Frau, die kam nachts an den Fuß des Turmes und rief nach ihm und fragte ihn, wie ihm zu helfen wäre. Er bat sie, wiederzukommen in der nächsten Nacht und mitzubringen ein langes Seil, eine lange starke Schnur, einen langen seidenen Faden, einen Käfer und ein wenig Honig. Die Frau wunderte sich sehr, aber sie folgte seinem Wunsch und brachte, worum er sie gebeten hatte. Der Mann rief ihr von oben zu, den Seidenfaden fest an den Käfer zu binden, auf des Käfers Fühler einen Tropfen Honig zu tun und ihn an die Wand des Turmes zu setzen – den Kopf nach oben. Sie gehorchte und tat alles, und der Käfer fing an, emporzuklettern. Immer den Honig witternd, kletterte er langsam höher und höher, bis er auf der Spitze des Turmes ankam. Da fasste ihn der Gefangene und hielt den seidenen Faden in der Hand. Dann bat er seine Frau, an das untere Ende des seidenen Fadens die starke Schnur zu binden, und zog die Schnur empor, und an das untere Ende der Schnur das Seil zu binden, und zog das Seil empor. Und das Übrige war nicht mehr schwer.

Das Übrige ist niemals schwer. Nur solange man nicht weiß, ob man den seidenen Faden in die Hand bekommen wird oder nicht, so lange ist es schwer.

1 Erläutert, weshalb diese Geschichte als Beispielgeschichte angesehen werden kann. Lest dazu auch noch einmal im Infokasten auf Seite 210 nach.

- Welche Lehre / Einsicht zieht ihr für euch aus dieser Geschichte?
- Inwieweit könnt ihr sie auf euren Alltag übertragen?

210

Textwerkstatt

Deutungen zu Parabeln miteinander austauschen

1 Verschaffe dir einen ersten Überblick über die folgenden fünf Bespielgeschichten und lies sie dir zunächst einmal in Ruhe durch. Entscheide dann, welchem Text du dich gern etwas intensiver widmen möchtest.
- Erarbeite dir den Inhalt des Textes und versuche zu ergründen, welche „Botschaft" der Text für dich bereithält.
- Deute diese Botschaft und mache dir dazu Notizen.
- Schreibe dann deine eigene Interpretation zu diesem Text auf.

Tipp:
Zum Schluss stellen alle ihre Texte im Plenum vor. Dabei könnt ihr sicher Gemeinsamkeiten und auch Unterschiede in euren Deutungen entdecken.
- Tauscht euch darüber in Interpretationsgesprächen miteinander aus.
- Versucht, eure jeweilige Sicht mit Blick auf den Text zu begründen.

Sehnsucht

Folke Tegetthoff

Irgendwann war das große Wasser da gewesen und hatte das Land geteilt.

Und der mächtige Fluss hatte Herrn Bär und Frau Bär getrennt. Bruder Wolf und Schwester Wolf und die Python von ihrer Lieblingsspeise, den Hasen.

Auch Fuchs und Füchsin waren nicht mehr eins.

Eines Tages erschien der Fuchs am Ufer und zog ein Boot über den Sand, das er gezimmert hatte, um damit die andere Seite des Flusses zu erreichen.

„Bist du verrückt geworden", riefen die alten und weisen Tiere. „Der Fluss ist zu breit, die Strömung zu schnell, die Gefahren zu groß!"

Der Fuchs aber hörte nicht auf sie, bestieg sein Boot und fuhr los.

Während des ganzen Kampfes mit den Fluten starrte der Fuchs zur Füchsin, die auf der gegenüberliegenden Seite auf und ab lief.

Aber wie von einem unsichtbaren Seil gezogen erreichte das kleine Boot wirklich unversehrt das andere Ufer.

Ermutigt durch den Erfolg des Fuchses versuchten es nun auch Frau Bär, dann Bruder Wolf. Ja, sogar die Python schaffte es, das Wasser zu überwinden.

„Ein Wunder", sagten die Tiere, die auf beiden Seiten des Flusses standen und beobachteten, wie immer mehr, denen der Fluss das Band der Liebe durchschnitten hatte, das Boot bestiegen und, unter Aufbietung all ihrer Kräfte, das Ziel erreichten.

„Nun lasst mich mal", brüllte es plötzlich und ein starker Löwe drängte sich vor.

„Gib Acht", sagte der Fuchs. „Es ist gefährlich, weil auf der anderen Seite niemand auf dich wartet."

„Das Abenteuer wartet. Das reicht. Wenn ihr es schafft, wer sollte mich dann aufhalten!"

Und er sprang ins Boot und ruderte los. Seine Kraft brachte ihn bis zur Mitte des Flusses, dann geschah es: eine Welle kam, warf das Boot zur Seite und der Löwe wurde in die Fluten geschleudert und nie mehr gesehen.

Nun wisst ihr, was es braucht, um breite Flüsse zu überwinden!

Das Blatt

Franz Hohler

Eine Ameise schleppt mit Mühe ein Blatt von weither zu ihrem Ameisenhaufen. Wie sinnlos, denkst du, direkt beim Ameisenhaufen ist der Boden doch voll von solchen Blättern.

Was du nicht weißt: Dieses Blatt ist ein Liebesbrief, den die Ameise einer anderen bringt, und würde sie einfach neben dem Haufen ein Blatt auflesen, wäre es kein Liebesbrief, denn die wirkliche Liebe kommt von weither.

Falle

Brigitte Schär

Die Falle, eine Grube mitten im Waldweg, war so geschickt mit Laubwerk getarnt, dass sie leicht hätte übersehen werden können, wären da nicht die hundert schwarz gekleideten Männer mit den ernsten Gesichtern und den hohen Hüten auf den Köpfen gewesen, die kurz vor der Stelle, an der sich die Falle befand, den Weg säumten, je fünfzig auf einer Seite, und so eine Gasse bildeten, die, sich am hinteren Ende verjüngend, genau auf die Falle zeigte und sie so verriet.

Keiner der Wanderer ist in die Grube gefallen. Alle sind sie rechtzeitig ins Unterholz ausgewichen, alle haben sie dadurch den Weg aus den Augen verloren, haben sich im dichten dunklen Weg verlaufen und sind elendiglich zugrunde gegangen – alle.

Der Briefkasten

Franz Hohler

„Ich möchte gern ein Rennrad sein", sagte der Briefkasten zum Gartentor, „und durch weite Ebenen flitzen und hohe Pässe bezwingen."

„Du mit deinen Wünschen", krächzte das Gartentor, „dabei entsprichst du nicht einmal den neuen Vorschriften der Post."

„Wünschen kann man immer", sagte der Briefkasten nur und schluckte weiterhin Rechnungen, Zeitschriften, Prospekte und Postkarten.

Wenig später wurde er abgeschraubt und durch einen neuen ersetzt. Man schmolz ihn ein, und zusammen mit alten Metallstühlen, zerrissenen Drahtgittern und krummen Schraubenziehern wurde er zu Leichtstahl verarbeitet, kam in eine Rennradfabrik, und bald darauf flitzte er durch weite Ebenen, bezwang hohe Pässe und konnte kaum glauben, dass er jahrelang am selben Ort gestanden hatte und jeden Tag an der Post fast erstickt war.

Der Skarabäus[1]

Franz Hohler

Ein junger Holzfäller wollte sich einmal, nachdem er im Bergwald einen Baum umgesägt hatte, etwas ausruhen und setzte sich auf einen Felsblock, der in der Nähe lag. Sogleich sprang er wieder auf, denn er merkte, dass er sich auf etwas Lebendiges gesetzt hatte, das nun davonkroch.

Es war ein Wesen mit sechs Füßen, einem enormen, fell- und flügellosen Rumpf und einem Kopf, der in eine spitze Schnauze ohne sichtbaren Mund auslief.

Dieses Wesen, das größer war als der Holzfäller selbst, zwängte sich rückwärts in eine Höhle am Fuß der Fluh, blieb gleich hinter dem Eingang sitzen und starrte hinaus.

Der Holzfäller rannte in sein Dorf, holte sein Gewehr und erzählte den andern, die er antraf, was er gesehen hatte. Einige seiner Freunde nahmen nun ebenfalls ihr Gewehr mit und begaben sich zu der Höhle, in welche sich das Wesen geflüchtet hatte.

Als sie es dort nicht mehr sahen, schossen sie ein paarmal ins Dunkle hinein, aber auch dann regte sich nichts, und schließlich gingen die andern wieder nach Hause und lachten den Holzfäller aus.

Von diesem Tag an ging es aber schlecht im Dorf. Fast jedem Bauern starb ein Rind oder ein Schwein, die Gemüsegärten wurden von Schnecken überfallen und zerfressen, Raubvögel begannen kleine Kinder anzugreifen, steile Straßenstücke rutschten plötzlich in die Tiefe, und in den Wäldern begannen die Tannenbäume umzustürzen, dass Tag und Nacht ein Krachen in der Luft lag. Aus dem Telefonapparat auf der Post quoll eine grünliche Salbe, die Leute mussten nachts aus ihren Betten rennen und erbrechen, und eines Morgens tauchte ein Rudel Wölfe auf dem Friedhof auf, trabte lautlos durch die Hauptstraße und verschwand am Ende des Dorfes im Wald.

Nun verließen alle Bewohner das Dorf, zogen entweder zu Verwandten oder Freunden oder versuchten anderswo ein neues Leben anzufangen. Der Holzfäller wanderte nach Asien aus und kehrte nie mehr zurück. Er war gerade daran, sein Erlebnis allmählich zu vergessen, als er einmal ein Museum betrat und dort eine Skulptur sah, welche das Tier darstellte, das er damals gesehen hatte. Es war genau gleich groß, nur war es aus Stein, und darunter stand: Skarabäus. „Jetzt weiß ich, was ich hätte anders machen sollen!“, rief der Holzfäller laut, bevor der Skarabäus durch die zersplitternde Scheibe kroch und ihm mit seinen zwei vordersten Füßen den Kopf abriss.

[1] Skarabäus: Als **Skarabäus** (Glückskäfer) werden Abbildungen des Heiligen Pillendrehers *(Scarabaeus sacer)* in der altägyptischen Kunst (Malerei, Plastik, Schmuck) bezeichnet. Die Bedeutung als Glücksbringer und Schutzsymbol resultiert aus der früheren Annahme, dass Skarabäen das Nilhochwasser angeblich frühzeitig spüren. Die Tiere wanderten weg vom Wasser, tauchten in den Häusern auf und kündigten so den Ägyptern das ersehnte Nilhochwasser an.

Textwerkstatt

Experiment: Einen literarischen Text rekonstruieren

Auf den folgenden Seiten wird euch eine kurze Geschichte zusammen mit einer Interpretation vorgestellt.
Doch zunächst wartet hier ein ungewöhnliches **Experiment** auf euch:

1 Auf der rechten Seite findet ihr verschiedene Abschnitte dieser Geschichte bunt durcheinandergemischt. Damit aus diesen sechs Textteilen eine Erzählung wird, müsst ihr sie in die richtige Abfolge bringen. Das wird euch nur dann gelingen, wenn ihr die Abschnitte genau lest und miteinander vergleicht – eine wichtige Vorarbeit für jede Interpretation.
Damit dieser Schritt spannend bleibt, solltet ihr zunächst **noch nicht** die Geschichte und ihre Interpretation auf Seite 218–220 lesen.

Am besten geht ihr so vor:

Bildet in eurer Klasse sechs Gruppen.

- ➡ Jede Gruppe bekommt **einen** Abschnitt zugelost. Die Gruppe liest **nur diesen** Abschnitt durch und spricht kurz darüber.
- ➡ Ein Mitglied der **Gruppe 1** berichtet nun der Klasse **(nicht vorlesen!)**, was in dem Textabschnitt steht: einen knappe, aber präzise **Wiedergabe des Inhalts**!
- ➡ Die anderen Gruppen hören aufmerksam zu und berichten ebenfalls mit einer knappen Zusammenfassung über ihre Abschnitte.
- ➡ Danach wird überlegt, welche Gruppe wohl den Textanfang hat.
- ➡ Diejenige Gruppe, die den Textanfang zu haben glaubt, liest ihn der Klasse vor.
- ➡ Die anderen Gruppen hören wieder aufmerksam zu und es wird versucht, die jeweils folgenden Abschnitte anzuschließen.
- ➡ Ist eine Gruppe unsicher, ob sie mit ihrem Textabschnitt richtig angeschlossen hat, oder hat sie sich vertan, so beginnt das Vorlesen in einem zweiten Versuch von vorn.
- ➡ Am Ende ist die ganze Geschichte durch gemeinsames Zusammensetzen in der Klasse entstanden. Bei diesem Vorgang haben auch bereits einzelne Interpretationsaussagen eine Rolle gespielt.
- ➡ Jetzt erst wird der Text von Wolfdietrich Schnurre auf Seite 218 im Zusammenhang gelesen.

I

Eines Nachts bekommt er einen Erstickungsanfall. Der an der Tür könnte die Schwester rufen. Unterlässt es; denkt an das Bett.

II

Der am Fenster leidet darunter. Um den anderen zu entschädigen, erzählt er ihm täglich stundenlang, was draußen zu sehen ist, was draußen passiert.

III

Am Morgen ist der andere tot; erstickt. Sein Fensterbett wird geräumt; der bisher an der Tür lag, erhält es. Sein Wunsch ist in Erfüllung gegangen.

IV

Zwei Schwerkranke im selben Zimmer. Einer an der Türe liegend, einer am Fenster. Nur der am Fenster kann hinaussehen. Der andere hat keinen größeren Wunsch, als das Fensterbett zu erhalten.

V

Beste Geschichte meines Lebens. Anderthalb Maschinenseiten vielleicht. Autor vergessen; in der Zeitung gelesen.

VI

Gierig, erwartungsvoll wendet er das Gesicht zum Fenster. Nichts; nur eine Mauer.

Textwerkstatt

Sich einem literarischen Text und seiner Interpretation nähern

Beste Geschichte meines Lebens

Wolfdietrich Schnurre

Beste Geschichte meines Lebens. Anderthalb Maschinenseiten vielleicht. Autor vergessen; in der Zeitung gelesen.

Zwei Schwerkranke im selben Zimmer. Einer an der Türe liegend, einer am Fenster. Nur der am Fenster kann hinaussehen. Der andere hat keinen größeren Wunsch, als das Fensterbett zu erhalten. Der am Fenster leidet darunter. Um den anderen zu entschädigen, erzählt er ihm täglich stundenlang, was draußen zu sehen ist, was draußen passiert. Eines Nachts bekommt er einen Erstickungsanfall. Der an der Tür könnte die Schwester rufen. Unterlässt es; denkt an das Bett. Am Morgen ist der andere tot; erstickt. Sein Fensterbett wird geräumt; der bisher an der Tür lag, erhält es. Sein Wunsch ist in Erfüllung gegangen. Gierig, erwartungsvoll wendet er das Gesicht zum Fenster. Nichts; nur eine Mauer.

1 Tauscht spontan eure Eindrücke und Gedanken zu dieser Geschichte aus.

2 Führt gemeinsam ein Interpretationsgespräch zur Geschichte von Wolfdietrich Schnurre. Nutzt dazu die folgenden **Leitfragen**:
- Wer hat die Geschichte verfasst?
- Was stellt die Überschrift besonders heraus?
- Worum geht es eigentlich in dieser Geschichte?
- Welches sind die wichtigsten Figuren in der Geschichte?
- In welchem Verhältnis stehen die Figuren zueinander?
- An welchem Ort spielt die Geschichte?
- Welche sprachlichen Eigenheiten haben in der Geschichte ein besonderes Gewicht?
- Was fällt mir besonders auf? Was „berührt“ mich vor allem?
- Welche Fragen bleiben offen? Wie kann ich sie beantworten?
- Was sagt **mir** die Geschichte?

(Macht sie mich traurig? Wütend? Hoffnungslos? Ist sie ermutigend?
Regt sie mich an, über mich nachzudenken? Beunruhigt sie mich? Langweilt sie mich?)

3 Setzt euch nun mit einer Interpretation zu dieser Geschichte auseinander.

Interpretation zu „Beste Geschichte meines Lebens" von Wolfdietrich Schnurre

Äußere Form

Die Geschichte von Wolfdietrich Schnurre ist nur wenige Zeilen lang. Das Auffälligste an ihr ist die knappe, fast stichwortartige Sprache. Viele der Sätze scheinen in einer Art Telegrammstil verfasst zu sein. Das ist wohl dadurch zu erklären, dass Schnurre seinen Text so geschrieben hat, als habe er nur die Erinnerungsfetzen an eine Geschichte aus der Zeitung wiedergegeben, die er früher einmal gelesen hat. Wahrscheinlich ist die Geschichte selbst viel länger gewesen: immerhin „anderthalb Maschinenseiten". Jedenfalls verzichtet der Erzähler auf jeden Kommentar und jede Stellungnahme. Er berichtet nur.

Sprachliche Auffälligkeiten

Hinweis auf den Erzähler

Inhaltlich ist diese Geschichte aber vollständig. Der Erzähler berichtet von zwei Schwerkranken in einem Krankenzimmer, von denen der eine neidisch ist auf den anderen, weil der aus dem Fenster schauen kann, er selbst aber nicht. Der Mann am Fenster will nun das Leiden des anderen Patienten etwas lindern, indem er ihm erzählt, was er draußen sieht – obwohl da nichts zu sehen ist als nur eine Mauer. Das aber weiß der andere Patient nicht.
Die Erzählungen des Patienten, der aus dem Fenster schauen kann, schüren den Neid des anderen. Als der Kranke am Fenster zu ersticken droht, unterlässt es der andere, die Schwester zu rufen. Er will unbedingt das Bett am Fenster haben. Nachdem sein Nachbar gestorben ist, erhält er auch dessen Bett. Entsetzt stellt er aber fest, dass hinter dem Fenster nichts zu sehen ist außer einer Mauer. – Das ist die erschreckende Pointe des Textes, die der Leser nicht erwartet.

Inhaltliche Zusammenfassung

Beziehungen und Empfindungen einer Figur

Hinweis auf den Schluss, die Pointe

An der Geschichte macht mich betroffen, dass jemand, der einem anderen helfen möchte, für seine Hilfe nicht Dankbarkeit erntet, sondern dessen Gier und Neid nur noch verstärkt. Zu seinem Tod wäre es wahrscheinlich nicht gekommen, hätte er den Nachbarn damit beruhigt, dass hinter dem Fenster gar nichts zu sehen ist. So aber hat er die Erwartungen des anderen noch mehr entfacht. Dessen Wunsch, endlich selbst das Fensterbett zu bekommen, ist so groß, dass er am Ende zur Unterlassung einer Hilfeleistung fähig ist, die in meinen Augen an Mord grenzt.

Betroffenheit des Lesers

Deutungen

Betroffen macht mich an diesem Text aber auch die Sprache, mit der Wolfdietrich Schnurre von dieser fürchterlichen Begebenheit erzählt:
ohne Anteilnahme und ohne jeglichen Kommentar. Jede Deutung wird allein dem Leser überlassen.

Sprache

Offen bleibt, wie der Mann am Fenster seine Untat erlebt. Wird er dem toten Patienten nachträglich eine Mitschuld zuschieben? Denn der hatte seine Schilderungen ja komplett erfunden und dadurch seinen Neid und seine Missgunst provoziert.

Offene Fragen

und Versuche einer Antwort

LESEN Umgang mit Texten und Medien

Oder wird er entsetzt sein über sich selbst und über seine unterlassene Hilfeleistung, die zum Tod des Mitpatienten geführt hat? Auch bleibt für mich offen, wieso der Autor diesen Text „Beste Geschichte meines Lebens" nennt. Sicherlich meint er damit nicht die beste, die er geschrieben hat; vielleicht ist es aber die eindrucksvollste und erschütterndste Geschichte, die er jemals gelesen hat?

Was mir die Geschichte bedeutet

Für mich ist dies eine Geschichte, die mit wenigen Zeilen skizziert, wie ein Mensch durch seinen eigennützigen und blinden Egoismus den Tod eines anderen Menschen verursacht und in Kauf nimmt. Es ist eine durch und durch tragische Geschichte, die auf knappstem Raum skizziert, wie ein Mensch zu Tode kommt, nur weil er einem anderen helfen wollte, der nur allein an sich denkt.

Malte

4 Was gefällt euch an dieser Interpretation?
- Überzeugt sie euch? Habt ihr vielleicht auch Einwände?
- Fügt sie euren eigenen Deutungen etwas hinzu, was ihr so noch nicht gesehen habt?

Beachtet: Jede Interpretation ist eine **individuelle** Aussage.
Daher gibt es keine allgemeingültige Deutung eines Textes.
Aber jeder Interpret / jede Interpretin sollte versuchen,
die eigene Deutung anhand des Textes zu belegen.

5 Untersucht nun gemeinsam, wie die Interpretation von Malte aufgebaut ist.
a) Welchen **Einstieg**, welchen **Schluss** hat Malte gewählt?
b) An welchen Stellen werden **wichtige Merkmale der Erzählung** beschrieben,
c) An welchen Stellen fügt Malte eigene **Deutungen** ein?

6 Schreibe nun deine Deutung zu dieser Geschichte auf.
- Du kannst dazu auch noch einmal in die Interpretation von Malte schauen und dir Formulierungen notieren, die du gern übernehmen möchtest.
- Für deine **Deutung** kannst du den folgenden **WORTSCHATZ: TEXTBAUSTEINE** nutzen:

WORTSCHATZ: TEXTBAUSTEINE

Der Schluss dieser Geschichte hat mich ganz besonders betroffen gemacht, denn …
Am Ende dieser Geschichte war ich richtig schockiert über …
Ich interpretiere / deute den Text folgendermaßen: …
Mich beschäftigt nach dem Lesen vor allem die Frage, warum der Autor diese Geschichte „Beste Geschichte meines Lebens" nennt …
Am Ende bleibt / bleiben für mich vor allem folgende Frage / Fragen offen: …
Mich beschäftigt nach dem Lesen des Textes besonders die Frage, wie der überlebende Patient nun …
Das Interessanteste an diesem Text ist für mich …

Textwerkstatt

Sprachliche Gestaltungsmittel eines Textes untersuchen

Liebe Mom, lieber Dad

Irene Dische

Liebe Mom, lieber Dad, bitte entschuldigt, dass ich mich so lange nicht gemeldet habe. Ich kann mir vorstellen, dass Ihr Euch meinetwegen Sorgen gemacht habt, aber ich konnte wirklich nicht anrufen. Bis gestern lag ich im Krankenhaus. Zum ersten Mal seit anderthalb Monaten sitze ich wieder an einem Tisch. Nach unserem Streit vor sechs Wochen wegen Ralph, der Euch nicht gefällt, weil er so viel älter als ich und überhaupt eine seltsame Wahl ist, weil er kein Arzt oder Anwalt ist wie alle anderen, die ich kenne, war ich so wütend, dass ich mich besser nicht ans Steuer gesetzt hätte. Jackie hatte die ganze Zeit im Wagen auf mich gewartet. Sie ist immer meine beste Freundin gewesen. Ich war doch bloß vorbeigekommen, um Euch kurz zu umarmen. Danach wollten wir weiterfahren – über das Wochenende nach Maine, wo Ralph eine Farm hat. So arm ist er nämlich gar nicht, wisst Ihr. Ich war hereingekommen und sagte: „Ich wollte euch bloß Guten Tag sagen, ich bin auf dem Weg nach Maine." Da habt Ihr gleich angefangen, mir Vorwürfe wegen Ralph zu machen. Ihr werdet Euch daran erinnern. Als Du, Dad, meine Beziehung zu ihm eine „Katastrophe" nanntest und Mom zu weinen anfing, da habe ich eben kehrtgemacht und bin gegangen. Ihr seid hinter mir her, aber ich war schneller. Ich habe mich in den Wagen gesetzt, mit zitternden Händen. Jackie bot an, sie könne fahren. Aber ich wollte nicht. Ich fuhr auf den Highway. Alles in mir war in Aufruhr. Ich konnte mich nicht konzentrieren. Ich fuhr zu schnell. Ich fuhr viel zu schnell. Jackie schrie mich an. Ich stand einfach auf dem Gaspedal. Hundertfünfzig bin ich gefahren. An einer Baustelle verengte sich die Straße, und ich übersah die Warnschilder. Ich geriet auf den Mittelstreifen, der Wagen brach durch die Leitplanke und schoss auf die Gegenfahrbahn. Ein kleiner Wagen, eine indische Familie mit vier Kindern, kam mir entgegen – ich krachte mitten in sie rein. Noch immer habe ich Jackies „Nein! Nein!" im Ohr. Es waren ihre letzten Worte. Jackie ist tot. Ein siebenjähriger Junge in dem anderen Wagen hat überlebt, die Eltern und seine drei Geschwister sind tot. Er aber hat nicht die kleinste Schramme, die ihn von der neuen Wirklichkeit wenigstens einen Moment lang ablenken könnte. Was mich angeht – um beim Sichtbarsten anzufangen: Die Hüften und beide Beine sind zerquetscht. Das Gesicht ist völlig kaputt – die Nase gebrochen, die Wangenknochen gebrochen, ein Riss in der Stirn, sieben Rippen, der linke Arm und die linke Hand an fünf Stellen gebrochen. Ich habe auch innere Verletzungen – unter anderem einen Lungenriss. Drei Tage war ich auf der Intensivstation. Ralph kam mit dem Flugzeug von Maine, um bei mir zu sein. In Boston sollte eine Ausstellung mit seinen Bildern eröffnet werden, für die er seit mehr als einem Jahr gearbeitet hatte. Er fuhr nicht hin, sondern blieb, solange er konnte, bei mir. Irgendwann musste er zurück nach Maine, sich um die Tiere kümmern, und kam dann an den Wochenenden herüber. Die übrige Zeit war ich allein. Ich habe vier Operationen hinter mir – in vier Wochen. Im Gesicht werde ich noch operiert. Vielleicht kann ich nie mehr richtig laufen. Kinder werde ich auch keine bekommen können. Aber das alles macht mir längst nicht so viel Kummer wie mein Gewissen. Ich habe fünf Menschen umgebracht. Jackies Eltern haben ihr einziges Kind verloren. Ein kleiner Junge hat alle seine Angehörigen verloren. Und ich bin schuld.

Liebe Mom, lieber Dad. Nichts von alledem ist wahr. Die Wahrheit ist, ich hatte bei Euch angehalten, um Euch eine freudige Nachricht zu bringen. Aber weil Ihr derart über Ralph hergezogen seid, konnte ich Euch nicht sagen, dass ich schwanger bin. Jetzt bin ich im fünften Monat. Letzte Woche haben Ralph und ich geheiratet. Entschuldigt den ersten Absatz: Ich wollte nur, dass Ihr meine Neuigkeiten im richtigen Licht seht. Wir leben in Maine, ich bin ungeheuer glücklich, und ich hoffe, Ihr besucht uns bald mal.

In Liebe
Eure Tochter Sarah

1 Mit diesem Schluss des Briefes habt ihr sicher nicht gerechnet …
Tauscht eure Gedanken zu diesem Text aus.

2 Erst am Ende des Briefes weiß man als Leser, dass die Tochter das Unfallgeschehen komplett erfunden hat.
- Arbeitet aus dem Brief heraus, welche **Motive** die Tochter veranlassen, so zu übertreiben.
- Was will Sarah eurer Meinung nach mit diesem Brief erreichen? Findet dazu entsprechende Belege im Text.

3 Inhaltlich besteht dieser Brief …
- aus einer Beschreibung von **Realität und Tatsachen** (familiäre und persönliche Ausgangssituation),
- aus **Sarahs Erfindung** (Autofahrt, Unfallkatastrophe und Ihre Folgen),
- aus der **Rückkehr zur Realität**.
  Zitiert für jeden dieser Teile entsprechende Textstellen.

4 Untersucht den Text auf seine sprachlichen Gestaltungsmittel. Achtet zum Beispiel auf
- anschauliche, lautmalerische Verben,
- gleiche Satzanfänge,
- Aufzählungen,
- wörtliche Rede,
- Rückblenden,
- Gedankenstriche,
- Verwendung und Wechsel der Zeitformen.

5 Verfasse einen Antwortbrief an Sarah: aus Sicht der Mutter oder des Vaters.
Welchen Aspekt möchtest du dabei in den Vordergrund stellen?
- Das Heimzahlen mit gleicher Münze
- Empörung über den Brief und Abbruch des Kontaktes
- Entschuldigung und Angebot zur Versöhnung
- Eine Mischung aus Empörung / Entsetzen – bei gleichzeitigem Angebot zur Versöhnung

Textwerkstatt

Zeitformgestaltung und Erzählperspektive eines Textes untersuchen

1 Lasst euch die folgende Geschichte von Heinrich von Kleist zunächst einmal von eurem Lehrer / eurer Lehrerin vorlesen.

Das Bettelweib von Locarno

Heinrich von Kleist

Am Fuße der Alpen, bei Locarno im oberen Italien, befand sich ein altes, einem Marchese[1] gehöriges Schloss, das man jetzt, wenn man vom St. Gotthard kommt, in Schutt und Trümmern liegen sieht: ein Schloss mit hohen und weitläufigen Zimmern, in deren einem einst, auf Stroh, das man ihr unterschüttete, eine alte kranke Frau, die sich bettelnd vor der Tür eingefunden hatte, von der Hausfrau aus Mitleiden gebettet worden war. Der Marchese, der, bei der Rückkehr von der Jagd, zufällig in das Zimmer trat, wo er seine Büchse[2] abzusetzen pflegte, befahl der Frau unwillig, aus dem Winkel, in welchem sie lag, aufzustehen, und sich hinter den Ofen zu verfügen. Die Frau, da sie sich erhob, glitschte mit der Krücke auf dem glatten Boden aus, und beschädigte sich, auf eine gefährliche Weise, das Kreuz; dergestalt[3], dass[4] sie zwar noch mit unsäglicher Mühe aufstand und quer, wie es vorgeschrieben war, über das Zimmer ging, hinter den Ofen aber, unter Stöhnen und Ächzen, niedersank und verschied.

Mehrere Jahre nachher, da der Marchese, durch Krieg und Misswachs, in bedenkliche Vermögensumstände geraten war, fand sich ein florentinischer Ritter bei ihm ein, der das Schloss, seiner schönen Lage wegen, von ihm kaufen wollte. Der Marchese, dem viel an dem Handel gelegen war, gab seiner Frau auf, den Fremden in dem oben erwähnten, leer stehenden Zimmer, das sehr schön und prächtig eingerichtet war, unterzubringen. Aber wie betreten war das Ehepaar, als der Ritter mitten in der Nacht, verstört und bleich, zu ihnen herunterkam, hoch und teuer versichernd, dass es in dem Zimmer spuke, indem etwas, das dem Blick unsichtbar gewesen, mit einem Geräusch, als ob es auf Stroh gelegen, im Zimmerwinkel aufgestanden, mit vernehmlichen Schritten, langsam und gebrechlich, quer über das Zimmer gegangen, und hinter dem Ofen, unter Stöhnen und Ächzen, niedergesunken sei.

Der Marchese, erschrocken, er wusste selbst nicht recht warum, lachte den Ritter mit erkünstelter Heiterkeit aus, und sagte, er wolle sogleich aufstehen, und die Nacht zu seiner Beruhigung, mit ihm in dem Zimmer zubringen. Doch der Ritter bat um die Gefälligkeit, ihm zu erlauben, dass er auf einem Lehnstuhl, in seinem Schlafzimmer übernachte, und als der Morgen kam, ließ er anspannen, empfahl sich und reiste ab.

Dieser Vorfall, der außerordentliches Aufsehen machte, schreckte auf eine dem Marchese höchst unangenehme Weise, mehrere Käufer ab; dergestalt, dass, da sich unter seinem eigenen Hausgesinde, befremdend und unbegreiflich, das Gerücht erhob, dass es in dem Zimmer, zur Mitternachtsstunde, umgehe, er, um es mit einem entscheidenden Verfahren niederzuschlagen, beschloss, die Sache in der nächsten Nacht selbst zu untersuchen. Demnach ließ er, beim Einbruch der Dämmerung, sein Bett in dem besagten Zimmer aufschlagen, und erharrte, ohne zu schlafen, die Mitternacht. Aber wie erschüttert war er, als er in der Tat, mit dem Schlage der Geisterstunde, das unbegreifliche Geräusch wahrnahm; es war, als ob ein Mensch sich von Stroh, das unter ihm knisterte, erhob, quer über das Zimmer ging, und hinter dem Ofen, unter Geseufz und Geröchel niedersank. Die Marquise, am andern Morgen, da er herunterkam, fragte ihn, wie die Untersuchung abgelaufen; und da er sich, mit scheuen und ungewissen Blicken, umsah, und, nachdem er die Tür verriegelt, versicherte, dass es mit dem Spuk seine Richtigkeit habe: so erschrak sie, wie sie in ihrem Leben nicht getan, und bat ihn, bevor er die Sache verlauten ließe, sie noch einmal, in ihrer Gesellschaft, einer kaltblütigen Prüfung zu unterwerfen. Sie hörten aber, samt einem treuen Bedienten, den sie mitgenommen hatten, in der Tat, in der nächsten Nacht, dasselbe unbegreifliche, gespensterartige Geräusch; und nur der dringende Wunsch, das Schloss, es koste was es wolle, loszuwerden, vermochte sie, das Entsetzen, das sie ergriff, in Gegenwart ihres Dieners zu unterdrücken, und dem Vorfall irgendeine gleichgültige und zufällige Ursache, die sich entdecken lassen müsse, unterzuschieben. Am Abend des dritten Tages, da beide, um der Sache auf den Grund zu kommen, mit Herzklopfen wieder die Treppe zu dem Fremdenzimmer bestiegen, fand sich zufällig der Haushund, den man von der Kette losgelassen hatte, vor der Tür desselben ein; dergestalt, dass beide, ohne sich bestimmt zu erklären, vielleicht in der unwillkürlichen Absicht, außer sich selbst noch etwas Drittes, Lebendiges, bei sich zu haben, den Hund mit sich in das Zimmer nahmen.

Das Ehepaar, zwei Lichter auf dem Tisch, die Marquise unausgezogen, der Marchese Degen und Pistolen, die er aus dem Schrank genommen, neben sich, setzen sich, gegen elf Uhr, jeder auf sein Bett; und während sie sich mit Gesprächen, so gut sie vermögen, zu unterhalten suchen, legt sich der Hund, Kopf und Beine zusammengekauert, in der Mitte des Zimmers nieder und schläft ein. Drauf, in dem Augenblick der Mitternacht, lässt sich das entsetzliche Geräusch wieder hören; jemand, den kein Mensch mit Augen sehen kann, hebt sich, auf Krücken, im Zimmerwinkel empor; man hört das Stroh, das unter ihm rauscht; und mit dem erste Schritt: tapp! tapp! erwacht der Hund, hebt sich plötzlich, die Ohren spitzend, vom Boden empor, und knurrend und bellend, grad als ob ein Mensch auf ihn eingeschritten käme, rückwärts gegen den Ofen weicht er aus. Bei diesem Anblick stürzt die Marquise, mit sträubenden Haaren, aus dem Zimmer; und während der Marquis, der den Degen ergriffen: wer da? ruft, und da ihm niemand antwortet, gleich einem Rasenden, nach allen Richtungen die Luft durchhaut, lässt sie anspannen, entschlossen, augenblicklich, nach der Stadt abzufahren. Aber ehe sie noch einige Sache zusammengepackt und aus dem Tore herausgerasselt, sieht sie schon das Schloss ringsum in Flammen aufgehen. Der Marchese, von Entsetzen überreizt, hatte eine Kerze genommen, und dasselbe, überall mit Holz getäfelt wie es war, an allen vier Ecken, müde seines Lebens, angesteckt. Vergebens schickte sie Leute hinein, den Unglücklichen zu retten; er war auf die elendiglichste Weise bereits umgekommen, und noch jetzt liegen, von den Landleuten zusammengetragen, seine weißen Gebeine in dem Winkel des Zimmers, von welchem er das Bettelweib von Locarno hatte aufstehen heißen.

[1] Marchese/Marquis: Markgraf; hoher italienischer Adliger
[2] Büchse: Feuerwaffe
[3] dergestalt: so
[4] dergestalt, dass: sodass
[5] Dienstboten eines Grund- oder Gutsherrn

2 Was hat euch nach dem ersten Hören beeindruckt?

3 Wie erklärt ihr euch den „Spuk“, der nachts im Schloss des Marchesen vonstattengeht? Untermauert eure Erklärungen mit entsprechenden Textstellen.

4 In Zeile 27-28 heißt es:
„Der Marchese, erschrocken, er wusste selbst nicht recht warum, lachte den Ritter mit erkünstelter Heiterkeit aus, […]“
Beschreibt, wie ihr diese Zeilen versteht.

5 Vergleicht und deutet die unterschiedlichen Reaktionsweisen des Ehepaares auf die Ereignisse um Mitternacht.

6 Heinrich von Kleist hat diese Geschichte in Zeitformen der Vergangenheit geschrieben: im **Präteritum** und im **Perfekt**. An der spannendsten Stelle im Text wechselt er aber ins **Präsens**.
- Ermittelt diese Passage im Text.
- Tragt diese Passage nun laut vor und lasst die Spannung beim Lesen durch Betonungen und Pausen deutlich werden.

7 Aus welcher Perspektive ist diese Erzählung geschrieben?
- Nutzt die Informationen im folgenden Infokasten.
- Sucht anschließend dafür mehrere Beispiele aus dem Text heraus und lest sie vor.

INFO

Perspektiven des Erzählens

Der Erzähler eines literarischen Textes ist in der Regel ein anderer als der Autor / die Autorin. Der Autor oder die Autorin schreibt zwar die Geschichte, aber er / sie schlüpft dabei in bestimmte Erzähler-Rollen hinein und erzählt aus ganz unterschiedlichen Perspektiven:

1. Erzählen aus der Perspektive eines Erzählers / einer Erzählerin, der / die alles weiß: Allwissender Erzähler / Allwissende Erzählerin
Der **allwissende Erzähler** (auch **auktorialer Erzähler** genannt) erzählt aus einer Perspektive außerhalb der erzählten Welt. Er bildet das Geschehen wie mit einer Kamera von einem übergeordneten Standpunkt aus ab. Er kann in **alle** seine Figuren hineinschauen und erzählen, was sie denken und fühlen. Er weiß alles über sie. Manchmal wendet er sich auch direkt an den Leser / die Leserin und gibt seinen Kommentar zu den Ereignissen oder zum Verhalten der Figuren ab.

2. Erzählen aus der Ich-Perspektive einer Figur: Ich-Erzähler / Ich Erzählerin
Der **Ich-Erzähler** / die **Ich-Erzählerin** steht mitten in der erzählten Welt und erzählt aus seiner / ihrer Sicht in der **Ich-Form**, was er / sie sieht und von den anderen Figuren denkt. Der Ich-Erzähler / die Ich-Erzählerin hat die Kamera, mit der das Geschehen abgebildet wird, sozusagen selbst in der Hand. Er / sie erzählt auch, was er / sie selbst dabei denkt und fühlt. Doch was die anderen Figuren denken und fühlen, das weiß der Ich-Erzähler / die Ich-Erzählerin nicht.

3. Erzählen aus der Perspektive einer Figur der Geschichte: Personaler Erzähler
Manchmal wird eine Figur in den Mittelpunkt gestellt, die in der **Er-Form** oder in der **Sie-Form** erzählt, was die Figuren erleben und voneinander sehen und hören. Das Geschehen wird wie aus der Perspektive einer Kamera abgebildet, die dicht hinter diesem Erzähler / dieser Erzählerin steht. Dieser **personale Erzähler** kann zwar sagen, was er selbst denkt und fühlt. Doch was die anderen Figuren denken und fühlen, das kann er nicht wissen.

8 Hier findet ihr verschiedene Aussagen von Schülerinnen und Schülern einer zehnten Klasse zu diesem Text.
Setzt euch mit diesen Meinungen auseinander und nehmt selbst begründet Stellung.

*Für mich ist das eine Spukgeschichte.
Der Marquis hätte nur die Nerven behalten müssen – und alles wäre zu seinem Vorteil ausgegangen.
Jeder weiß doch, dass es keine Geister gibt!*

*Ich kann gut verstehen, dass der Marquis vor der alten Frau seine Ruhe haben wollte.
Er hat das doch gar nicht wirklich böse gemeint.
Wie sollte er denn auch ahnen, dass sie stürzt und an den Folgen des Sturzes stirbt?*

Meiner Meinung nach ist dies eine Geschichte über Mitleid und Schuld. Hätte der Marquis der alten Frau auch nur ein wenig geholfen, wäre sein Leben nicht so tragisch zu Ende gegangen.

Was würden wir wohl selbst tun, wenn wir nach Hause kämen und in unserem Zimmer hätte sich eine Bettlerin zum Ausruhen hingelegt?

*Man merkt, dass das eine alte Geschichte ist.
Am Beispiel des Marchesen soll wohl deutlich werden, dass man früher oder später für seine Untaten bezahlen muss.*

*So krass,
wie die Ereignisse hier in dieser Geschichte geschildert werden, sehe ich das nicht. Aber es ist auch etwas dran an dieser Lehre.
Vielleicht sollte man immer überlegen, wie man selbst einmal in einer Notsituation behandelt werden möchte.
Wenn man auf diese Art auch mal öfter die Perspektive wechselt, hat das bestimmt auch Einfluss auf das eigene Verhalten gegenüber anderen.*

9 Verfasst selbst eine kurze Stellungnahme zu dieser Geschichte.
Tauscht eure Ergebnisse anschließend im Plenum aus.

10 Schaut euch einmal die ersten beiden Abschnitte des Textes an und achtet dabei auf die Kommasetzung.
- Wie würden wir heute die Kommas (nach den Regeln) setzen?
- Welche Kommas würden wir wohl eher **nicht** setzen?

Geht auf Spurensuche und tauscht euch aus.

11 Lest den ersten Abschnitt des Textes nun einmal so vor, dass ihr **bei jedem Komma** ganz bewusst auch **eine kleine Pause** einlegt.
- Welche Wirkung entsteht durch diese Pausen?
- Wie empfindet ihr diese Wirkung beim Zuhören?

12 Bereitet die Erzählung „Das Bettelweib von Locarno" nun für einen Lesevortrag vor.
Überlegt, ob ihr einzelne Abschnitte auf verschiedene Leser / Leserinnen aufteilen möchtet.

Textwerkstatt

Einen literarischen Text mithilfe von Leitfragen erschließen

Bericht über Hattington

Walter Jens

Der Winter kam in diesem Jahr sehr früh, schon Mitte November hatten wir 15 Grad Kälte, und in der ersten Dezemberwoche schneite es sechs Tage lang hintereinander; am fünften, einem Mittwoch, brach Hattington aus.

Er hatte offenbar damit gerechnet, dass der Schnee seine Spuren verschluckte – und diese Rechnung ging auf. Die Hunde verloren die Witterung und die Gendarmen kehrten noch im Laufe der Nacht nach Colville zurück. Am Morgen darauf wurde unser Polizeiposten verstärkt und Sergeant Smith bekam zwei neue Kollegen. Man vermutete nämlich, dass Hattington versuchen würde, auf dem schnellsten Wege zu uns nach Knox zu gelangen; denn hier hatte man ihn, einen seit langem gesuchten Verbrecher, im Mai auf offener Straße verhaftet – wahrscheinlich auf eine Anzeige hin, die von der Kellnerin Hope und dem Tankstellenwart Madison kam, bei denen Hattington in Kreide stand.

Die Annahme lag also nahe, dass der Zuchthäusler, um Rache zu nehmen, zuerst nach Knox kommen würde.

Von nun an wohnte die Angst in unserer Stadt. Martha Hope verreiste für einige Wochen, Madison hatte den Revolver entsichert neben dem Bett. Aber auch wir anderen waren in Sorge: nach 10 Uhr abends verließ niemand sein Haus, die Kinder wurden von den Eltern zur Schule gebracht. Die Polizei durchkämmte jeden Winkel: kein Keller und kein Speicher, kein Schuppen und keine Baracke, die man nicht mehrfach durchsuchte; sogar die Kanalisationsschächte wurden geprüft. Doch obwohl sich nirgendwo auch nur die schwächste Fährte fand (kein Anzeichen einer Vermutung, geschweige denn eine handfeste Spur), wollte das Gerücht nicht verstummen, einer unter uns habe den Entkommenen, der nur auf seine Stunde warte, versteckt: einmal sollte es der Schankwirt Ellington, ein andermal der Zeitungshändler Bore, das dritte Mal ein zugewanderter Hausierer sein, der seine Waren zwischen Colville und Baxton verkaufte. Das Misstrauen beherrschte die Stadt, anonyme Briefe wurden geschrieben; im „Colville-Star" fand man geheimnisvolle Annoncen: ACHTET AUF BORE oder JUDAS[1] ELLINGTON, WO WARST DU AM 4. DEZEMBER?

Erst als Weihnachten und Neujahr vorbeigingen, ohne dass das Geringste geschah, begannen wir wieder Hoffnung zu schöpfen, zumal es jetzt hieß, ein reisender Weinhändler habe Hattington in einer kanadischen Kleinstadt nahe der Grenze gesehen.

Martha Hope kehrte zurück; Madison verkaufte den Wachhund, in den Wirtschaften war wieder Hochbetrieb, und es hatte den Anschein, als ob unsere Bürger das wochenlang Versäumte in ein paar Tagen nachholen wollten. Die Fenster wurden entriegelt, Sicherheitsschlösser geöffnet, man hörte Lärm und Musik auf den Straßen und die Maskerade im Saloon, ein Fest wie seit Jahren nicht mehr, dauerte bis gegen sechs Uhr früh.

Aber dann fand man plötzlich, am 11. Januar, unten am Fluss die Leiche von Emily Swady und zwei Tage später wurde Helen Fletcher, ein vierzehnjähriges Mädchen, auf dem Schulweg von einem Maskierten in einen Hausflur gezerrt und in grausamer Weise misshandelt. Hattington, daran (so glaubte man) gab es nun nichts mehr zu deuteln, war also doch in der Stadt ... Wer aber hatte ihn versteckt? Madison vielleicht, um sich freizukaufen? Oder Martha Hope, weil sie erpresst worden war? Schwarze Listen machten die Runde; Häuserwände und Gehsteige waren mit Verleumdungen bedeckt, und als am 1. Februar das Drei-Männer-Tribunal beauftragt wurde, das Leben jeden Bürgers genau zu durchforschen, begann eine Hexenjagd, die an die schlimmsten Zeiten denken ließ.

Bald gab es kein Geheimnis mehr, das, von Schnüfflern entdeckt, nicht ans Tageslicht kam:

Ehemänner, die einmal gefehlt hatten, sahen sich wie Verbrecher behandelt, harmlose Trinker wurden des Mordes verdächtigt; der Frauenverein ließ vor den Kino-Vorstellungen Zettel verteilen, auf denen sich die Bürger ermahnt sahen, den Umgang mit gewissen Leuten, wenn ihnen das Leben lieb sei, zu meiden. Auf der anderen Seite mehrten sich gerade in diesen Tagen unter den jungen Leuten Unordnung und Zuchtlosigkeit. Während die Älteren ihre Häuser nach Möglichkeit nur noch zur Arbeit oder zum Kirchgang verließen, versammelten sich die Jüngeren abends im Wirtshaus, tranken und johlten, pöbelten die Erwachsenen an und errichteten am Ende ein solches Schreckensregiment, dass wir ihrer nur mit Hilfe einer Art von Zivilpolizei, der Bürgerwehr, Herr werden konnten.

Schließlich blieb kein anderer Ausweg, als die Rädelsführer kurzweg zu verhaften – und dabei kam dann heraus, dass auch die schlimmsten Radaubrüder sich eher aus Furcht, eines Tages Hattingtons Opfer zu werden, denn aus Übermut zusammenrotteten.

Das hat mir wieder einmal gezeigt, wie schnell die allgemeine Raserei im Schatten der Angst und des Schreckens gedeiht.

Doch im Übrigen standen die Eltern, was den Verfall der Sitten betrifft, ihren Kindern nicht nach. Ich selbst habe Nächte erlebt, in denen man mich mehr als ein Dutzend Mal anrief, um mich mit verstellter Stimme zum Boykott angeblich verdächtiger Bürger zu zwingen.

Und dann kam jener 17. März, an dem man Madison erwürgt in seinem Zimmer fand: der Mörder hatte ihm ein Kainsmal[2] auf die Schläfe gebrannt.

Von diesen Tagen an war es auch den Vernünftigen unter uns nicht mehr möglich, Geduld zu bewahren. Wer jetzt noch zur Besonnenheit mahnte und dem hysterischen Taumel zu begegnen versuchte, sah sich kurzerhand auf die Verdächtigen-Liste gesetzt – und das hieß: eingeworfene Scheiben, zerschlagener Hausrat, Drohungen, Anzeigen, Prügel und Feme[3]. Nur ein paar Wochen noch und es kam zu Tätlichkeiten unter den Bürgern. Schon Anfang April hatten Fanatiker eine afrikanische Puppe gelyncht, einige Tage später die Praxis eines jüdischen Doktors zerschlagen. Nun ging man einen Schritt weiter: Im Zeichen Hattingtons wurden alte, längst verjährte Rechnungen beglichen; Revolver, Messer und Knute regierten und wer sich widersetzte, dem wurde zum Lohn mit Kreide ein H[4] auf die Haustür gemalt: Er ist ein Hattington-Freund; ihr könnt mit ihm tun, was ihr wollt; niemand wird ihm beistehen wollen.

Im April hat dann sogar Reverend Snyder, einer der letzten besonnenen Männer, kapituliert: Von der Kanzel aus befahl er uns, den Mörder und seine Helfershelfer zu jagen.

Das war am Sonntag vor Ostern[5], am Tag darauf war die Macht des Winters gebrochen und die große Schmelze begann. Die Sonne brachte alles an den Tag: Am Karfreitag[6] fand man Hattingtons Leiche, hundert Meter vom Zuchthaus entfernt. Weiter war er nicht gekommen bei seinem Ausbruchversuch im November. Der Schnee hatte die Spuren verschluckt, der Eissarg seinen Körper geschützt.

Von diesem Tag an begann es still zu werden, hier bei uns in Knox. Wer es irgend ermöglichen konnte, zog weg. Emily Sawdys und Madisons Mörder aber wurde niemals gefunden, das Vergehen an Helen Fletcher nicht gesühnt. Nur ich habe einen bestimmten Verdacht, doch ich schweige und sonst weiß niemand, wer der Täter war. Eines aber ist sicher: Es gibt nicht viele Leute in unserer Stadt, die frei sind von Schuld.

[1] Judas: Bezug genommen wird hier auf *Judas Iskariot*, einer der zwölf Jünger des Jesus von Nazareth. Judas verrät Jesus mit einem Kuss (Judaskuss) für ein kleines Handgeld (Judaslohn) von dreißig Silberlingen an die Gerichtsbarkeit, sodass Jesus an die Römer ausgeliefert und gekreuzigt wird.
[2] Kainsmal: Zeichen der Schuld, mit dem eine Person gezeichnet ist
[3] Feme: heimliches Gericht
[4] ein *H* auf die Haustür malen: *hier:* jemanden für vogelfrei erklären, weil Hattington-Freund; *vogelfrei* ist so zu verstehen, dass der Ausgestoßene so wie ein Vogel von jedem frei gejagt und getötet werden durfte. Auch wurde er im Todesfall nicht beerdigt, sondern den Vögeln und Wölfen zum Fraß überlassen. Das Wort *vogelfrei* ist ein feststehender Ausdruck seit dem 16. Jahrhundert.
[5] Ostern: Ostern ist im Christentum die jährliche Gedächtnisfeier der Auferstehung Jesu Christi, der nach dem Neuen Testament als Sohn Gottes den Tod überwunden hat.
[6] Karfreitag: der Freitag vor Ostern. Christen gedenken an diesem Tag des Kreuztodes Jesu Christi

1 Welche Fragen, Gedanken und Gefühle beschäftigen euch nach dem ersten Lesen dieses Textes? Führt dazu eine **Blitzlicht-Runde** durch, damit jeder von euch zu Wort kommen kann.

M Blitzlicht

Bei der Methode **Blitzlicht** äußert sich jeder reihum kurz in ein oder zwei Sätzen zu einer gestellten Frage. Die Äußerungen sollten als Ich-Botschaften formuliert werden. Alle anderen Teilnehmer sind während der individuellen Beiträge nur Zuhörer. Wertungen oder Unterbrechungen sind **nicht** gestattet.
Verständnisfragen dürfen aber gestellt werden.
Wenn die **Blitzlicht-Runde** beendet ist, können alle miteinander über die angesprochenen Probleme oder Fragen diskutieren.

2 Wie verändert sich diese Stadt, nachdem Hattington aus dem Zuchthaus ausgebrochen war? Beschreibt diese Entwicklung mit euren Worten.

3 Zu welcher Jahreszeit spielt das Geschehen? Begründet, warum diese Jahreszeit für den Verlauf der Handlung von zentraler Bedeutung ist.

4 Wodurch gelingt es dem Erzähler, die Spannung in diesem Text für den Leser bis zum Schluss aufrechtzuerhalten? Bezieht in eure Überlegungen auch den Titel der Geschichte mit ein.

LESEN Umgang mit Texten und Medien

5 In dieser Geschichte spielen verschiedene Figuren eine wichtige Rolle für den Verlauf der dramatischen Geschehnisse. Verschafft euch anhand der folgenden Liste einen Überblick über die Figuren. Ihr findet sie in der **Reihenfolge ihres Erscheinens im Text aufgelistet** – ergänzt mit Angaben zu ihrer Rolle oder Funktion im Zusammenhang mit der Handlung.

Figurenübersicht zu:

Bericht über Hattington

Walter Jens

Ich-Erzähler:	Bewohner der Kleinstadt Knox; erzählt, was sich vom November bis zum Osterfest des darauffolgenden Jahres ereignet hat
Hattington:	???
Sergeant Smith:	???
Hope, Martha:	Kellnerin, bei der Hattington Schulden hatte; hat Hattington angezeigt; verreist aus Furcht für einige Wochen
Madison:	???
Ellington:	Schankwirt; gerät in Verdacht, Hattington versteckt zu haben
???	Zeitungshändler; gerät ebenfalls in Verdacht, Hattington versteckt zu haben
Hausierer:	gerät auch in Verdacht, Hattington versteckt zu haben
???	soll Hattington an der kanadischen Grenze gesehen haben
Hope, Martha:	kehrt beruhigt zurück
???	verkauft seinen Wachhund
Sawdy, Emily:	ihre Leiche wird am 11. Januar unten am Fluss gefunden; Mörder unbekannt
???	vierzehnjähriges Mädchen; wird auf dem Schulweg in einen Hausflur gezerrt und grausam misshandelt; Täter unbekannt
Drei-Männer-Tribunal:	wird am 1. Februar beauftragt, das Leben jedes Bürgers zu durchforschen
Ich-Erzähler:	wird von anonymen Anrufern zum Boykott verdächtiger Bürger aufgefordert
???	wird am 17. März erwürgt in seinem Zimmer aufgefunden; Mörder unbekannt
Jüdischer Doktor:	???
Reverend Snyder:	befiehlt von der Kanzel, den Mörder und seine Helfershelfer zu jagen
Hattington:	am Karfreitag wird seine Leiche in der Nähe des Zuchthauses gefunden; er ist bereits im November im Schnee umgekommen
Ich-Erzähler:	hat einen Verdacht, wer die Verbrechen in Knox begangen hat, schweigt jedoch

6 Einige Angaben sind in dieser Übersicht noch unvollständig **???**.
Lest im Text nach und legt für euch eine **vollständige Figurenübersicht** an.

7 Arbeitet in Gruppen und erschließt euch den Text gemeinsam mithilfe der folgenden **Leitfragen** (233–234).

233–234

- Stellt eure Ergebnisse übersichtlich zusammen.
- Tauscht euch anschließend mit den anderen Gruppen über eure Ergebnisse aus.

Elemente des Erzählens	Leitfragen, die man an Texte stellen kann:
Erzählsituation / Handlung:	• Wovon handelt die Geschichte?
Ort:	• An welchem zentralen Ort spielt die Geschichte? • Wird der Ort genau beschrieben? • Ist der Ort für die Handlung bedeutsam?
Figuren:	• Welches ist die Hauptfigur / sind die Hauptfiguren der Handlung? Wie viele sind es? • Werden ihre Namen genannt? • Wie stehen die Figuren zueinander? • In welchem Augenblick ihres Lebens (Alltag, Ausnahmesituation) lernen wir sie kennen? • Müssen die Figuren mit einem bestimmten Problem fertig werden? • Erfahren wir auch etwas über ihre Gedanken, ihre Gefühle? • Welche inneren / äußeren Konflikte müssen die Figuren austragen? • Werden Probleme / Konflikte am Ende gelöst? • Von welchen zentralen Motiven werden die Handlungen der Figuren bestimmt?

Tipp:

Ein **Motiv** ist ein **Beweggrund** für das Handeln einer literarischen Figur. Mögliche Handlungsmotive können sein: Liebe, Anerkennung, Hass, Neid, Rache, Eifersucht, Verantwortungsbewusstsein, das Abwenden von Schaden, die Befreiung aus Zwängen und Notlagen …
Es gibt unterschiedlich starke Motive, die das Handeln einer literarischen Figur prägen. Meist ist aber ein Hauptmotiv für das Verhalten einer Figur erkennbar.

Handlungsmotive literarischer Figuren lassen sich aufspüren …
a) in **der direkten Rede** der Figur,
b) in **der Gedankenrede** der Figur,
c) in **Erzählerkommentaren**,
d) in **der Beschreibung bestimmter Situationen**.

Elemente des Erzählens	Leitfragen, die man an Texte stellen kann:
Zeit:	• Hat die Zeit, zu der die Geschichte spielt, eine Bedeutung für die Handlung? • Welchen zeitlichen Rahmen umfasst die erzählte Zeit (Dauer der Handlung) in diesem Text?
Aufbau:	• Wie ist der Text gegliedert?
Handlung:	• Wie ist die Handlung aufgebaut: Läuft alles nacheinander ab oder verläuft manches auch parallel? • Welche äußeren Umstände prägen die Handlung? • Wird ein bestimmtes Ereignis geschildert? Oder ein Konflikt, auf den die Figuren reagieren? • Wie spiegeln sich die Geschehnisse im Verhalten der Figuren wider? • Gibt es Vorausdeutungen oder Rückblenden?
Erzähler:	• Aus welcher Perspektive wird erzählt: Gibt es einen Ich-Erzähler, einen auktorialen Erzähler oder einen personalen Erzähler?
Redeformen:	• Ist der Text von Gedankenreden (innerer Monolog, erlebte Rede) mitbestimmt? • Ist der Text von Dialogen geprägt?
Sprachliche Gestaltung:	• Durch welche Eindrücke, Empfindungen, Gefühle wird das Geschehen anschaulich? • Gibt es auffällige sprachliche Besonderheiten: ungewöhnliche Wortwahl, Spannung erzeugende Wörter, Wiederholungen, Andeutungen, Verzögerungen, Gedankenreden, wörtliche Reden, Erzählerkommentare, Schlüsselwörter oder Sprachbilder, die für das Verständnis des Textes wichtig sind? • Finden sich Auffälligkeiten im Satzbau? • Welche Zeitformen sind im Text vorherrschend? • Gibt es Zeitformwechsel? Was bewirken sie?
Spannung:	• Gibt es rätselhafte oder schwer verständliche Stellen? • Welche Spannung erzeugenden Elemente kommen im Text zum Tragen (Unterbrechungen der Handlung, Vorausdeutungen, offener Schluss …)?
Leerstellen:	• Welche Stellen bedürfen einer eigenen Deutung? • Welche Fragen bleiben am Ende offen?

8 Eine zentrale Stelle dieses Textes findet ihr in Zeile 72–73. Dort gibt der Erzähler eine umfassende Bewertung zu den Geschehnissen ab:
„Das hat mir wieder einmal gezeigt, wie schnell die allgemeine Raserei im Schatten der Angst und des Schreckens gedeiht."
Wie versteht ihr diesen Erzählerkommentar?

9 Nennt Beispiele aus eurer Erfahrungswelt, in denen Reaktionen von Menschen auf ein Unglück zum Auslöser für das nächste werden – auch Eskalation genannt.

10 Schreibe nun eine Interpretation zu dieser Geschichte.
- Der folgende Infokasten gibt dir einen Überblick darüber, wie du deine Interpretation aufbauen kannst.
- Aus dem **„Kleinen Lexikon von Ausdrücken für Prosa-Interpretationen"** kannst du Formulierungen auswählen. Sie sind dort mach dem Alphabet geordnet. 115–117

Eine Interpretation schreiben

INFO

Eine Interpretation wird hauptsächlich im Präsens geschrieben. Sie besteht aus drei Teilen:

1. Einleitung:
In ein bis zwei Sätzen nennt man den **Autor**, den **Titel**, die **Textart** und die **Hauptfigur(en)**. Außerdem gibt man einen kurzen Ausblick auf die Handlung.

2. Hauptteil:
Im Hauptteil geht man auf die folgenden Bausteine ein:

Den Inhalt zusammengefasst wiedergeben: 106–107
Worum geht es in der (Kurz-)Geschichte?
Was ist das zentrale Thema?
- Wer ist / sind die Hauptfigur(en)?
- In welchem Verhältnis stehen die Figuren zueinander?
- In welchem Augenblick ihres Lebens (Alltag, Ausnahmesituation) lernen wir sie kennen?
- Müssen die Personen mit einem bestimmten Problem fertig werden?
- Erfahren wir auch etwas über ihre Gedanken, ihre Gefühle?

Den Inhalt deuten / interpretieren: 108–110
- Wie verstehe ich das Ganze?
- Was ist mir besonders aufgefallen?
- Wie werden Figuren und Dinge beschrieben?
- Werden einzelne Figuren oder Dinge genauer beschrieben?
- Wie deute ich das Verhalten der Figuren?
- Gibt es auffällige Veränderungen im Verhalten der Figuren?
- Wie endet die Geschichte? Oder ist das Ende offen?

3. Schluss:
Abschließend schreibt man die eigene Meinung über die (Kurz-)Geschichte auf.
- Welche Gedanken und Gefühle löst die Kurzgeschichte bei mir aus?
- Wie bewerte ich das Verhalten und die Entwicklung der Figuren?
- Warum halte ich die Geschichte für lesenswert / nicht lesenswert?

Textwerkstatt

Ein Interpretationsgespräch zu einem literarischen Text führen

Auf dem Wasser

Guy de Maupassant

Vergangenen Sommer hatte ich ein kleines Landhaus am Ufer der Seine, mehrere Meilen von Paris entfernt, gemietet; ich ging jeden Abend hin und blieb regelmäßig über Nacht dort. Schon nach wenigen Tagen schloss ich Bekanntschaft mit einem meiner Nachbarn, einem Mann zwischen dreißig und vierzig, der wohl der eigenartigste Sonderling war, dem ich je begegnet bin. Er war ein alter Kahnsportler, aber ein regelrecht versessener, fanatischer Bootfahrer, der ununterbrochen am Wasser, immer auf dem Wasser und meist im Wasser lebte. Höchstwahrscheinlich war er in einem Boot zur Welt gekommen, und ganz bestimmt wird er auf seiner letzten Kahnfahrt sterben.

Als wir eines Abends am Ufer der Seine dahinschlenderten, bat ich ihn, aus seinem Kahnfahrerleben ein paar Geschichten zum Besten zu geben. Mit einem Schlag war er wie umgewandelt, er bekam Leben, wurde beredt, ja fast poetisch. In seinem Herzen lebte eine große, verzehrende, unwiderstehliche Leidenschaft: der Fluss.

„Ah!", sagte er, „wie manche Erinnerung ist in mir lebendig, was weiß ich nicht alles über den Fluss, den Sie dort an uns vorbeifließen sehen! Ihr Städter kennt ja nur eure Straßen, ihr ahnt nicht, was der Fluss ist. Aber hört einmal zu, wenn ein Fischer dieses Wort ausspricht! Für ihn ist er etwas Geheimnisvolles, Tiefes, Unbekanntes, ein Land voller Phantasmagorien und Sinnestäuschungen. Da sieht man zur Nachtzeit Dinge, die wesenlos sind, man hört Laute, die man nicht kennt, man ängstigt sich und weiß nicht warum, wie wenn man über einen Friedhof geht. Und tatsächlich ist er ja auch der unheimlichste Friedhof, einer, auf dem man weder Grab noch Leichenstein hat.

Für den Fischer hat das Land seine Grenzen, und im Dunkeln, wenn der Mond nicht scheint, ist der Fluss unbegrenzt. Ein Seemann empfindet nicht das Gleiche dem Meer gegenüber. Es ist oft bösartig und erbarmungslos, das ist wahr, aber es brüllt und heult, es ist ehrlich, das große Meer, während der Fluss still und tückisch ist. Er grollt nicht, er fließt immer lautlos dahin, und diese ewige Strömung des dahinfließenden Wassers hat für mich etwas weit Schreckenerregenderes als die haushohen Wogen des Ozeans.

Es gibt Träumer, die behaupten, das Meer berge in seinem Schoße unermessliche bläulich dämmernde Länder, wo die Ertrunkenen zwischen den großen Fischen hintreiben, in seltsamen Wäldern und kristallenen Grotten. Der Fluss hat nur schwarze Tiefen, wo man im Schlamm vermodert. Und doch ist er schön, wenn er im Licht der aufgehenden Sonne glitzert und leise zwischen seinen von murmelndem Schilf bestandenen Böschungen plätschert.

Nun, ich glaube, die Geschichten, die mit ihren leisen Stimmchen die Schilfrispen einander zuraunen, sind noch schauriger als die unheimlichen Dramen, die uns das brüllende Tosen der Meereswogen erzählt. Ich soll Ihnen also ein paar von meinen Erinnerungen erzählen? Gut, ich will Ihnen ein ganz seltsames Erlebnis anvertrauen, das mir hier vor ungefähr zehn Jahren zugestoßen ist.

Ich bewohnte, wie auch heute noch, das Häuschen der Mutter Lafon, und einer meiner besten Freunde, Louis Bernet, der seither allerdings den Kahnsport, seinen Glanz und sein ungezwungenes Naturleben aufgegeben hat und in den Staatsrat eingetreten ist, hatte sich im Dorf C…, zwei Meilen flussabwärts, niedergelassen. Wir speisten täglich zusammen, bald bei ihm, bald in meiner Wohnung.

Als ich eines Abends ganz allein und ziemlich müde heimwärts ruderte und mühsam mein großes Boot, einen zwölf Fuß langen ‚Océan', den ich nachts immer benützte, flussaufwärts lotste, hielt ich für ein paar Augenblicke dort vorne bei der Spitze des Schilfriedes, etwa zweihundert Meter vor der Eisenbahnbrücke, um zu verschnaufen. Das Wetter war prachtvoll; der Mond schien strahlend hell, der Fluss glimmerte und funkelte, die Luft war windstill und mild. Diese Ruhe verlockte mich; ich sagte mir, es müsste doch eigentlich genussvoll sein, an diesem Ort eine Pfeife zu rauchen. Gedacht, getan; ich nahm meinen Anker und warf ihn aus.

Das Boot wurde von der Strömung flussabwärts getragen, es fierte[1] seine Kette bis ans Ende und blieb dann stehen. Ich setzte mich im Heck auf mein Schaffell und machte es mir so bequem wie möglich. Ringsum war alles still; man hörte nichts, rein gar nichts. Manchmal nur glaubte ich ein fast unmerkliches, leises Plätschern des Wassers gegen das Ufer zu vernehmen, und ich gewahrte hier und dort ein Schilfbüschel, das über das Ried hinausragte und seltsame Gestalten annahm oder sich von Zeit zu Zeit zu bewegen schien.

Der Fluss war vollkommen ruhig, aber ich fühlte mich durch die lautlose Stille, die mich rings umgab, sonderbar erregt. Alle Tiere, die Frösche und Kröten, die nächtlichen Sänger der Moore, schwiegen. Mit einmal quakte ein Frosch zu meiner Rechten, ganz nahe. Ich schrak zusammen; er verstummte, ich hörte nichts mehr, und ich beschloss, ein wenig zu rauchen und mich so abzulenken. Doch obschon ich es als Pfeifenraucher mit jedem aufnehmen kann, bekam es mir diesmal nicht; schon beim zweiten Zug drehte sich mir der Magen um, und ich musste aufhören. Ich begann, vor mich hin zu singen, aber der Klang meiner eigenen Stimme machte mir Unbehagen, und so streckte ich mich zuletzt auf dem Boden des Bootes aus und schaute in den Himmel hinauf. Eine Zeit lang blieb ich ruhig liegen, doch bald störte mich das leichte Schaukeln der Barke. Es war mir, als schwinge sie in gewaltigen, weit ausladenden Schwüngen hin und her und berühre bald die eine, bald die andere Uferböschung. Dann wieder hatte ich das Gefühl, ein unsichtbares Wesen oder eine geheimnisvolle Kraft ziehe sie auf den Grund des Wassers hinab und hebe sie dann hoch empor, um sie erneut niederfallen zu lassen. Ich wurde hin und her geworfen wie in einem wilden Sturm. Rings um mich her vernahm ich allerlei Geräusche; ich schnellte hoch, setzte mich auf: Das Wasser glitzerte, alles war ruhig.

Nun wurde mir klar, dass meine Nerven ein wenig angegriffen waren, und ich beschloss weiterzufahren. Ich zog an der Ankerkette; das Boot setzte sich in Bewegung, dann spürte ich Widerstand; ich zog stärker, doch der Anker kam nicht hoch. Er hatte sich auf dem Grund des Wassers in irgendetwas festgehakt, und ich konnte ihn nicht losmachen. Ich riss von Neuem an der Kette, doch es half nichts. Da drehte ich mit meinen Rudern das Boot und fuhr ein Stück aufwärts, um die Lage des Ankers zu verändern. Umsonst; er gab nicht nach. Ich geriet in Zorn und rüttelte wie rasend an der Kette. Nichts rührte sich. Entmutigt setzte ich mich wieder hin und dachte über meine Lage nach. Ich konnte nicht daran denken, die Kette zu zerreißen oder sie vom Schiff loszulösen; sie war sehr dick und am Bug in einem mehr als armdicken Stück Holz festgenietet. Doch das Wetter blieb auch weiterhin schön, und so konnte ich bestimmt damit rechnen, dass ich voraussichtlich binnen Kurzem einem Fischer begegnen würde, der mir Hilfe bringen konnte. Mein Missgeschick hatte mich beruhigt; ich setzte mich und konnte endlich meine Pfeife rauchen. Ich hatte eine Flasche Rum bei mir; davon trank ich zwei, drei Gläser, und nun musste ich über meine dumme Lage lachen. Es war sehr warm, sodass ich schlimmstenfalls die Nacht unter freiem Himmel verbringen konnte, ohne üble Folgen zu gewärtigen.

Plötzlich erklang ein leiser Schlag gegen die Bootswand. Ich fuhr auf, und kalter Schweiß überlief mich vom Kopf bis zu den Füßen. Das Geräusch rührte vermutlich von einem Stück Holz her, das auf dem Wasser trieb, aber das hatte genügt, und ich fühlte, wie mich erneut eine rätselhafte, nervöse Erregung befiel. Ich packte die Ankerkette und zog mit äußerster, verzweifelter Kraft daran. Der Anker ließ sich nicht von der Stelle bewegen. Erschöpft setzte ich mich wieder hin.

Währenddessen hatte sich der Fluss nach und nach mit einem dicken weißen Nebel bedeckt, der ganz tief über dem Wasser dahinkroch, sodass ich aufrecht im Bott stehend den Fluss nicht mehr sah, auch nicht meine Füße und die Barke, nur mehr die Spitzen der Schilfrispen und darüber hinweg, weiter hinten, die Ebene, die im Mondschein in bleiches Licht getaucht dalag, und darauf ein paar große tiefschwarze Flecken, die himmelan ragten, gebildet von vereinzelten Gruppen italienischer Pappeln. Ich war bis zum Gürtel wie in eine dicke Schicht eigenartig weißer Baumwolle eingehüllt, und fantastische Sinnestäuschungen suchten mich heim. Ich bildete mir ein, man versuche, in mein Boot zu klettern, das ich nicht mehr unterscheiden konnte, und der Fluss, der in dem undurchsichtigen Nebel verborgen war, müsse von unheimlichen Wesen wimmeln, die um mich her schwammen. Ich verspürte ein grauenhaftes Unbehagen, einen grässlichen Druck auf den Schläfen, und mein Herz klopfte so wild, dass ich kaum mehr zu atmen vermochte. Schon wollte ich den Kopf verlieren und spielte mit dem Gedanken, mich schwimmend in Sicherheit zu bringen. Dann ließ mich diese Vorstellung alsbald vor Entsetzen erschauern. Ich sah mich schon verirrt, aufs Geratewohl in dieser dichten Nebeldecke umherschwimmen und gegen die Gräser und Schilfstauden ankämpfen, in denen ich mich ja unweigerlich verfangen musste; ich sah, wie ich vor Angst keuchte und röchelte, weil ich den Uferhang nicht sehen, mein Boot nicht mehr finden konnte, und es war mir, als würde ich an den Füßen hinab bis auf den Grund dieses schwarzen Wassers gezogen.

Tatsächlich hätte ich mindestens fünfhundert Meter gegen die Strömung schwimmen müssen, ehe ich eine Stelle gefunden hätte, die frei von Binsen und Schilf war, sodass ich hätte Fuß fassen können, und darum war zehn gegen neun zu wetten, dass ich in diesem Nebel die Richtung verlieren und ertrinken würde, so gut ich auch schwimmen konnte.

Ich versuchte, mir selber Vernunft zu predigen. Ich fühlte in mir den festen Willen, mich nicht zu fürchten; aber da war in meinem Innern noch etwas anderes als mein Wille, und dies andere hatte Angst. Ich fragte mich, was ich denn eigentlich fürchten könnte. Mein beherztes Ich lachte mein verzagtes Ich aus, und niemals mehr habe ich wie in jener Nacht den Zwiespalt zweier Wesen in unserem Innern gefühlt, eines zur Tat drängelnden und eines widerstrebenden, die beide abwechselnd die Oberhand gewannen.

Dieses dumme, unerklärliche Grauen wuchs fort und fort und wurde allmählich zum panischen Entsetzen. Ich verharrte regungslos, mit weit aufgerissenen Augen und gespitzten Ohren, und wartete. Worauf? Ich wusste es nicht, aber es musste etwas Grauenhaftes sein. Ich glaube, wenn ein Fisch aus dem Wasser gesprungen wäre, wie es ja häufig vorkommt, so hätte es nicht mehr gebraucht, und ich wäre bewusstlos hingeschlagen.

Durch eine heftige Willensanstrengung gelang es mir indessen schließlich, meiner entgleitenden Vernunft wieder einigermaßen Herr zu werden. Ich nahm aufs Neue meine Rumflasche hervor und trank in langen Zügen. Da kam mir ein guter Gedanke: Ich begann zu schreien, was meine Lungen hergeben konnten, und drehte mich dabei nach allen Himmelsrichtungen. Als meine Kehle vollkommen lahmgeschrien war, lauschte ich. – Ein Hund heulte in weiter Ferne. Ich trank noch ein paar Schlucke und streckte mich dann längelang auf dem Boden des Bootes aus. So blieb ich vielleicht eine Stunde liegen, ohne zu schlafen, mit offenen Augen, rings von Schreckbildern umgeben. Ich wagte nicht, mich aufzurichten, und wünschte es doch inbrünstig. Von Minute zu Minute schob ich es hinaus. Immer wieder sagte ich mir: ‚Vorwärts, steh auf!‘, und hatte doch Angst, eine Bewegung zu machen. Zuletzt richtete ich mich ganz, ganz vorsichtig auf, als hätte mein Leben vom leisesten Geräusch abgehangen, das ich gemacht hätte, und blickte über den Bootsrand hinaus.

Das wundersamste, das erstaunlichste Schauspiel, das man sich denken kann, bot sich meinen geblendeten Augen. Es war wie eine jener Zauberlandschaften aus dem Feenreich, eines jener Gesichte, von denen Reisende erzählen, die aus fernen Ländern heimkehren und denen wir lauschen, ohne ihnen Glauben zu schenken.

Der Nebel, der zwei Stunden vorher dicht über dem Wasser hintrieb, hatte sich nach und nach verzogen und auf den Ufern zusammengeballt. Nun ließ er den Fluss völlig frei und bildete dafür auf beiden Ufern einen zusammenhängenden, sechs oder sieben Meter hohen Hügelzug, der im Mondlicht schneeweiß leuchtete. Nichts anderes sah man mehr als den feuerdurchwirkten Fluss zwischen diesen beiden weißen Bergen, und oben über meinem Haupt stand, voll und riesenhaft, der große, alles mit seinem Glanz überflutende Mond mitten an einem bläulichen, milchig schimmernden Himmel.

Alles Getier im Wasser war wieder erwacht. Die Frösche quakten wie wild, während ich alle paar Augenblicke, bald rechts, bald zu meiner Linken den kurzen, eintönigen Klagelaut vernahm, den die helle Stimme der Kröten zu den Sternen emporsendet. Seltsam: Ich fürchtete mich nicht mehr. Es umgab mich eine so zauberhafte Landschaft, dass selbst die unwahrscheinlichsten Wunderdinge mich nicht hätten erstaunen können.

Wie lange dies dauerte, weiß ich nicht, denn ich war schließlich eingeschlafen. Als ich die Augen wieder aufschlug, war der Mond untergegangen, der Himmel stark bewölkt. Das Wasser gluckste unheimlich, der Wind blies heftig, es war kalt und stockfinstere Nacht.

Ich trank meinen Rum vollends aus, dann horchte ich schlotternd auf das Rauschen des Schilfs und das dumpfe Brausen des Flusses. Ich spähte angestrengt in die Finsternis, konnte jedoch mein Boot nicht erkennen, ja nicht einmal meine Hände, obwohl ich sie dicht vor die Augen hielt.

Allmählich lichtete sich indessen die pechschwarze Dunkelheit. Plötzlich war mir, als gleite ein Schatten ganz nahe an mir vorbei. Ich stieß einen Schrei aus. Eine Stimme gab Antwort. Es war ein Fischer. Ich rief ihn an, er ruderte zu mir heran, und ich erzählte ihm mein Missgeschick. Nun steuerte er sein Boot so, dass es Bord an Bord mit dem meinen lag, und wir zogen beide mit vereinten Kräften an der Kette. Der Anker rührte sich nicht vom Fleck. Der Tag graute, düster, grau, regnerisch, eiskalt. Wer hat solche Tage, die nur Traurigkeit und Unglück mit sich bringen, nicht schon erlebt? Ich bemerkte ein anderes Boot; wir riefen es zu Hilfe. Der Mann, der es lenkte, vereinigte seine Anstrengungen mit den unsern, und jetzt gab der Anker allmählich nach. Er kam hoch, aber ganz, ganz langsam und mit einem beträchtlichen Gewicht beschwert. Endlich gewahrten wir eine schwarze Masse und zogen sie an Bord.

Es war die Leiche einer alten Frau. Sie hatte einen großen Stein am Hals."

[1] *Seemannssprache:* [Tau] ablaufen lassen, herablassen

1 Was für eine Geschichte! Dieser Fluss hat es wirklich in sich. Beschreibt, was euch beim Lesen besonders beeindruckt hat.

2 Die Szenerie, die dieser Fluss dem Fischer auf seiner nächtlichen Heimfahrt offenbart, ist außerordentlich vielfältig.
Erschließt sie euch genauer, indem ihr dem Geschehen aufmerksam folgt.
Ihr könnt diese Arbeit zu zweit oder in Gruppen bewerkstelligen.

- Unterteilt den Text in Abschnitte, die die verschiedenen „Stationen" der Flussfahrt widerspiegeln.
- Notiert dann Stichwörter, die die Szenerie auf dem Fluss jeweils im Detail beschreiben.
- Ordnet diesen verschiedenen Szenerien die entsprechenden Gefühle, Gedanken sowie die körperlichen Reaktionen des Kahnfahrers zu.
- Formuliert nun für eure Sinnabschnitte passende Zwischenüberschriften.

3 Sprachlich ist diese Erzählung so anschaulich und spannend gestaltet, dass man als Leser den Eindruck hat, man sei selbst mit auf dem Boot.
Untersucht diese sprachlichen Gestaltungsmittel und findet in jedem eurer Abschnitte aus Aufgabe 2 Beispiele für folgende Spannungsmacher:

- Andeutungen,
- Rückblenden,
- anschauliche Adjektive und Partizipien,
- Nomen und Verben, die Sinneseinrücke (Sehen, Hören, Riechen, Fühlen, Schmecken) wiedergeben,
- Wörter und Ausdrücke, die etwas Unheimliches oder Schreckliches erwarten lassen,
- Kontrastierungen,
- Gedankenreden,
- Fragen an den Leser.

4 Stellt die Angst des Mannes während dieser nächtlichen Kahnfahrt in ihren verschiedenen Dimensionen dar.

- Zeigt auf, welche **körpersprachlichen Reaktionen** diese Angstzustände jeweils hervorrufen.
- Gebt Beispiele dafür an, wie sich diese unterschiedlichen Formen von Angst **auf das Verhalten des Kahnfahrers auswirken**.

5 Setzt euch mit dem Ende der Erzählung auseinander.

- Wodurch wird es letztlich doch noch möglich, den Anker zu lichten?
- Diskutiert, inwieweit dieser Vorgang des Ankerlichtens hier auch als **Metapher** verstanden werden kann.
- Wie interpretiert ihr die Nervosität, Ängste sowie die Todesangst des Kahnfahrers, wenn ihr sie rückblickend vom Ende der Erzählung aus betrachtet?

6 Führt nun ein Interpretationsgespräch über diesen Text. Versucht darzulegen und zu begründen, was diese Erzählung eurer Meinung nach zum Ausdruck bringt.
Die folgenden Begriffe könnt ihr in eure Diskussion mit einbeziehen.
Gefühle – Hilfe – Unterstützung – Verstand – vereinte Kräfte – Vernunft – Wille

7 Erschließe dir den Text mithilfe der **Leitfragen** auf Seite 233-234.
Stelle deine Ergebnisse übersichtlich zusammen, sodass du sie deinen Mitschülerinnen und Mitschülern im Plenum präsentieren kannst.

Schreiben und Präsentieren

Training für die Abschlussprüfung

Informationen rund um die Abschlussprüfung

Ihr findet hier ein Training mit typischen Aufgabenformaten für schriftliche Abschlussprüfungen im Fach Deutsch. Wie könnt ihr damit trainieren? Ihr könnt entweder eine Prüfungssituation simulieren und eine „Prüfung" in einem Stück durchführen. Oder ihr trainiert einzelne Elemente nach und nach. Dabei sollen euch bei Bedarf **Hinweise & Tipps** unterstützen. Allerdings gibt es solche Hilfen in Prüfungsarbeiten nicht.

Das Trainingsangebot besteht aus drei Teilen:

1. Texte verstehen – Aufgaben gezielt lösen (Seite 243–245)
2. differenzierte Aufgaben[1] zum Inhaltsbereich „Umgang mit Literatur" (Seite 246–251)
3. differenzierte Aufgaben zum Inhaltsbereich „Umgang mit Sachtexten" (Seite 252–257)

Informationen rund um die Abschlussprüfung

- **Kann man sich Prüfungsaufgaben aussuchen?**
  In der Regel habt ihr in der schriftlichen Abschlussprüfung die Wahl zwischen zwei Aufgabenstellungen aus zwei unterschiedlichen Inhaltsbereichen – wie dem Inhaltsbereich „Umgang mit Literatur" (epische, dramatische, lyrische Texte) und dem Inhaltsbereich „Umgang mit Sachtexten" (journalistische Texte, Grafik, Karikatur).
  Textformate, die ihr dabei produzieren sollt, sind zum Beispiel: Inhaltsangabe, Brief, Tagebucheintrag, Buchempfehlung, Plädoyer, Redebeitrag, Kommentar, Statement …

- **Wie viel Zeit steht zur Verfügung?**
  In der Regel bekommt ihr 15 Minuten Zeit, um euch einzulesen und euch für eine der beiden Wahlaufgaben zu entscheiden. Um die ausgewählte Aufgabe zu erarbeiten, stehen euch in der Regel noch einmal 180 Minuten zur Verfügung.

- **Wie sollte man sich 180 Minuten Bearbeitungszeit einteilen?**
  Drei Stunden sind eine lange Zeit, sollte man denken. Aber in Prüfungssituationen kann einem die Zeit schnell davonlaufen. Behaltet also die Zeit im Blick! Wenn es im Prüfungsraum keine Wanduhr gibt, nehmt eine normale (nicht smarte) Armbanduhr mit.
  Einplanen solltet ihr etwa …
  140 Minuten – fürs Erarbeiten der Aufgaben, Schreiben der Texte
  10 Minuten – für kurze Pausen zwischendurch
  25 Minuten – fürs Kontrollieren und Überarbeiten (Rechtschreibung, Zeichensetzung …)
  5 Minuten – fürs Auszählen der geschriebenen Wörter

- **Welche Hilfsmittel sind in der Prüfungsarbeit erlaubt?**
  Ihr dürft im Rechtschreibwörterbuch und im Fremdwörterlexikon nachschlagen. Andere Hilfen – dazu gehören auch Smartphones & Co. – sind während der Prüfung tabu.

[1] Aufgabe G: grundlegende Anforderungen; Aufgabe E: erweiterte Anforderungen
orientiert an Regelungen in Niedersachsen, Stand 2021; Regelungen in anderen Bundesländern können davon abweichen

Training für die Abschlussprüfung

Abschlusstraining: Texte verstehen – Aufgaben gezielt lösen

In der Abschlussprüfung wird Textverständnis gefordert – sowie die Fähigkeit, Aufgaben zur Textanalyse und Interpretation gezielt zu lösen. Folgendes solltest du beachten:

- **Einen Text verstehen:** Lies den Text aufmerksam. Mach dir inhaltliche Notizen. Schlage dir unbekannte Begriffe gegebenenfalls im Wörterbuch nach.
- **Aufgaben verstehen:** Lies die Aufgaben gewissenhaft, eventuell auch mehrfach. Du musst genau wissen, was du tun sollst, was gefordert ist.

Die folgenden beiden Texte befassen sich mit unterschiedlichen Aspekten zum Thema „Freundschaft“. Bearbeite die jeweiligen Aufgaben dazu.

Text 1 (Fabel)

Zwei Freunde und ein Bär

Äsop, um 550 vor Christus

Zwei Freunde gelobten sich, einander in allen Lagen treu beizustehen und Freud und Leid miteinander zu teilen. So gingen sie auf Wanderschaft. Unversehens kam ihnen auf einem engen Waldweg ein Bär entgegen. Vereint hätten sie ihn vielleicht bezwungen. Um sein Leben fürchtend, vergaß der eine aber seinen Eid, ließ den Freund im Stich und kletterte auf einen Baum. Dem anderen blieb gerade noch Zeit, sich auf den Boden zu werfen und sich tot zu stellen, da er gehört hatte, dass Bären keine Toten fressen. Der Bär kam heran, leckte dem Daliegenden die Ohren ab, warf ihn mit der Schnauze ein paar Mal herum und trottete dann davon, weil er ihn für tot hielt. Kaum war die Gefahr vorüber, stieg jener vom Baume herab und fragte seinen Gefährten, was ihm der Bär zugeflüstert habe. „Eine vortreffliche Warnung“, antwortete dieser, „nur schade, dass ich nicht früher von ihr wusste. Man solle sich …“

Aufgaben zu Text 1

1.1 Bei dieser Fabel fehlt am Schluss noch die „Moral“. Wähle aus den folgenden Vorschlägen die Lehre aus, die zu dieser Fabel passt. Begründe deine Entscheidung.

a) *Man solle sich nicht in falscher Sicherheit wiegen und nicht alles glauben, was so über Bären erzählt wird.*

b) *Man solle sich besser ein Beispiel an klügeren Leuten nehmen, die sich bei Gefahr zuerst selbst in Sicherheit bringen.*

c) *Man solle sich nicht mit Menschen einlassen, die ihre Freunde in der Not im Stich lassen.*

1.2 Hat der Bär tatsächlich – wie in vielen Fabeln üblich – gesprochen? Oder wird das nur behauptet? Was spricht für das eine, was für das andere? Wäge eine Entscheidung ab.

Hinweise & Tipps

Als erster (europäischer) Fabeldichter gilt der Sklave **Äsop**, dessen Existenz allerdings nicht zweifelsfrei belegt ist.

Fabeln sind kurze, lehrreiche und unterhaltsame Geschichten, in denen zumeist Tiere stellvertretend für Menschen handeln, denken und sprechen. Sie enden in der Regel mit einer Moral, einer Lehre, die aus der Geschichte zu ziehen ist.

zu 1.1:
Alle drei Vorschläge haben etwas mit dieser Fabel zu tun. Aber nur eine Moral passt tatsächlich. Dafür gibt es einen deutlichen Hinweis im Text.

zu 1.2:
Beachte einerseits das Verhalten des Bären, aber andererseits auch den Dialog der beiden Freunde.

INFO

Prosa

Als **Prosa** *(lat. ungebundene Rede)* bezeichnet man die alltägliche, kunstlose Sprache, die nicht durch formale Mittel (z. B. Reime, Verse, Metrum) gestaltet ist. Prosa in der Literatur (z. B. Roman, Kurzgeschichte) zeichnet sich oft durch eine kunstvolle Gestaltung (sprachliche Mittel) aus.

Text 2 (Kurzprosa)

Peter Bichsel (geb. 24. März 1935) ist ein Schweizer Schriftsteller. Der folgende Prosatext gehört zu seinen „literarischen Kolumnen“. Das sind autobiografische Texte, in denen der Autor die Leserschaft an seinem Leben, seinen Gedanken und Gefühlen teilhaben lässt.

Mit freundlichen Grüßen

Peter Bichsel

A) Meine Briefe enden mit freundlichen Grüßen, einer Floskel zwar, aber trotzdem, mir scheint, ich setze die Floskel mit Bedacht, auch wenn ich nicht genau weiß, was ich eigentlich mit ihr meine. Heißt das vielleicht, dass ich freundlich sein möchte, oder meint es gar ein Angebot von Freundschaft? Ich habe auch schon gezögert, die Floskel zu setzen, wenn ich weiß, dass der Empfänger den Satz gar nicht lesen wird, dass er für ihn so selbstverständlich unverständlich ist wie für mich – trotzdem, ich mag es, dass unsere Briefe freundlich enden.

B) Ich habe meinen Freund im Spital besucht, es ging ihm sehr schlecht, es war schlimm für mich – jetzt geht es ihm besser, mir auch. „Mein Freund“, ein eigenartiges Wort, viel zu groß für unsere kleinen Feste, die wir feiern, wenn wir uns treffen. Nein, ich glaube, wir nennen uns gegenseitig nicht so. Das Wort taugt nichts in der Einzahl, in der Mehrzahl geht es: „Meine Freunde“ ist viel unverbindlicher als „mein Freund“, und „befreundet sein“ heißt bereits nicht viel mehr, als sich einigermaßen zu kennen und ab und zu, meist selten, zu sehen. Freunde haben wir zwar, und befreundet sind wir auch. Aber „mein Freund“, das hat fast etwas Kindisches.

C) Ja, als Kinder, damals in der Schule, da hatten wir noch einen Freund. Jeder nur einen. Und irgendwie gab es damals noch keine Mehrzahl, man hatte damals keine Freunde, man hatte einen Freund, einen einzigen. Und dass man ihn hatte, war nichts anderes als ein Beschluss, nichts anderes als eine Behauptung. Vielleicht unternahm man mit ihm gar nicht besonders viel, vielleicht hatte man zu ihm gar nicht eine besondere Beziehung – aber er war der Freund, ein für alle Mal.

D) Und nur noch eine Behauptung, gar nichts anderes als eine Behauptung, war damals, als ich ein kleiner Schüler war, die Freundschaft zu einem Mädchen: Rösli K., das war eine tiefernste Liebe. Und sie beschränkte sich darauf, dass ich ihr ein kleines Zettelchen nicht etwa selbst überreichte, sondern auf komplizierten Wegen zuspielen ließ. Auf dem Zettelchen standen die Wörter: „Willst Du mich für den Schatz haben?“ Auch das eine Floskel, die nur so und nicht anders heißen konnte und vielleicht nicht einmal unterschrieben war, vielleicht nicht einmal beantwortet.

E) Aber ab nun war Rösli die Liebe. Die Behauptung hatte stattgefunden. Gesprochen hatte ich mit ihr wohl nie. Höchstens rote Ohren bekommen, wenn ich sie sah, und war unter einem Vorwand weggerannt. Aber die reine (und vorpubertäre) Behauptung hat sich in meine Seele eingebrannt. Sie ist noch da. Ich habe Rösli nach

Floskel, die: formelhafte Redewendung, leere nichtssagende Redensart

Spital, das: Krankenhaus (Hospital)

unserer Schulzeit nie mehr gesehen. Aber sie ist noch da – nicht das Rösli, aber die Behauptung Rösli, der Beschluss Rösli. So ernsthaft können wohl nur Kinder sein.

F) Oder die beiden jungen Frauen im Coffee-Shop in New York, Studentinnen wohl. Ich frühstückte da ab und zu. Sie kannten meine Bestellung zum Voraus und brachten mir die Rühreier und die wunderbar schlechten Bratkartoffeln – ich versuche seit Jahren, zu Hause so schlechte Bratkartoffeln zu machen, sozusagen als gute Erinnerung, es gelingt mir nicht. Die beiden Frauen waren sehr freundlich, zwei strahlende Wesen, aber mehr als „Guten Tag", „Danke schön" und „Bitte schön" sprachen wir nicht miteinander.

G) Eines Morgens nun standen die beiden da mit verweinten Augen, brachten schluchzend die Eier und den Kaffee, und ich wusste in meiner Hilflosigkeit nichts anderes zu sagen als: „Can I help you?" – „Kann ich Ihnen helfen?" „Nein", bekam ich zur Antwort, „Elvis ist tot." Das machte mich sprachlos. Zwei intelligente Wesen weinten hier um einen dicklichen Schnulzensänger. Sehr wahrscheinlich hatten auch sie mal als kleine Kinder beschlossen und behauptet, ihn zu lieben. Ich ging in den nächsten Plattenladen, kaufte mir zwei Presley-Platten, ging nach Hause und hörte ihn den ganzen Tag – eigentlich bewundernd, und nach und nach ging mir sein Tod nahe: Hier war einer gestorben, der von zwei Frauen geliebt wurde.

H) Ich habe meinen Freund im Spital besucht, ich habe um ihn gezittert. Er hat überlebt – erst jetzt weiß ich, was ich verloren hätte, ich wische eine Träne vom Auge. Wie lange kennen wir uns schon? 43 Jahre! Aber seit wann eigentlich sind wir Freunde? Irgendeinmal muss uns wohl – unausgesprochen – diese kindliche Behauptung noch einmal gelungen sein: „Willst du mein Freund sein?"

Elvis Aaron Presley, geb. 8. Januar 1935, gest. 16. August 1977, häufig einfach nur Elvis genannt, war ein bedeutender Vertreter der US-amerikanischen Rock- und Popkultur des 20. Jahrhunderts.

Aufgaben zu Text 2

2.1 Fasse den Inhalt des Textes kurz zusammen.

2.2 Peter Bichsel setzt in diesem literarischen Text gezielt verschiedene rhetorische Mittel ein:

a) So finden u. a. **Oxymoron / Antithese** Verwendung. Ermittle dafür Beispiele in den Abschnitten **A** und **B**.

b) Oder es kommen **Parallelismus / Anapher** zum Einsatz. Ermittle dafür Beispiele in den Abschnitten **C** und **D**.

2.3 Erläutere folgende Zitate mithilfe des Textes.

c) *„Das Wort (Freunde) taugt nichts in der Einzahl, in der Mehrzahl geht es … Aber ‚mein Freund', das hat fast etwas Kindisches."*

d) *„Und dass man ihn (einen Freund) hatte, war nichts anderes als ein Beschluss, nichts anderes als eine Behauptung …"*

e) *„Irgendeinmal muss uns wohl – unausgesprochen – diese kindliche Behauptung noch einmal gelungen sein: ‚Willst du mein Freund sein?'"*

Hinweise & Tipps

zu 2.1:
In seinem autobiografischen Prosatext „…" erzählt Peter Bichsel von … Er denkt über die Bedeutung des Begriffes … nach und erinnert sich an … Damals … Zum Schluss stellt er fest, …

zu 2.2:
a) Oxymoron (verwandt mit der **Antithese**): widersprüchliche Begriffe verwenden, gegensätzliche Begriffe anordnen, z. B.:
„die wunderbar schlechten Bratkartoffeln",
„so schlechte Bratkartoffeln … als gute Erinnerung"

b) Parallelismus (verwandt mit der **Anapher**): gleiche Satzmuster bzw. Wörter wiederholen, z. B.:
„Sie ist noch da." „Aber sie ist noch da …"

zu 2.3:
c) siehe Text-Abschnitt B:
Der Autor behauptet in diesem Zitat, dass … Nur im Plural … erscheint es ihm … Abwertend äußert er sich dagegen über den Singular … und kritisiert …

d) siehe Text-Abschnitt C:
Der Freund aus der Kindheit erscheint dem Autor wie … Für mich klingt das so, als ob …

e) siehe Text-Abschnitt H: *Dieses Zitat bildet den Schluss … Für mich drückt sich darin viel Positives aus: … Der Autor schließt seine Überlegungen mit …*

Training für die Abschlussprüfung

Aufgaben zur Wahl – Inhaltsbereich „Umgang mit Literatur“

In der Abschlussprüfung hast du in der Regel die Wahl zwischen Aufgabenstellungen zu literarischen Texten oder zu Sachtexten. In diesem Kapitel zum Abschlusstraining findest du zwei Aufgabenangebote aus dem Inhaltsbereich „Literatur“. Überfliege zunächst Texte und Aufgaben orientierend.

- **Aufgabenstellung G** (grundlegende Anforderungen) (Seite 250)
- **Aufgabenstellung E** (erweiterte Anforderungen) (Seite 251)

Texte und Aufgaben zu „Umgang mit Literatur“

Text: Antoine de Saint-Exupéry: *Der kleine Prinz.* (21. Kapitel, Auszug) erschienen 1943, neu übersetzt von Alexander Varell. Aionas Verlag, 2016

Zur Vorbereitung:

- Erschließe dir für **Aufgabenstellung G** die **Texte 1** und **2**.
- Erschließe dir für **Aufgabenstellung E** die **Texte 1, 2** und **3**.
- Mach dir dazu jeweils Notizen.

Text 1

Zum Inhalt von „Der kleine Prinz“

In der Erzählung von Antoine de Saint-Exupéry muss der Ich-Erzähler, ein Pilot, sein Flugzeug mitten in der Wüste notlanden. Da begegnet er dem kleinen Prinzen, der ihm erzählt, dass er nicht von der Erde kommt, sondern von einem anderen Planeten. Auf diesem winzigen Planeten befinden sich drei kleine Krater, die der kleine Prinz jeden Tag putzen muss. Außerdem gibt es nur noch seine „einzigartige“ Rose, die er hegt und pflegt. Eines Tages verlässt der kleine Prinz seinen Planeten, weil er mit der stolzen und eitlen Rose in „Schwierigkeiten“ geraten ist und nun an ihrem Wert zweifelt. Auf seiner Reise ist er auf anderen Planeten verschiedenen Menschentypen begegnet, einem sich Autorität anmaßenden König, einem nach Bewunderung gierenden Eitlen sowie einem Trinker, Geschäftsmann, Laternenanzünder und Geographen. Obwohl sie alle einsam sind, denken sie nur an sich selbst und an Äußerlichkeiten. Der kleine Prinz ist sehr enttäuscht. Auf der Erde angekommen, begegnet er einer Schlange. Sie sagt ihm, dass man auf der Erde einsam unter den Menschen ist. Als der kleine Prinz dann einen Garten voller Rosen entdeckt, weint er um seine Rose, die ihm nun nicht mehr einzigartig erscheint. Doch dann trifft er den Fuchs.

Hinweise & Tipps

zu Text 1

Mach dir kurze Notizen zur Figur des kleinen Prinzen:

- Wo lebt er und warum verlässt er seine Heimat?
- Welche Erfahrungen macht er auf seiner Reise zu den anderen Planeten?
- Welche böse Überraschung erwartet ihn auf der Erde?

Text 2 (21. Kapitel, Auszug)

Freundschaft mit dem Fuchs

Antoine de Saint-Exupéry, übersetzt von Alexander Varell

Da erschien plötzlich der Fuchs.

„Guten Tag“, sagte der Fuchs.

„Guten Tag“, antwortete der kleine Prinz höflich, der sich umdrehte, aber nichts entdecken konnte.

„Ich bin hier“, sagte die Stimme unter einem Apfelbaum.

„Wer bist du?“, fragte der kleine Prinz. „Du bist sehr hübsch ...“

„Ich bin ein Fuchs“, sagte der Fuchs.

„Komm und spiel mit mir“, schlug der kleine Prinz vor. „Ich bin so traurig ...“

„Ich kann nicht mit dir spielen“, sagte der Fuchs. „Ich bin nicht gezähmt.“

„Ah! Verzeihung“, sagte der kleine Prinz. Nachdem er kurz überlegt hatte, fügte er hinzu: „Was bedeutet ‚zähmen‘?“

„Du bist nicht von hier“, sagte der Fuchs, „was führt dich her?“

„Ich suche die Menschen“, sagte der kleine Prinz.

„Was bedeutet ‚zähmen‘?“

„Die Menschen“, sagte der Fuchs, „sie haben Waffen und sie jagen. Das ist ärgerlich! Sie halten sich auch Hühner. Das ist ihr einziges Interesse. Suchst du Hühner?“

„Nein“, sagte der kleine Prinz. „Ich suche Freunde. Was bedeutet ‚zähmen‘?“

„Das wird oft ganz vernachlässigt“, sagte der Fuchs. „Es bedeutet ‚sich vertraut miteinander machen‘.“

„Vertraut machen?“

„Natürlich“, sagte der Fuchs. „Du bist für mich nur ein kleiner Junge, ein kleiner Junge wie hunderttausend andere auch. Ich brauche dich nicht. Und du brauchst mich auch nicht. Ich bin für dich ein Fuchs unter Hunderttausenden von Füchsen. Aber wenn du mich zähmst, dann werden wir einander brauchen. Du wirst für mich einzigartig sein. Und ich werde für dich einzigartig sein in der ganzen Welt ...“

„Ich verstehe allmählich“, sagte der kleine Prinz. „Da gibt es eine Blume ... ich glaube, sie hat mich gezähmt ...“

„Das ist gut möglich“, sagte der Fuchs. „Auf der Erde entdecken wir alle möglichen Dinge ...“

„Oh! Das ist nicht auf der Erde“, sagte der kleine Prinz.

Der Fuchs schien fasziniert davon: „Auf einem anderen Planeten?“

„Ja, genau.“

„Gibt es Jäger auf diesem Planeten?“

„Nein.“

„Das ist interessant! Und Hühner?“

„Nein.“

zu Text 2

Was am 1. Tag passiert

Fuchs und kleiner Prinz lernen sich kennen.

Der kleine Prinz ist traurig wegen seiner Rose und will „spielen“.
Der Fuchs „kann nicht „spielen“, ist „nicht gezähmt“.
Der kleine Prinz versteht das nicht.

Suche nach „Menschen“

was der Fuchs über die Menschen weiß

Suche nach „Freunden“

was „zähmen“ bedeutet

Der kleine Prinz beginnt zu verstehen.

Der Fuchs ist einsam und gelangweilt.

„Nichts ist perfekt“, seufzte der Fuchs.
Aber er kam auf seine vorherige Idee zurück: „Mein Leben ist eintönig. Ich jage Hühner, die Menschen jagen mich. Alle Hühner gleichen einander und alle Menschen sind gleich. Das langweilt mich ein wenig. Aber wenn du mich zähmst, wird mein Leben heiter wie die Sonne sein. Ich werde den Klang deiner Schritte von den anderen unterscheiden lernen. Alle anderen Schritte jagen mich in meinen Bau. Deine Schritte werden mich wie Musik aus meinem Bau herauslocken. Und dann schau! Siehst du dort die Weizenfelder? Ich esse kein Brot. Weizen ist für mich ohne Nutzen. Die Weizenfelder erinnern mich an nichts. Und das ist traurig! Aber du hast goldene Haare. Wie wunderbar es sein wird, wenn du mich gezähmt hast! Der goldene Weizen wird mich an dich erinnern. Und ich werde das Brausen des Windes durch den Weizen lieben …“

was der Fuchs von einer Freundschaft erwartet

„wunderbare“ Erinnerungen

Da verstummte der Fuchs und schaute den kleinen Prinzen lange an: „Bitte … zähme mich!“, sage er.

„Das würde ich gern tun“, antwortete der kleine Prinz, „aber ich habe nicht viel Zeit. Ich muss Freunde finden und viele Dinge lernen.“

eine Bitte vom Fuchs und Bedenken beim kleinen Prinzen

„Man versteht nur die Dinge, die man zähmt“, sagte der Fuchs. „Die Menschen haben keine Zeit mehr, um etwas kennenzulernen. Sie kaufen sich alles fertig in den Geschäften. Da es aber keine Läden für Freunde gibt, haben die Menschen keine Freunde mehr. Wenn du einen Freund willst, dann zähme mich!“

ein überzeugendes Argument

„Was muss ich machen?“, sagte der kleine Prinz.

„Du musst sehr geduldig sein“, antwortete der Fuchs. „Du wirst dich zunächst mit einem kleinen Abstand zu mir in das Gras setzen. Ich werde dich aus den Augenwinkeln aus anschauen und du wirst schweigen. Sprache ist eine große Quelle für Missverständnisse. Aber jeden Tag setzt du dich ein wenig näher …“

Anleitung zum „Zähmen“: Geduld, schauen und schweigen, behutsames Näherkommen

Was am 2. Tag passiert
Der Fuchs belehrt den kleinen Prinzen: „glücklich sein“ „Preis des Glücks“: unglücklich sein

Am nächsten Tag kam der kleine Prinz wieder.

„Es wäre besser gewesen, wenn du zur gleichen Zeit gekommen wärest“, sagte der Fuchs. „Wenn du zum Beispiel um vier Uhr am Nachmittag kommst, dann kann ich schon um drei Uhr beginnen, glücklich zu sein. Je mehr die Zeit voranschreitet, umso glücklicher werde ich. Um vier werde ich mich schon aufregen und beunruhigen; dann entdecke ich den Preis des Glücks! Aber wenn du zu irgendeiner Zeit kommst, werde ich nie wissen, wann mein Herz bei dir sein soll … Es muss Bräuche geben.“

feste „Bräuche“

„Was ist ein Brauch?“, frage der kleine Prinz.

„Das ist auch in Vergessenheit geraten“, sagte der Fuchs. „Dies ist etwas, das einen Tag vom anderen unterscheidet, eine Stunde von der anderen Stunde. Bei meinen Jägern zum Beispiel gibt es einen Brauch. Donnerstags tanzen sie mit den Mädchen des Dorfes. Donnerstag ist daher ein wunderbarer Tag! Denn dann werde ich mich bis zum Weinberg wagen. Wenn die Jäger irgendwann zum Tanz gehen würden, wäre jeder Tag gleich und ich hätte niemals Ferien.“

Bräuche als Weg aus der Eintönigkeit

Tage später
Fuchs und kleiner Prinz sind Freunde geworden.

So also wurde der kleine Prinz mit dem Fuchs vertraut.

Und als die Stunde des Abschieds nahe war:

„Ach“, sagte der Fuchs. „Ich muss weinen.“

„Du bist selbst daran schuld“, sagte der kleine Prinz, „ich wünsche mir nicht, dass es dir schlecht geht, aber du wolltest von mir, dass ich dich zähme …“

„So ist es“, sagte der Fuchs.

„Aber nun musst du weinen!“, sagte der kleine Prinz.

„So ist es“, sagte der Fuchs.

„So hast du nichts gewonnen!“

„Ich habe die Farbe des Weizens gewonnen“, sagte der Fuchs. Dann fügte er hinzu: „Geh und sieh dir die Rosen wieder an. Du wirst verstehen, dass deine Rose einzigartig ist. Du wirst zu mir zurückkommen und mir Lebwohl sagen und ich werde dir ein Geheimnis verraten.“

Der kleine Prinz ging wieder zu den Rosen. „Ihr seid nicht wie meine Rose, noch seid ihr nichts“, sagte er. „Niemand hat sich mit euch vertraut gemacht, und ihr habt euch niemandem vertraut gemacht. Ihr seid, wie mir mein Fuchs zuvor gewesen war. Er war nur ein Fuchs wie hunderttausend andere. Aber ich habe ihn zu meinem Freund gemacht und jetzt ist er einzigartig in der Welt.“

Das beschämte die Rosen sehr.

„Ihr seid schön, aber ihr seid leer“, sagte er noch. „Für euch kann man nicht sterben. Natürlich könnte irgendein Passant, der meine Rose zu Gesicht bekommt, glauben, dass sie wie ihr wäre. Aber in sich ist sie wichtiger als ihr alle, denn sie es ist, die ich gegossen habe. Sie ist es, die ich unter eine Glasglocke stellte. Sie ist es, die ich mit einem Wandschirm schützte. Sie ist es, deren Raupen ich tötete (mit Ausnahme von zwei oder drei der Schmetterlinge wegen). Und sie ist es auch, der ich zuhörte, wie sie sich beklagte oder prahlte oder auch manchmal schwieg. Denn sie ist meine Rose.“ Dann ging er zum Fuchs zurück. „Lebe wohl“, sagte er …

„Lebe wohl“, sagte der Fuchs. „Hier ist mein Geheimnis. Es ist sehr einfach: Man sieht nur mit dem Herzen gut. Das Wesentliche ist für die Augen unsichtbar.“

„Das Wesentliche ist für die Augen unsichtbar“, wiederholte der kleine Prinz, um es sich einzuprägen.

„Die Zeit, die du für deine Rose gegeben hast, sie macht deine Rose so wichtig.“

„Die Zeit, die ich für meine Rose gegeben habe“, sagte der kleine Prinz, um es sich einzuprägen.

„Die Menschen haben diese Wahrheit vergessen“, sagte der Fuchs. „Aber du darfst sie nicht vergessen. Du bist für das verantwortlich, was du dir vertraut gemacht hast. Du bist für deine Rose verantwortlich.“

„Ich bin für meine Rose verantwortlich“, wiederholte der kleine Prinz, um sich auch dies einzuprägen.

Am Tag des Abschieds
Der Fuchs ist traurig.

Vorwürfe vom kleinen Prinzen

Der Fuchs weiß: Trauer ist richtig, Erinnerungen sind ein Gewinn. Er schickt den Freund zu den Rosen zurück.

Bei den Rosen begreift der kleine Prinz, dass seine Rose einzigartig ist.

Passant, der: jemand der vorbeigeht, Fußgänger

„Lebe wohl" sagen

ein Geschenk zum Abschied (Das ist wohl das berühmteste Zitat aus „Der kleine Prinz".)

Text 3 (Kurzporträt)

Antoine de Saint-Exupéry, geboren am 29. Juni 1900 in Lyon, ist einer der bekanntesten französischen Schriftsteller des 20. Jahrhunderts. Seine große Leidenschaft galt der Fliegerei. Der begeisterte Pilot überlebte im Jahr 1935 nach einer Flugzeugpanne eine Notlandung in der Sahara. Erst nach einem fünftägigen Marsch in großer Hitze, ohne ausreichende Wasservorräte stießen Antoine de Saint-Exupéry und sein Mechaniker auf eine Karawane. Solche Erfahrungen spiegeln sich in seiner literarischen Arbeit wider – auch in seinem Welterfolg „Der kleine Prinz". Das Buch erschien 1943 und wurde in mehr als 200 Sprachen übersetzt. Bis heute gehört es zu den weltweit meistverkauften Büchern. Im Zweiten Weltkrieg flog Antoine de Saint-Exupéry für die alliierten Streitkräfte. Am 31. Juli 1944 startete er zu einem Aufklärungsflug, von dem er nicht mehr zurückkehrte.

Antoine de Saint-Exupéry

zu Text 3

Mach dir kurze Notizen:

- zum Leben des Autors,
- zur Bedeutung seiner Flugleidenschaft für seine Arbeit als Schriftsteller,
- zum Buch „Der kleine Prinz".

Aufgabenstellung G

1 Schreibe eine Inhaltsangabe zum 21. Kapitel „Freundschaft mit dem Fuchs" **(Text 2)**. Schreibe im Präsens und verzichte auf wörtliche Reden.

2 Stell dir vor: Nachdem der kleine Prinz auf seinen Heimatplaneten zurückgekehrt ist, schreibt er einen Brief an den Fuchs. Fertige einen Schreibplan mit inhaltlichen Stichpunkten für diesen Brief an.

3 Schreibe nun den Brief. Nutze den Schreibplan als Grundlage. Berücksichtige Gestaltungselemente von persönlichen Briefen, wie Anrede, Grüße, Unterschrift, Leerzeilen …

Hinweise & Tipps

Bearbeite die Aufgaben eine nach der anderen. Kontrolliere gleich im Anschluss, ob du alles beachtet hast. Nutze die **Texte 1** und **2**.

zu Aufgabe 1:

Wortschatz: Textbausteine

Im 21. Kapitel erscheint der Fuchs, als der kleine Prinz traurig ist. Um sich abzulenken, möchte er ... Doch der Fuchs lehnt ab, weil er … Er erklärt dem kleinen Prinzen, dass … Ungezähmt sei der Fuchs für den kleinen Prinzen nur … Und genauso ergehe es dem Fuchs ... Nur wenn der kleine Prinz … Weil der Fuchs einsam ist, bittet er … Obwohl der kleine Prinz Bedenken hat, … Jeden Tag setzt er sich … So werden sie … Am Tag des Abschieds schickt der Fuchs … Der kleine Prinz begreift, dass … Zum Abschied schenkt …

zu Aufgabe 2:

So ähnlich kann dein Schreibplan aussehen:

a) *Welchen Grund / Anlass der kleine Prinz für den Brief hat: lange Zeit vergangen, er vermisst Fuchs, wünscht sich Kontakt*
b) *Wie er seinen Planeten bei der Rückkehr vorgefunden hat: …*
c) *Wiedersehen mit seiner Rose: Vorwürfe, Tränen, dann …*
d) *Wie er sich derzeit fühlt, was er vorhat: …*
e) *Wofür er dem Fuchs dankbar ist: …*
f) *Was er sich für den Fuchs wünscht: …*

zu Aufgabe 3:

So ähnlich kannst du anfangen:

Mein lieber Freund, es ist lange her, seit wir uns Lebwohl sagen mussten. Ich vermisse dich sehr und wüsste so gern, … Nach der langen, beschwerlichen Reise bin zurück auf ... Hier hat sich nichts / vieles / alles verändert … Und nun zu meiner Rose! Du weißt ja, dass sie … Sie hat meine Abwesenheit gut / nicht gut überstanden. Aber sie war zornig / erleichtert … Ich habe ihr von … erzählt und von … Und jetzt …

Aufgabenstellung E

1 Fasse den Inhalt des 21. Kapitels **(Text 2)** zusammen.

2 Stell dir vor, du bist Mitglied im Literaturblog deiner Schule und verfasst für einen Blogpost zum „Tag der Freundschaft" eine Rezension, und zwar über das 21. Kapitel aus „Der Kleine Prinz" **(Text 2)**.
- Bearbeite dazu die Teilaufgaben **a)–f)** in einem zusammenhängenden Text.
- Achte auf Überleitungen.

a) Verweise auf den „Tag der Freundschaft" am 30. Juli als Anlass für deinen Blogbeitrag. Erkläre, dass das Thema „Freundschaft" in der Literatur eine wichtige Rolle spielt. Begründe kurz deine Textauswahl.

b) Stelle den Autor in wenigen Sätzen vor **(Text 3)**. Gehe auch auf autobiografische Aspekte ein, die in „Der kleine Prinz" verarbeitet worden sind.

c) Untersuche die Erzählweise und die rhetorischen Mittel wie Wiederholungen, Parallelismen, Vergleiche. Führe dazu kurze Zitate an. Wie wirkt die Sprache? Setze deine Ergebnisse zu dem Zitat in Beziehung: „Sprache ist eine große Quelle für Missverständnisse."

d) Führe kurz ins 21. Kapitel ein. Charakterisiere dann Prinz und Fuchs: Vergleiche, wie sich beide im Laufe ihrer Beziehung entwickeln und was sie durch ihre Freundschaft gewinnen. Führe Zitate an.

e) Betone noch einmal, was dich persönlich an diesem Text beeindruckt hat. Sprich eine Leseempfehlung aus. Appelliere an deine Leserinnen und Leser, das „Geheimnis" des Fuchses nicht zu vergessen.

3 Begründe die formalen und inhaltlichen Entscheidungen, die du bei der Gestaltung deiner Rezension getroffen hast.

Hinweise & Tipps

Bearbeite die Aufgaben und Teilaufgaben eine nach der anderen. Kontrolliere immer gleich im Anschluss, ob du alles beachtet hast. Nutze die **Texte 1, 2** und **3**.

zu Aufgabe 1:
Regeln der Inhaltsangabe beachten: Präsens / Perfekt verwenden, wörtliche Reden zusammenfassend oder indirekt wiedergeben:
Im 21. Kapitel erscheint der Fuchs, als der kleine Prinz traurig ist. Um sich abzulenken, möchte er … Doch der Fuchs lehnt ab, weil er …. Er erklärt …

zu Aufgabe 2:
Rezension: Buchbesprechung, einen Text empfehlen, ähnelt einer Interpretation

WORTSCHATZ: TEXTBAUSTEINE
zu a): *Jedes Jahr am 30. Juli findet „Der Tag der Freundschaft" statt – ein guter Anlass, um … Auch in der Literatur spielt … Darum stelle ich euch …*
zu b): *Der französische Schriftsteller Antoine de Saint-Exupéry lebte von … bis … Er begeisterte sich für … Als Pilot überlebte er … Diese Erfahrung spiegelt sich auch in … wider.*
zu c): *Auffällig an der Erzählweise ist / sind z. B. „…" Der Autor setzt rhetorische Mittel ein wie … Beispielsweise „…" Die Sprache wirkt … und ist gut zu verstehen. Ich denke, dass … Wie der Fuchs sagt „…"*
zu d): *Gleich bei ihrem ersten Zusammentreffen übernimmt der Fuchs die Initiative. Er ist es, der …*
Fuchs: *aufmerksam, neugierig, interessiert, klug*
Aber es zeigt sich auch, dass der Fuchs …
einsam, gelangweilt, immer auf der Hut
kleiner Prinz: *traurig, einsam, enttäuscht*
Um sich aufzumuntern, fragt er ganz kindlich …
Im weiteren Verlauf wird deutlich, …
Fuchs: *erwachsen, (be-)lehrend, vorausschauend, lebenserfahren, weise*
kleiner Prinz: *kindlich, noch unerfahren, auf der Suche, will lernen, verstehen*
Von ihrer Freundschaft profitieren beide … Denn …
zu e): *Mich hat an … sehr beeindruckt …*
Ich empfehle euch …, denn …
absolut lesenswert, poetisch, berührend, hilfreich
Vergesst nicht das „Geheimnis" des Fuchses: „ … "

zu Aufgabe 3:
Erläutere deinen Gedankengang in der Ich-Form, z. B.:
Ich habe meinen Text durch Absätze gegliedert, damit … Meine Leserinnen / Leser spreche ich an, denn … Einleitend informiere ich sie über …, ich charakterisiere …, ich zitiere eindrucksvolle Textstellen, um… Abschließend gebe ich eine persönliche Leseempfehlung, weil …

Schreiben und Präsentieren

Training für die Abschlussprüfung

Aufgaben zur Wahl: Inhaltsbereich „Umgang mit Sachtexten“

In diesem Kapitel findest du zwei Trainingsangebote zum Inhaltsbereich „Umgang mit Sachtexten“. Überfliege zunächst die Aufgaben und Texte orientierend.

- **Aufgabenstellung G** (grundlegende Anforderungen) (Seite 254)
- **Aufgabenstellung E** (erweiterte Anforderungen) (Seite 257)

Texte und Aufgaben zu „Umgang mit Sachtexten“

Themenbereich: Freundschaft

Zur Vorbereitung für Aufgabenstellung G

- Erschließe dir zunächst das folgende Interview **(Text 1)**.
- Mach dir Notizen.
- Bearbeite dann die Aufgabenstellung G (Seite 254).

Text 1

„Lebenslange Freundschaften kommen selten vor“*

Ein Interview von Katrin Schregenberger und Tobias Ochsenbein

Der Psychologe Professor Moritz Daum erklärt, warum die Qualität von Freundschaften wichtiger ist als die Anzahl Freunde, was es braucht, um eine gute Freundschaft aufzubauen, und wieso sie dann nur selten bis ans Lebensende halten.

A) *Herr Daum, wann beginnen Kinder, Freundschaften zu entwickeln?*
Kinder entwickeln bereits ab dem zweiten Lebensjahr Vorlieben für andere Kinder. Ob das eine mit dem anderen Kind spielen möchte, hängt vor allem davon ab, ob es in der Nähe wohnt. Und dass dieses Kind attraktives Spielzeug hat. Der Spielkamerad ist in der frühen Kindheit noch austauschbar.

B) *Ändert sich das in der Pubertät?*
Ja, in der Pubertät sind Freundschaften mehr an die Person gekoppelt. Neue Aspekte werden wichtig: Ist die Person mir ähnlich? Kann ich ihr vertrauen? Durch größere Vertrautheit wird aber auch die Verletzlichkeit größer.

Pubertät, die: Entwicklungsphase des jugendlichen Menschen, Reifezeit

C) *Echte Freundschaft ist in der Pubertät also etwas Neues?*
Freundschaft bekommt in der Pubertät mehr Gewicht. Jugendliche tragen persönliche Dinge in ihre Freundschaften und erwarten von ihren Freunden Engagement. Das Entwickeln von Freundschaften ist aber ein Prozess. Vertrauen kommt nicht von

Prozess, der: sich über eine gewisse Zeit erstreckender Vorgang, bei dem etwas [allmählich] entsteht, sich herausbildet heute auf morgen. Freundschaften sind in der Pubertät fragiler, denn ich verändere mich, die andere Person verändert sich. Das kann in die gleiche Richtung gehen – muss aber nicht.

fragil: zerbrechlich

D) *Freundschaft als Familienersatz also?*
Die Pubertät ist eine Phase im Leben, in der jede und jeder seine Identität sucht. Jugendliche wollen sich von den Eltern abgrenzen, wollen Dinge ausprobieren. Das können sie im Freundeskreis.

Identität, die: die als „Selbst“ erlebte innere Einheit der Person (Psychologie)

E) *Ist es besser, viele Freunde zu haben?*
Die Anzahl Freunde ist weniger wichtig als die Qualität der Freundschaft. Wenn wir wenig Freunde haben, zu denen wir aber mit jedem Problem gehen können, dann ist das mehr wert, als wenn wir 500 Leute haben, die wir zwar kennen, aber mit denen wir unsere Sorgen nicht teilen können.

F) *Was braucht es, um eine gute Freundschaft aufzubauen?*
Es braucht Offenheit, um bei der anderen Person Vertrauen zu schaffen. Wenn es uns schwerfällt, auf Leute zuzugehen, verringern wir die Möglichkeiten, mit anderen in Kontakt zu kommen und Freundschaften zu schließen. Der Aspekt der Ähnlichkeit spielt außerdem eine wichtige Rolle: Zwei Schüchterne finden sich eher, weil sie sich besser ineinander hineinversetzen können.

G) *Als Teenager glaubt man fest an lebenslange Freundschaften. Gibt es die?*
Feste, lebenslange Freundschaften kommen relativ selten vor. In unserem Leben gibt es ständig Veränderungen: Wir beginnen eine Ausbildung, beenden sie, fangen einen Job an, wechseln den Job, ziehen um. Sowohl das Umfeld, in dem wir leben, verändert sich, als auch wir selbst – ein Leben lang.

H) *Sind Freunde Teil der Identität?*
Die Umwelt beeinflusst stark, wie wir uns entwickeln. Wir können durch falsche Freunde auf die schiefe Bahn geraten. Eine Freundschaft kann aber genauso einen positiven Einfluss haben: Wenn mein bester Freund viel Sport macht, steckt mich das vielleicht an.

I) *Wie überwindet man Krisen in einer Freundschaft?*
Da habe ich kein Geheimrezept. Der Mensch verändert sich ein Leben lang. Und doch gibt es Freunde, die wir längere Zeit nicht sehen, und es ist beim Wiedersehen so, als hätte man sich erst gestern das letzte Mal getroffen. Ich glaube, es ist dieses vertrauensvolle gegenseitige Verständnis, mit dem man auch Krisen überwinden kann.

* Text verändert

Aufgabenstellung G

1 Stell dir vor, im Rahmen einer Projektwoche zum Thema „Freundschaft und ihre Bedeutung für Jugendliche" schreibst du einen Artikel für die Schulhomepage. Beim Recherchieren bist du auf ein interessantes Interview **(Text 1)** gestoßen. Fertige dazu eine übersichtliche **Stoffsammlung** an:

- Notiere in Stichpunkten aus Text 1 wichtige Aussagen und Beispiele von Moritz Daum.
- Zitiere ein, zwei aussagekräftige Sätze wörtlich.
- Ergänze auch Beispiele aus eigener Erfahrung.

2 Verfasse auf der Grundlage deiner Stoffsammlung einen informierenden Artikel zum Thema „Freundschaft und ihre Bedeutung für Jugendliche".

- Berücksichtige in deinem Text folgende Aspekte:
  a) Wie sich Freundschaften mit der Pubertät ändern
  b) Was es für eine gute Freundschaft braucht
  c) Warum die Anzahl Freunde nicht so wichtig ist
  d) Warum Freundschaften oft nicht lange halten
  e) Wie Freundschaften Krisen überstehen können
- Wähle eine interessante Überschrift für deinen Text.

3 Was ist dir in einer Freundschaft besonders wichtig?

- Gib ein persönliches Statement ab.
- Begründe deinen Standpunkt.

Hinweise & Tipps

Was sollst du tun? Wie lautet das Thema genau? Bearbeite die Aufgaben und Teilaufgaben eine nach der anderen. Kontrolliere im Anschluss, ob du alles beachtet hast.

zu Aufgabe 1:
Du kannst eine Tabelle anlegen:
Stoffsammlung
Interview mit …

Thema: Freundschaften im Jugendalter	
- in der Pubertät gewinnt Freundschaft an Gewicht	*z. B: Schüchterne …*
- sehr wichtig: Ähnlichkeit und Vertrauen	*Zitat: „Durch größere Vertrautheit wird …"*
- Vertrauen braucht Zeit	*z. B.: Mein Freund Paul …*

zu Aufgabe 2:
So ähnlich kannst du beginnen:
In der frühen Kindheit haben wir recht bescheidene Ansprüche an Freund oder Freundin, denn noch sind sie … Hauptsache, sie leben in … Aber mit der Pubertät ändert …
a) siehe Abschnitte **B, C, D**
b) siehe Abschnitte **F, H**
c) siehe Abschnitt **E**
d) siehe Abschnitt **G**
e) siehe Abschnitt **I**
Als Überschrift eignet sich auch ein kurzes Zitat **(Text 1)**.

zu Aufgabe 3:
Schreibe in der Ich-Form. Nenne mindestens einen Aspekt und begründe ihn (Argument und Beispiel).
Besonders wichtig ist mir bei einer Freundschaft … denn, weil, nämlich, also … Beispielsweise …

Zur Vorbereitung für Aufgabenstellung E

- Erschließe dir zunächst die folgenden **Texte 2, 3** und **4**.
- Mach dir dazu jeweils Notizen.
- Bearbeite dann die Aufgabenstellung E (Seite 257).

zu Text 2

Schau genau hin: Was kannst du sehen, lesen? Worin liegt der Witz der Karikatur?
Notiere: Auf welches Thema macht die Karikatur aufmerksam?
Was wird in Frage gestellt, was wird kritisiert?

Text 2
(Karikatur)

Karikatur

INFO

Eine Karikatur ist meist eine Zeichnung, die auf eine witzig übertriebene Weise Personen oder gesellschaftliche Zustände darstellt. Karikaturen sollen Mängel aufdecken und enthalten eine kritische Botschaft.

Text 3

Was macht eine gute Freundschaft aus?

Das sagen Jugendliche …

Elena: Ich denke, das ist eine schwierige Frage, auf die es nicht nur eine Antwort gibt. Was eine gute Freundschaft ausmacht, das sieht bestimmt jeder ein wenig anders. Mir ist besonders wichtig, dass man immer aufeinander zählen kann.

Jonas: Gute Freunde sollten sich vertrauen, Geheimnisse bewahren und vor allem viel zusammen unternehmen. Mein bester Freund macht jeden Spaß mit. Aber auch in brenzligen Situationen hält er zu mir – und ich zu ihm. Klar, habe ich auch online ein paar Gamer-Kumpel, aber das sind nur Bekannte.

Marcello: Gute Freunde vertrauen einander und sind ehrlich miteinander. Sie sagen einem, wenn man etwas Falsches macht, um einem zu helfen. Deshalb kann man auch ihre Kritik annehmen, ohne ärgerlich zu werden. Und wenn man dafür nicht offen ist, dann ist das keine richtige Freundschaft.

Olivia: Manchmal habe ich etwas auf dem Herzen, über das ich unbedingt sofort reden muss. Da bin ich froh, dass ich in meinem Freundeskreis jederzeit darüber reden kann. Sie sind immer für mich da und hören mir zu. Das gilt natürlich auch umgekehrt.

zu Text 3
Meinungen von …
Frage: *Was macht …*

Elena
– *keine eindeutige Antwort …*
– *besonders wichtig …*

Jonas
– *Vertrauen, Geheimnisse …*
– *in schwierigen Situationen …*
– *Gamer-Kumpel …*

Marcello
– *Vertrauen, Ehrlichkeit …*
– *Kritik …*

Olivia
– *bei Redebedarf…*
– *jederzeit …*

Text 4:

Ist eine Online-Freundschaft eine richtige Freundschaft?*

Saskia Rößner

Online lässt sich ganz einfach Kontakt halten – mit einem Klick sind alle erreichbar, vor allem dank der sozialen Netzwerke. Irgendwer ist immer online. Und ohnehin lässt sich doch über private Probleme online leichter reden als offline von Angesicht zu Angesicht. – Oder?

* Text verändert

zu Text 4
Thema: …

Online Freundschaft:
bequem, schnell …
Etwa besser als
Offline-Freundschaft?

Schreiben und Präsentieren

Können Freundschaften online wie offline gleichwertig sein? Die Psychologen Glüer und Lohaus[1] befragten 1 890 Jugendliche in Deutschland zu ihren Online- und Offline-Freundschaften. In dieser Studie beschrieben und bewerteten die Befragten ihre Offline-Freundschaften insgesamt viel positiver als ihre Online-Freundschaften. Zum Beispiel sprachen die Jugendlichen über persönliche Probleme lieber offline als online und tauschten auch eher Geheimnisse aus.

Freundschaft online oder offline: Beides gleich gut?

Ergebnis der Studie von ...

Reine Online- und reine Offline-Freundschaften gibt es vermutlich nur selten. Viel häufiger dürften Mischformen sein, denn wir tauschen uns mit Freundinnen und Freunden aus dem analogen Leben auch digital aus. Menschen, die wir online kennengelernt haben, treffen wir vielleicht irgendwann einmal persönlich.

Reine Formen selten
häufiger ...
Ergebnisse der Studien aus ...

Aber auch bei solchen Mischformen gibt es offensichtlich qualitative Unterschiede in der Freundschaft. Zwei israelische Studien[2] kommen zu dem Ergebnis, dass Freundschaften mit Menschen, die sich offline kennengelernt haben, insgesamt eine höhere Qualität aufweisen – egal, ob diese Freundschaften später dann vorwiegend online oder offline gepflegt werden.

Qualitätsunterschiede bei ...

Eine Begründung für die bessere Bewertung von Offline-Freundschaften sehen die israelischen Studien in der sozialen Ähnlichkeit. Menschen, die sich in der Schule, am Arbeitsplatz oder in der Nachbarschaft kennenlernen, haben wahrscheinlich mehr Gemeinsamkeiten. In der Schule ist das zum Beispiel das Alter. Am Arbeitsplatz lernen sich Menschen mit ähnlicher Ausbildung und ähnlichem Beruf kennen. Bei Freizeitaktivitäten treffen sich Personen, die dasselbe Hobby teilen, ähnliche Interessen haben. Auch bei Online-Freundschaften kann soziale Ähnlichkeit vorkommen, zum Beispiel in Themen-Foren oder Multiplayer-Games – aber die Wahrscheinlichkeit ist insgesamt geringer.

bei Online-Freundschaften
eher „soziale Ähnlichkeit"
als ...

Ein weiterer Faktor ist die Dauer der Freundschaft. Freundinnen und Freunde aus der realen Welt kennen sich häufig schon jahrelang. Online-Freundschaften sind im Vergleich dazu meist noch relativ jung und halten in der Regel auch nicht so lange wie Offline-Freundschaften. Je länger eine Freundschaft besteht, desto intensiver kann sie werden. Daher sind die langjährigen Offline-Freundschaften für uns besonders wichtig.

Offline-Freundschaften
dauern länger als ...,
sind ...

Und wie wichtig ist für eine gute Freundschaft die Häufigkeit des Kontakts? Die Antwort aus der Studie von Glüer und Lohaus ist wenig überraschend: Je häufiger man miteinander Kontakt hat, desto enger wird die Freundschaft – sowohl offline als auch online. Je mehr Räume eine Freundschaft einnimmt, desto enger wird sie.

Studie von ...
Häufigkeit der Kontakte ...

[1] Studie von Glüer und Lohaus (2016)
[2] Studien von Mesch und Talmund (2007a+b)

Aufgabenstellung E

1 Stell dir vor, dass du für ein Unterrichtsprojekt einen Redevortrag vorbereitest. Du sollst dich mit der Frage auseinandersetzen, ob Internetfreundschaften „richtige" Freundschaften für Jugendliche sein können.
Fertige eine Stoffsammlung an: Werte dazu die **Texte 2, 3** und **4** in einer Tabelle aus.

2 Verfasse auf Grundlage deiner Stoffsammlung einen Redebeitrag zum Thema „Können Internetfreundschaften so gut wie Freundschaften im „echten" Leben sein?"

- Gehe davon aus, dass du während der Rede die Karikatur **(Text 2)** dem Publikum als Eyecatcher zeigen kannst.
- Bearbeite für deinen Redebeitrag die Teilaufgaben **a)–e)** in einem zusammenhängenden Text.
  a) Sprich deine Zuhörerschaft an. Nutze die Karikatur **(Text 2)**, um in das Thema einzusteigen.
  b) Erkläre, was eine gute Freundschaft ausmacht. Nutze dazu auch einige Meinungsäußerungen aus **Text 3**.
  c) Informiere über Ergebnisse von wissenschaftlichen Studien zu Offline- und Online-Freundschaften. Beziehe dich dabei auf **Text 4**.
  d) Ziehe ein Fazit: Wie bewertest du Online- und Offline-Freundschaften? Worin siehst du jeweils die Vorteile oder Nachteile? Argumentiere und begründe deinen Standpunkt. Führe dazu ein anschauliches Beispiel aus deiner Erfahrung an.
  e) Verweise abschließend noch einmal auf die Karikatur. Betone die Bedeutung von Freundschaften. Appelliere an das Publikum, sich für Freundschaften zu engagieren und ein guter Freund, eine gute Freundin zu sein.

Hinweise & Tipps

Was sollst du tun? Wie lautet das Thema genau? Bearbeite die Aufgaben und Teilaufgaben eine nach der anderen. Kontrolliere gleich im Anschluss, ob du alles beachtet hast.

zu Aufgabe 1:

Thema:

Text 2: Karikatur Online- oder „richtiger" Freund?	*Online-Freundschaften werden in Frage gestellt, werden kritisch gesehen*
Text 3: Was macht eine gute Freundschaft aus?	*Elena: „dass man immer aufeinander zählen kann." Jonas: „sich vertrauen, Geheimnisse bewahren und …"*
Text 4: …	*…*

zu Aufgabe 2:
Achte auf sinnvolle Überleitungen.

WORTSCHATZ: TEXTBAUSTEINE

zu a): *Sehr geehrtes Publikum, … Liebe Leute, …*
fühlt ihr euch angesprochen, wenn ihr auf diese Karikatur schaut? Vielleicht habt ihr euch ja schon einmal gefragt, …
Online-Freundschaft / „richtige" Freundschaft
Viele Erwachsene befürchten, dass gerade Jugendliche …
Aber was macht eigentlich eine gute Freundschaft aus?
(Überleitung zu Teilaufgabe b.)

zu b): *Jugendliche, denen diese Frage gestellt wurde, sagten zum Beispiel …*
(Hier einige kurze Zitate einfügen.)
Obwohl die Antworten unterschiedlich ausfallen, gibt es doch Gemeinsamkeiten …

zu c): *So zeigen auch wissenschaftliche Studien aus Deutschland und Israel, dass …*
Online-Freundschaft, Offline-Freundschaft
Jugendliche bevorzugen eher …
Gründe dafür sind …

zu d): *Mein persönliches Fazit ist … Für mich ist … wichtig / wichtiger als … / genauso wichtig wie …*
Die große Stärke von Offline / Online-Freundschaften … liegt in … Zum Beispiel … Dagegen sind Online / Online-Freundschaften … Ich bin froh, dass …
Denn gerade in Zeiten wie … zeigt es sich …

zu e): *Zum Schluss möchte ich noch einmal auf die Karikatur zurückkommen. Ich finde, die Antwort auf die Gegenfrage des Mädchens sollte lauten: „…"*
Ob „echt" oder online – Freundschaften sind doch …
Also, pflegt eure Freundschaften! Und seid …

Recht-schreibung und Zeichen-setzung

Rechtschreibung

Die Großschreibung: Regeln kennen und anwenden

Eine Besonderheit der deutschen Rechtschreibung ist die Großschreibung vieler Wörter, die uns beim Lesen und Verstehen von Texten helfen kann. Aber das bereitet auch Probleme. Probleme, die Engländer, Franzosen und viele andere nicht kennen – man könnte schon ein bisschen neidisch werden. Allerdings ist die Großschreibung der allermeisten Wörter in eurem Rechtschreibwissen inzwischen fest verankert. Aber es gibt Fälle, da kommen Zweifel auf. Dann ist es gut, wenn man eine Strategie anwenden kann, die passende Regel kennt oder schnell einmal nachschlägt.

1 Lest den folgenden Satz, der hier einmal komplett kleingeschrieben ist.
jan sieht jonas zum verwechseln ähnlich, sogar seine allerbesten freunde verwechseln den jungen ständig mit seinem zwilling.
- Schreibt den Satz korrekt auf.
- Habt ihr die richtigen sechs Wörter großgeschrieben? Überprüft das mithilfe der Informationen im Kasten.

INFO

Großschreibung

Wörter werden grundsätzlich großgeschrieben, wenn vor ihnen ein **Artikel** oder ein **Possessivpronomen** steht oder **hinzugedacht** werden kann:
***der* *R*egen, *ein* *G*lück, *meine* *G*eschwister, *unsere* *E*ltern, es war *(ein)* *Z*ufall, ich gebe dir *(den)* *B*escheid**
Auch ein **flektiertes Adjektiv** vor einem Wort ist ein sicheres Signal für die Großschreibung:
***helles* *R*ot, *akzentfreies* *E*nglisch, *heftige* *E*ifersucht …**

Im Einzelnen gelten folgende Regeln:
1. **Nomen** und **Namen** schreibt man groß:
   Schule, Jugend, Reichtum, Langeweile …
   Maria, Berlin, Schweizer Käse …
2. **Tageszeiten** schreibt man nach vorausgehenden Adverbien groß:
   gestern Abend, heute Morgen, morgen Nachmittag …
3. Als Nomen gebrauchte **Zahlen** schreibt man groß:
   eine Zwei schreiben, eine Sechs würfeln, ein Viertel der Bevölkerung, jeder Dritte …
4. Als Nomen gebrauchte **Verben im Infinitiv**, denen ein Artikel oder eine Präposition vorausgeht, schreibt man groß:
   *das **S**chreiben, beim **T**urnen, zum **V**errücktwerden, im **V**orübergehen, etwas am **L**aufen halten …*
5. Als Nomen gebrauchte **Adjektive**, denen ein Artikel, eine Präposition oder ein Pronomen vorausgeht, schreibt man groß:
   *das **R**ot der Ampel, im **D**unkeln, alles **G**ute, etwas **S**chönes, wenig **G**rünes, viel **L**ustiges, nichts **B**esonderes …*
6. Die **Anrede** *Sie* und die dazugehörigen Formen *Ihr, Ihnen, Ihrem* … schreibt man groß: *Ich möchte **S**ie fragen, wie es **I**hnen und **I**hrer Familie geht.*

2 Ermittelt die Regeln für die Großschreibung der Wörter in den Sätzen **a)–f)**. Notiert:
Satz a): Regel 1 …
Satz b): Regel …

a) In der Inhaltsangabe lässt du alles Unwesentliche weg.
b) Können Sie bitte für mich eine Bestellung aufgeben?
c) Wer heute Abend zu spät ins Bett geht, ist morgen Vormittag müde.
d) Beim Tanzen hatten alle ihren Spaß.
e) Häufiges Zuspätkommen kann für großen Ärger sorgen.
f) Jeder Dritte kommt mit dem Rad zur Schule.

3 Groß oder klein? Entscheidet euch und begründet die richtige Schreibweise.
a) Du musst deutlich SPRECHEN. – Durch deutliches SPRECHEN versteht man dich.
b) Sie wollen sich immer groß HERVORTUN. – Doch großes HERVORTUN führt zu nichts.
c) Darauf kann sie STOLZ sein. – Sie ist von echtem STOLZ erfüllt.
d) Er ist richtig PLEITE. – Er ist in eine richtige PLEITE geraten.
e) Der Himmel strahlt leuchtend BLAU. – Der Himmel strahlt in leuchtendem BLAU.

4 Schreibe die folgenden Sätze korrekt auf. Da hier nur die Satzanfänge großgeschrieben sind, musst du noch neun weitere Wörter großschreiben.
a) Wir haben am vorigen sonntag einen jungen hund bekommen.
b) Ich kümmere mich jeden nachmittag um ihn und kann mit ihm spielen.
c) Beim spielen legt sich der kleine kerl gern auf den rücken und lässt sich kraulen.
d) Das rumtoben auf dem rasen ist für ihn das allerbeste.

5 Unterstreiche die großgeschriebenen Wörter und ihre vorausgehenden Signalwörter in den Sätzen aus Aufgabe 4. *am vorigen Sonntag*

6 Der folgende Text enthält eine Reihe von Fehlern. Lies dir den Text erst ganz durch, damit du weißt, worum es inhaltlich geht.

Schluckauf

Jeder kennt ihn – keiner mag ihn. Ein Schluckauf ist unangenehm und störend. Zum glück ist er meist harmlos und verschwindet bald wieder. Es handelt sich dabei um einen normalen reflex wie beim husten und niesen. Auslöser kann eine reizung des Zwerchfellnervs sein. Durch zu hastiges schlucken von speisen und Getränken verkrampft sich plötzlich das Zwerchfell. Auch Alkohol kann ursache für das lästige hicksen sein. Menschen haben bereits im Mutterleib Schluckauf. Wissenschaftler vermuten, dass so der Atemreflex bei den ungeborenen trainiert wird. Auch säuglinge müssen öfter hicksen. Möglicherweise wird – ähnlich wie beim aufstoßen – Luft aus dem Bauch befördert. So haben die Babys mehr platz für Milch. Bei erwachsenen hat ein Schluckauf vermutlich keine funktion. Gegen Schluckauf gibt es viele hausmittel: ein glas Wasser trinken, die luft anhalten, an sieben Männer mit Vollbärten denken ... Tatsächlich können solche Tricks wirkung zeigen. Durch die ablenkung entspannt und beruhigt sich alles.

7 Lies nun den Text „Schluckauf" noch einmal orthografisch:
Konzentriere dich jetzt also nur auf die Rechtschreibung (Orthografie).
- Achte dabei auf Wörter, die hier fälschlicherweise kleingeschrieben sind.
- Wie viele Fehler hast du gefunden? Zähle sie und schreibe die Anzahl auf.

8 Vergleicht eure Ergebnisse anschließend. 344

9 Schreibe nun den Text in korrigierter Form auf.

Recht-schreibung und Zeichen-setzung

Rechtschreibung

Spezialfälle der Groß- und Kleinschreibung

Manchmal könnt ihr selbst entscheiden, ob ihr Wörter groß- oder kleinschreibt.
Das ist zum Beispiel bei *andere, Andere* der Fall.
Im Allgemeinen schreibt man *andere* klein. Das gilt auch für Fügungen aus mehreren Wörtern, zum Beispiel: *das eine und andere, eins nach dem anderen.*
Wenn *andere* als Nomen verwendet wird, könnt ihr es großschreiben – müsst es aber nicht.
Wenn ihr also *andere* immer kleinschreibt – liegt ihr immer richtig.

1 Schreibt die folgenden Sätze richtig auf.

a) Sie meint, ALLES ANDERE kommt nicht in Frage.
b) Er hat es sich ANDERS überlegt.
c) Das EINE UND ANDERE war interessant.
d) Ich erledige EINS NACH DEM ANDEREN.
e) Wir ernten Äpfel, Birnen und VIELES ANDERE MEHR.
f) Die ANDEREN hatten sich verspätet.
g) Viele sehnen sich nach ETWAS ANDEREM.

Wörter für **Farben** werden im Allgemeinen kleingeschrieben.
Wenn sie allerdings als Nomen verwendet werden, müsst ihr sie großschreiben.

2 Blau oder blau? Schreibt die folgenden Sätze richtig auf.
Ihr könnt in einigen Sätzen auch andere Farben einsetzen.

a) Die Fahrt INS BLAUE hat allen gut gefallen.
b) Ein BLAUER FLECK ist ein kleiner Bluterguss.
c) Sie liebt DAS BLAU des Himmels.
d) Die FARBE BLAU steht ihm einfach nicht.
e) Wer einfach so dahinredet, der redet INS BLAUE.
f) Die Wände sind BLAU IN BLAU gestrichen.
g) Mein Freund hat BLAUGRÜNE AUGEN.

Auch Wörter für **Zahlen** werden im Allgemeinen kleingeschrieben.
Wenn sie allerdings als Nomen verwendet werden, müsst ihr sie großschreiben.

3 Erster oder erster? Ein(s) oder ein(s)? Schreibt die folgenden Sätze richtig auf.

a) Sie hat in Mathe EINE EINS geschrieben.
b) Er hat AM ERSTEN APRIL Geburtstag.
c) Wir waren EINS, ZWEI, DREI damit fertig.
d) Hier gilt das Motto aus EINS MACH ZWEI.
e) Um das zu verstehen, muss man nur EINS UND EINS zusammenzählen.
f) Sie wohnen IN DER ERSTEN ETAGE.
g) Erledige das unbedingt ALS ERSTES.
h) Er hat VOM NÄCHSTEN ERSTEN an einen neuen Job.
i) Sie brach in Freudentränen aus, als sie ALS ERSTE ins Ziel kam.

Diese Regel lässt sich leicht merken: Man schreibt *beide, die beiden* immer klein.

4 Ergänzt die folgenden Sätze und schreibt sie richtig auf.

a) Frau Müller, … Kinder sind wirklich sehr nett.
b) Die … dort kenne ich noch nicht.
c) Man kann wohl sagen, … hattet Glück im Unglück.
d) Sie werden uns … besuchen.
e) Mir gefällt … nicht.

alle beide
alles beides
beiden
ihr beide
Ihre beiden

Ihr wisst, dass **Eigennamen** großgeschrieben werden.
Das gilt auch für die Nomen und Adjektive in mehrteiligen Eigennamen.

5 Setzt die folgenden Eigennamen passend in die Sätze **a)–h)** ein. Schreibt die Sätze korrekt auf.

a) Sie checkten im Hotel … ein.
b) Kaiser … musste nach dem … abdanken.
c) Südafrika liegt am …
d) Der … ist weltberühmt.
e) Wir fahren zum Bergsteigen in die …
f) Ich mag weder die … noch die … .
g) … und … leisten vielen Menschen Hilfe in der Not.
h) Der … tagt im Reichstagsgebäude in Berlin.

WILHELM DER ZWEITE
BAYERISCHER HOF
ERSTEN WELTKRIEG
KAP DER GUTEN HOFFNUNG
SCHIEFE TURM VON PISA
HOHEN TAUERN
SCHWARZE WITWE
DEUTSCHE BUNDESTAG
ROTER HALBMOND
GEMEINE STUBENFLIEGE
ROTES KREUZ

Wenn eine bestimmte Wörter-Kombination eine übertragene Bedeutung hat, spricht man von einer festen Verbindung. Feste Verbindungen von Adjektiv und Nomen können klein- oder großgeschrieben werden.

6 Erklärt die übertragene Bedeutung der folgenden festen Verbindungen. Ordnet jeder festen Verbindung die passende Bedeutung zu.

a) erste / Erste Hilfe
b) schwarzes / Schwarzes Brett
c) blauer / Blauer Brief
d) grüne / Grüne Grenze
e) roter / Roter Planet
f) blauer / Blauer Planet
g) rote / Rote bzw. gelbe / Gelbe Karte
h) gelbes / Gelbes Trikot

Anschlagtafel
Erde
Ersthilfe in medizinischen Notfällen
Mahnschreiben
Mars
offener Grenzverlauf zwischen den offiziellen Grenzübertrittsstellen von Staaten
Siegertrikot beim Radsport
Verwarnung, Strafe beim Fußball

7 Bildet sinnvolle Sätze mit den Beispielen **a)–h)**.
Die Schmuggler kamen über die Grüne (grüne) Grenze.

Recht-schreibung und Zeichen-setzung

Rechtschreibung

Fremdwörter verstehen – schreiben – üben

Fremdwörter gelangen aus vielen Sprachen zu uns: aus dem Griechischen, Lateinischen, Englischen, Französischen, Italienischen, aber auch aus vielen anderen Sprachen. Die meisten erkennt man daran, dass sie in Schreibweise und Aussprache an ihre Herkunftssprache erinnern, zum Beispiel Philosophie *(griech.)*, Visum *(lat.)*, Cupcake *(engl.)*, Abonnement *(franz.)*, Pizzeria *(ital.)*. „Häufig gebrauchte Fremdwörter können sich nach und nach den deutschen Schreibregeln anpassen. In diesen Fällen sind oft sowohl die eingedeutschten (integrierten) als auch die nicht eingedeutschten Schreibungen korrekt. […] Zum Beispiel: […] Portmonee *oder* Portemonnaie, Creme *oder* Crème, Tunfisch *oder* Thunfisch. […] Der weitaus größte Teil der Fremdwörter ist (noch) nicht an die deutschen Schreibregeln angeglichen. Zum Beispiel: Milieu, Jalousie, Jeans […]“.[1]

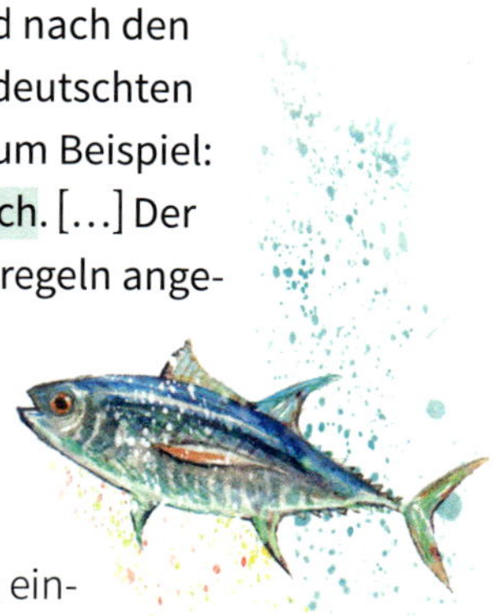

1 Sprecht die im Text oben blau markierten Fremdwörter korrekt aus. Erklärt ihre Bedeutung. Schlagt gegebenenfalls nach.
- Beschreibt, wie sich jeweils bei den grün markierten Fremdwörtern die eingedeutschte Schreibweise von der nicht eingedeutschten unterscheidet.
- Welche Schreibweisen bevorzugt ihr jeweils? Begründet eure Entscheidung.

2 Wie man ein Fremdwort korrekt schreibt, das muss Wort für Wort gelernt werden. Aber es gibt typische Bestandteile in Fremdwörtern, die man als Signale nutzen kann, um die richtige Schreibung von Fremdwörtern in Gruppen zu üben. Lies die folgende Tabelle, sprich die Fremdwörter dabei leise aus.

INFO

Signale der Fremdwortschreibung

Gruppe A
Signale: -us; -ismus; -iv
Tempus, Humus, Luxus, Bonus, Virus
Journalismus, Vandalismus, Anglizismus
Motiv, Detektiv, konstruktiv, attraktiv

Gruppe B
Signale: -ion, -tion
Region, Pension, Version, Reflexion
Motivation, Eskalation, Manipulation

Gruppe C
Signale: Dis-, dis-; Sub-, sub-
Distanz, Disziplin, Display, diskriminieren
Substanz, Subjekt, subjektiv, suboptimal

Gruppe D
Signale: Th, -th-; Ph-, ph-; Rh-, rh-
Thermometer, Thema, Mathematik, athletisch
Phantom, Phase, Phrase, phänomenal,
Rhabarber, Rhythmus, rhetorisch, rheumatisch

Gruppe E
Signale: Sym-, sym-; Syn-, syn-
Sympathie, Symbiose, Symptom, symbolisch
Syndrom, Synagoge, synthetisch, synchron

Gruppe F
Signale: C-, c-; Ch-, ch-
Cappuccino, Casting, Crashkurs, cash, coachen
Champion, Charme, Chor, chatten, chronisch

3 Schreibe aus den sechs Gruppen **A–F** jeweils die Fremdwörter auf, die du – ohne nachzuschlagen – erklären kannst, z. B.: ***Gruppe A:*** *Tempus ≙ Zeitform des Verbs*

[1] Duden: Die deutsche Rechtschreibung 28., völlig neu bearbeitete und erweiterte Auflage, Dudenverlag Berlin, 2020, S.46

4 Schlage nun die Bedeutung der restlichen Fremdwörter nach. Schreibe sie zusammen mit ihrer Bedeutung auf, z. B.: ***Gruppe A:*** *Humus ≙ fruchtbarer Bodenbestandteil*

5 Vergleicht eure Ergebnisse und korrigiert sie gegebenenfalls.

Gruppe A
Anglizismus
attraktiv
Bonus
Humus
...

6 Erstelle am Computer sechs Listen jeweils mit den Fremdwörtern der Gruppen **A – F**. Ergänze sie um weitere passende Fremdwörter.

7 Die folgenden acht Fremdwörter stammen aus acht verschiedenen Sprachen.
Asphalt – Hotline – Iglu – Kiosk – Matrose – Natur – Niveau – Rakete
- Überlegt einmal – und ordnet die Wörter probeweise ihren Herkunftssprachen zu.
  Eskimoisch: ... Lateinisch: ... Griechisch: ... Englisch: ...
  Französisch: ... Persisch: ... Italienisch: ... Niederländisch: ...
- Liegt ihr mit euren Zuordnungen richtig? Überprüft das im Wörterbuch.

Hier im **Wortschatz** findet ihr 20 Fremdwörter, die sehr häufig falschgeschrieben werden. So könnt ihr diese Fremdwörter üben:

Wortschatz

1 Aggression
2 Antipathie
3 Apparat
4 Ballett
5 Charakter
6 Dilettant
7 Fitness
8 Galopp
9 Interesse
10 Karussell
11 Katastrophe
12 Konkurrenz
13 Minimum
14 Parallele
15 Reparatur
16 Rhythmus
17 Silvester
18 Symmetrie
19 Sympathie
20 Terrasse

8 Lies dir die **Wortschatz**-Liste zunächst ganz durch und sprich die Wörter dabei leise vor dich hin.

9 Macht euch klar, was die Fremdwörter bedeuten.
Aggression: Angriff *Antipathie: Abneigung* ...

10 Puzzelt die folgenden „Wortpaare" richtig zusammen.
Überprüft die Ergebnisse mit dem **Wortschatz**.
Aggressness – Fition ***Apparenz – Konkurrat*** ***Ballell – Karussett***
Interatur – Reparesse ***Minimus – Rhythmum*** ***Terropp – Galasse***

11 Schreibt zu zehn Wörtern aus dem **Wortschatz** ein verwandtes Wort oder eine Zusammensetzung auf, z. B.:
Fitness: fit, Fitnessstudio *Minimum: minimal, Minimallösung ...*

12 Lies die ersten fünf Wörter aus dem **Wortschatz**.
- Schreibe sie dann aus dem Gedächtnis auf.
- Verfahre mit den restlichen Wörtern ebenso.
- Vergleiche deine Wörterliste mit dem **Wortschatz** und korrigiere sie gegebenenfalls.

13 Die folgenden Sätze enthalten Fremdwörter, die eingedeutscht oder nicht eingedeutscht geschrieben werden können.
- Schreibt die Sätze ab und entscheidet euch jeweils für eine Variante.
- Für welche Variante habt ihr euch jeweils entschieden? Tauscht euch aus und begründet eure Wahl.

a) Kinder essen gern *Spagetti/Spaghetti* mit *Soße/Sauce*.
b) Mit Früchten schmeckt *Jogurt/Joghurt* am besten.
c) Sie spielt *fantastisch/phantastisch* auf dem *Saxophon/Saxofon*.
d) Das *Mikrofon/Mikrophon* ist defekt.
e) *Geografie/Geographie* war schon immer sein Lieblingsfach.

Recht-schreibung und Zeichen-setzung

Rechtschreibung

Unter der Lupe: Anglizismen

INFO

Anglizismus

Ein Anglizismus (*Plural:* Anglizismen) ist ein aus dem Englischen in eine andere Sprache entlehnter sprachlicher Ausdruck (Wort, Wortfügung, Wortbildungselement). Seine Herkunft ist aufgrund bestimmter sprachlicher Eigenschaften wie Aussprache, Laut-Buchstaben-Zuordnung oder Schreibung noch erkennbar (z. B. *Bodybuilder, One-Man-Show*). Sogenannte Scheinentlehnungen, die im englischen Sprachraum nicht verwendet werden (z. B. Dressman, Handy), werden nicht als Anglizismen angesehen.

1 Lest den Infokasten und klärt folgende Fragen:
- Was ist ein Anglizismus?
- Was versteht man unter einer „Scheinentlehnung"?

2 Es gibt ganze Wörterbücher mit „überflüssigen" Anglizismen, die unsere Sprache nach Meinung der Verfasser / Verfasserinnen nicht braucht. Eine kleine Auswahl davon findet ihr hier im **Wortschatz**. Macht euch Notizen:
- Welche Wörter aus dieser Liste gebraucht ihr ganz selbstverständlich, welche eher selten – und welche sind für euch überflüssig?
- Diskutiert eure Einschätzungen.

3 Sucht in der Liste zehn Anglizismen, die ihr durch ein anderes Wort aus dem deutschen Sprachgebrauch ersetzen könnt.
Notiert z. B. *Beautycase: Kosmetikkoffer, ...*

4 Viele Jugendliche sagen lieber *Ich muss jetzt mal chillen* und *Ich finde das megacool*, anstatt zu sagen:
Ich muss mich mal ausruhen und *Ich finde das richtig gut*.
Warum verwenden Jugendliche gern so viele Anglizismen wie *chillen, cool, hip, faken, connecten, smarten, stylisch* usw.?
Gebt mögliche Gründe dafür an.

5 Diskutiert folgende Aussagen zu Anglizismen, die man so ähnlich in den Medien finden kann.

A Viele Jugendliche nutzen Anglizismen, damit sie sich von der erwachsenen Generation abgrenzen können.

B Die Flut an Anglizismen wird von manchen Sprachwissenschaftlern / Sprachwissenschaftlerinnen mit Sorge betrachtet. Sie halten sie sogar für eine Bedrohung für unsere Sprache. Andere Sprachexperten/-expertinnen vertreten dagegen den Standpunkt, dass Anglizismen eine unverzichtbare Bereicherung für die deutsche Sprache darstellen.

C Wie zu erwarten, sind auch mit der Corona-Pandemie neue Anglizismen ins Land gekommen: *Lockdown light, Superspreader, Shutdown* oder *Hotspot* versteht wohl jeder – ganz ohne Erklärung.

Wortschatz

Anglizismen

1 Beautycase
2 Beachvolleyball
3 Cheerleader
4 chillen
5 Drummer, Drummerin
6 E-Learning
7 Event
8 Highlight
9 Hightech
10 Homeschooling
11 Homeoffice
12 Hotline
13 Jetlag
14 Joystick
15 Kids
16 Label
17 Lockdown
18 Meeting
19 Message
20 Onlinebanking
21 Outfit
22 Poleposition
23 relaxed
24 Secondhandshop
25 Smoothie
26 Thriller
27 T-Shirt

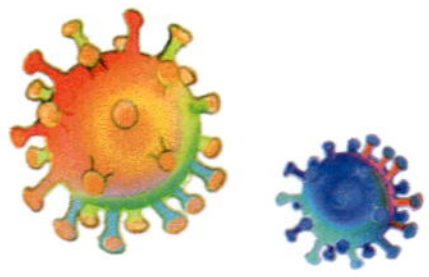

Rechtschreibung

Getrennt- und Zusammenschreibung

Der **Sommerabend**, **blaumachen** oder **knallrot**: Im Deutschen lieben wir es, Wörter zu neuen Begriffen zusammenzusetzen. Solche „Zusammensetzungen" sind einerseits eine tolle sprachliche Bereicherung, aber verursachen andererseits so manches Rechtschreibproblem. Keine Frage, die Getrennt- und Zusammenschreibung ist kompliziert. Im Zweifelsfall müsst ihr nachschlagen. Im Folgenden findet ihr einige wichtige Regeln und Aufgaben zum Üben.

INFO

Zusammensetzung oder Wortgruppe: auf Akzent und Bedeutung achten

Grundsätzlich gilt: **Bestandteile von Wortgruppen** werden getrenntgeschrieben.
Bestandteile von Zusammensetzungen werden zusammengeschrieben.
Der Akzent liegt nur auf dem ersten Wort, zum Beispiel: *Einzelwörter.* Oftmals haben Zusammensetzungen eine andere Bedeutung als ihre ursprünglichen Bestandteile, z. B.: ***blaumachen*** – *schwänzen*.

1 Bildet Zusammensetzungen aus den folgenden Bestandteilen:
Sprecht die Wörter aus, schreibt sie auf und markiert den Akzent: Abendrot, Fahrtenschreiber …

Abend, Fahrten, Blumen, Grund, Hafer
Winter, Gold, Hunger, Pech, Speise

Lage, Schreiber, Wiese, Milch, Rot,
Gefühl, Karte, Strähne, Esel, Morgen

2 Lest die Sätze **a)–g)** laut und achtet auf die Betonung der markierten Wörter.
- Schreibt die Sätze korrekt auf:
  Ist nur das **erste** Wort betont, schreibt ihr zusammen.
  Sind **beide** Wörter oder das **zweite** Wort betont, schreibt ihr getrennt.
- Mit der Zusammenschreibung verändert sich die Bedeutung von Wörtern. Nennt Beispiele.

a) Du darfst den Ball nicht so *fest|treten*.
b) Der Schnee vor dem Haus ist *fest|getreten*.
c) Die beiden haben *blaue|Augen*.
d) Manchmal sind sie etwas *blau|äugig*.
e) Die Arbeiter wollen das Tor *schwarz|anmalen*.
f) Doch *Schwarz|Arbeit* ist nicht erlaubt.
g) Wir werden ihm zum Geburtstag einen *Kuchen|backen*.
h) Mit einer *Esels|Brücke* kannst du dir das besser merken.

INFO

Stets groß- und zusammen: *beim Radfahren, unser Kennenlernen*

Wenn Wortkombinationen zu Nomen werden, werden sie grundsätzlich **groß-** und **zusammengeschrieben**: egal, ob sie eine übertragene Bedeutung haben oder nicht, z. B. *das Kuchenbacken, eure Blauäugigkeit.*

3 Vervollständigt die Sätze, sodass die Wortkombinationen zu Nomen werden.
a) *wieder|sehen:* Ich freue mich …
b) *Ski|laufen:* Endlich …
c) *Eis|baden:* Das … ist nicht jedermanns …
d) *sitzen|bleiben:* Ich finde, dass das … endlich …

INFO

Im Normalfall getrenntschreiben: *Rad fahren*

- Kombinationen aus **Nomen + Verb** schreibt man getrennt, z. B. ***Rad fahren, Schlange stehen, Fußball spielen, Brot backen*** …
- **Ausnahme:** Man schreibt zusammen, wenn das Nomen mit dem Verb ganz eng zusammengewachsen ist und eine Einheit bildet, z. B. ***eislaufen, leidtun, teilnehmen, schlussfolgern, handhaben*** …
- Manchmal sind zwei Schreibweisen erlaubt, z. B. ***achtgeben*** *oder* ***Acht geben, haltmachen*** *oder* ***Halt machen*** …

4 Schreibt die Sätze **a)–f)** mit passenden Beispielen aus dem Kasten auf.

a) Vor dem Kino mussten die Leute …
b) Meine Freundin kann super …
c) Es wird ihm …, wenn er die Party verpasst.
d) Sie wussten nicht, wie sie die Sache … sollten.
e) Du musst gut auf das Baby …
f) Wir wollen an der nächsten Raststätte …

INFO

Im Normalfall getrenntschreiben: *spazieren gehen*

- Kombinationen aus **Verb + Verb** schreibt man getrennt, z. B. ***spazieren fahren, schreiben lernen, einkaufen gehen, liefern lassen*** … **Ausnahme:** ***kennenlernen*** oder ***kennen lernen***
- Kombinationen mit ***bleiben*** und ***lassen*** dürfen auch zusammengeschrieben werden, **aber nur** bei übertragener Bedeutung, z. B. ***etwas links liegen lassen*** oder ***liegenlassen*** *(etwas nicht beachten).*

5 Schreibt die Sätze **a)–k)** korrekt auf. Begründet, warum in vier Sätzen die Wortkombinationen sowohl getrennt- als auch zusammengeschrieben werden dürfen.

a) Am Sonntag werden wir lange *spazieren|gehen.*
b) In unserer Klasse ist niemand *sitzen|geblieben.*
c) Die Kinder sind im Auto *sitzen|geblieben.*
d) Das Sofa hat sie sich von der Firma *liefern|lassen.*
e) Schon zweimal habe ich dich *rufen|lassen.*
f) Sie möchten in ihrem Haus *wohnen|bleiben.*
g) Du sollst den Hund nicht auf die Straße *laufen|lassen.*
h) Die Politiker haben die Dinge einfach *laufen|lassen.*
i) Der Junge will nicht aufstehen, er will noch *liegen|bleiben.*
j) Ich habe mein Smartphone im Bus *liegen|lassen.*
k) So kann ich deine Behauptung *stehen|lassen.*

INFO

Im Normalfall zusammenschreiben: *dableiben, zurücklegen*

- Kombinationen aus **Adverb + Verb** schreibt man zusammen, wenn der Akzent auf dem Adverb liegt, z. B. ***dableiben, herumalbern, vorbeigehen, zurücklegen, hinauswerfen, hinterherlaufen, umherziehen, wiedersehen, zusammentreffen*** …
- **Aber:** Sind Adverb und Verb gleich betont, schreibt man getrennt: Er soll ***da bleiben***, wo der Pfeffer wächst. Sie hat ***rückwärts eingeparkt***.
- **Aber:** Wenn „***zusammen***“ „gemeinsam“ bedeutet, schreibt man getrennt: Wollen wir den Koffer ***zusammen packen***? (also: gemeinsam packen)

6 Beachte die Regeln und ergänze die Sätze **a)–d)**. Bilde selbst einige weitere Sätze mit Kombinationen aus Adverb + Verb.

a) Sie wollten noch etwas da …
b) Diese Wörter muss man zusammen …
c) Du sollst da …, wo du bist.
d) Kannst du den Text mit mir zusammen …

INFO

Zusammen- oder getrenntschreiben: *kleinschneiden, klein schneiden*

Kombinationen aus einfachem **Adjektiv + Verb** werden getrennt- oder zusammengeschrieben: ***klein schneiden*/*kleinschneiden*, *scharf stellen*/*scharfstellen***

- **Aber** man schreibt stets getrennt,
  - wenn das Adjektiv gesteigert oder erweitert ist, z. B. *kleiner schneiden, sehr klein schneiden, noch kleiner schneiden*
  - wenn das Verb zusammengesetzt ist: *das Fernglas scharf einstellen*
- Bei übertragener Bedeutung schreibt man zusammen: *eine Sache satthaben, etwas freihalten, den Verkehr lahmlegen*

7 Beachte die Regeln und ergänze die Sätze **a)–g)**.

frei|sprechen
gut|schreiben
schön|reden

a) Er will seinen Vortrag …
b) Sie will ihre Rede komplett …
c) Die Richterin wird den Angeklagten …
d) Das erste Kind kann recht …, das zweite kann sehr …, aber das dritte Kind …
e) Die Firma wird ihm den Betrag auf seinem Konto …
f) Nicht nur …, sondern auch etwas tun!
g) Du solltest dir nicht immer alles …

8 Lest euch den folgenden Text zunächst durch, damit ihr wisst, worum es geht.

- In dem Text sind einige Wörtergruppen in GROß|BUCH|STABEN gesetzt: Schreibt sie korrekt nach den Regeln der Getrennt- und Zusammenschreibung auf. Beachtet, dass das auch Folgen für die Groß- und Kleinschreibung haben kann. Notiert: *1) des ersten Alleinflugs 2) …*
- Vergleicht eure Ergebnisse. Überprüft sie im Zweifelsfall im Wörterbuch.

Allein über den Atlantik

Während **1** DES|ERSTEN|ALLEIN|FLUGS über den Atlantik hatte **2** FLUG|PIONIER Charles Lindbergh seine „Spirit of St. Louis“ über einen Fischkutter **3** NIEDRIG|HINWEG|GESTEUERT und aus dem Fenster **4** HERAUS|GESCHRIEN: „In welcher Richtung liegt Irland?“

75 Jahre später sollte es sein Enkel Erik etwas **5** LEICHTER|HABEN, als er am 1. Mai 2002 mit seiner „New Spirit of St. Louis“ von New York nach Paris startete. Er hatte beschlossen, den **6** LEGENDÄREN|TRANS|ATLANTIK|FLUG seines **7** WELT|BERÜHMTEN Großvaters zu **8** WIEDER|HOLEN.

Im Mai 1927 war Charles Lindbergh **9** ZUM|ERSTEN|SOLO|FLUG über den Atlantik **10** AUF|GEBROCHEN. Während des über **11** DREI|UND|DREIßIG|STUNDEN|DAUERN DEN|FLUGES konnte er über dem Atlantik nur auf seine Berechnungen und den Kompass **12** ZURÜCK|GREIFEN. Enkel Eriks **13** EIN|MOTO RIGES|PROPELLER|FLUG|ZEUG war dagegen mit einem **14** SATELLITEN|NAVIGATIONS|SYSTEM (GPS) ausgerüstet, das ihn während seines nur **15** HALB|SO|LANGEN|FLUGES zuverlässig leitete. Mit seinem **16** JUBILÄUMS|FLUG konnte Erik Lindbergh die Leistung seines Großvaters nicht nur **17** NACH|EMPFINDEN, sondern sie auch einem breiten Publikum **18** INS|GEDÄCHTNIS|ZURÜCKRUFEN.

Im Mai 2022 jährt sich Charles Lindberghs historischer Flug **19** ZUM|EIN|HUNDERTSTEN|MAL.

Recht-schreibung und Zeichen-setzung

Rechtschreibung

Die Konjunktion *dass*

***Das**-Sätze* und ***Dass**-Sätze* können manchmal sogar völlig gleich aussehen.
Satz A: Das ist das Stück des Weges, *dass/das* ich mit dem Rad zur Schule fahre.
Satz B: Ich freue mich sehr darüber, *dass/das* ich mit dem Rad zur Schule fahre.

1 Führt ein kurzes Rechtschreibgespräch darüber, in welchem Satz *das* geschrieben werden muss und in welchem Satz *dass* – und woran man das erkennen kann.

2 Füge in die Sätze **a)–j)** die Konjunktion *dass* ein oder das Pronomen *das*. Notiere: *a) das, b) ...*
- Zähle dann aus, wie oft du *dass* eingesetzt hast – und wie oft *das*.
- Vergleicht eure Ergebnisse Satz für Satz. Begründet sie mithilfe des Infokastens.

a) Es war ein Spiel, ? uns alle überrascht hat.
b) Die gegnerische Mannschaft spielte, ? uns Hören und Sehen verging.
c) Am Ende mussten wir uns damit begnügen, ? wir nicht untergegangen waren.
d) Wir schafften es dann noch, ? wir den Ausgleich erzielten.
e) Wir klatschten so laut, ? die Hände wehtaten.
f) Wir waren sicher, ? das Spiel für uns gut ausgeht.
g) Doch dann kam etwas, ? hatten wir nicht geglaubt.
h) ? die gegnerischen Kicker so gut spielen könnten, hätten wir nie gedacht.
i) Das erste Tor, ? schon nach zehn Minuten fiel, schockte unsere Mannschaft so sehr, ? sie kaum noch ins Spiel kam.
j) ? wir am Ende haushoch verloren, ? werden wir nicht so schnell verkraften.

INFO

Konjunktion *dass* – Relativ- oder Demonstrativpronomen *das*

Die **Konjunktion *dass*** leitet einen Nebensatz ein. Sie bezieht sich häufig auf das Prädikat in einem vorangestellten Hauptsatz, seltener in einem nachgestellten Hauptsatz.
*Wir hofften, ← **dass** wir das Spiel haushoch gewinnen.*
*Wir hatten die Hoffnung, ← **dass** unser Team gewinnen würde.*
***Dass** unsere Mannschaft gewinnt, → hofften alle bis zuletzt.*

Das **Relativpronomen *das*** leitet einen **Relativsatz** (Nebensatz) ein.
Es bezieht sich auf ein vorausgehendes Nomen im Neutrum:
*Wir freuten uns auf das Spiel, ← **das** (Ersatzwort: welches) wir gewinnen würden.*

Das **Demonstrativpronomen *das*** leitet einen **Hauptsatz** ein (Verb an Zweitstelle!).
*Ich bin sicher, **das** (Ersatzwort: dies) gelingt unserer Mannschaft.*

3 Schreibe diese Sätze auf. Ergänze dabei entweder die Konjunktion *dass* oder das Demonstrativpronomen *das*.

Lenn sagte, **(1)** er mich morgen besuchen wolle. Ich erwiderte, **(2)** sei ja nett von ihm. Doch ich fügte gleich hinzu, **(3)** ich morgen zum Training müsse. Lenn meinte, **(4)** mache ihm nichts aus, aber er hoffe, **(5)** ich seinetwegen nicht zum Training ginge. Er wusste eben nicht, **(6)** mir das Training wirklich wichtig ist. Ich schlug ihm dann vor, **(7)** wir uns nach dem Training noch auf einen Tee in der Stadt treffen könnten. Ich glaube, **(8)** hat Lenn sehr gefreut.

4 Lasst euch von dem **WORTSCHATZ** anregen und bildet acht Satzgefüge mit *dass*.
- Denkt an das Komma vor *dass*!
- Unterstreicht die Signalwörter im Hauptsatz.

INFO

Signalwörter für *dass*

Die wichtigsten **Signale** für die Konjunktion ***dass*** sind die Verben und Nomen des Sagens, Denkens und Fühlens, die in dem vorausgehenden Hauptsatz stehen.

*Ich denke, ← **dass** es nicht zu spät ist.*
*Alle sind der Meinung, ← **dass** es jetzt endlich Ferien geben sollte.*

5 Hier könnt ihr die *Das*- und *Dass*-Schreibung noch einmal üben.
- Schreibt die Sätze **a)–j)** ab und setzt *dass* oder *das* ein.
- Unterstreicht anschließend in jedem Satz die Wörter oder die Workombinationen, auf die sich *dass* oder *das* jeweils beziehen.

a) Ich freue mich darauf, ? morgen deine Party stattfindet.
b) Das ist das Outfit, ? ich tragen werde.
c) Ich sah ein Fußballspiel, ? ich ziemlich langweilig fand.
d) Ich ärgerte mich darüber, ? es so langweilig war.
e) Sie wusste, ? er ihr ein Buch geliehen hatte.
f) Sie gab ihm das Buch zurück, ? er ihr geliehen hatte.
g) ? ist genau das Ergebnis, ? wir erwartet hatten.
h) Wir waren sehr froh darüber, ? es eingetreten ist.
i) ? er das Rennen verloren hatte, ? wusste er schon auf den letzten Metern.
j) Er fand das Taschenmesser wieder, ? er verloren hatte.

6 Schreibe passende Hauptsätze zu den folgenden *Das*- und *Dass*-Sätzen auf:

a) Ich …, das ich sehr komisch fand.
b) …, dass ich es komisch fand.
c) Ich …, das ich verloren hatte.
d) Ich …, dass ich es wiedergefunden hatte.

WORTSCHATZ

Du meinst, dass …
Er behauptet, dass …
Habt ihr den Wunsch, dass …
Hast du Angst, dass …
Ich bitte dich, dass du …
Ich denke, dass …
Ihr befürchtet, dass …
Jugendliche haben oft das Gefühl, dass …
Seid ihr alle der Meinung, dass …
Sie argumentierte, dass …
Sie haben die Beobachtung gemacht, dass …
Sie sagt, dass …
Sie überzeugten sich davon, dass …
Sie vertreten den Standpunkt, dass …
Sie vertritt die Ansicht, dass …
Sie wünschen sich, dass …
Viele Fachleute sind der Meinung, dass …
Wir fühlen, dass …
Wissenschaftler stellen die These auf, dass …

7 Konjunktion, Relativpronomen, Demonstrativpronomen oder Artikel? Ergänze im folgenden Text *dass* oder *das*. Bestimme jeweils die Wortart. Notiere: *1) das, Artikel, 2) …*

Halb so schlimm

Leonie bat ihren Freund, ihr … **(1)** Buch zurückzugeben. Tim sagte, … **(2)** habe er leider total vergessen. Sie meinte aber, … **(3)** … **(4)** nicht weiter schlimm sei.
Tim war froh, … **(5)** Leonie nicht sauer auf ihn war. Gleich am nächsten Tag brachte Tim ihr … **(6)** Buch, … **(7)** er von ihr ausgeliehen hatte, wieder mit.

Recht-schreibung und Zeichen-setzung

Rechtschreibung

Die häufigsten Fehlerwörter: Ein Selbsttest

Die Rechtschreibforschung ermittelt immer wieder aufs Neue, welches die häufigsten Fehlerwörter sind, die Schülerinnen und Schüler bis in höhere Schuljahre hinein produzieren. Und das sind nicht nur Fremdwörter, auch vermeintlich einfache deutsche Wörter werden sehr häufig falsch geschrieben.

1 Teste dich selbst: In den folgenden 17 Sätzen werden dir kursiv gesetzte Wörter in richtiger und falscher Schreibweise angeboten. Notiere sie in der Schreibweise, die dir auf den ersten Blick richtig erscheint: *1) sie lie?t, ein bi?chen …*

1 Vor dem Schlafen *ließt/liest* sie noch *ein bisschen/ein bißchen*.
2 Laut *gröhlend/grölend* zogen die Fans *abends/abents* durch die Innenstadt.
3 Warum *guckt/gukt* das Kind *blos/bloß* so *enttäuscht/entäuscht*?
4 Macht es dir wirklich *Spaß/Spass*, das Geschirr zu *spühlen/spülen*?
5 Der Baulärm ist *immer noch/immernoch* ein großes *Ärgerniss/Ärgernis*.
6 Gestern sollten wir *eigentlich/eigendlich* die *Verwandschaft/Verwandtschaft* besuchen.
7 Die Kinder konnten *endlich/entlich* wieder *draußen/draussen* spielen.
8 Das kann *garnicht/gar nicht* sein, es war *nähmlich/nämlich* ganz anders.
9 Zum Glück *kahm/kam* er *schließlich/schlieslich* mit der Rede *zuende/zu Ende*.
10 Die Leute gehen gern *irgendwo/irgentwo* in der Natur *spatzieren/spazieren*.
11 Der *Schluss/Schluß* kommt immer *zulezt/zuletzt*.
12 Die einen waren *tottraurig/todtraurig*, die anderen wollten sich *todlachen/totlachen*.
13 Morgen *giebt/gibt* es *vorraussichtlich/voraussichtlich* ein neues Update.
14 Die Waschmaschine wird *vieleicht/vielleicht* schon am *nächsten/näksten* Tag geliefert.
15 Er *brauch/braucht* kein neues Tablett, das alte ist noch *ziemlich/ziehmlich* gut.
16 Die Tickets sind *übrigens/übrigends* für euch alle *unendgeldlich/unentgeltlich*.
17 Bei diesen *Vorraussetzungen/Voraussetzungen* bieten sich auf dem Ausbildungsmarkt *unendlich/unentlich* viele Chancen.

2 Überprüfe deine Test-Ergebnisse mithilfe eines Wörterbuches.
- Schätze deine Rechtschreibleistung selbst ein.
- Wie viele von fünf Sternen gibst du dir? ☆ ☆ ☆ ☆ ☆

3 Lege am Computer **deine eigene Liste** zur „Vermeidung von Fehlerwörtern“ an.
- Gib zuerst diejenigen Fehlerwörter aus den Sätzen oben richtig ein, die du falsch geschrieben hast oder bei denen du dich unsicher fühlst.
- Bestimmt fallen dir noch weitere Wörter ein, die du immer mal wieder falsch schreibst. Nimm auch solche „eigenen“ Fehlerwörter in deine Liste auf.
- Denke auch an schwierige Wörter, die du in Klassenarbeiten und Tests häufig schreiben musst. Da gibt es etliche komplizierte Wörter.
- Nutze die Sortierfunktion des Textverarbeitungsprogramms, um deine Liste alphabetisch zu ordnen.

4 Überlegt gemeinsam, wie man mit solchen Wörterlisten die Rechtschreibung effektiv trainieren kann. Tragt eure Vorschläge zusammen.

Rechtschreibung

Orthografisches Lesen: Fehler finden mit Methode

Wenn ihr eigene Fehler in selbstgeschriebenen Texten aufspüren wollt, dann ist es ideal, wenn ihr Abstand habt und eure Texte erst ein paar Tage später Korrektur lest. Bei schriftlichen Klausuren ist das meist nicht möglich. Aber auch in handgeschriebenen Klassenarbeiten könnt ihr Fehler leichter aufspüren, wenn ihr bei der Rechtschreibkontrolle methodisch vorgeht.

Methode: Rechtschreiblesen (orthografisches Lesen)

- Nimm dir Zeit.
- Lies den Text nicht nur mit den Augen, sondern lies ihn dir Wort für Wort halblaut vor. Das hilft dir dabei, dich auf jedes einzelne Wort zu konzentrieren.
  Tipp: In Klausuren kannst du nahezu unhörbar flüstern, sodass du niemanden störst.
- Wenn du einen Fehler entdeckt hast, korrigiere ihn umgehend.
- Wenn du bei einem Wort unsicher bist, schlage es sofort im Wörterbuch nach.

1 Sieh dir einen der handgeschriebenen Texte an, die du in letzter Zeit verfasst hast.
- Lies ihn dir im Hinblick auf mögliche Fehler durch.
- Korrigiere die Fehler – auch mithilfe eines analogen oder digitalen Wörterbuchs.

2 Der folgende Text ist ein Ausschnitt aus einer Erörterung. Er enthält viele Rechtschreibfehler.
- Lies ihn zunächst durch, damit du weißt, worum es geht.
- Gehe methodisch vor, um die Fehler aufzuspüren: Lies den Text orthografisch.
- Schreibe die Fehlerwörter Zeile für Zeile richtig auf: *Zeile 1: heutzutage, …*
- Gleiche deine Ergebnisse mit der Lösung auf Seite 344 ab.

344

Tipp: Lies den Text auch einmal Wort für Wort **von hinten nach vorn**. Dann findest du Fehler leichter.

Dass gutes Benehmen heut zu Tage wichtig ist, steht für mich ausser Frage. Denn Umgangsformen sind wichtig, weil sie das zusammenleben für alle beteiligten angenehmer machen. Fachleute betonen immer wieder, das gutes Benehmen eigendlich nichts anderes ist, als mit dem Gegenüber respecktvoll, hilfsbereit und höflich umzugehen. Kleine Kinder müssen dieses Verhalten erst noch lernen. Dabei müssen besonders eltern ein Vorbild sein. Sie sollten ihren Kindern von Kleinauf vorleben, bitte und danke zu sagen, nicht zu schmazen oder mit vollem Mund zu reden. Die kleinen werden dann diese Verhaltensweisen ganz selbstverständlich nach ahmen. Haben sich aber schlechte Mannieren festeingeprägt, ist es schwehr, sie sich wieder abzugewöhnen. Für Jugentliche sind Umgangsformen spätestens dann ein Tema, wenn sie sich um eine Ausbildungstelle bewerben und zu einem Vorstellungsgespräch eingeladen sind. Aus eigener Erfahrung weiss ich, dass einem dann aufeinmal merkwürdige Fragen durch den Kopf gehen: Wie begrüß man sich richtig? Wann darf man sich setzen? Wo lässt man seine unterlagen? Man möchte schliesslich nicht ins Fettnäpfchen treten. Wer sich allerdings bei der Bewerbung grob daneben benimmt, für den wird es wohl nix mit dem Ausbildungsplatz.

Zeichensetzung

Das Komma bei Reihungen (Aufzählungen)

Beim Schreiben gliedert ihr eure Sätze mit Kommas, um sie übersichtlicher zu gestalten und um mögliche Missverständnisse zu vermeiden. Viele Kommas werdet ihr bereits gefühlsmäßig richtig setzen. In Zweifelsfällen helfen Regeln und Beispiele. In diesem Kapitel findet ihr eine Übersicht über wichtige Regelgruppen[1] der Kommasetzung – und dazu passende Übungsmaterialien.

1 Wie viele Kommas fehlen insgesamt in den Sätzen **A–E**?
- Lest die Sätze laut.
- Zählt die fehlenden Kommas – und notiert die Anzahl.
- Prüft und begründet eure Entscheidungen mithilfe des Infokastens.

A Wale Robben Seekühe und Seeotter sind sogenannte Meeressäuger oder Meeressäugetiere.
B Ein Delfin ist kein Fisch sondern ein Säugetier.
C In den Früchtekuchen gehören Nüsse und Mandeln sowie saftige Aprikosen Feigen und Datteln.
D Er verabschiedete sich stand auf und ging.
E Die jüngsten politischen Entwicklungen sind vielversprechend.

INFO

Komma bei Reihungen (Aufzählungen) von Wörtern und Wortgruppen

1. **Das Komma steht zwischen aufgezählten Wörtern und Wortgruppen,** wenn sie nicht durch ***und*** und ***oder*** bzw. ähnliche Konjunktionen verbunden sind, z. B. *sowie, sowohl – als [auch], sowohl – wie [auch], weder – noch, nicht – noch, entweder – oder, beziehungsweise (bzw.)*
Sonne, Mond und Sterne / sägen, hobeln oder schleifen / ruhig, entspannt, locker / gelbe, rote oder weiße Tulpen / Tomaten aus Holland, Oliven aus Griechenland / Es ist weder günstig noch preiswert. / Es wird heißes bzw. warmes Wasser benötigt.

2. Das Komma steht in Reihungen mit entgegensetzenden Konjunktionen, z. B. *aber, doch, jedoch, sondern, einerseits – andererseits.*
Das Kleid war hübsch, aber schmutzig. Der Zug war nicht pünktlich, sondern verspätet.

3. **Achtung!** Zwischen zwei Adjektiven steht nur dann ein Komma, wenn sie gleichrangig sind. (Probe: In Gedanken lässt sich dann sinngemäß ***und*** einsetzen.)
Mit Komma: *lauwarmes, abgestandenes Bier* / **Kein Komma:** *das helle bayerische Bier*

2 Schreibe die Sätze **a)–h)** ab und setze sieben Kommas ein.
Orientiere dich im Zweifelsfall an den Regeln und Beispielsätzen im Infokasten.
a) Er streicht die Wände in weißen gelben blauen oder grünen Farbtönen.
b) Im Sommer können wir rote gelbe sogar schwarze Tomaten ernten.
c) Sie kaufte sich Wanderstiefel Wollsocken sowie ein Moskitonetz und Mückenspray.
d) Das neue Modell ist sowohl mit Elektromotor als auch mit Hybridmotor erhältlich.
e) Mögt ihr eure Pizza mit Tomaten Salami und mit extra viel Käse?
f) Nach dem Shoppen waren wir pleite aber glücklich.
g) Im Hafen liegt ein großes italienisches Kreuzfahrtschiff.
h) Die Nachbarn waren gut miteinander bekannt bzw. befreundet.

3 Arbeitet zu zweit: Die folgenden Sätze sind ohne Kommas abgedruckt.
Diktiert euch die Sätze **A–D** abwechselnd und setzt die Kommas.

A Wir machten es uns bequem Getränke wurden angeboten und jemand spielte leise Gitarre.
B Nimm das Angebot an oder lass es bleiben!
C Entweder sage ich ihm Bescheid oder du tust es.
D Er hatte Hunger auf Chips aber es gab keine mehr denn die Tüte war leer.

Tipp: Es sind insgesamt sechs Kommas, davon sind drei fakultativ. Das bedeutet: Man kann sie setzen – muss es aber nicht.

4 Überprüft und begründet eure Kommasetzung mithilfe der Regeln und Beispiele im Infokasten und korrigiert eure Sätze gegebenenfalls.

INFO

Komma bei Reihungen (Aufzählungen) von Sätzen

1. Das Komma grenzt gereihte Sätze voneinander ab.
Sie lachen, sie klatschen, sie sind total begeistert. (Hauptsätze)
Es ist schön, wenn du lachst, wenn du so viel Spaß hast! (Nebensätze)

2. Das Komma steht in Reihungen mit begründenden und entgegensetzenden Konjunktionen, z. B. *weil, denn, da, aber, doch, jedoch, sondern, einerseits – andererseits …*
Weil er erkältet war, weil er Fieber hatte, blieb er zu Hause. (Nebensätze)
Das Kleid war hübsch, aber es war schmutzig. (Hauptsätze)

3. **Aber** in der Regel steht **kein** Komma, wenn gereihte Sätze durch Konjunktionen verbunden sind, wie z. B. *und, oder, sowie, sowohl – als [auch], sowohl – wie [auch], weder – noch, nicht – noch, entweder – oder, beziehungsweise (bzw.) …*
Wir mochten weder etwas essen noch wollten wir etwas trinken. (Hauptsätze)
Sie erwarten, *dass er pünktlich liefert oder dass sie Geld zurückbekommen.* (Nebensätze)

4. **Achtung:** Zwischen **Hauptsätzen**, die durch ***und*** und ***oder*** verbunden sind, **kann** ein Komma gesetzt werden (= fakultatives Komma).
Die Kinder nehmen das Rad [,] oder sie fahren mit dem Roller.
Heute essen wir Linsensuppe [,] und zum Nachtisch gibt es Apfelmus.

5 Schreibe die Sätze **a)–i)** ab und setze Kommas ein. Beachte den Infokasten.
Vier Kommas **musst** du setzen; fünf Kommas sind **fakultativ**; da kannst du frei entscheiden.

a) Wir gehen zu Fuß aber ihr könnt den Bus nehmen.
b) Sie liest Zeitung und er löst ein Sudoku.
c) Der Zug war nicht pünktlich sondern er hatte große Verspätung.
d) Ich spüle die Gläser ab und du polierst sie.
e) Entweder sagst du es ihr selbst oder ich muss es ihr sagen.
f) Der Sänger gab eine letzte Zugabe und sein Publikum applaudierte begeistert.
g) Wisst ihr wem ihr vertrauen könnt und wem ihr besser nichts anvertraut?
h) Soll sie ihn anrufen oder soll sie ihm eine E-Mail schreiben?
i) Sie spricht weder Italienisch noch kann sie Spanisch sprechen doch Englisch spricht sie fließend.

Recht-schreibung und Zeichen-setzung

Zeichensetzung

Das Komma bei Zusätzen (Erläuterungen)

1 In den folgenden Beispielen geht es um nachgestellte Zusätze und Erläuterungen. Sie sind hier allerdings ohne Kommas abgedruckt.

- Arbeitet zu zweit: Lest die Sätze **a)–g)** vor. Sprecht die Kommas dabei mit.
- Notiert, wie viele Kommas ihr jeweils genannt habt.
- Überprüft eure spontane Kommasetzung anhand der Regeln und Beispiele im Infokasten.

a) Das ist Paul mein bester Freund.
b) Johannes Kepler ein bedeutender Astronom der frühen Neuzeit starb 1630 in Regensburg.
c) Beim nächsten Treffen also vermutlich am Freitag werde ich das Problem ansprechen.
d) Wir hatten etwas Besonderes zu feiern nämlich ihren 18. Geburtstag.
e) Der Bus zwischen Groß- und Kleinrosenau verkehrt täglich zweimal und zwar morgens und abends.
f) Das Fahrrad individuelles Verkehrsmittel und Sportgerät zugleich gewinnt im Stadtverkehr immer mehr an Bedeutung.
g) Das Schwimmbad ist nur in der Hauptsaison geöffnet das heißt von Mai bis September.

INFO

Komma bei Zusätzen und Erläuterungen

1. **Das Komma grenzt nachgestellte Zusätze und Erläuterungen vom Satz ab.**
   Das ist Lisa, meine jüngere Schwester.
2. Häufig werden Erläuterungen durch Wörter und Fügungen **eingeleitet**, wie z. B.:
   also, nämlich, insbesondere, vor allem, und zwar, zum Beispiel, das heißt (d. h.) …
   Sie liest gern, vor allem Kriminalromane. Er ist Mittelstürmer, und zwar beim FC Kleinrosenau.
3. Sind die nachgestellten Zusätze und Erläuterungen **eingeschoben**, werden sie durch **zwei** Kommas vom Satz abgegrenzt (= paariges Komma).
   Jana, meine ältere Schwester, heiratet heute. Viele Filme, insbesondere Thriller, regen mich viel zu sehr auf.

2 Schreibe nun die Sätze aus Aufgabe 1 ab und setze die Kommas ein. Unterstreiche die nachgestellten und eingeschobenen Zusätze und Erläuterungen.

Was ist nun aber, wenn sich – wie im folgenden Beispielsatz – zwei Kommaregeln widersprechen?

Sie schaut oft Serien | in erster Linie amerikanische | und diskutiert gern darüber.

Dieser Satz enthält einen Zusatz (→ paariges Komma) und eine Reihung mit ***und*** (→ kein Komma vor ***und***). Sollte man nun ein, zwei oder gar kein Komma setzen? Was meint ihr? In solchen Fällen ist es hilfreich zu wissen, dass Reihungen **weniger Gewicht** haben als Zusätze. Deshalb werden beide Kommas (= paariges Komma) gesetzt. Entsprechendes gilt auch für eingeschobene Sätze.

3 Schreibe die folgenden Sätze ab und setze das paarige Komma ein.

a) Sie schaut oft Serien in erster Linie amerikanische und diskutiert gern darüber.
b) Wir kochen gern mit Freunden vor allem am Wochenende und essen dann gemeinsam.
c) Er rief er komme gleich wieder und rannte hinaus.
d) Ich hoffe dass ich Ihnen helfen konnte und wünsche Ihnen alles Gute.

Zeichensetzung

Das Komma bei Nebensätzen

1 **Es ist sehr nett von dir, dass du mir hilfst.**
Tragt am Beispiel dieses Satzgefüges euer Wissen über Haupt- und Nebensätze zusammen.

untergeordneter Nebensatz *Konjunktion*
übergeordneter Hauptsatz *Satzgefüge*
Verb an zweiter Stelle *Verb an letzter Stelle*

2 Arbeitet zu zweit: Lest die Sätze **a)–g)** vor. Es sind Satzgefüge, die hier ohne Kommas abgedruckt sind.
- Achtet beim Vorlesen besonders auf die Nebensätze. Sprecht die Kommas dabei mit.
- Zählt beim Zuhören die gesprochenen Kommas mit und notiert die Anzahl. (Es sollten zehn sein!)

a) Obwohl sie verabredet war ging sie lieber shoppen.
b) Es freut mich dass du wieder gesund bist.
c) Wenn du mit dem Hund in den Park gehst vergiss nicht dass du ihn anleinen musst.
d) Sie konnten nicht spazieren gehen weil es den ganzen Tag regnete.
e) Als er gerade sein Fahrrad reparieren wollte klingelte es an der Haustür.
f) Falls du mit zum Training kommen willst musst du dich beeilen.
g) Obwohl unser Team dieses Mal gewonnen hatte war die Trainerin der Meinung dass wir noch mehr trainieren müssen damit wir den Aufstieg in die Kreisliga schaffen.

3 Schreibe die Sätze **a)–g)** ab. Setze die Kommas.
Unterstreiche die Nebensätze und markiere die einleitenden Konjunktionen.

4 Prüft und begründet eure Kommasetzung. Nutzt dazu die Regeln und Beispiele im Infokasten.

Komma bei Nebensätzen

INFO

1. **Das Komma grenzt Nebensätze vom übergeordneten Satz ab.**
Nebensätze können **vor** oder **nach** dem übergeordneten Satz (zumeist ein Hauptsatz) stehen und werden durch Kommas abgegrenzt. Am Anfang von Nebensätzen stehen häufig Konjunktionen, wie z. B. *dass, weil, als, sobald, sooft, während, bevor, nachdem …*
→ vorangestellter Nebensatz: *Sobald wir Ferien haben, besuchen wir euch.*
→ nachgestellter Nebensatz: *Wir besuchen euch, sobald wir Ferien haben.*

2. Ist ein Nebensatz **eingeschoben**, wird er durch **zwei** Kommas (= paariges Komma) vom übergeordneten Satz abgegrenzt.
→ eingeschobener Nebensatz: *Wir besuchen dich, sobald wir Ferien haben, in Berlin.*

3. Das Komma trennt Nebensätze verschiedenen Grades.
Ihr könnt das Experiment nur durchführen, wenn keine Gefahr besteht, dass es zu Verletzungen kommt. (übergeordneter Hauptsatz + Nebensatz 1. Grades + Nebensatz 2. Grades)

5 Nicht immer setzt man zu wenig Kommas, manchmal sind es auch zu viele. Prüft und diskutiert daraufhin die Kommasetzung in diesen beiden Beispielsätzen:

a) Weder Sturm noch Regenschauer, halten ihn von seiner täglichen Laufrunde ab.
b) Nach einer langen, beschwerlichen Reise zu Fuß und zu Pferd, kehrten die erschöpften Reisenden in ihr kleines Heidedorf bei Lüneburg zurück.

Recht-schreibung und Zeichen-setzung

Zeichensetzung

Das Komma bei Infinitiv- und Partizipgruppen

Infinitivgruppen sind Wortgruppen, die mit dem Infinitiv mit *zu* gebildet sind (*zu* gewinnen, um etwas ein*zu*kaufen). Wir bilden recht häufig Sätze, in denen solche Infinitivgruppen vorkommen. In der Regel kann man sie mit Kommas abgrenzen, um Sätze übersichtlich zu gliedern und Missverständnisse zu vermeiden. Manchmal ist es allerdings nicht so einfach, die Kommas an der richtigen Stelle im Satz zu platzieren. Auch können Infinitive mit *zu* schon einmal übersehen werden, insbesondere solche wie *gegeneinanderzustoßen, aneinanderzureihen …*

1 Ermittelt die Infinitive mit *zu* in diesen beiden Sätzen, die **ohne** Kommas abgedruckt sind.
Es habe keinen Sinn sich wegen einer miesen Note aufzuregen dachte Paul. Anstatt zu träumen brauche er nur im Unterricht aufzupassen um bessere Noten zu bekommen.

- Tauscht euch darüber aus, wie viele Kommas ihr setzen und wo ihr sie platzieren würdet.
- Schreibe nun den Satz auf. Setze die Kommas und unterstreiche die Infinitivgruppen. Orientiere dich dabei an den Regeln und Beispielen im Infokasten.

INFO

Infinitivgruppen mit *zu*

Infinitivgruppen mit *zu* müssen durch Kommas vom Satz abgegrenzt werden, …

1. **wenn** der Infinitiv mit *zu* mit *als, anstatt, außer, ohne, statt, um* eingeleitet wird.
   Er eilte herbei, um zu helfen. Sie ging weg, ohne uns zu beachten, und drehte sich nicht um. (bei eingeschobener Infinitivgruppe: paariges Komma)
2. **wenn** der Infinitiv mit *zu* – zusammen mit anderen Wörtern – von einem **Nomen** abhängt.
   Er hatte die Absicht, übermorgen zu verreisen.
   Sie machte den Vorschlag, eine Chatgruppe einzurichten.
3. **wenn** der Infinitiv mit *zu* mit einem Hinweiswort angekündigt oder wieder aufgenommen wird, wie z. B. *es, daran, dazu, darin, das …* *Denkt daran, mit dem Hund rauszugehen. Sie schaffte es, die Tür zuzuschließen. Zu angeln, das ist sein liebstes Hobby.*
4. **Aber** man setzt **kein Komma**, wenn der Infinitiv mit *zu* von Verben wie *haben, sein, brauchen* oder *scheinen* abhängt. *Wir haben ihr viel zu verdanken. Der Mars war deutlich zu sehen. Du brauchst dich nicht so aufzuregen. Heute scheint es nicht mehr zu regnen.*

2 Schreibe die Sätze **a)–h)** ab und setze sechs Kommas.
Nutze den Infokasten, um deine Entscheidungen zu begründen.

a) Aus ihrer Absicht uns im Urlaub zu besuchen ist leider nichts geworden.
b) Die Rednerin ist wirklich gut zu verstehen.
c) Mich braucht ihr nicht zu fragen.
d) Er ist gut darin Kuchen zu backen.
e) Ich rate dir dazu dich um die Ausbildungsstelle zu bewerben.
f) Der Fußballstar scheint heute nicht in Form zu sein.
g) Anstatt das Tor zu treffen schoss er dreimal daneben.
h) Außer ständig dazwischenzureden fällt euch wohl nichts ein.

3 Abgesehen von den Regelungen im Infokasten oben gilt, dass **Infinitivgruppen mit *zu*** grundsätzlich durch Kommas abgegrenzt werden **können** (fakultatives Komma).
So kann man einen Satz deutlich gliedern oder mögliche Missverständnisse vermeiden.

- Probiere das einmal aus. Setze beim Abschreiben der Sätze **a)–d)** fakultative Kommas ein – oder verzichte darauf.
  a) Sie beabsichtigt zu backen. b) Er empfiehlt den Fachleuten zu vertrauen.
  c) Er plant aufzuräumen und zu putzen. d) Sie plant heute aufzuräumen.
- Vergleicht eure Ergebnisse. Nennt Gründe für eure Entscheidungen.

4 Vielleicht fragt ihr euch: Was ist eigentlich ein Partizip – und wozu braucht man das?
Nutzt den Infokasten, um euer Wissen aufzufrischen.

INFO

Partizip, Partizipien

Partizipien sind – wie auch Infinitive – ungebeugte Formen des Verbs, und es gibt zwei davon:
das **Partizip Präsens** (*reden**d**, laufen**d***) und das **Partizip Perfekt** (***ge**laufen, empf**oh**len, ab**ge**sag**t***).
Das Partizip Perfekt verwendet ihr im alltäglichen Sprachgebrauch ständig, um Sätze zu bilden, z. B.:
*Er hat es uns verspr**o**chen. Wir hatten telefonier**t**. Er ist erwisch**t** worden.*
Das Partizip Präsens wird häufig als (gebeugtes) Adjektiv vor einem Nomen verwendet:
*eine laufen**de** Nase, ein spannen**des** Buch.*
Oder es gehört als Adverb zu einem Verb: *sich laufen**d** informieren, spannen**d** erzählen.*

5 Lest die folgenden Sätze **A–D** vor. Was fällt euch auf?

A Als man ihn beim Naschen ertappte, lachte Papa verlegen.
B Beim Naschen ertappt, lachte Papa verlegen.
C Eilig verschwand er, während er ein Triumphgeheul ausstieß, mitsamt der Beute.
D Eilig verschwand er, ein Triumphgeheul ausstoßend, mitsamt der Beute.

- Vergleicht zunächst die Sätze **A** und **B** miteinander – und anschließend die Sätze **C** und **D**. Was ist jeweils gleich, ähnlich oder unterschiedlich?
- Ordnet den Sätzen **A–D** folgende Begriffe zu:
  Hauptsatz (4x), Nebensatz (2x), Partizipgruppe (2x),
  Partizip Präsens (1x), Partizip Perfekt(1x), ein Komma (2x),
  zwei Kommas = paariges Komma (2x)

6 Schreibe die Sätze **B** und **D** ab. Achte auf die Kommas.
Ermittle die Partizipgruppen und unterstreiche sie.

7 Überprüft die drei folgenden Aussagen an den Beispielsätzen **B** und **D**.

1. Partizipgruppen können das Partizip Präsens oder das Partizip Perfekt enthalten.
2. Mit Partizipgruppen kann man in Kurzform zwei gleichzeitig ablaufende Handlungen beschreiben.
3. Partizipgruppen werden in der Regel mit Kommas vom Satz abgegrenzt;
   bei eingeschobenen Partizipgruppen wird das **paarige Komma** gesetzt, also immer **zwei Kommas**.

Recht-schreibung und Zeichen-setzung

8 Bei Partizipgruppen gelten ähnliche Kommaregeln wie bei Infinitivgruppen.

- Die Sätze **a)–d)** enthalten jeweils eine Partizipgruppe, aber noch keine Kommas.
- Schreibe die Sätze ab, setze die Kommas und unterstreiche die Partizipgruppe.

a) Fröhlich lachend kam sie auf uns zu.
b) Vergnügt und fröhlich lachend so lief sie uns entgegen.
c) Die Kinder aufgedreht und übermüdet müssten schon längst im Bett sein.
d) Für selbstgemachtes Schokoladeneis brauchen wir grob gerechnet zwei Liter Schlagsahne.

9 Nutze den Infokasten, um deine Sätze zu prüfen und gegebenenfalls zu korrigieren. Notiere hinter jedem Satz die entsprechende Kommaregel.

INFO

Komma bei Partizipgruppen

1. **Partizipgruppen können durch Kommas abgegrenzt werden** (fakultatives Komma).
Grob überschlagen [,] sind das 1000 Stück.
Er verletzte sich [,] von einem Ast getroffen [,] an der Schulter. (paariges Komma)

Partizipgruppen werden stets durch Kommas abgegrenzt, …

2. **wenn** sie mit einem hinweisenden Wort, einer Wortgruppe angekündigt werden – oder wieder aufgenommen werden, z. B.: *so, genauso, nur so, auf diese Weise …*
Laut schreiend, so feuerten die Fans ihre Mannschaft an.
Genauso, mit Milchschaum bedeckt, liebte er seinen Kaffee. (paariges Komma)

3. **wenn** sie als Zusatz nach einem Nomen oder Pronomen stehen.
Die Gruppe, tödlich beleidigt, verließ die Veranstaltung. (paariges Komma)
Er, total begeistert, klatschte in die Hände. (paariges Komma)

4. **wenn** sie als Nachtrag am Satzende stehen. *Er klatschte in die Hände, total begeistert.*

5. **Achtung! Kein Komma** steht vor vergleichenden Konstruktionen mit ***als*** und ***wie***.
Es lief besser als erwartet. Gekauft wie gesehen!

10 In den folgenden Sätzen **a)–i)** fehlen insgesamt noch neun Kommas. Drei davon sind allerdings fakultativ, das heißt, du kannst diese Kommas setzen, musst es aber nicht.

- Schreibe die Sätze korrekt auf.
- Notiere jeweils die Ziffer für die zutreffende Kommaregel.

a) Die beiden sahen sich ganz in Schwarz gekleidet zum Verwechseln ähnlich.
b) Wir haben viel mehr Sitzplätze als benötigt.
c) Am Schluss applaudierte das Publikum minutenlang stehend.
d) Wenig beeindruckt ging sie einfach weiter.
e) Nach der Wanderung wollten sie müde und erschöpft nur noch nach Hause.
f) Nur so knusprig in Sonnenblumenöl frittiert mag ich Pommes frites.
g) Die Klassenarbeit ist besser ausgefallen als erwartet.
h) Es läuft doch wie geschmiert.
i) Nur die Hälfte der Anwesenden war stimmberechtigt grob überschlagen.

Zeichensetzung

Anführungszeichen bei wörtlicher Rede, Zitaten, Hervorhebungen

Anführungszeichen erfüllen drei Aufgaben: Sie kennzeichnen **wörtliche Reden** *(Sie sagte: „Das gefällt mir gut.“)*, **Zitate** *(„Das also war des Pudels Kern.“)* und **Hervorhebungen** *(Goethes „Faust“ ist weltberühmt.)*

1 Ihr wisst, dass **wörtliche Reden** in Anführungszeichen gesetzt werden.
Macht euch das an den folgenden Beispielsätzen noch einmal klar:
- Welches Satzzeichen steht **nach** dem vorausgestellten Begleitsatz?
- Welches Satzzeichen steht **vor** dem nachgestellten Begleitsatz?
- Welches Satzzeichen **fehlt** im Redesatz, wenn der Begleitsatz nachgestellt ist?
- Mit welchen Satzzeichen wird der eingeschobene Begleitsatz **abgegrenzt**?

1 Sie rief: „Das glaubst du nicht!“
2 „Dir glaube ich einfach alles“, sagte er.
3 „Morgen“, sagte sie, „wird es schneien.“
4 „Und warum“, fragte er, „sollte ich dir das nicht glauben?“

2 In dem folgenden Dialog fehlen die Satzzeichen. Schreibe die Sätze korrekt auf.
a) Sie sagte Ich weiß das nicht
b) Ich weiß es sagte er aber sicher bin ich mir nicht
c) Das hilft mir auch nicht weiter sagte sie ärgerlich
d) Dann lass es halt bleiben rief er beleidigt

Um wörtlich wiedergegebene Textstellen in Texten als **Zitate** zu kennzeichnen, setzt man sie in Anführungszeichen. Ihr macht das zum Beispiel, wenn ihr in einer Erörterung Zitate von Fachleuten verwendet oder wenn ihr in einer Interpretation aus einem literarischen Text zitiert.

3 Untersucht die Beispieltexte **A** und **B**: Lest die wörtlich zitierten Textstellen vor.
- **Wo** stehen die **Anführungszeichen** grundsätzlich?
- **Wo** werden **Anführungszeichen** bei einem eingeschobenem Begleitsatz gesetzt?
- **Wo** stehen **Kommas** bei eingeschobenem Begleitsatz?
- **Wo** steht das Satzschlusszeichen (Punkt, Frage-, Ausrufezeichen) am Zitatende?

A „Mit dem Pleistozän-Park kann man sicherlich viele Leute begeistern“, meint Professor Guido Grosse, „und zugleich auf das Thema Permafrost und seine wichtige Rolle für die künftige Klimaentwicklung aufmerksam machen.“

B Am Ende gelingt es der Hauptfigur Poljakow, sich von einer großen Belastung zu befreien, er „betrachtete den dummen Zettel von allen Seiten, zerknitterte ihn nachlässig, warf ihn hinter den Heizkörper, ging und lebte weiter.“

Recht-schreibung und Zeichen-setzung

4 Lest den folgenden Infokasten aufmerksam und erklärt euch die Regelungen. Orientiert euch an den Beispielsätzen und bildet einige ähnliche Beispiele:
Das Wort „Tri"logie enthält … *„Alpha" ist …* *„Geteiltes Leid …*

INFO

Anführungszeichen zur Hervorhebung

Anführungszeichen **„…“** können einschließen:

1. **Wortteile**, **Wörter** oder **Sätze**, die hervorgehoben werden sollen.
   Das Wort „Bi“athlon enthält das griechische „bi-“ (= zwei).
   „Omega“ ist der letzte Buchstabe im griechischen Alphabet.
   „Geteilte Freude ist doppelte Freunde“ ist ein altes Sprichwort.
2. **ironische Hervorhebungen:** *Eine „schöne“ Bescherung, die ihr angerichtet habt!*
3. **Titel von Werken:** *„Der Herr der Ringe“ ist eine Romantrilogie von J. R. R. Tolkien.*

5 In den folgenden Sätzen **a)–d)** fehlen noch Anführungszeichen.
- Lest euch die Sätze vor und sprecht die Anführungszeichen mit.
- Begründet eure Entscheidungen und diskutiert sie im Zweifelsfall.

a) Antoine de Saint-Exupérys Welterfolg „Der kleine Prinz“ gehört bis heute zu den weltweit meistverkauften Büchern, manchmal wird die Geschichte als „Weltraummärchen“ bezeichnet.
b) Freundschaften seien in der Pubertät fragiler, erklärt der Psychologe Moritz Daum im Interview, denn ich verändere mich, die andere Person verändert sich. Das kann in die gleiche Richtung gehen – muss es aber nicht.
c) Gute Manieren sind schließlich nichts anderes als ein respektvoller, hilfsbereiter und höflicher Umgang mit dem Gegenüber – und darüber freut sich eigentlich jeder. So lautet das Fazit von Ulrike Lindner in ihrem Artikel Warum sind gute Manieren wichtig?
a) Wenn ich endlich einmal ausschlafen will, werde ich garantiert mit einem lauten Morgenstund‘ hat Gold im Mund und Blei im Hintern geweckt. Mein kleiner Bruder findet das witzig – ich nicht!

6 Schreibe die folgenden Sätze **a)–j)** ab und setze die erforderlichen Anführungszeichen korrekt ein. Beachte, dass einige Wörter als *Ironie* gekennzeichnet werden sollten.
a) Wir haben Schillers Balladen Der Handschuh und Die Bürgschaft als Rap inszeniert.
b) Ihr solltet heute ins Freibad gehen, meinte sie, denn es ist allerbestes Badewetter.
c) Der Spruch Ich schau’ dir in die Augen, Kleines. stammt aus dem Filmklassiker Casablanca.
d) Paul rief, Peter sei ein schöner Freund, weil er ihn so im Stich gelassen habe.
e) Mit einem lauten Schluss jetzt! trennte die Lehrerin die beiden Streithähne.
f) Für mein Referat über Australien brauche ich unbedingt den Originaltext von Waltzing Matilda.
h) Man sieht nur mit dem Herzen gut ist ein bekanntes Zitat aus Der kleine Prinz.
i) Meine Freundin hat in der Mathearbeit nur eine Zwei geschrieben.
j) Wie schön, dass du Blumen mitbringst, sagte sie, darüber freue ich mich sehr.

Zeichensetzung

Wörtlich zitieren

Manchmal möchte man in Interpretationen oder in einer Inhaltswiedergabe zu einem Gedicht oder einem literarischen Text Sätze, Verse oder einzelne Wörter **wörtlich wiedergeben**, weil sie wichtig sind. Für solche **Zitate** gibt es Regeln.
Im Infokasten seht ihr eine kleine Übersicht über die wichtigsten Regeln beim Zitieren.

INFO

Zitierregeln

1. **Ein wörtliches Zitat muss in Anführungszeichen gesetzt werden.**
   „Ich spreche von dieser alten und wunderbar ermutigenden Geschichte."

2. In **Klammern** dahinter notiert man die Quelle: **Autor / Autorin, Titel**.
   Man nennt auch die Stelle, wo man den Text gefunden hat, z. B. das Buch, die Zeitschrift, den Verlag, den Ort und das Jahr. Außerdem macht man Seiten- und Zeilenangaben.
   „Ich spreche von dieser alten und wunderbar ermutigenden Geschichte."
   (Hugo von Hofmannsthal: Geschichte der Flucht. Praxis Sprache 10 Gesamtschule. Westermann Bildungsmedien Verlag GmbH, Braunschweig 2021, Seite 212, Zeile 3–4)

3. Wenn man aus demselben Text mehrere Male zitiert, braucht man diese Angaben nicht ständig zu wiederholen, sondern schreibt einfach **ebd**. Das ist eine Abkürzung für **ebenda** oder **ebenfalls dort**. Dahinter gibt man die Seiten und die Zeilen an.
   „Das Übrige ist niemals schwer."
   (ebd., Seite 212, Zeile 29)

4. Wenn man in einem Zitat einige Wörter **weglassen** möchte, kennzeichnet man dies durch **Pünktchen in eckigen Klammern**.
   „Die Frau wunderte sich sehr […] und brachte, worum er sie gebeten hatte."
   (ebd., Seite 212, Zeile 13–15)

1 Im folgenden Text sind die wörtlichen Zitate aus dem literarischen Text gelb markiert.
- Schreibe den Text ab und kennzeichne die wörtlichen Zitate den Regeln entsprechend.
- An dieser Stelle (???) ist das Zitat gekürzt. Füge dort die korrekte Kennzeichnung ein (s. Infokasten).

212

Auszug aus einer Interpretation

Dieser Text erzählt die ermutigende Geschichte einer Flucht. Vom Schicksal des eingekerkerten Mannes erfährt man nur dieses: Er fiel in Ungnade, und der König ließ ihn im obersten Gemach eines schwindelnd hohen Turmes einsperren. Es gibt keine weiteren Erklärungen dazu. Der Trick des Ausbruchs ist genial. Aber man muss nur erst einmal darauf kommen! Gelingen kann die Rettung jedoch nur durch einen anderen Menschen, der unbedingt helfen will – und der dem Partner vertraut. Die Frau wunderte sich sehr ??? und brachte, worum er sie gebeten hatte. Allein durch dieses wunderbare Zusammenspiel von Zuversicht und Vertrauen gelingt es dem Mann schließlich, das rettende Seil emporzuziehen. Und das Übrige war nicht mehr schwer. Für uns als Leserinnen und Leser gibt es die Erkenntnis: Mit Zuversicht und vertrauensvoller Hilfe kann man den Lauf der Natur nutzen, auch wenn das Leben an einem seidenen Faden hängt.

Zeichensetzung

Punkte, Kommas & Co. – Fehlern auf der Spur

Beim Schreiben setzt man Zeichen wie Punkte, Kommas, Anführungszeichen eigentlich weniger für sich selbst, sondern für andere, die den Text lesen und verstehen sollen. Da kann gerade bei eigenen Texten schon einmal vergessen werden, auf die Zeichensetzung zu achten. Schließlich denkt man beim Schreiben vor allem daran, was man mitteilen will. In der Regel werden eher zu wenige als zu viele Kommas und Punkte gesetzt. Um Zeichensetzungsfehler in euren eigenen Texten, insbesondere in Klassen- und Prüfungsarbeiten aufzuspüren, solltet ihr methodisch vorgehen.

Methode: Punkt-und-Komma-Lesen (Interpunktionslesen)

- Nimm dir Zeit und lies deinen Text nur in Hinblick auf die Zeichensetzung.
- Lies Satz für Satz halblaut und sprich mögliche Satzzeichen mit. Das hilft dir dabei, dich wirklich nur auf die Zeichensetzung zu konzentrieren.

Tipp: In Klausuren kannst du nahezu unhörbar flüstern, sodass du keinen störst.

- Wenn du einen Zeichensetzungsfehler entdeckst, korrigiere ihn umgehend. Im Zweifelsfall schlage entsprechende Regeln oder Beispiele im Wörterbuch nach.

1 Der Zeitungsartikel **„Eine Supervenus in unserer Nachbarschaft“** auf der rechten Seite beschäftigt sich mit einer spektakulären wissenschaftlichen Entdeckung.
- Lies den Zeitungsartikel zunächst ganz durch, damit du weißt, worum es im Großen und Ganzen geht. Lass dich nicht davon irritieren, wenn dir der ein oder andere Fachbegriff unbekannt sein sollte.
- **Hinweis:** Im Laufe des Textes fehlen immer mehr Satzzeichen.

2 Wende nun das **Punkt-und-Komma-Lesen** in Abschnitt **A** an. Damit du ein Gefühl dafür bekommst, sind in Abschnitt **A** alle Satzzeichen vorhanden. Lies den Textabschnitt halblaut und sprich dabei alle Satzzeichen – Punkte, Kommas und Anführungszeichen – mit.

Astronomen haben einen Planeten entdeckt **Komma** der sich als Musterbeispiel für die Untersuchung der Atmosphären erdähnlicher Welten eignen könnte **Punkt** Gliese 486b umkreist …

3 Verfahre ebenso mit Abschnitt **B**. Allerdings sind in diesem Abschnitt nur die Punkte gesetzt. Die Kommas fehlen noch. Die sollst du nun selbst ermitteln.

Tipp: Lies in Abschnitt **B** fünf Kommas mit.

4 In Abschnitt **C** fehlen sowohl Kommas als auch Punkte.

Tipp: Lies in Abschnitt **C** fünf Punkte und vier Kommas mit.

5 In Abschnitt **D** fehlen die Kommas und Punkte. Das Setzen der Punkte ist etwas knifflig, weil in diesem Absatz die Satzanfänge kleingeschrieben sind. Außerdem fehlen noch Anführungszeichen bei den wörtlichen Reden

Tipp: Lies in Absatz **D** vier Punkte, sieben Kommas und vier Anführungszeichen mit.

6 Schreibe entweder Abschnitt **B, C** oder **D** korrekt auf.

Eine Supervenus in unserer Nachbarschaft*

Rainer Kayser

A Astronomen haben einen Planeten entdeckt, der sich als Musterbeispiel für die Untersuchung der Atmosphären erdähnlicher Welten eignen könnte. Gliese 486b umkreist einen nur 26 Lichtjahre entfernten roten Zwergstern und ähnelt vermutlich der Venus, wie ein internationales Forscherteam im Fachblatt „Science“ berichtet. „Die Entdeckung von Gliese 486b ist ein Glücksfall“, sagt Co-Autor José Caballero vom Zentrum für Astrobiologie in Madrid.

B Mehr als 4 600 Planeten haben Astronomen inzwischen bei anderen Sternen entdeckt. Darunter sind viele Gesteinsplaneten ähnlich den inneren Planeten unseres Sonnensystems. Darunter sind auch Welten die ihre Bahn um ihren Zentralstern in der lebensfreundlichen Zone ziehen in der flüssiges Wasser auf der Oberfläche möglich ist. Insbesondere für solche Planeten entwickeln Forscher Modelle für die Atmosphäre um besser abschätzen zu können ob es dort tatsächlich Leben geben könnte. Überprüfbar waren diese Modelle aber bislang nicht Gliese 486b könnte dies ändern.

C Astronomen könnten nicht nur seine Umlaufbahn bestimmen sondern auch seine Größe und Masse Der Planet umrundet seinen kleinen roten Zentralstern alle anderthalb Tage auf einer engen Umlaufbahn Er besitzt etwa die 2,8-fache Masse der Erde und ist 30 Prozent größer als unser Heimatplanet Die Forscher schließen daraus dass er ähnlich wie die Erde aufgebaut ist Zwar nennen Astronomen solche Gesteinsplaneten Supererden doch Gliese 486b ist mit einer Oberflächentemperatur von etwa 426 Grad Celsius eher eine Supervenus

D zwar ist diese Hitze zu groß für flüssiges Wasser aber sie bietet die Chance dass der Planet ähnlich wie die Venus eine dichte gut beobachtbare Atmosphäre besitzt dabei sollen künftige neue Teleskope helfen wir können es kaum erwarten bis die neuen Teleskope zur Verfügung stehen sagt Trifon Trifonow vom Max-Planck-Institut in Heidelberg der maßgeblich an der Entdeckung von Gliese 486b beteiligt war die Ergebnisse werden uns dabei helfen zu verstehen woraus die Gashüllen bestehen

7 Sieh dir einen Text an, den du selbst in letzter Zeit geschrieben hast.

- Wende das Punkt-und-Komma-Lesen an, um auf mögliche Zeichensetzungsfehler aufmerksam zu werden.
- Korrigiere gegebenenfalls die Zeichensetzung in deinem Text – auch mithilfe eines analogen oder digitalen Wörterbuchs.

* Text verändert

Funktionen der Sprache

Ein Kommunikationsmodell

„Also Leute, der Fahrradständer unserer Schule ist ja nun wirklich zu klein!“

Wer in einer Diskussion über die Erweiterung des Platzangebots für Fahrräder in der Schule eine solche Aussage macht, der bringt mancherlei zugleich zum Ausdruck:

Information/Sachbezug: Er/Sie gibt eine Information über einen **Sachinhalt**: *Fahrradständer … zu klein.*
Beziehung/Zuwendung: Er/Sie wendet sich an seine/ihre **Zuhörer/Zuhörerinnen**: *Also Leute …*
Ausdruck/Selbstkundgabe: Er/Sie **ärgert sich**, dass das Platzangebot zu gering ist: *… ist ja nun wirklich zu …*
Appell/Aufforderung: Er/Sie **fordert** eine Erweiterung: nicht direkt gesagt, aber erkennbar (Ausrufezeichen).

Diese **vier Möglichkeiten**, etwas auszudrücken, nennen wir „Funktionen“ der Sprache, die sich in dem Modell von Friedemann Schulz von Thun so darstellen lassen:

„Mann! Wenn du dein Rad ordentlich einstellen würdest, dann wäre auch noch Platz für ein anderes da!“

1 Analysiert diesen Satz:
Was ist **Sachinformation, Beziehung, Selbstkundgabe, Appell**?

2 Manchmal geht aus einem Satz nicht ganz hervor, was jemand eigentlich will: Will er uns über etwas informieren? Will er uns zu etwas auffordern? Oder will er vielleicht nur sein Gefühl ausdrücken?
- Lest euch das folgende Gespräch einmal daraufhin durch.
- Stellt fest, welche Funktionen der Sprache hier jeweils erkennbar sind. Nutzt dazu das Modell oben und begründet eure Einschätzung.

Mutter und Sohn sitzen gemeinsam im Wohnzimmer.
a) Die Mutter sagt: „Die Tür steht ja offen.“
b) Der Sohn sagt: „Ja, ich weiß.“
c) Die Mutter: „Hu! Es zieht so!“
d) Der Sohn: „Das kommt, weil auch das Fenster offen steht.“
e) Die Mutter: „Junge, mir ist kalt! Mach doch bitte Tür und Fenster zu!“
f) Der Sohn: „Na, sag das doch gleich!“
g) Mutter: „Ja, das hab ich doch!“

3 Auch Situationen wie die folgende kennt ihr bestimmt alle.

Vater und Tochter reparieren auf der Terrasse die Gartenmöbel.

a) Der Vater sagt: „Ich brauche für diesen Stuhl hier einen Schraubenzieher."
b) Die Tochter antwortet: „Ja, ich weiß. Die Schrauben sind alle locker."
c) Der Vater: „Der Schraubenzieher liegt dort im Werkzeugkasten."
d) Die Tochter: „Na klar, da gehört er auch hin."
e) Der Vater: „Nun hilf mir doch mal – und gib mir das Ding!"
f) Die Tochter: „Warum sagst du denn das nicht gleich?"
g) Der Vater: „Auf den Arm nehmen kann ich mich allein!"

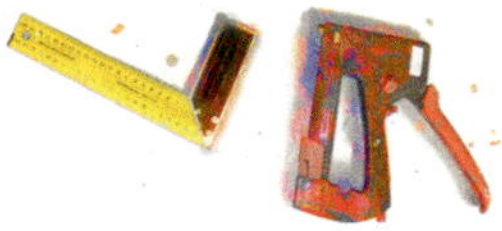

4 Beschreibt, wie dieses Missverständnis zwischen Vater und Tochter zustande kommt:

- Wieso hat die Tochter den ersten Satz des Vaters nicht gleich verstanden?
- Was hätte er von Anfang an sagen sollen, damit sie ihn versteht?
- Warum aber hat er es nicht gleich deutlich gesagt?

5 Untersucht das Gespräch genauer, indem ihr die Begriffe für die Funktionen der Sprache verwendet:

- Was hat der Vater in den Sätzen **a)** und **c)** vermittelt?
- Wie hat die Tochter in ihren Aussagen **b), d), f)** diese Sätze verstanden?
  Wieso wundert sich der Vater in Satz **g)** eigentlich über die Reaktion der Tochter?

Die vier Funktionen der Sprache

INFO

1) **Information** (Darstellung): Wir **informieren** eine andere Person über einen Sachverhalt.
   In deinem ***Zimmer*** *liegen ja wieder die* ***Schulsachen*** *auf dem* ***Fußboden****!*
2) **Beziehung** (Anrede): Wir nehmen **Kontakt** zu einer anderen Person auf:
   Junge*, wie sieht das denn aus?*
3) **Selbstkundgabe** (Gefühlsausdruck): Wir geben einer anderen Person unsere **Gefühle** zu erkennen.
   Ich finde das schrecklich!
4) **Appell** (Aufforderung, Frage): Wir stellen eine **Forderung** an eine andere Person:
   Räum *doch mal wieder* ***auf****!*

Diese vier Funktionen kann man in einer einzigen Aussage nicht immer klar voneinander unterscheiden. Denn fast **jede Aussage** hat eine **informative Funktion**.
Diese kann mit Elementen der **Selbstkundgabe**, des **Appells** und der **Beziehung vermischt** sein.
Wir verwenden die Sprache stets nur **überwiegend** in der einen oder anderen Funktion.

6 Welchen der vier Funktionen der Sprache entsprechen die folgenden acht Aussagen **a)–h)** überwiegend? Ordne sie zu:
a) ist überwiegend beziehungsbezogen, b) ist überwiegend ..., c) ...

Die Mutter ruft aus dem Hausflur Lena zu:
a) „Lena! Hörst du mich?"
c) „Ich gehe jetzt einkaufen."
e) „Trägst du mir mal die Wasserkästen ins Auto?"
g) „O je! Meine Schulter schon wieder!"

Lena, die am Computer sitzt, antwortet:
b) „Dieser blöde Computer!"
d) „Die Mail, die ich eben geschrieben habe, ist weg."
f) „Warte! Einen Moment!"
h) „Tut mir leid mit deiner Schulter!"

Sprache und Sprachgebrauch

Funktionen der Sprache

Die ästhetische Funktion der Sprache

In einer Aussage wie der folgenden verwenden wir die Sprache in ihren unterschiedlichen Funktionen:
„**Hör zu** (Appell), **Moritz** (Zuwendung)! **Dein schönes Gerede nervt mich** (Ausdruck).
Du sagst immer, was du Gutes tun willst, aber du tust es nicht (Information).“
Die informative Aussage kann man auch noch auf andere Weise ausdrücken,
wie Erich Kästner sie geformt hat: ***Es gibt nichts Gutes, außer: Man tut es.***

1 Kästners Satz enthält fast die gleiche Information wie der Satz darüber. Aber was ist an ihm anders? Woran erinnert er euch? Von wem werden solche Sätze erfunden? Sprecht darüber.

2 Wie würde die folgende Aussage in rein informativer Sprache lauten? Bildet Sätze ohne Reim und Rhythmus.
Was du nicht willst, das man dir tu, / das füg auch keinem andern zu.

INFO

Die ästhetische Funktion der Sprache

Sprache kann, über die vier Funktionen *Information, Ausdruck, Zuwendung, Appell* hinaus auch eine **ästhetische Funktion** erfüllen. Dann ist eine Aussage in eine **bestimmte Form** gebracht, die von **Vers, Reim, Rhythmus, Metaphorik** und anderen Merkmalen gekennzeichnet ist.
In einer **informativen** Sprache sähe ein Satz so aus:
Im Frühling ist der Himmel blau, das Tal ist grün, und es blühen die Maiglöckchen und Schlüsselblumen. Die Wiese wird jeden Tag bunter.

In einem Gedicht von Ludwig Hölty klingt das, was er in **ästhetischer Sprache** über den Frühling sagt, so: **gereimt, rhythmisiert** und mit der personifizierenden **Metapher** vom Wiesengrund.

Die Luft ist blau, das Tal ist ***grün,***
die kleinen Maienglocken ***blühn***
und Schlüsselblumen ***drunter;***
der ***Wiesengrund***
ist schon so ***bunt***
und ***malt sich*** *täglich* ***bunter.***

3 Wie anders wirkt eigentlich ein Text wie die Gedichtverse im Kasten, wenn Sprache in ihrer ästhetischen Funktion – und nicht nur informativ – verwendet wird? Gebt darüber Auskunft.

Die Dichterin Marie von Ebner-Eschenbach hat die ästhetische Funktion der Sprache einmal in einem kleinen Gedicht so zum Ausdruck gebracht:

Ein kleines Lied, wie geht's nur an,
dass man so lieb es haben kann,
was liegt darin? Erzähle!
Es liegt darin ein wenig Klang,
ein wenig Wohllaut und Gesang
und eine ganze Seele.

4 Benennt mit euren Worten, was ein Gedicht oder ein Lied – im Gegensatz zu einem reinen Informationstext – ausmacht. Und was mag die Dichterin wohl mit *„und eine ganze Seele“* gemeint haben?

Funktionen der Sprache

Kommunikationsstrukturen in der Literatur

1 Lest euch das folgende Gedicht vor.

Warnung

Ursula Krekel

Komm aus der Höhe herab
steig mal von deinem Ross

sieh einfach zu und staune

wie ich den Kopf hebe
die Schultern, die Arme
davonfliege in klarer Luft
ohne mich umzusehen nach dir

INFO

Ich und *du* in literarischen Texten

Ein **Schriftsteller** oder eine **Schriftstellerin** (Sender) schreibt einen literarischen **Text** (Nachricht).
Er / Sie veröffentlicht ihn für **Leser / Leserinnen** (Adressaten).

Doch wer in dem Text ***ich*** sagt, ist nicht der Schriftsteller oder die Schriftstellerin selbst, sondern ein ***literarischer Sprecher*** oder ein ***lyrisches Ich***. In dieses ***Ich*** versetzt sich der Autor / die Autorin hinein, er / sie ist aber **nicht** mit diesem Ich **identisch**. Und wenn in dem Text jemand mit ***du*** angeredet wird, ist es in der Regel nicht ein Leser / eine Leserin, sondern ein ***literarisches Du*** innerhalb des Textes.

Wir als Leser / Leserinnen lesen den Text so, als könnten wir mitgemeint sein. Wir versetzen uns in das *Ich* hinein, das zu jemandem spricht, und auch in das *Du*, das im Text angeredet wird.

2 Wer könnte in diesem Gedicht sprechen? Und wer könnte die angesprochene Person sein?
Es gibt sicher mehrere Möglichkeiten.
Tauscht eure Gedanken und Ideen dazu aus.

3 Natürlich enthält dieses Gedicht Sachinformationen wie jeder Text.
Doch diese Informationen sind in Metaphern verpackt wie oft in Gedichten.
Welche Informationen sind in diesen Metaphern enthalten:
von der Höhe herabkommen, vom Ross steigen, davonfliegen, in klarer Luft?

4 Außer von **Sachinformationen** ist dieses Gedicht auch von **Beziehung, Appell** und **Selbstkundgabe** bestimmt.
- Woran merkt man, dass das lyrische Ich eine **Beziehung** zu jemandem aufnimmt?
- Welchen **Appell** (welche „Warnung") spricht es aus? Und woran ist das zu erkennen?
- Welche Gefühle drückt das lyrische Ich hier in seiner **Selbstkundgabe** aus?

5 Das ist ein „reimloses" Gedicht, wie es in der modernen Lyrik häufig vorkommt.
Trotzdem erfüllt es auch eine ästhetische Funktion.
Welche ästhetischen Elemente könnt ihr erkennen?
Es sind Kennzeichen, die von normaler Sprech- und Schreibweise abweichen.
Schaut euch genau an:
- die Anordnung der Sätze,
- die Redewendungen und Bilder,
- die Zeichensetzung.

Sprache und Sprachgebrauch

Funktionen der Sprache

Modalpartikeln

Ich weiß noch nicht, wann ich abreise – vielléicht komme ich mórgen.
Dein Risotto heute Mittag – das hát vielleicht gút geschmeckt!

1 Zweimal *vielleicht* – und doch meint es jeweils etwas ganz anderes! Lest zunächst beide Sätze vor – und betont sie so, wie es angegeben ist. Welche Unterschiede stellt ihr fest?

2 Ersetzt die beiden *vielleicht* durch folgende Wörter. Welche passen in welchen Satz?
sehr – eventuell – richtig – möglicherweise

3 Und wie ist es mit den folgenden Sätzen? Welches *eigentlich* wird betont, welches bleibt unbetont? Und für welches *eigentlich* würdet ihr einsetzen: ***tatsächlich – denn nur****?*

- *Ich habe so lange auf dich gewartet – wo hast du* ***eigentlich*** *so lange gesteckt?*
- *Ich bin mir nicht ganz sicher – aber ich glaube,* ***eigentlich*** *hast du recht.*

INFO

Modalpartikeln

Manche Aussagen, mit denen man sich an einen Gesprächspartner / eine Gesprächspartnerin wendet, sind mit „kleinen" Wörtern ausgestattet, an denen man die **Hinwendung** zum Gegenüber erkennt. Solche Wörter nennt man **Modalpartikeln**. Diese Modalpartikeln bleiben beim Sprechen **unbetont** und bedeuten in einer Aussage etwas **anderes** als normalerweise.

– **Normalerweise** ist ***vielleicht*** ein Adverb und bedeutet: *eventuell, möglicherweise.*
– Als **Modalpartikel** gehört ***vielleicht*** zu keiner eigenen Wortart und bedeutet: *sehr, echt, richtig.*

Als **Modalpartikeln** verwenden wir vor allem folgende Wörter:
aber, ach, auch, denn, doch, eben, etwa, einfach, etwa, gefälligst, gerade, halt, mal, natürlich, nur, ruhig, schon, so, übrigens, vielleicht, wieder, wirklich, wohl usw.

Was hast du dir ***denn*** *dabei gedacht?*
Ich habe ***natürlich*** *recht!*
Das hast du ***aber*** *toll gemacht!*
Hast du ***wieder*** *Mist gebaut?*

Mit Modalpartikeln kann man Lob, Empörung oder Bedauern ausdrücken, Trost spenden, Vorwürfe verschärfen, Mut aussprechen, übertreiben oder sich selbst wichtig nehmen.

Rückwärtsfahren

Ein Mann hat beim Rückwärtssetzen das Auto seiner Frau beschädigt. Die Stoßstange seines eigenen Wagens und die Tür des Wagens seiner Frau sind eingebeult. Der Mann berichtet seiner Frau davon. Der Mann ärgert sich vor allem über den angerichteten Schaden; die Frau ärgert sich vor allem über ihren Mann.

4 Gib diese Informationen in einem Dialog wieder, in dem du das Paar auf den verschiedenen Ebenen der Sprache miteinander sprechen lässt. Streu dabei immer auch Modalwörter in ihre Reden ein:
Mann: Du, da ist mir doch eben was Dummes passiert!
Frau: Mann, was ist denn mit dir los? Na, rede schon! Mir kannst du es ruhig sagen.
Mann: …

5 Mit Modalpartikeln können wir eine Frage positiv einfärben oder ihr einen negativen Touch geben. Welche der folgenden Fragen klingt für dich *eher als Zuwendung, Bestätigung: …, eher als Abwendung, Vorwurf: …?*

a) Na, Kleiner! Wie heißt du *denn*?
b) Hast du *auch* die Tür ordentlich abgeschlossen?
c) Wo bleibst du *denn nur*?
d) Dein Essen hat *aber* gut geschmeckt!
e) Hast du dich *nicht vielleicht* geirrt?
f) Hast du das *etwa* ganz allein gemacht?
g) Weißt du *eigentlich*, wie spät es ist?

6 Lest die Sätze des folgenden Dialogs mit verteilten Rollen vor.

Message an die Freundin

1) **A:** Leihst du mir mal dein Handy?
2) **B:** Was willst du denn damit ?
3) **A:** Ich muss mal 'ne Message an meine Freundin senden.
4) **B:** Du hast doch wohl selbst ein Handy!
5) **A:** Das ist wieder mal nicht aufgeladen!
6) **B:** Du hast aber immer Pech!
7) **A:** Das kannst du vielleicht sagen! – Gibst du's mir denn?
8) **B:** Das mach ich doch!
9) **A:** Danke! Ich brauche es auch nur ganz kurz.
10) **B:** *(nach fünf Minuten)* Nun ist aber Schluss!
11) **A:** *(gibt das Handy zurück)* Das war aber vielleicht wieder nett von dir!
12) **B:** Was hast du ihr denn geschrieben?
13) **A:** Du kannst doch wohl nicht verlangen, dass ich dir das etwa sage!
14) **B:** Brauchst du auch nicht! Es ist ja gespeichert.
15) **A:** Für wen hältst du mich eigentlich? Ich hab' natürlich alles wieder gelöscht!
16) **B:** Okay! Dann bleibt es halt geheim. Ist ja auch besser so!

7 In jedem dieser Sätze kommen Modalpartikeln vor. Welche sind es? Schreibt sie heraus. Ihr findet sie alle im Infokasten: *1) mal, 2) …, 3) …*

8 Lest den Dialog jetzt einmal ohne die Modalpartikeln vor.

9 Wie klingt es eigentlich, wenn wir uns mündlich ohne Modalpartikeln unterhalten?

10 Schaut euch die Sätze noch einmal daraufhin an, welche Funktionen von Sprache hier wirksam sind:
a) überwiegend Sachinformation: Mitteilung
b) überwiegend Beziehung: Anrede
c) überwiegend Selbstkundgabe: Gefühlsausdruck
d) überwiegend Appell: Frage, Aufforderung
Satz 1) a, b und d, Satz 2) c und d, Satz 3) …

Sprache und Sprachgebrauch

Funktionen der Sprache

Einem Alltagstext eine ästhetische Form verleihen

Das Haus am See

Dort unten am See sehe ich ein kleines Haus. Es steht unter Bäumen. Rauch steigt vom Dach auf. Es wohnen da also Menschen! Wenn der Rauch fehlte, dann sähe alles unlebendig und trostlos aus – das Haus, die Bäume, der See.

Der Rauch

Bertolt Brecht

Das kleine Haus unter Bäumen am See.
Vom Dach steigt Rauch.
Fehlte er
Wie trostlos dann wären
Haus, Bäume und See.

1 Als Bertolt Brecht aus der Stadt aufs Land ziehen musste, sah er dort plötzlich ein kleines einsames Haus stehen. Er sah aus dem Dach Rauch aufsteigen und freute sich darüber, dass sogar hier in der Einsamkeit Menschen wohnten. Seine Gedanken (Text links) hat er zu einem Gedicht, zu einem ästhetischen Text, geformt (rechts). Er hat einen Text, den er im Kopf gehabt hat, also „verdichtet". Worin bestehen die Unterschiede zwischen den beiden Texten? Achtet auf:
- die Überschrift,
- die Auslassungen von Wörtern,
- die Verkürzungen von Sätzen,
- die Umstellungen von Satzgliedern,
- das Bild (die Metapher) vom *Rauch*.

2 Warum mag Brecht seinem Gedicht wohl die Überschrift *„Der Rauch"* gegeben haben? Wofür steht diese Metapher? Tauscht euch darüber aus.

3 Der folgende kleine Alltagstext ist von verschiedenen Informationen bestimmt – und von einer Selbstkundgabe der Schreiberin: einem Ausdruck von Trauer.

Aus meinem Fenster

Aus meinem Fenster schaue ich auf ein Haus mit betoniertem Hof. Seine Fassade ist fleckig und grau. Der traurige Anblick hat mir noch nie gefallen. Auf den Betonplatten steht ein kleiner Kastanienbaum mit roten Blüten. Ich freue mich über seinen Anblick. Schade nur, denke ich, dass er nie über das Haus hinauswachsen wird, weil die Betonplatten auf dem Hof es verhindern.

Man kann diese Aussagen aber auch in eine ästhetische Form gießen:
- Man kann die Sätze verkürzen, z. B. auf Prädikate verzichten: *Vor meinem Fenster ein Haus …,*
- man kann in einzelnen Sätzen die Satzglieder so umstellen, dass es emotionaler klingt: *… über das Haus wird er nie hinauswachsen → … und nie hinauswachsen über das Haus*
- man kann die Sätze anders anordnen,
- man kann die Sätze in Verse umformen: *Aus meinem Fenster schaue ich auf ein Haus mit betoniertem Hof … → Vor meinem Fenster ein Haus. Der Hof betoniert …*
- man kann den Baum personifizieren und ihn etwas tun lassen: *… er schmückt sich mit roten Blüten.*
- man kann dem Text eine besondere Überschrift geben.

Schreibt den Text als Gedicht auf – und vergleicht dann eure Texte.

Funktionen der Sprache

Veränderungen der Sprache

Wie viele Wörter stehen in einem Wörterbuch?

Im ersten DUDEN aus dem Jahre 1880 befanden sich 27 000 Stichwörter. In der 28. Auflage von 2020 stehen rund 148 000 Wörter. Bereits auf den ersten Seiten des neuen DUDENS finden sich Wörter wie *Abänderungsantrag, Abbau, abblitzen, …,* die es vor 100 Jahren noch nicht gab. Andererseits sind alte Wörter wie *abäschern, abfeimen, abhagern, …* heute nicht mehr zu finden; wir kennen sie nicht einmal mehr. Wörter kommen und gehen.

Wie ist die Zunahme von Wörtern zu erklären?

Mit den Dingen, die nicht mehr in Gebrauch sind, wie ein *Bremsbaum (ein Holzbalken zum Abbremsen von Wagenrädern),* verlieren sich auch die Wörter. Für neu erfundene Dinge, wie z. B. *Bremskraftverstärker (im Auto),* benötigen wir neue Wörter. Diese neuen Wörter kommen so zustande:

a) durch Zusammensetzungen aus bestehenden deutschen Wörtern zu neuen Wörtern wie *Fuß-ball-welt-meister-schaft,*
b) durch Übernahme von Wörtern aus anderen Sprachen wie *Breakdance,*
c) durch eine Kombination deutscher Wörter mit Fremdwörtern wie *Back-Shop,*
d) durch Metaphernbildung, bei der bestehende Wörter bildlich auf einen neuen Gegenstand übertragen werden, wie z. B. *Maus/mouse für Eingabegerät am Computer.*

1 Wieso wächst die Zahl der Wörter immer weiter an? Tauscht euch darüber aus.

2 Hier ist eine Liste von Wörtern, die eure Groß- und Urgroßeltern gebraucht haben. Welche von diesen Wörtern kennt ihr noch? Gebt ihre Bedeutung an:
allemal, allenthalben, anderwärts, anmutig, anranzen, aufgeprotzt, ausätschen, ausreuten, beaugenscheinen, behäbig, behände, belämmert, beluchsen, bemeiern, beredt, beschuppen, betulich, heischen, Kehricht, knorke, kregel, nörgeln

3 Und hier ist die Liste der Wörter, die wir heute für diese Wörter gebrauchen. Versucht einmal, die alten Wörter den neuen, die etwa dasselbe bedeuten, zuzuordnen:
allemal: meistens, allenthalben: überall, anderwärts: woanders …
anschnauzen, aufgemotzt, ausreißen, auslachen, betrachten, betrügen, dicklich, doof, gesprächig, heimlich beobachten, lustig, meistens, motzen, Müll, schnell, sexy, super, überall, umständlich, verlangen, verspotten, woanders

Wie kommen neue Wörter in ein Wörterbuch?

Die Redaktionen von Wörterbüchern werten die Texte in Zeitungen, in der Werbung, in der Jugendsprache und in der modernen Literatur aus. Wird darin ein neues Wort verwendet, findet es Eingang in ihre Dateien. Wenn es dann häufiger verwendet wird, wird es in das Wörterbuch aufgenommen. So ist z. B. das Wort *Lebensmensch (der wichtigste Mensch im eigenen Leben)* ein heute öfter vorkommendes Wort; es bekam damit die Chance, in die 28. Auflage des DUDENS aus dem Jahr 2020 aufgenommen zu werden. Das Wort *knorke* dagegen wird wohl in einer der nächsten Auflagen des DUDENS nicht mehr erscheinen, weil sich die Menschen, besonders die Jugendlichen, daran gewöhnt haben, andere Wörter dafür zu benutzen: *super, klasse, toll, ausgezeichnet, …*

Wir alle wirken an den Veränderungen von Sprache mit

Ein bekannter Fall ist das Wort *klasse: Das ist große Klasse.* Im DUDEN von 1961 war es in dieser Form noch nicht aufgeführt. Doch dann verwendeten immer mehr Menschen, besonders Jugendliche, diese Form, und so erschien es im DUDEN von 1986 zum ersten Mal – und zwar in Klein- und in Großschreibung: *das finde ich klasse/Klasse.* Heute ist *klasse* zu einem der verbreiteten Adjektive geworden und wird im DUDEN aufgeführt: *Sie hat klasse gespielt. Das finde ich große Klasse …* Diese Ausdrucksweise gilt noch als umgangssprachlich *(ugs.).* Wenn aber immer mehr Menschen diesen Ausdruck auch in schriftlichen Texten verwenden, wird er das Kennzeichen *ugs.* verlieren und in Zukunft zur allgemein gültigen Sprache gehören.

4 Beschreibt, inwiefern ihr selbst daran teilnehmt, dass ein neues Wort in ein Wörterbuch aufgenommen wird und ein altes verschwindet?

5 Schaut nach, ob Wörter wie *cool, geil, simsen, streamen, super* schon in die neuesten Wörterbücher aufgenommen worden sind. Sucht auch nach anderen Wörtern, die ihr häufig gebraucht.

Aus „Fehlern“ wird Neues!

Wer eine ungewöhnliche Sprachform wie *Sie konnte nicht singen, weil sie war erkältet* nicht nur mündlich, sondern sogar schriftlich verwendet, eckt in der Regel bei der Sprachgemeinschaft an und macht zunächst sogar einen Fehler. „Das ist falsch! Es muss heißen: *Sie konnte nicht singen, weil sie erkältet war*“, heißt es dann. Wenn aber immer mehr Menschen einen solchen „Fehler“ machen, dann ist es eines Tages keiner mehr. Die Sprachgemeinschaft übernimmt das Neue. Sprache entwickelt sich ständig. Vieles an der Grammatik hat sich im Laufe der Jahrhunderte verändert und ist einfacher geworden. Wir vereinfachen nicht nur aus Bequemlichkeit oder gar Schludrigkeit, sondern aus praktischen Gründen. Entscheidend ist für die Entwicklung einer Sprache, dass man sich mit ihr genau, differenziert, anschaulich, emotional und poetisch ausdrücken kann.

6 Beantwortet mithilfe des Textes die folgenden Fragen:
- Unter welchen Bedingungen kann aus einem „Fehler“ einmal „richtiges“ Deutsch werden?
- Was muss eine Sprache können, wenn sie funktionieren soll?

Sprechen wir eines Tages „denglisch“?

Das Wort *denglisch* ist ein Mischwort aus *deutsch* und *englisch* und heißt: *abwertend für deutsch mit (zu) vielen englischen Ausdrücken vermischt.* Seit jeher hat sich das Deutsche vermischt mit Ausdrücken aus Sprachen anderer Länder. Der Austausch der Sprachen ist so verbreitet wie der Austausch der Waren; und mit neuen Waren kommen auch neue Wörter in unsere Sprache. Manche Menschen sagen aber: Die vielen Fremdwörter aus dem Englischen bedrohen unsere Sprache, sie verarme dadurch. Doch wir ordnen die Wörter in unsere Sprache ein und verwenden heute selbstverständlich Wörter wie *cool, relaxt, taff, super, Outfit, checken …* Und wenn ein deutsches Wort einmal gar nicht zur Verfügung stand, haben wir ein englisches eingeführt, wie z. B. *fair.* Aber wir sollten uns manchmal doch überlegen, ob wir nicht besser ein deutsches Wort verwenden, wenn es uns zur Verfügung steht.

7 Erläutert mithilfe des Textes, wie und warum fremde Wörter in die deutsche Sprache gelangen.

8 Sammelt weitere englische Wörter, die ihr selbst häufig verwendet.

Funktionen der Sprache

Überprüfe dein Wissen und Können

1 Im Kommunikationsmodell sprechen wir von einer **Nachricht**, die …
ein ? an einen ? übermittelt.
Ergänze die fehlenden Begriffe.

2 Von welchen Funktionen der Sprache sind folgende Aussagen bestimmt?
Schreibe die Buchstaben auf.
a) Wale sind Säugetiere. *Ausdruck: Aussage* ?
b) Ich helfe dir gern. *Appell: Aussage* ?
c) Komm doch bitte mal her! *Information: Aussage* ?
d) Au, das tut aber weh! *Beziehung: Aussage* ?

3 Was an dem Satz ist **Information, Ausdruck, Appell, Beziehung**?
Schreibe den Satz auf und die Funktionen hinter die angegebenen Ausdrücke.
Emma (…), ach (…), gib mir doch bitte (…) mal einen Zettel (…)!

4 In welchen der folgenden Sätze sind die fett gedruckten Wörter **Modalpartikeln**?
Schreibe die Buchstaben der Sätze auf.
a) Ich bin **auch** deiner Meinung.
b) Hast du das **auch** richtig verstanden?
c) Das stimmt **einfach** nicht, was du da sagst.
d) Kannst du es nicht auch ganz **einfach** sagen?
e) Mir kannst du das **ruhig** anvertrauen!
f) Bleib bitte ganz **ruhig**!

5 In der deutschen Sprache wird der Wortbestand von Jahr zu Jahr umfangreicher.
Wie machen wir das eigentlich, dass neue Wörter in unseren Wortschatz integriert werden?
Schreibe die Ziffern auf.
1) Wir kombinieren neue Wörter mit Wörtern aus anderen Sprachen.
2) Wir übernehmen Wörter aus Fremdsprachen.
3) Wir erfinden neue Wörter.
4) Wir setzen bestehende Wörter zu neuen Wortkombinationen zusammen.
5) Wir geben alten Wörtern eine neue Bedeutung.

6 Welches Wort passt zu einem Satz in Aufgabe 5? Schreibe die passenden Ziffern zu den Wörtern.
cool (?), Hubschrauber (?), Mode-Design (?), Schirm (?).

7 Du liest hier folgende Informationen:
a) Ich möchte euch einmal ein Gedicht vorlesen:
b) Ich ging im Walde so für mich hin,
Und nichts zu suchen, das war mein Sinn …
Wie unterscheiden sich die beiden *Ich* in den Sätzen a) und b)?

Sprache und Sprachgebrauch

Die Wortarten

Festigung der Kenntnisse zu den Wortarten

Die Hunderttausende von Wörtern unserer Sprache sind im Laufe der Zeit immer wieder in Wortarten aufgeteilt worden, manchmal in zehn bis zwölf, manchmal nur in sieben. Man kann also nicht sagen, dass es so und so viele Wortarten in unserer Sprache gibt. Es kommt vielmehr auf die Sprachwissenschaftler an, die bestimmte Systeme von Wortarten aufgebaut haben. Wir haben uns in unserer Schulgrammatik auf sieben Wortarten festgelegt. Dabei spielt es keine Rolle, welche *Bedeutung* die Wörter haben. Es kommt allein darauf an, ob sie sich *flektieren* lassen (also eine Einzahl und Mehrzahl haben) wie die Nomen, Adjektive, Pronomen und Verben. Und es kommt darauf an, welche Stellung sie im Satz einnehmen wie die Adverbien, Präpositionen und Konjunktionen.

Um sprechen und schreiben zu können, muss man kaum etwas über die Wortarten wissen. Doch wenn man *über Sprache sprechen* möchte, dann muss man wissen, wie sich z. B. ein Adjektiv von einem Adverb unterscheidet. Und wenn man seinen Text in der Rechtschreibung überarbeiten soll, dann muss man z. B. wissen, was es heißt, dass die Kombination von Nomen und Verben *(Rad fahren)* getrennt geschrieben wird. Wir müssen also über die Wortarten einiges wissen – und können dieses Wissen auch gebrauchen!

1 Sprecht darüber, wann euch das Wissen über die Wortarten schon einmal geholfen hat.

INFO

Wortarten

Die Wörter unserer Sprache teilt man in Gruppen ein, die man **Wortarten** nennt.

Zu den Wortarten, die **flektiert** werden, zählen:

Nomen:	Lebewesen, Sachen, Begriffe	*Baum, Haus, Glück, Bildschirm …*
Adjektive:	Eigenschaften, Merkmale	*rund, groß, klug, computergesteuert …*
Verben:	Tätigkeiten, Vorgänge, Zustände	*laufen, schlafen, liegen, formatieren …*
Artikel, Pronomen:	Verweise, Bestimmungen	*der, ich, uns, dieser …*

Zu den Wortarten, die **nicht flektiert** werden können, zählen:

Adverbien:	zeitliche, örtliche … Umstände	*gestern, hier, gern, heutzutage …*
Konjunktionen:	Verbindungen	*und, weil, sodass, wenn …*
Präpositionen:	Verhältnisse	*auf, unter, an, durch …*

2 Die Anzahl der **Nomen** wird immer größer, sodass ein Wortstamm wie **–SPIEL–** mit immer neuen Nomen zusammengesetzt werden kann:
Spiel – Spielfeld – Spielfilm – Spielraum – Spielregel – Endspiel – Fußballspiel …
Sucht weitere Wörter, bei denen **–SPIEL–** am Anfang oder am Ende von Wörtern steht.

3 Stellt zu anderen Wortstämmen eine Reihe von zusammengesetzten Wörtern zusammen, z. B. ***-TASCHE-, -TISCH-, -KUCHEN-, -ZEITUNG-***.

4 Denkt euch Nomen aus, die es noch nicht gibt, die aber sinnvoll sind, und stellt sie euch gegenseitig vor.

5 Auch die Anzahl der **Verben** und **Adjektive** erweitert sich durch Wortbildung ständig:
Verben: ***schreiben, abschreiben, aufschreiben, unterschreiben, verschreiben …***
Adjektive: ***recht, rechtlich, rechteckig, unrecht, unrechtmäßig …***
Stellt eine Liste von Nomen, Adjektiven und Verben zusammen, die mit folgenden Wortstämmen gebildet sind. Nehmt das Wörterbuch zu Hilfe!

-LEG-/-LIEG-:	*verlegen, überlegen, Liegestütz …*
-SETZ-/-SITZ-:	*übersetzen, Sitzgelegenheit …*
-LANG-/-LÄNG-:	*verlängern, langsam, Längengrad …*
-GUT-/-GÜT-:	*ungut, vergüten …*

6 Im folgenden **Nebensatz** kommen alle Wortarten vor, die es in der deutschen Sprache gibt:
Sie fragte ihre Freundin Marie,

ob	*sie*	*die*	*aufregende*	*Mail*	*von*	*gestern*	*beantwortet.*
Konjunktion	**Pronomen**	**Artikel**	**Adjektiv**	**Nomen**	**Präposition**	**Adverb**	**Verb**

Und hier ist die Antwort. Ihre Wörter sind aber alphabetisch geordnet.
Verwende diese Wörter und schreibe die Antwort in dieser Reihenfolge auf:
Konjunktion, Pronomen, Präposition, Artikel, Adjektiv, Nomen, Adverb, Verb:
Marie antwortete, …
Antwort, dass, eine, nachdenkt, noch, passende, sie, über

7 Schreibt einige Hauptsätze mit Nebensätzen auf. Achtet darauf, dass darin alle Wortarten mindestens einmal vorkommen. Schreibt hinter jedes Wort die Wortart, zu der es gehört:
Das *(Artikel)* Mädchen *(Nomen)* konnte *(Verb)* an *(Präposition)* der *(Artikel)* Party *(Nomen)* gestern *(Adverb)* teilnehmen *(Verb)*, weil *(Konjunktion)* es *(Pronomen)* wieder *(Adverb)* gesund *(Adjektiv)* war *(Verb)*.

8 Ordnet die folgenden Wörter nach Wortarten.
Drei von ihnen können in zwei Wortarten eingeordnet werden.
DIE, AUFKOMMT, ICH, IMMER, IN, LAUT, MIR, WUT, SCHREIE, SOFORT, WENN, GROẞE

Nomen: …	**Artikel: …**	**Verben: …**	**Pronomen: …**
Adjektive: …	**Konjunktion: …**	**Adverbien: …**	**Präposition: …**

9 Wem von euch gelingt es wohl, einen sinnvollen Satz zu bilden, in dem alle diese Wörter aus Aufgabe 8 vorkommen? Versucht es einmal.

10 Wörter anderer Wortarten können zu Nomen werden.
Viele von ihnen erhalten dabei die Nachsilben ***-ung, -heit, -keit, -nis***:
Verben: *sitzen, überlegen …* → **Nomen:** *die Sitzung; die Überlegung …*
Adjektive: *finster, fröhlich …* → **Nomen:** *die Finsternis, die Fröhlichkeit …*
- Forme die folgenden Adjektive und Verben zu Nomen um.
- Aus manchen Wörtern lassen sich zwei Nomen bilden!

schön – dankbar – erfahren – übel – sicher – lässig – übertreiben – verhalten – erinnern

Sprache und Sprachgebrauch

Die Zeitformen

Übersicht über die Zeitformen – Anwenden der Zeitformen

Wir können kaum einen Satz bilden, in dem nicht ein Verb in einer Zeitform vorkommt. Die Zeitformen sind also fast immer dabei. Sie verweisen allerdings nicht immer auf eine bestimmte Zeit. Manche von ihnen können sogar auf verschiedene Zeiten hinweisen. **Zeit** und **Zeitform** sind also nicht gleichzusetzen!

INFO

Die sechs Zeitformen

Das Deutsche kennt **sechs Zeitformen**. Die beiden **Hauptzeitformen**, die allein mit den **Vollverben** gebildet werden, sind:

- das **Präsens**, mit dem wir **besprechen** oder **beschreiben**, was **gerade geschieht**:
  Milan sagte zu Laura: „Ich sitze hier und warte stundenlang – und du kommst zu spät!"
- das **Präteritum**, mit dem wir **erzählen** oder **berichten**, was **früher geschah**:
  Laura gab ihm die Hand und entschuldigte sich.

Die anderen vier Zeitformen werden mit den **Hilfsverben** ***haben, sein, werden*** gebildet:

- das **Perfekt**, mit dem wir vor allem **mündlich erzählen**:
  „Ich bin zu spät zur Bushaltestelle gekommen und habe den Bus verpasst."
- das **Plusquamperfekt**, mit dem wir etwas **Vorzeitiges** ausdrücken:
  Doch als sie sich entschuldigt hatte, nahm er sie in den Arm.
- das **Futur I**, mit dem wir ausdrücken, dass wir etwas **in der Zukunft erwarten**:
  „Das wird mir nicht wieder passieren", sagte sie.
- das **Futur II**, mit dem wir ausdrücken, dass etwas **in der Zukunft abgeschlossen** ist:
  Und er: „Morgen werden wir das beide schon wieder vergessen haben!"

1 Schreibe den Text mit allen sechs Zeitformen so auf, wie sie angegeben sind.
Wir geraten *(Präteritum)* auf der Autobahn in einen Stau. „Was geschehen *(Perfekt)* denn hier …?", fragte mein Vater. „Da passieren *(Futur II)* doch wohl nichts Schlimmes … !", rief meine Mutter. „Das sehen *(Futur I)* wir ja gleich … ", sagte mein Vater. Als wir die Unfallstelle langsam umfahren *(Plusquamperfekt)* …, löste sich der Stau auf. „Hoffentlich kommen *(Präsens)* wir jetzt gut durch!", sagte die Mutter.

2 Trotz der sechs verschiedenen Zeitformen ist der Text doch von einer Hauptzeitform (Basistempus) bestimmt. Welche Zeitform ist das? Und woran merkt man das?

tt **3** Schreibe auf, in welchen Zeitformen die unterstrichenen Verben 1–7 stehen.
Aber wie das manchmal so geschieht[1)]: 50 Kilometer weiter erwartete[2)] uns schon der nächste Stau. Bevor wir in die Schlange hineingefahren waren[3)], konnten wir glücklicherweise zu einer Raststätte abbiegen. „Wir werden erst einmal Pause machen[4)]!", sagte mein Vater. „Das haben wir uns aber auch verdient[5)]!", stöhnte ich. Aber alles sah ziemlich dunkel aus. „Die werden doch wohl nicht geschlossen haben[6)]!", rief meine Schwester. Zum Glück bekamen[7)] wir alle noch etwas zu essen.

ttt **4** Schreibe diesen Text so auf, dass jede Zeitform mindestens einmal vorkommt!
Aber wie das manchmal so *(geschehen)*: 50 Kilometer weiter *(erwarten)* uns schon der nächste Stau. Bevor wir in die Schlange *(hineinfahren)*, *(können)* wir glücklicherweise zu einer Raststätte abbiegen. „Wir *(machen)* erst einmal Pause!“, sagte mein Vater. „Das *(verdienen)* wir uns aber auch!“, *(stöhnen)* ich. Aber in der Raststätte *(sehen)* alles ziemlich dunkel aus. „Die *(schließen)* doch wohl nicht!“, rief meine Schwester. Zum Glück *(bekommen)* wir alle etwas zu essen zu und trinken. Bei unserem nächsten Ausflug *(mitnehmen)* uns ganz bestimmt etwas Proviant, damit wir nicht noch einmal *(geraten)* in solch eine Situation.

t **5** Bestimme die Zeitformen in folgenden Zeilen. Jede Zeitform kommt einmal vor. Orientiere dich dabei im Infokasten auf der linken Seite.
Schreibe so: *a) Präteritum, b) …*

a) Als ich heute Nachmittag auf dem Busbahnhof **ankam**,
b) **war** mein Bus schon **abgefahren**.
c) Der nächste Bus **wird** erst in zwei Stunden **fahren**.
d) Also **habe** ich meine Mutter **angerufen**.
e) Nun **warte** ich hier.
f) Sie **wird** mich doch hoffentlich nicht **vergessen haben**?

tt **6** Bestimme die Zeitformen in folgenden Zeilen. Jede Zeitform kommt einmal vor. Orientiere dich dabei im Infokasten.
Schreibe so auf: *a) …, b) …*

a) Als ich gestern so durch die Stadt ging,
b) da läuft mir doch meine alte Freundin Esther über den Weg.
c) Ich habe sie gleich erkannt,
d) obwohl wir uns seit zwei Jahren nicht mehr gesehen hatten.
e) Wird sie mich wohl auch erkannt haben?
f) Wir werden's gleich sehen!

ttt **7** Bestimme die Zeitformen in folgenden Zeilen.
Orientiere dich dabei im Infokasten.
Schreibe so auf: *a) …, b) …*

a) Als ich gestern im Regen nach Hause ging,
b) hatte ich gerade noch meine Freundin angerufen.
c) Dabei fällt mir doch mein Handy in eine große Pfütze.
d) Ich habe noch gedacht:
e) Es wird ihm doch wohl kein Schaden passiert sein?
f) Doch es war richtig abgesoffen.
g) Schade! Ich werde mir wohl ein neues anschaffen müssen.

8 Schreibe selbst einmal einen ähnlichen kurzen Text, in dem alle sechs Zeitformen vorkommen, einmal oder mehrere Male.

Zeitformen

Das Präsens als „Alleskönner“

INFO

Das Präsens als „Alleskönner“

Mit dem Präsens können wir auf Folgendes hinweisen:

1) Etwas geschieht in der **Gegenwart** (Präsens zur Bezeichnung von etwas, das jetzt passiert):
In diesem Augenblick lese ich diesen Infokasten.
2) Etwas geschieht in der **Zukunft** (Präsens, das etwas kennzeichnet, das später passiert):
Morgen erinnere ich mich vielleicht noch daran.
3) Etwas geschieht in der **Vergangenheit** (szenisches Präsens anstelle des Präteritums):
Gestern auf dem Weg zur Schule, da läuft mir doch plötzlich ein Hund vor das Rad.
4) Etwas ist **immer**, **öfter** oder **meistens so** (Präsens: allgemeingültig, zeitübergreifend):
Kängurus sind Beuteltiere. Ich bin manchmal ein etwas ängstlicher Mensch.

1 Schreibe einen Satz auf, in dem das Präsens angibt, dass etwas **jetzt** geschieht.

2 Schreibe einen Satz auf, in dem das Präsens angibt, das etwas **morgen** geschieht.

3 Schreibe einen Satz auf, in dem das Präsens angibt, dass etwas **immer so** ist.

4 Im Text über Wale stehen die meisten Sätze im Präsens. Schreibe auf, worauf das Präsens jeweils hinweist. Beachte die Hinweise im Infokasten.
*auf die **Vergangenheit**: 1 …;*
*auf die **Gegenwart**: 6 …;*
*auf die **Zukunft**: …;*
*auf etwas, das **immer so ist**: …*

Wale

Gestern gab es eine Sendung im Fernsehen, da **tritt**[1)] doch ein Mann auf, der **behauptet**[2)], dass es Fische **gibt**[3)], die Säugetiere **sind**[4)]. Die Wale zum Beispiel **gehören**[5)] dazu. Das war für mich neu. Nun **sitze**[6)] ich hier und **lese**[7)] ein Buch über Wale. Bestimmt **fahre**[8)] ich später einmal nach Norwegen und **sehe**[9)] mir diese imposanten Meeressäuger in freier Natur an.

5 Die meisten Sätze in dem Text *Regen* stehen im Präsens. Auf welche Zeiten weist das Präsens in den Sätzen **b), c), e), g), h), i)** hin? Ordne die Sätze den Ziffern im Infokasten zu: *b) → 3, c) → …*

6 Welche Zeitformen werden in den Sätzen **a), d)** und **f)** verwendet?

Regen

a) Ich schaute heute Morgen aus dem Fenster.
b) Und was sehe ich da?
c) Es gießt in Strömen!
d) Ich konnte also nicht mit dem Rad fahren.
e) Bei solchem Regen ist Radfahren zu ungemütlich.
f) Also hat mich meine Mutter mit dem Auto zur Schule gebracht.
g) Jetzt sitze ich hier in der Klasse und sehe draußen die Tropfen fallen.
h) Wenn es weiter so regnet, muss ich wahrscheinlich heute Nachmittag zu Hause bleiben.
i) Das gehört halt zum Alltag!

Zeitformen

Szenisches Präsens und Perfekt als Varianten des Präteritums

Perfekt und szenisches Präsens als Varianten des Präteritums

INFO

Das **Präteritum** ist in der Regel die **Hauptzeitform (Basistempus)** in Erzähltexten. Und die sollte man beim Schreiben auch einhalten. Ein Text kann aber manchmal mehr „Profil“ bekommen, wenn man **an spannenden Stellen** das **szenische Präsens** verwendet. Es zoomt nämlich etwas Vergangenes näher an den Leser heran:
*Ich wachte heute Nacht auf – und **höre** plötzlich ein merkwürdiges Geräusch.*

Das **Perfekt** wird besonders in der **gesprochenen** Sprache verwendet. Wenn man aber in der **geschriebenen** Sprache das Verb besonders **hervorheben** möchte, bietet sich ab und zu auch das **Perfekt** an, denn dann steht das Verb am Schluss des Satzes und wird besonders betont:
Statt: Wir gewannen das Spiel am Ende dann doch noch.
*→ Wir **haben** das Spiel am Ende dann doch noch **gewónnen**.*

1 Schreibe den Text ab. Forme die spannendste Textstelle ins szenische Präsens um.

Fuchs in der Stadt

Ich war gestern mit dem Fahrrad unterwegs. Da ist mir etwas passiert, das ich noch nie erlebt hatte. Ich fuhr gerade am Rande des Stadtparks entlang, da lief mir doch plötzlich ein Fuchs über den Weg. Ich bremste noch ab, doch der Fuchs kam mir direkt unter das Vorderrad. Ich konnte das Rad noch mit den Beinen halten, ohne zu stürzen. Und der Fuchs? Der rappelte sich auf und rannte zurück in den Wald. Als ich weiterfuhr, zitterte ich noch immer vor Schreck.

2 In manchen Sätzen passt hier besser das **Perfekt**. Forme diese Sätze ins Perfekt um.

Ein verdientes Unentschieden

Vorigen Sonntag saß ich im Stadion und musste sehen, wie unsere Mannschaft beinahe ihr Spiel verlor. Es stand nämlich in der ersten Halbzeit schon 2:0 für die Gegner. Doch dann schoss unsere Mannschaft noch zwei Tore, und wir rissen das Spiel noch herum. Natürlich belohnten wir unsere Mannschaft für dieses Unentschieden am Ende mit viel Applaus.

3 Im folgenden Text stehen alle Sätze im Präteritum. Schreibe den Text ab. Gib ihm ein etwas besseres „Profil“, indem du ab und zu das **szenische Präsens** bzw. das **Perfekt** verwendest.

Zum ersten Mal im Fußballstadion

Vorigen Sonntag besuchte ich zum ersten Mal ein großes Fußballstadion. Ich saß in der Fankurve unserer Mannschaft. Die Stimmung war wunderbar. Doch unsere Mannschaft lag leider nach der ersten Halbzeit mit 0:2 im Rückstand. Wir feuerten die Spieler aber immer wieder lautstark an. Und das gab ihnen dann auch neue Kräfte. Es war etwa in der 60. Minute, da stürmte plötzlich einer unserer Mittelfeldspieler in einem tollen Lauf in die gegnerische Hälfte, passte den Ball in die Spitze, der Mittelstürmer nahm den Ball an und schoss ihn unhaltbar ins rechte obere Eck. Da jubelte das ganze Stadion. Ich rief meinem Freund, der neben mir saß, zu: „Der schlug aber ein! Kriegtest du das mit?“ Und gleich zwei Minuten später fiel noch ein zweites Tor. Gut, wir gewannen zwar am Ende nicht, aber wir gingen doch alle zufrieden nach Hause.

Sprache und Sprachgebrauch

Konjunktive

Wörtliche Reden indirekt und verkürzt wiedergeben

Der **Konjunktiv I** kommt vor allem in den Texten vor, in denen wörtliche Reden **indirekt** und in verkürzter Form wiedergeben werden: in **Zeitungsnachrichten**, **Inhaltswiedergaben** und in **Protokollen**. Hier findet ihr noch einmal eine Übersicht über seine Formen:

INFO

Die Konjunktive

Bei einer **normalen** Aussage steht das Verb im **Indikativ**. Die **Konjunktive** sind **besondere** Formen des Verbs.

Indikativ	**Konjunktiv I**	**Konjunktiv II**
Sie nimmt das gern an.	*Sie nehme das gern an.*	*Sie nähme das gern an.*
Sie ist einverstanden.	*Sie sei einverstanden.*	*Sie wäre einverstanden.*
Sie hat nichts dagegen.	*Sie habe nichts dagegen.*	*Sie hätte nichts dagegen.*

Der **Konjunktiv I** wird im Wesentlichen in der **indirekten Rede** verwendet:
Wörtliche Rede: *Sie sagte: „Ich habe deine Einladung erhalten und ich nehme sie gern an."*
Indirekte Rede: *Sie sagte, sie habe seine Einladung erhalten und sie nehme sie gern an.*

Der **Konjunktiv II** drückt im Wesentlichen **Nicht-Wirkliches**, **Vorstellungen** und **Wünsche** aus:
Sie sagte: „Ich nähme ja gern deine Einladung an, aber ich habe leider etwas anderes vor."
Er sagte: „Hätte sie doch nur die Einladung angenommen, dann wäre ich froh gewesen!"

1 Schreibe den folgenden Dialog in verkürzter Form im Konjunktiv I auf:
Emma sagte, dem Einwand könne sie absolut nicht …
Emma: „Dem Einwand kann ich absolut nicht zustimmen."
Paul: „Es ist ja schon mal ein Fortschritt, dass du keine Einwände hast."
Emma: „Dagegen bin ich nicht. Aber unterstützen kann ich den Vorschlag auch nicht."
Paul: „Wenn du nicht dagegen bist, kannst du dich ja wenigstens der Stimme enthalten."
Emma: „Ja, du hast recht! Das kann ich mit gutem Gewissen tun."

INFO

Der Konjunktiv I und die Zeitformen (Tempora)

Der Konjunktiv I wird von der Form des **Infinitivs** hergeleitet. Dabei **fällt** das ***-n*** des Infinitivs **weg**:
sein → er ***sei****, haben → sie* ***habe****, werden → sie* ***werde****, müssen → sie* ***müsse****, geben → sie* **gebe** …

Für das Perfekt und das Präteritum der direkten Rede im Indikativ gibt es nur **eine gemeinsame Konjunktiv I-Form** in der indirekten Rede:

	Indikativ (direkte Rede) Er sagte:	**Konjunktiv I** (indirekte Rede) Er sagte,
Präsens:	„Ich singe."	er ***singe***.
Perfekt:	„Ich habe gesungen."	er ***habe*** gesungen.
Präteritum:	„Ich sang."	er ***habe*** gesungen.
Futur I:	„Ich werde singen."	er ***werde*** singen.

2 Im folgenden Text über Pottwale sind wörtliche Reden enthalten.

- Lies den Text zunächst ganz und mache dich mit seinem Inhalt vertaut.
- Schreibe dann die wörtlichen Reden in der indirekten Rede auf.
  Dabei kannst du sie auch etwas kürzen, denn nicht jedes gesprochene Wort muss vorkommen, z.B. so:
  ..., Pottwale seien fähig, 2 000 bis 3 000 m tief zu tauchen.

Pottwale: lebende U-Boote

Mein Freund ist ein großer Fan von Pottwalen. Gestern hat Sven mir erzählt: „Pottwale sind in der Lage, mindestens 2 000 bis 3 000 Meter tief zu tauchen." Um solche extremen Tauchgänge überleben zu können, atmen die Meeressäuger vor dem Tauchgang aus, damit die Lungen frei sind von Luft. Die Hohlräume werden dann beim Tauchen mit Blut gefüllt. So können sie nicht zusammengedrückt werden. Denn in solchen Tiefen ist der Druck des Wassers so enorm groß, dass Gase zusammengepresst werden, wenn sie sich in einem Hohlraum befinden. Die Wale würden sich also die Rippen brechen, wenn sie in diesen Tiefen noch Luft in ihrer Lunge hätten. „Außerdem befindet sich unterhalb des Blaslochs eine wachsartige Masse. Sie dient dem Wal als Tauch- und Schwebehilfe, wenn er durch ein Nasenloch kaltes Meerwasser einströmen lässt. Dabei kühlt sich die wachsartige Masse ab, sodass der Wal schwerer wird. Und das erleichtert dem Wal das Abtauchen ganz entscheidend." Als ich noch erfahren möchte, was der Wal beim Auftauchen macht, sagt Sven: „Beim Auftauchen lässt der Wal körperwarmes Blut an dieser Masse entlangstreichen, damit sie wieder leichter wird. So kann er schneller wieder auftauchen. Deshalb bezeichne man Pottwale auch als lebende U-Boote, die hervorragend an große Tauchtiefen angepasst sind."

3 Der **Konjunktiv II** ist nicht immer leicht zu bilden. Deshalb sagen oder schreiben wir lieber:
Ich würde ja gern zu dir kommen **statt** *Ich käme ja gern zu dir.*
Doch wenn sich in einem längeren Text in jedem Satz das Wort *würde – würde – würde* wiederholt, dann klingt das nicht schön und es ist auch nicht abwechslungsreich.

- Ersetze im folgenden Text die *würde*-Formen durch den Konjunktiv II.
- Du musst das nicht in jedem Satz tun, aber doch in den meisten.

brächte **dächte** **fände** **gäbe ... ab** **gelänge**
geriete **ginge** **hätte** **könnte** **täte**

Nur so Gedanken

Wenn ich eine Brieftasche mit viel Geld darin finden würde, dann würde ich vielleicht für einen Moment in einen Gewissenskonflikt geraten. Was würde ich tun, wenn ich so viel Geld haben würde? Was würde ich mir alles dafür kaufen können? Wem würde ich womöglich etwas von meinem Reichtum abgeben? Ich glaube, ich würde die Brieftasche doch lieber zum Fundbüro bringen. Ich würde nämlich immer daran denken müssen, wie es demjenigen wohl gehen würde, wenn es ihm nicht mehr gelingen würde, an sein hart verdientes Geld heranzukommen.

Sprache und Sprachgebrauch

4 Forme in den folgenden Sätzen die direkten Reden in indirekte Reden um.
Beachte dabei, dass indirekte Reden die direkten Reden zumeist verkürzt wiedergeben!

a) Eine Polizistin fragt einen Zeugen: „Sind Sie sicher, dass Sie den Dieb erkannt haben?"
a) Eine Polizistin fragt einen Zeugen, ob er den Dieb erkannt habe.
b) Der Zeuge antwortet: „Ich habe ihn erkannt. Doch ganz sicher bin ich nicht."
c) Die Lehrerin sagt: „Die Arbeit ist erfreulicherweise im Großen und Ganzen gut ausgefallen."
d) Elias freut sich und sagt: „Dann habe ich bestimmt eine Eins geschrieben!"
e) Der Hausmeister fragt: „Wem gehört wohl das Handy, das ich gestern fand?"
f) Laura sagt: „Das ist meins. Ich habe es gestern in der Sporthalle liegenlassen."
g) Der Schulsprecher fragt: „Geht es denn mit dem Umbau des Schulhofs endlich weiter voran?"
h) Die Politikerin versichert: „Das Geld für die Erneuerung ist jetzt zum Glück bewilligt."
i) Der Hundebesitzer fragt: „Was soll ich denn um Himmels Willen mit dem Hund machen?"
j) Die Tierärztin ist der Überzeugung: „Der Hund braucht unbedingt eine Abmagerungskur."
k) „Man kann ohne Autos ganz bestimmt nicht leben!", sagen viele Menschen.
l) Einige Umweltschützer meinen: „In den Innenstädten muss man Autos unbedingt verbieten."

INFO

Der Konjunktiv II als Ersatzform

Die **indirekte Rede** wird in der Regel im **Konjunktiv I** wiedergegeben:
Der Lehrer sagte zu der Schülerin, sie werde sicher zufrieden sein, denn sie habe den Test bestanden.
Im Plural aber unterscheiden sich manche Formen des **Konjunktivs I** nicht vom **Indikativ**:
*Der Lehrer sagte zu den Schülern, sie **werden** sicher zufrieden sein, denn alle **haben** den Test bestanden.*
Deswegen verwendet man hier als **Ersatzform** den **Konjunktiv II** oder die **würde-Form**:
*Der Lehrer sagte zu den Schülern, sie **würden** sicher zufrieden sein, denn alle **hätten** den Test bestanden.*

5 Der folgende Text soll durchweg in indirekter Rede stehen. Forme die angegebenen **Verben** in die richtigen Konjunktive um. In der Regel stehen sie im Konjunktiv I, manchmal musst du aber auch den Konjunktiv II oder die *würde*-Form verwenden.

Elternsorgen

Die Mutter war der festen Überzeugung, dass ihre Tochter Paula sich im Betriebspraktikum schon zurechtfinden (werden). Der Vater aber machte sich Sorgen. Er sagte, die Paula (sein) immer ein bisschen vorlaut und (lassen) sich nichts so leicht gefallen. Das (können) ihr vielleicht Probleme bereiten. Aber ob sie eine bessere Stelle (haben) finden können? Die Mutter meinte, wenn er ihr dabei geholfen (haben), (sein) sie womöglich auch anderswo untergekommen. Der Florist in der Kurstraße (haben) Paula mit Sicherheit genommen. Und Blumen und Pflanzen (haben) ihr schon immer Freude bereitet.

Da war nun aber der Vater doch anderer Ansicht. Paula (sollen) sich ruhig einmal mit technischen Dingen beschäftigen. Eine Autowerkstatt (bieten) ihr da genau die richtigen Anregungen.

Da kam Paula herein und fragte, ob sie sich etwa über ihren Praktikumsplatz (unterhalten). Sie (sollen) sich mal keine Sorgen machen. Wenn sie nichts dagegen (haben), (fühlen) sie sich erwachsen genug, ihre Angelegenheiten allein zu regeln. Die Mutter sagte noch, wenn sie, Paula, nichts dagegen (haben), (besorgen) sie ihr vielleicht noch eine andere Stelle. Da konnte Paula nur mit dem Kopf schütteln. Sie (sein) schließlich kein Kind mehr. Eltern (haben), bitteschön, auch das zu berücksichtigen.

Konjunktive

Der Konjunktiv I im Deutschen und Englischen: ein Vergleich

1 Lest euch den englischen und deutschen Text Absatz für Absatz durch, damit ihr wisst, worum es hier geht.

	Nose stud breaks school uniform rules	**Nasenstecker verstößt gegen Schuluniform-Regeln**
1	It was Tara's idea of a perfect Christmas present. But her joy with her nose stud did not last very long.	Es entsprach Taras Idee von einem perfekten Weihnachtsgeschenk. Aber ihre Freude an dem Nasenstecker hielt nicht sehr lange an.
2	Back to school, Tara was told that it broke the rules on uniform. She will only be allowed to attend school if she removes the stud.	In der Schule zurück wurde Tara mitgeteilt, er verstoße gegen die Uniform-Regeln. Ihr wird erst wieder erlaubt, die Schule zu besuchen, wenn sie den Nasenstecker beseitigt.
3	But Tara said that she would stay at home. The girl explained that the school had no right to dictate to her what she could and what she couldn't wear. She said that is was so old-fashioned. Tara remarked that the nose stud was so small, most of her friends had not even noted it.	Aber Tara sagte, sie werde zu Hause bleiben. Die Schule habe kein Recht, ihr vorzuschreiben, was sie tragen und was sie nicht tragen könne. Das sei so altmodisch. Der Nasenstecker sei so klein, dass die meisten ihrer Freunde ihn überhaupt nicht bemerkt hätten.
4	Tara's father, who bought her the stud, is on his daughter's side. He said the school was just over-reacting.	Taras Vater, der ihr den Stecker gekauft hatte, ist auf der Seite seiner Tochter. Die Schule reagiere da wohl ein bisschen übertrieben.
5	The headmaster of he school said that Tara was an intelligent pupil. He admitted that perhaps the rules were a little old-fashioned. But he said they could not change their rules for Tara.	Der Schulleiter sagte, Tara …
6	Tara prepares for a long wait at home. She said that is was important for people of her age to stand up for their rights.	Tara bereitet sich auf eine lange Wartezeit zu Hause vor. Es sei nämlich für Leute ihres Alters wichtig, für ihre Rechte einzutreten.

2 Seht euch die **indirekten Reden** genauer an.
Wie sind sie im Englischen und im Deutschen **eingeleitet**?
Und in welchen **Formen** stehen sie?
Ergänzt die folgenden Aussagen:

- *Die indirekte Rede ist in der deutschen Sprache erkennbar am …*
- *Die indirekte Rede ist in der englischen Sprache erkennbar daran, dass der Sprecher…*

3 Übersetze den 5. Absatz ins Deutsche
l ll den ersten und zweiten Satz,
lll alle drei Sätze. Überlege, ob du die indirekte Rede dreimal neu einleiten musst wie im Englischen – oder ob es auch ohne diese Wiederholungen geht.

Sprache und Sprachgebrauch

Aktiv und Passiv

Aktiv- und Passivsätze unterscheiden und anwenden

INFO

Das Passiv

Viele Sätze bestehen aus Subjekt und Objekt.
Im **Subjekt** wird ein **Täter** genannt, von dem eine **Handlung ausgeht**.
Im **Objekt** wird etwas genannt, auf das sich die **Handlung richtet**:
Aktiv: *Morgen schreiben die Schüler (Subjekt) → einen Test (Objekt).*

Im entsprechenden **Passiv**-Satz **kehrt sich die Richtung der Handlung um**.
Das Objekt wird zum Subjekt, und das Subjekt wird zu einem Satzglied mit ***von***:
Passiv (mit Täterangabe): *Morgen wird **ein Test** (Subjekt) **von** den Schülern geschrieben.*

Die wichtigste Aufgabe des Passivs besteht darin, dass das Satzglied mit ***von*** **weggelassen** werden kann.
Die ganze Aufmerksamkeit richtet sich damit auf **die Handlung selbst**.
Von wem sie verrichtet wird, ist meistens bekannt:
Passiv (ohne Täterangabe): *Morgen wird ein Test (...) geschrieben.*

1 Im folgenden Text kommen Aktiv- und Passivsätze vor.
Ermittle die Sätze und ordne sie richtig zu.
Aktivsätze: ... Passivsätze: ...

a) Die Aufgaben des Mathe-Wettbewerbs konnten relativ leicht gelöst werden.
b) Immerhin 90 % der Schülerinnen und Schüler konnten sie lösen.
c) Bei den Sachaufgaben mussten die richtigen Strategien angewendet werden.
d) Allein durch richtiges Rechnen bekam man sie nicht heraus.
e) 19 Schülerinnen und Schüler der Heine-Gesamtschule schnitten sehr gut ab.
f) Sie wurden mit Preisen ausgezeichnet.
g) Die Preise wurden den Jugendlichen am Freitag ausgehändigt.
h) Die meisten waren sehr zufrieden.

2 Form die folgenden Aktiv-Sätze in Passiv-Sätze um. Lass dabei den **Täter** weg.

a) Menschen dürfen Geldscheine nicht vernichten. – *Geldscheine dürfen nicht ...*
b) Der Schiedsrichter unterbricht das Spiel. – *Das Spiel wird ...*
c) Die Schülerinnen und Schüler stellen die Stühle auf die Tische. – ...
d) Die Polizei leitet den Verkehr um. – ...
e) Die Patientin nimmt das Medikament mit Wasser ein. – ...
f) Die Verkäuferin packt das Kleid in eine Tüte. – ...
g) Der Post liefert das Paket beim Kunden ab. – ...
h) Der starke Wind weht das Laub von den Bäumen. – ...

3 Passivsätze hört man oft in Befehls- oder Aufforderungssätzen.
Statt: *Du räumst das Zimmer auf* – sagt man dann: *Das Zimmer wird aufgeräumt!*
Das Passiv drückt dann so etwas wie eine Forderung mit allgemeiner Gültigkeit aus.
Forme die folgenden Sätze in Passivsätze um:

Du machst zuerst die Hausaufgaben!
Ihr gebt jetzt die Hefte ab!
Ihr müsst die Anweisungen des Trainers befolgen.
Besucher dürfen den Rasen nicht betreten!

4 Forme die folgenden Sätze der Zeitungsmeldung in Passivsätze um.
Die Täter sollen dabei ausgespart werden. *In der letzten Nacht wurde am S-Bahnhof …*

Unbekannte Täter sprengten in der letzten Nacht am S-Bahnhof den Fahrscheinautomaten.
Die Gauner erbeuteten glücklicherweise aber nur wenig Geld.
Die Bahnaufsicht leert das Gerät nämlich an jedem Abend.
Die Bahnverwaltung schätzt den Gesamtschaden auf 30 000 Euro.

5 Kochrezepte kommen in verschiedenen sprachlichen Formen vor:
a) im ***Infinitiv***: Die Zwiebel in feine Würfel schneiden.
b) mit ***man*** oder ***du***: Man schneidet die Zwiebel in feine Würfel. / Du schneidest …
c) im ***Imperativ*** (Aufforderungsform): Schneide die Zwiebel in feine Würfel!
d) oder auch im ***Passiv***: Die Zwiebel wird in feine Würfel geschnitten.

- *l* Schreibe die letzten beiden Zeilen des folgenden Kochrezeptes in den vier verschiedenen Formen **a)–d)** auf.
- *ll lll* Schreibe das Kochrezept vollständig auf.
  Dabei kannst du die sprachlichen Formen abwechseln:
  Die Zwiebel muss in sehr feine Würfel geschnitten werden.
  Dann viertelst du die Radieschen.

Reissalat mit gebratenem Gemüse

Zubereitung in Stichwörtern

Zwiebel: in sehr feine Würfel
Radieschen: vierteln
Selleriestange, Aubergine, Zucchini, Fenchel: dünne Stücke
Sämtliches Gemüse in heißem Öl anbraten. Ständig rühren!
Ein viertel Liter Wasser mit etwas Salz aufkochen.
Reis hineingeben. Bei geringer Hitze etwa zehn Minuten quellen lassen.
Soße: Zitrone heiß abwaschen, abtrocknen, die Schale abreiben,
den Saft auspressen und mit Senf und Essig vermengen.
Gemüse und Soße unter gegarten Reis rühren. Abkühlen lassen.
Mit Pfeffer und Salz würzen.

Guten Appetit!

Sprache und Sprachgebrauch

Satzglieder

Übersicht über die wichtigsten Satzglieder

1 Schreibe die sechs Sätze so auf, dass ein zusammenhängender Text daraus wird.

INFO

Satzglieder

Ein Satzglied ist ein Wort oder eine Wortgruppe, die man **an den Satzanfang verschieben** kann.
Der folgende Satz besteht also aus **vier** Satzgliedern, wobei das Prädikat *hat sich gewünscht* ein einziges Satzglied bildet:

1. Satz: *Emma / hat sich / schon immer / ein neues Tablet / gewünscht.*
Schon immer / hat sich / Emma / ein neues Tablet / gewünscht.
Ein neues Tablet / hat sich / Emma / schon immer / gewünscht.
Gewünscht hat sich / Emma / ein neues Tablet / schon immer.

Die wichtigsten Satzglieder sind:

	2. Satz:	**3. Satz:**	**4. Satz:**	**5. Satz:**	**6. Satz:**
Subjekt:	*Sie*	*Ihre Mutter*	*Das*	*Emma*	*Sie*
Prädikat (1. Teil):	*sollte*	*wollte*	*ist*	*hatte*	*verheimlichte*
Objekt:	*es*	*Emma*	*ihr*	*das Geschenk*	*das*
Adverbial:	*zum Geburtstag*		*nicht wirklich*	*schon vorher*	*natürlich*
Prädikat (2. Teil):	*bekommen*	*überraschen*	*gelungen*	*entdeckt*	

2 Schreibe auch die folgenden Sätze auf und schreibe die Satzgliedbegriffe in Klammern dahinter:
Bei ihrem Geburtstag (Adverbial) spielte (?) Emma (?) die Überraschte (?).
Bei ihrem Geburtstag / spielte / Emma / die Überraschte.
Ihre Mutter / freute sich.
Die Überraschung / war / ihr / scheinbar / gelungen.
Emma / nahm / das Geschenk / dankbar / entgegen.

3 In den folgenden Sätzen kommen **zweiteilige Prädikate** vor. Sie bilden eine Art **Klammer**.
An **zweiter** Stelle der Satzglieder steht dabei jeweils das **gebeugte** (finite) **Verb**.
Vor und zwischen der Prädikatsklammer stehen die anderen Satzglieder. Schaut euch den Aufbau an.

Verb und Verbzusatz: *Jetzt **lernte** Emma eine Menge dazu.*

Modalverb und Verb: *Natürlich **musste** sie dafür viel Neues üben.*

Hilfsverb und Verb: *Das **hat** ihr trotz aller Anstrengung echten Spaß gemacht.*

4 Schreibe die Sätze auf – und das Satzglied jeweils in Klammern dahinter:
Jetzt (?) lernte (?) Emma (?) eine Menge (?) dazu (?).
Sie (?) ist (?) bald (?) ein richtiger Profi (?) geworden (?).

5 Hier siehst du noch einmal eine Übersicht über die Satzglieder im Einzelnen.

Satzglieder	1. Satz	2. Satz	3. Satz	4. Satz	5. Satz	6. Satz
Subjekt:	*ein Mann*	*der*	*der Typ*	*der Schüler*	*die*	*sie*
Prädikat (1. Teil):	*ist*	*sah*	*fuhr*	*wandte sich*	*nahm*	*konnte*
Adverbial (Zeit):			*wenig später*		*sofort*	*kurz danach*
Adverbial (Ort):	*auf dem Hof*					*am Bahnhof*
Adverbial (Art):		*sehr genau*	*mit einem Rad*	*mit Handy*		
Adverbial (Grund):				*deswegen*		
Objekt (Akkusativ):		*die Fahrräder*				*den Dieb*
Objekt (Dativ):	*einem Schüler*					
Objekt (Genitiv):					*der Sache*	
Präp. Objekt:				*an die Polizei*		
Prädikat (2. Teil):	*aufgefallen*	*sich an*	*davon*		*sich an*	*stellen*

6 Bilde aus den sechs Sätzen der Tabelle einen Text.
- Dabei must du Umstellungen der Satzglieder durchführen.
- Stelle solche Satzglieder jeweils an die Satzanfänge, die deinem Text einen guten Zusammenhang geben.

7 Der siebte und achte Satz des Textes lautet:
7. Satz: *So erreichte der Schüler die Festnahme des Fahrraddiebes.*
8. Satz: *Dem Bestohlenen wurde sein Fahrrad unbeschädigt zurückgegeben.*

Schreibe die Sätze auf – und die Satzgliedbegriffe dahinter.
Beachte dabei, dass der siebte Satz nur aus vier Satzgliedern besteht.
So (Adverbial ?) erreichte (?) …
Dem Bestohlenen (?) wurde (?) …

8 Schreibe einen letzten Satz auf, der aus folgenden Wörtern besteht und so gebildet ist:
von schloss Rad nun an er ordentlich sein ab immer

Adverbial (Zeit) / Prädikatsklammer (erster Teil) / Subjekt / Objekt (Akkusativ) / Adverbial (Zeit) / Adverbial (Art und Weise) / Prädikatsklammer (zweiter Teil)

Sprache und Sprachgebrauch

Satzglieder

Subjektsätze – Objektsätze – Adverbialsätze

1) Was … *ist hinterhältig und feige?*
   a) **Das Mobben von Schülern im Internet** … *ist hinterhältig und feige.*
   b) **Dass Schüler im Internet gemobbt werden,** … *ist hinterhältig und feige.*
2) Wen oder was … *möchte man gern wiederfinden?*
   a) **Etwas Verlorenes** … *möchte man gern wiederfinden.*
   b) **Was man verloren hat,** … *möchte man gern wiederfinden.*
3) Warum … *ist alles schiefgelaufen?*
   a) **Wegen meines Irrtums** … *ist alles schiefgelaufen.*
   b) **Weil ich mich irrte,**… *ist alles schiefgelaufen.*

1 Lest euch diese Sätze aufmerksam durch und gebt euch Auskunft über die Unterschiede zwischen den Sätzen a) und b):
- Was ist jeweils das Subjekt, Objekt oder Adverbial der Sätze?
- Was ist aus den Satzgliedern a) in den entsprechenden Sätzen b) geworden?
- Welche der **fett** gedruckten Satzteile sind von Nomen bestimmt – in welchen kommen Verben vor?

INFO

Satzglieder – Nebensätze

Ein Satz besteht aus Satzgliedern wie **Subjekt**, **Objekt**, **Adverbial**:
Der Finder von Geld *sollte es im Fundbüro abgeben.*
Jeder kennt ***die Bedeutung von Finderlohn****.*
Bei Rückerhalt des Gefundenen *zahlt man aus Dankbarkeit einen Finderlohn.*

Diese Satzglieder kann man in Nebensätze umformen.
Sie heißen dann **Subjektsätze**, **Objektsätze** oder **Adverbialsätze**:
Wer Geld gefunden hat*, sollte es im Fundbüro abgeben.*
Jeder weiß, ***was Finderlohn bedeutet****.*
Wenn man das Gefundene zurückerhält*, zahlt man aus Dankbarkeit einen Finderlohn.*

Satzglieder haben in der Regel einen Kern, der aus einem Nomen besteht.
Nebensätze haben einen Kern, der aus einem Verb besteht.

2 Forme jeweils das Subjekt, Objekt und Adverbial in den folgenden Sätzen in einen Subjekt-, Objekt- und Adverbialsatz um:

a) *Dein Anruf auf dem Handy* ist bei mir nicht angekommen.
b) *Das Lächeln von Jessica* sieht Janosch gern.
c) *Bei der Begegnung mit einem Obdachlosen* gebe ich meistens eine kleine Spende.

a) ***Subjektsatz:*** *Dass du …*
b) ***Objektsatz:*** *Dass…*
c) ***Adverbialsatz:*** *Wenn …*

3 Lies dir zunächst jeden der beiden folgenden Texte in Ruhe durch.

Handy verloren 1

a) Der Verlust meines Handys nervt mich.
b) Etwas Verlorenes möchte man ja unbedingt wiederfinden.
c) Doch bei der Suche danach kann man ganz verrückt werden.
d) Wegen der Nervosität sucht man dann an den unmöglichsten Stellen.
e) Trotz langem Suchen habe ich mein Handy nirgends gefunden.
f) Vielleicht ist es mir ja auch während des Rumtobens auf dem Schulhof aus der Tasche gerutscht.
g) Der Finder hat es bestimmt beim Hausmeister abgegeben.
h) Ich würde mich jedenfalls sehr über die Rückgabe freuen.
i) Ein Finderlohn ist selbstverständlich.

Handy verloren 2

a) Dass ich mein Handy verloren habe, nervt mich.
b) Was man verloren hat, möchte man ja unbedingt wiederfinden.
c) Doch während man danach sucht, kann man ganz verrückt werden.
d) Weil man nervös ist, sucht man dann an den unmöglichsten Stellen.
e) Obwohl ich lange suchte, habe ich mein Handy nirgends gefunden.
f) Vielleicht ist es mir ja auch aus der Tasche gerutscht, als ich auf dem Schulhof rumtobte.
g) Wer es gefunden hat, hat es bestimmt beim Hausmeister abgegeben.
h) Ich würde mich jedenfalls sehr darüber freuen, dass es mir einer zurückgibt.
i) Dass er einen Finderlohn erhält, ist selbstverständlich.

4 Lies nun Satz für Satz unmittelbar im Vergleich: *Handy 1: Satz a) – Handy 2: Satz a) usw.*

5 Welche der Sätze in Text 2 enthalten Subjekt-, Objekt- und Adverbialsätze? Ordne sie:
Subjektsätze: a) …
Objektsätze: b) …
Adverbialsätze: c) …

6 Wie würde der Text aussehen, wenn du ihn selbst geschrieben hättest?
Nur wie Text 1 oder nur wie Text 2?

Schreibe die Buchstaben der Sätze nacheinander auf, die dir gefallen, z. B.:
2a), 1b)… – oder 1a), 2b) …

Schreibe aus den Sätzen der beiden Texte einen eigenen Text auf, der dir gefällt.

7 Zum Schluss eine etwas schwierigere Aufgabe:
Bilde aus dem folgenden Subjekt- und Adverbialsatz Hauptsätze mit den Satzgliedern **Subjekt**, **Adverbial**.
a) Während die B 96 ausgebessert wird, wird der Verkehr umgeleitet.
b) Wer in der Straße wohnt, darf sie bis zu seinem Grundstück benutzen.

Sprache und Sprachgebrauch

Satzglieder

Adjektiv-Attribute

1 Lest euch diesen Text zuerst einmal durch.

Attribute: deutsch – englisch

Die deutsche **1** Sprache besitzt eine merkwürdige **2** Eigenschaft, die es in der englischen **3** Sprache nicht gibt. Sie beugt nämlich die einzelnen **4** Adjektive, die als Beifügungen vor einem Nomen stehen können. Und das tut sie auf eine komplizierte **5** Weise. Heißt es zum Beispiel in einfachem **6** Englisch: *I am living in a pretty old house,* so muss der geplagte **7** Deutsche sagen: *Ich wohne in einem hübschen alten Haus!* Was für ein entsetzlicher **8** Umstand mit diesen unnötigen **9** Endungen! Das macht es für jeden fremden **10** Menschen schwer, die schöne **11** deutsche **12** Sprache zu erlernen. Könnten es denn die Deutschen nicht auch in einfacheren **13** Wörtern sagen? Zum Beispiel: *Ich wohne in ein hübsch alt Haus.* Ich bin jedenfalls der festen **14** Meinung, dass man damit der deutschen **15** Sprache eine heilende **16** Wirkung verschaffen würde. Jedes lernende **17** Kind könnte sie sich leichter aneignen – und müsste sich nicht damit herumplagen, ob es nun *in einem hübschen alten Haus* oder *in einem hübschem altem Haus* heißt. Verlieren würde das Deutsche von seinem strahlenden **18** Glanz jedenfalls nichts. Oder?

2 Lest euch den Text nun **ohne** die blau gedruckten Adjektive vor.

3 Sprecht Satz für Satz darüber: Welche Adjektiv-Attribute sind für das Verständnis notwendig? Welche sind nicht notwendig? *1) notwendig, 2) nicht notwendig, 3) …*

INFO

Adjektiv-Attribute

Adjektiv-Attribute sind **Beifügungen** zu einem Nomen, das in einem Satzglied vorkommt:

- im Subjekt *(wer?)*: *Die **deutsche** Sprache …*
- im Objekt *(wen/was?)*: *… besitzt / eine **merkwürdige** Eigenschaft, …*
- im Adverbial *(wo?)*: *… die es / in der **englischen** Sprache / nicht gibt.*

a) Adjektivattribute dienen in der Regel der **Genauigkeit** und **Unterscheidung**: *die **deutsche** Sprache.*

b) Adjektivattribute dienen der **Anschaulichkeit** und **Bewertung**: *eine **merkwürdige** Eigenschaft.*

c) Adjektivattribute dienen der Kennzeichnung **notwendiger Merkmale**, ohne die ein Satz unvollständig – oder gar nicht zu verstehen ist: *Sie drücken es auf eine **komplizierte** Weise aus.*

4 Seid ihr auch der Meinung wie der Sprachkritiker im Text oben? Sprecht darüber.

5 Sieh dir die blauen Adjektiv-Attribute in Aufgabe 1 noch einmal genauer an. Ordne sie von 1–18 den Hinweisen a), b) und c) im Infokasten zu. Manchmal musst du sie zwei Buchstaben zuordnen!

a) 1, 3 …
b) 1, 2, 3, 4 …
c) 5 …

Der Milan

Der **Rotmilan** ist einer der großen Greifvögel bei uns. Er hat ein rotbraunes Gefieder und besitzt schmale, lange Flügel und einen schlanken, gegabelten Schwanz. Seine jammernden Rufe sind manchmal meilenweit zu hören: „hiä, hij, hij, hij, hiä“. Seine Nahrung besteht hauptsächlich aus Aas, doch er erbeutet im freien Feld auch größere Säugetiere und Vögel wie Hühner und Hasen.

6 In diesem Text dienen die Adjektiv-Attribute vor allem der **Genauigkeit** und **Unterscheidung**. Ohne sie könnte man diesen Vogel wohl nicht identifizieren. Welches der beiden Vogelbilder stellt den Rotmilan dar? Und woran habt ihr das erkannt?

7 Ergänze den Text zum Schwarzmilan selbst.
Füge die folgenden Adjektiv-Attribute ein:
dunkel, fächerartig, gering, kleiner, selbstständig, tot

Der **Schwarzmilan** hat einen *** Körperbau als der Rotmilan. Er besitzt ein *** Gefieder und ist durch seinen *** Schwanz vom Rotmilan zu unterscheiden. Auch fliegt er meistens in einer *** Höhe. Seine Nahrung besteht vornehmlich aus *** Fischen. Er geht nur selten auf *** Beutejagd nach Säugetieren und Vögeln.

8 Im folgenden Text dienen die Adjektiv-Attribute vor allem der **Spannung** und **Anschaulichkeit**. Lies dir den Text ohne Adjektive durch.

Dass *** Unglück und *** Glück so weit auseinanderliegen, ist ein *** Fall. Eine *** Geschichte über eine *** Zeit erzählt davon:

Die *** Lotte gewann auf einer Jahresfeier im Jahre 2021 das *** Los. Mit 500 Euro ging sie als *** Gewinnerin nach Hause – und kam doch als *** Verliererin dort an. Denn ihr war das *** Geld im Park, als sie sich dort auf einer Bank ausruhte, abhandengekommen. Alles *** Suchen hatte nichts gebracht. Das Portmonee, in dem sich das *** Geld samt Personalausweis befand, war einfach verschwunden – und ihre *** Träume waren geplatzt.

*** Jahre später erhielt sie das Geld von einem *** Finder zurück. Er hatte es in einem *** Häufchen Erde unter einer Parkbank ausgegraben.

Die Frau war inzwischen *** Mutter geworden und schenkte es ihrem *** Kind.

9 Setze jetzt Adjektiv-Attribute aus dem **Wortschatz** ein.

10 Vergleicht eure Texte miteinander.

Wortschatz

achtzehnjährig
auffällig
aufgeregt
ehrlich
ersten
gewonnene
gleich
glücklich
groß
jung
kurz
lang
phantasievoll
schön
selten
überraschend
unerwartet
unglücklich
zwanzig
....

Sprache und Sprachgebrauch

Satzglieder

Präpositionale Attribute

Julia schickte gestern ihrem Freund aus Frankreich eine E-Mail.

Wer ist hier eigentlich in Frankreich – Julia oder ihr Freund?
Wenn man das einem Leser / einer Leserin klar machen möchte, müsste man entweder schreiben:
a) Aus Frankreich schickte Julia gestern ihrem Freund eine E-Mail. Oder:
b) Ihrem Freund aus Frankreich schickte Julia gestern eine E-Mail.

1 In welchem Satz ist Julia in Frankreich? In welchen ihr Freund? Woran kann man das erkennen?

2 Was müsste man hier an den Satzanfang stellen, damit klar ist,
- dass sich die *Polizistin* mit dem Pfefferspray wehrt …
- dass der *Gauner* das Pfefferspray hat …

Die Polizistin wehrte sich gegen den Gauner mit dem Pfefferspray.

INFO

Das präpositionale Attribut

Ein **präpositionales Attribut** ist **Teil eines Satzglieds**. Es wird mit einer **Präposition** gebildet und ist von dem **Nomen** des Satzglieds **abhängig**. Ein solches Attribut kann man **nicht allein**, sondern nur als **zusammenhängendes Satzglied** an den Satzanfang stellen:

In der Erkältungszeit begegnen wir oft Menschen ***mit*** *triefender Nase.*
Menschen ***mit*** *triefender Nase begegnen wir in der Erkältungszeit oft.*

Dieselbe Wortgruppe mit einer **Präposition** kann aber auch manchmal das Satzglied **Adverbial** sein, das **selbstständig** ist und das man allein umstellen kann:

Mit triefender Nase *(wie?) begegnen wir in der Erkältungszeit oft anderen Menschen.*

In solchen Fällen kommt es darauf an, was gemeint ist:
Haben andere Menschen eine triefende Nase (Attribut!)? Oder wir selbst (Adverbial!)?

3 Hier ist in einigen Sätzen klar, dass die unterstrichenen Wortfolgen **Attribute** sind.
In welchen? Erprobe, ob du sie gemeinsam mit einem vorausgehenden Nomen an den Satzanfang verschieben kannst: *b) Das **Niesen** in die Armbeuge ist …*

a) Wir sollten anderen Menschen **mit** einem Schnupfen nicht zu nahekommen.
b) Wir sollten zum Beispiel das Niesen **in** die Armbeuge bevorzugen.
c) Geboten ist ebenfalls das Verwenden **von** Papiertaschentüchern.
d) Die kann man nämlich **nach** jedem Schnäuzen wegwerfen.
e) Allerdings geht **nach** einigen Tagen ein Schnupfen **im** Winter meistens wieder weg.
f) Dann haben Menschen **mit** Schnupfen die Nase **zum** Durchatmen wieder frei.

4 In einigen Sätzen ist auch klar, dass die unterstrichenen Wortfolgen **Adverbiale** sein müssen. Sie hängen nämlich **nicht** von einem Nomen ab und können allein an den Satzanfang verschoben werden. Erprobe es.

5 In den Sätzen a), e), f) ist aber unklar, wie sie gemeint sind, z. B.: Haben **andere** Menschen Schnupfen – oder **wir selbst**? Hier kommt es darauf an, ob man die Wörter mit der Präposition allein an den Satzanfang verschieben kann – oder nicht. Erprobe es, indem du jeweils aus a), e), f) zwei Sätze mit anderem Anfang bildest.

Satzglieder

Genitiv-Attribute

Genitiv-Attribut – Genitiv-Objekt

INFO

Das **Genitiv-Attribut** ist **Teil eines Satzglieds**.
Es besteht in der Regel aus einem **Nomen im Genitiv**, das von dem **Nomen** des Satzglieds abhängig ist. Ein solches Attribut kann man **nicht allein**, sondern nur als **zusammenhängendes Satzglied** an den Satzanfang stellen.

Dieses Attribut steht in der Regel **nach** dem Nomen, von dem es abhängt, seltener davor:
- nachgestellt: *Der **Hund** ← **des Nachbarn** / kam gestern in unseren Garten.*
- vorangestellt: ***Des Nachbarn** → **Hund** / kam gestern in unseren Garten.*

Das **Genitiv-Objekt** hingegen ist als **selbstständiges Satzglied** vom **Verb** des Satzes abhängig: *Hier **entledigte** sich der Hund / ← **seines Geschäfts**.*

1 Hier sind vier Sätze. Zwei von ihnen enthalten ein Genitiv-Attribut, zwei ein Genitiv-Objekt. Doch welche? Beachtet die Informationen im Infokasten!

a) Ich nahm mich also der Sache an.
b) Ich musste den Unrat des Hundes in einen Kotbeutel packen.
c) Dann warf ich ihn in die Mülltonne des Nachbarn.
d) Der sollte sich bald mal eines Besseren besinnen – und auf den Hund aufpassen!

2 In folgenden Aussagen kommen Genitiv-Attribute und Genitiv-Objekte vor.
Unterscheide sie: *a) Genitiv-Attribut – b) Genitiv-Objekt – c) …*

Kritische Aussagen über unsere Sprache

a) In die Texte der Jugendlichen finden immer mehr englische Ausdrücke Eingang.
b) Doch die Furcht, dass das Deutsche zu einer Art „Denglisch“ wird, entbehrt jeder Grundlage.
c) Immer weniger Jugendliche sind des Hochdeutschen mächtig.
d) Stattdessen bedienen sie sich eines Slangs.
e) Unternehmer müssen sich bei Azubis verstärkt auf die Vielfalt der Jugendsprache einlassen.
f) Wer sich aber sowohl der Umgangssprache als auch der Hochsprache bedient, hat einen Vorteil.
g) WhatsApp und andere Kanäle des Internets tragen zu ganz neuen Sprachformen bei.
h) Man muss sich der Sache nur verantwortungsvoll annehmen.

3 Übertrage diese Sätze aus der Umgangssprache bzw. aus dem Dialekt in das Hochdeutsche, in dem die Genitiv-Attribute wieder zu ihrem Recht kommen.

Umgangssprache

a) Was fürn komischer Ring hängtn da an diesem Mann seim Ohrläppchen?
b) Dem Schüler seine Tasche lag doch vorhin noch auf dem Tisch!
c) Du kannst doch die Abfälle nicht in dem Hund sein Fressnapf werfen!
d) Von unserm Nachbarn sein Auto steht ja heut gar nicht vor der Tür!
e) Den Tänzerinnen ihre Kostüme sahen echt gut aus!
f) Meim klein Bruder sein Fahrrad müsste dringend aufgepumpt werden!

Satzglieder

Stellung und Betonung der Wörter im Satz

1 Einen deutschen Satz können wir beim **Sprechen** auf ganz unterschiedliche Weise **betonen**. Das heißt: Wir können das eine oder andere Wort durch Betonung oder Lautstärke **hervorheben** – je nachdem, was uns besonders **wichtig** ist.
Probiert das einmal mit den folgenden Sätzen aus, indem ihr die unterstrichenen Wörter besonders akzentuiert:

Unsere Mannschaft hatte am <u>Ende</u> dieses Spiel doch noch <u>gewonnen</u>.
<u>Unsere</u> Mannschaft hatte am Ende dieses Spiel <u>doch</u> noch gewonnen.
Unsere <u>Mannschaft</u> hatte am Ende <u>dieses</u> Spiel doch noch gewonnen.
Unsere Mannschaft hatte am Ende dieses <u>Spiel</u> doch noch <u>gewonnen</u>.

2 Einem **geschriebenen** Satz sieht man nicht ohne Weiteres an, welches Wort wir beim Vorlesen betonen sollen. Doch die deutsche Sprache hat die Möglichkeit, durch die **Reihenfolge** der Wörter im Satz **Hinweise auf Betonung** zu geben.
Sprecht die folgenden Sätze deutlich aus. Achtet darauf, welche Wörter ihr jetzt betont.

a) Am Ende hatte unsere Mannschaft dieses Spiel doch noch gewonnen.
b) Dieses Spiel hatte am Ende doch noch unsere Mannschaft gewonnen.
c) Unsere Mannschaft hatte dieses Spiel am Ende doch noch gewonnen.
d) Gewonnen hatte dieses Spiel am Ende doch noch unsere Mannschaft.

3 Nun stellt euch vor, dass **vor** einem dieser Sätze ein **anderer** Satz steht, zum Beispiel:
Wir hatten in dem Turnier die meisten Spiele verloren. Doch …
Mit welchem der Sätze **a)–d)** würdet ihr jetzt am ehesten fortfahren?
Probiert es aus! Ihr könntet sogar darüber abstimmen, welche Sätze am besten passen.

INFO

Die Betonung der Wörter im Satz

In einem Satz gibt es in der Regel **zwei Betonungsstellen**: Eine am **Anfang** des Satzes und eine am **Ende**. Die **Mitte** des Satzes bleibt in der Regel unbetont:

Gewonnen *hatte dieses Spiel unsere Mannschaft am Ende* ***doch noch****.*
Dieses Spiel *hatte am Ende unsere Mannschaft doch noch* ***gewonnen****.*

Welchen dieser Sätze wir verwenden, hängt vom **vorausgehenden** Satz ab.
Denn ein Satz im Text ist immer eine Art **Antwort** auf einen vorausgehenden Satz.

4 Erprobt noch einmal beim Vorlesen, welche Sätze am besten zusammenpassen:
1) und a), b) oder c)?
2) und ???

1) <u>Denken</u> kann ich mir <u>vieles</u>.	Aber …	a) <u>niemals</u> würde ich solchen <u>Unsinn</u> sagen.
2) <u>Nicht immer</u> sage ich die <u>Wahrheit</u>.	Aber …	b) <u>ich</u> würde solchen Unsinn <u>niemals</u> sagen.
3) Was <u>dich</u> betrifft, kannst du <u>vieles</u> sagen.	Aber …	c) <u>sagen</u> würde ich solchen Unsinn <u>niemals</u>.

Satzglieder

Thema – Rhema

INFO

Das Bekannte und Neue in einem Satz

In einem zusammenhängenden Text steht am **Satzanfang** in der Regel eine Information, die schon **bekannt** ist – und an den vorausgehenden Satz **anknüpft**. Das **Bekannte** im Satz nennt man **Thema**.

Am **Satzende** steht in der Regel eine Information, die **neu** ist. Das **Neue** im Satz nennt man **Rhema**:
*Denken kann ich mir vieles. **Ich** würde aber solchen Unsinn niemals **sagen**.*

Manchmal aber wird diese Regel durchbrochen. Da steht schon am **Satzanfang** das **Neue**. Eine solche veränderte Reihenfolge klingt dann **besonders emotional**:
*Denken kann ich mir vieles. Aber **sagen** würde ich solchen Unsinn niemals.*

1 Am folgenden Textbeispiel ist erkennbar, wie Thema und Rhema in den einzelnen Sätzen verteilt sind.
- Lest euch den Text durch.
- Gebt euch Auskunft darüber, was am Anfang und am Ende der Sätze steht. Beachtet dabei den Infokasten!

Handynacken

Der Handynacken ist heute eine verbreitete Zivilisationskrankheit. Sie kommt durch ständiges Starren auf das Smartphone . Das führt zu einer allmählichen Überlastung der Halswirbelsäule. Schon eine Neigung von 15 Grad bedeutet eine zusätzliche Belastung von 13 Kilo. So etwas ist für die Muskulatur ein unwahrscheinlicher Stress. Eine solche isolierte Fehlbelastung der Halswirbelsäule kann sich fatal auswirken – gerade in der Zeit des Wachstums. Sie drückt auf die Bandscheiben. Sie belastet den gesamten Stützapparat. Ein ständig geneigter Kopf kann zu Muskelverhärtungen führen. Er erhöht auch das Risiko für chronische Rückenbeschwerden. Handynutzer sollten daher regelmäßige Pausen einlegen. Das Handy sollte man vor allem nahe an den Kopf halten. Der Kopf sollte aufrecht sein. Verbeuge dich nicht vor dem Handy! Das hat es nicht verdient.

2 Der folgende Text ist weniger gut aufgebaut als „Handynacken“. Verbessere ihn, indem du die unterstrichenen Wörter an den Satzanfang verschiebst.

Obstbaumblüte

Früher als sonst blühen in diesem Jahr die Obstbäume. Im Anbaugebiet wirken ihre weißen Farbflecke wahrscheinlich aufmunternd für alle Besucher/Besucherinnen. Der milde Winter ist verantwortlich für die Blüten. Für die Bestäubung der Blüten sollten eigentlich nun Insekten sorgen. Es ist aber noch zu kalt für sie. Die innere Uhr der Obstbäume hat aber der warme März ins Wanken gebracht. Schon viel zu früh strecken sie ihre Blüten heraus. Aber ausbleibende Insekten sind für die Bäume nicht gut. Ein möglicher Frosteinbruch macht den Naturschützern aber die größte Sorge. Eine Obsternte könnte in diesem Jahr durch ihn entfallen.

3 Der folgende Text ist weniger gut aufgebaut als „Handynacken“. Verbessere ihn, indem du andere Wörter an den Satzanfang verschiebst.

Obstbaumblüte

Früher als sonst blühen in diesem Jahr die Obstbäume. Im Anbaugebiet wirken ihre weißen Farbflecke wahrscheinlich aufmunternd für alle Besucher/Besucherinnen. Der milde Winter ist verantwortlich für die Blüten. Für die Bestäubung der Blüten sollten eigentlich nun Insekten sorgen. Es ist aber noch zu kalt für sie. Die innere Uhr der Obstbäume hat aber der warme März ins Wanken gebracht. Schon viel zu früh strecken sie ihre Blüten heraus. Ausbleibende Insekten sind jedoch für die Bäume nicht gut. Ein möglicher Frosteinbruch macht den Naturschützern aber die größte Sorge. Eine Obsternte könnte in diesem Jahr durch ihn entfallen.

4 Der folgende Textausschnitt stammt aus der Interpretation eines Schülers zu einer Kurzgeschichte.
Lies ihn dir aufmerksam durch – und überarbeite ihn. Die Sätze sollen durch die Überarbeitung einen besseren Zusammenhang bekommen.
Um das zu erreichen, musst du vor allem auf die Satzanfänge achten – und an vielen Stellen andere Wörter an die Satzanfänge verschieben.

Auszug aus einer Interpretation

... Der Junge lebt zunächst in Boston. Er wird aber dort von seinen Klassenkameraden nicht anerkannt. Er leidet darunter sehr. Er zieht dann als 18-Jähriger mit seinem ersparten Geld nach Westen. Er trifft auf seinem Weg einige Männer. Er geht mit ihnen auf die Jagd. Die Männer werden dabei von Indianern getötet. Er selbst wird in ein Camp verschleppt. Er wird dort einer alten Indianerfrau zum Geschenk gemacht. Er kann schon nach wenige Monaten die Sprache der Indianer sprechen. Er verliebt sich bald in ein Mädchen mit dem Namen „Hübsches Kalb“. Er würde sie am liebsten gleich heiraten. Doch er müsste dafür ihrem Bruder ein Pferd als Hochzeitsgabe schenken. Er hat natürlich noch nicht ein Pferd. Er kommt glücklicherweise nach einem halben Jahr in den Besitz eines Pferdes ...

5 In dieser Tabelle sind die Sätze nach ihren Satzgliedern geordnet. Das ergibt aber noch keinen gut zusammenhängenden Text.
- Bringe die Sätze in einen besseren Zusammenhang, indem du ein Adverbial an die Thema-Stelle des Satzanfangs stellst.
- In **einem** Satz kannst du eine **ganz besondere Wortstellung** wählen, indem du ein Rhema-Satzglied an den Anfang stellst.

THEMA			RHEMA	
Subjekt	**Prädikat**	**Adverbial**	**Objekt**	**Prädikat 2. Teil**
Ich	wollte	gestern in der Stadt	meinen Freund	besuchen.
Ich	hatte	unglücklicherweise	seine Adresse	vergessen.
Ich	wollte	mit dem Handy	ihn	anrufen.
Ich	hatte	leider aber	seine Nummer	nicht gespeichert.
Ich	habe	am Ende trotzdem	seine Wohnung	gefunden.
Ich	habe mich	zum Glück	an den Weg	erinnert.

Satzglieder

Inversion: Die Umkehrung der normalen Satzgliedstellung

Ein Gleiches

nach Johann Wolfgang von Goethe

Ruh ist über allen Gipfeln,
Du spürest kaum einen Hauch in
allen Wipfeln;
Im Walde schweigen die Vögelein.
Warte nur, du ruhest auch balde[1].

[1] balde: damals für *bald*.

INFO

Inversion

Normalerweise steht am **Satzanfang** eines Satzes das **Subjekt**:

Keiner konnte ihn retten.

Eine ganz **besondere Wirkung** kann man erzielen, wenn man eine **nicht-normale Satzgliedstellung** wählt und das **Objekt** oder **Prädikat** an den Satzanfang stellt:

Ihn konnte keiner retten.
Retten konnte ihn keiner.

Bei einer so ungewöhnlichen Umkehrung der normalen Satzgliedstellung spricht man von einer **Inversion**. Eine solche Inversion verleiht einem Satz eine **besondere Bedeutung** und drückt stets eine **emotionale Beteiligung** des Sprechers / der Sprecherin aus. Besonders häufig kommen Inversionen in **Gedichten** vor.

1 Vielleicht habt ihr dieses Gedicht schon einmal kennengelernt. Wir wollen es hier aber einmal unter einem besonderen Gesichtspunkt betrachten. So, wie die Sätze da in normaler Satzgliedstellung stehen, hat es Goethe nicht geschrieben. Er hat die Verse mit **Inversionen** versehen, die dem Gedicht eine besondere Wirkung verleihen.
Versuche einmal, das Originalgedicht zu rekonstruieren:
- Verschiebe im ersten Satz ein anderes Satzglied an den Satzanfang.
- Verschiebe im zweiten Satz ebenfalls ein anderes Satzglied an den Anfang.
- Verschiebe im dritten Satz das Subjekt an den Anfang.
- Verschiebe im letzten Satz nach dem Komma das Adverb an den Satzanfang:
  Warte nur, …

2 Wenn du in den Sätzen die Umstellungen vorgenommen hast, kannst du das ganze Gedicht aufschreiben. Du musst nur noch auf die Reimwörter achten – dann weißt du auch, aus wie vielen Versen es besteht.

3 Lest euch eure Gedichtfassungen vor und vergleicht sie.

4 Vergleicht nun eure Gedichtfassungen mit dem Original von Goethe auf Seite XX.

5 Dieses Gedicht hat Goethe auf einer Wanderung durch den Harz geschrieben.
- Zu welcher Tageszeit hat er es wohl aufgeschrieben?
- In welcher Stimmung mag er sich wohl befunden haben?
- Und womit hat er sich in diesem Augenblick „gleich“ gefühlt?

Sprache und Sprachgebrauch

Satzglieder

Überprüfe dein Wissen und Können

In einer Abschlussprüfung kommen Aufgaben unterschiedlicher Aufgabentypen vor. Einige dieser Aufgabentypen könnt ihr hier üben.

1 Zeitformen

Es ist oft unvermeidlich, dass in einem Text mehrere verschiedene Zeitformen verwendet werden. Entscheidend ist aber, dass man die Hauptzeitform (Basistempus) nicht willkürlich wechselt. In einer Inhaltswiedergabe z. B., die ja in der **Hauptzeitform des Präsens** steht, muss das Präsens im Wesentlichen beibehalten werden.
In dem folgenden Ausschnitt aus einer Inhaltswiedergabe ist neben der Hauptzeitform des Präsens manchmal auch das Perfekt notwendig. Andere Zeitformen sind aber zu vermeiden. Wähle für die Zeitformen 1–12 andere Zeitformen – wenn es notwendig ist.
… In Heines Ballade „Belsatzar" feiert **1** der König mit seinen Knechten ein großes Fest. Er trinkt **2** aus dem heiligen Becher, den man aus dem Tempel Jehovas geraubt hat **3**, und begeht **4** damit eine gotteslästerliche Handlung. Als er den Becher geleert hat **5**, erschien **6** plötzlich eine Flammenschrift an der Wand und schrieb **7** daran Buchstaben von Feuer. Der König ist darüber zu Tode erschrocken **8**. Keiner vermochte **9** diese Schrift zu deuten, doch der König ahnt **10**, dass sie ihm Böses verheißt **11**. Und tatsächlich brachten **12** ihn in derselben Nacht seine Knechte um.

2 Konjunktiv I

Gib das folgende wörtliche Zitat von *Hatip* in der Debatte über *Überwachungskameras in der Schule* in indirekter Rede im Konjunktiv I so wieder, wie du es in einer Inhaltsangabe tun müsstest. Dabei solltest du es um einige Wörter, die nicht so wichtig sind, verkürzen.
Hatip sagt: „Ich bin natürlich in dieser Frage anderer Meinung als Kathy.
Eine Schule, die ihre Schüler und Schülerinnen sozusagen flächendeckend mit Kameras überwacht, kann ich mir absolut nicht vorstellen."

3 Konjunktiv II

Vermeide in den folgenden Sätze die viermal wiederholte Form mit *würde*, indem du die Verben im Konjunktiv II verwendest:
Wenn ich beim Sportfest als Sieger auf dem Treppchen stehen würde, dann würde ich das wirklich einmal verdient haben. Dann würde mein Training nicht umsonst gewesen sein. Ich würde alles darum geben, wenigstens den dritten Platz zu erreichen.

4 Passiv

Für die folgenden Sätze eignet sich das Passiv besser, weil hier derjenige, der etwas tut, so selbstverständlich ist, dass er nicht genannt werden muss. Forme die Sätze ins Passiv um.
a) Der Trainer wechselte den Stürmer in der 70. Minute aus.
b) Die Feuerwehr löschte den Brand in kurzer Zeit.
c) Unbekannte Täter verübten in der letzten Nacht im Schulzentrum einen Einbruch.
d) Schüler dürfen auf den Fluren nicht drängeln.

5 Satzglieder

Verbessere den folgenden Text, indem du beim Abschreiben in jedem Satz ein anderes Satzglied an den Satzanfang stellst.
Wenn du in einem Satz das Prädikat an den Anfang stellst, wirkt er besonders emotional.

a) Man möchte bei einer Siegesfeier ausschließlich ehrlichen Sportlern/Sportlerinnen zujubeln.
b) Man kann sich wirklich nur über faire Wettkämpfe freuen.
c) Wir alle haben heute von Dopingmissbrauch genug.
d) Wir appellieren daher an die Vernunft aller Sportler und Sportlerinnen.
e) Wir fordern außerdem strengere Kontrollen von den Clubs und Veranstaltern.
f) Dopingfälle sind nämlich besonders für ehrliche Sportler/Sportlerinnen ein großes Ärgernis.

6 Objekte:

In den folgenden Sätzen fehlen die Objekte.
Ergänze die Sätze jeweils durch ein Dativ- und ein Akkusativ-Objekt.

a) Der Verunglückte verdankt …
b) Der Schüler leiht …
c) Das Mädchen entlockte …
d) Die Großeltern vererben …
e) Der Handballspieler warf …
f) Zum Geburtstag schenkt sie …
g) Der Hersteller garantiert …
h) Die Mutter gibt …

7 Präpositionales Objekt – Adverbial:

In welchen Sätzen kommt ein Adverbial, in welchen Sätzen kommt ein präpositionales Objekt vor?
Schreibe auf: *Sätze mit Adverbial: … Sätze mit präpositionalem Objekt: …*

a) Sie beschwert sich über ihre Mitschüler.
b) Er fährt über eine Brücke.
c) Sie passt eigentlich nicht zu ihm.
d) Er fährt zu schnell.
e) Er denkt ständig an die bevorstehende Prüfung.
f) Er macht die Prüfung an diesem Tag.
g) Beim Seilspringen kommt es auf die richtige Technik an.
h) Das Essen duftet nach frischen Kräutern.

8 Einen Text verbessern:

Verschiebe in den folgenden Sätzen diejenigen Satzglieder an den Satzanfang, die am Rande angegeben sind.

Ich fuhr gestern mit der S-Bahn nach Hannover zu meinem Freund.	***Adverbial der Zeit***
Ich hatte aber leider die Adresse seiner Wohnung vergessen.	***Akkusativ-Objekt***
Wir hatten uns so lange nicht gesehen.	***Adverbial der Zeit***
Ich wollte ihn dann vom Bahnhofsplatz aus anrufen.	***Adverbial des Ortes***
Ich hatte aber seine Telefonnummer nicht gespeichert.	***Akkusativ-Objekt***
Ich habe seine Wohnung am Ende trotzdem gefunden.	***Prädikat***
Ich habe mich zum Glück an den Weg dorthin noch erinnert.	***Präpositionales Objekt***
Über den Besuch hat sich mein Freund sehr gefreut.	***Subjekt***
Er hat vor unserem Abschied seine Adresse und Handy-Nummer in meinem Smartphone gespeichert.	***Adverbial der Zeit***

Register der verwendeten Fachausdrücke

A

Adjektiv: Adjektive können die Eigenschaften von Dingen genauer bezeichnen *(schön, schnell, witzig …)*. Alle Wörter, die zwischen Artikel und Nomen stehen können, sind Adjektive: *das schnelle Auto.* Viele Adjektive können auch an anderen Stellen im Satz stehen: *Das Auto fährt schnell. Das Auto ist rot.* Die meisten Adjektive lassen sich → steigern: *groß, größer, am größten.* → 294–295

Adjektiv-Attribut: → Attribut, das vor einem → Nomen steht und diesem Nomen weitere Informationen beifügt: *das benachbarte Haus.* → 310–311

Adverb: Adverbien sind Einzelwörter einer → Wortart. Sie machen Angaben zu Orten wie *oben, links, hinauf, dort …*, zu Zeiten wie *heute, immer, bald, dann …*, zur Art und Weise wie *gern, vielleicht, leider …* und zu Gründen wie *deswegen, trotzdem, meinetwegen …* → 294–295

Adverbial: Adverbiale sind → Satzglieder. Sie können aus einzelnen → Adverbien, → Adjektiven oder längeren Ausdrücken bestehen. Es gibt 1. Adverbiale der Zeit (wann: *gestern,* seit wann: *seit gestern,* wie lange: *die ganze Zeit*), 2. Adverbiale des Ortes (wo: *auf dem Spielplatz,* wohin: *auf den Spielplatz,* woher: *vom Spielplatz*), 3. Adverbiale der Art und Weise (wie: *mit guter Laune, glücklich),* 4. Adverbiale des Grundes (weswegen: *wegen ihres Sieges*). → 302, 304, 305

Adverbialsatz: Wenn man das → Satzglied → Adverbial in einen → Nebensatz umformt, so entsteht ein Adverbialsatz. Adverbial: *wegen des starken Sturms.* – Adverbialsatz: *…, weil der Sturm so stark wehte.* → 308–309

Akkusativ (Wenfall): → Nomen und → Pronomen können im Akkusativ stehen. Den Akkusativ erkennt man am → Artikel. Nomen im Akkusativ erfragt man mit den Fragen *wen?* oder *was?*: Was?: *den Brief,* Wen?: *den Schüler.*

Akkusativ-Objekt: Das Akkusativ-Objekt ist ein → Satzglied. Man kann es mit den Fragen *wen?* oder *was?* ermitteln: *Die Lehrerin lobt* (wen?) *den neuen Schüler. Der Spieler trifft* (wen? oder was?) *den Ball.*

Akrostichon: Ein → Gedicht, bei dem die Anfangsbuchstaben der Verse von oben nach unten gelesen ein Wort ergeben.

Akt: Ein Akt ist ein Abschnitt der Handlung eines klassischen → Dramas, das aus fünf Akten besteht: → Exposition, → Steigerung (2), → Peripetie, → retardierendes Moment und → Katastrophe.

Aktiv: Die meisten deutschen Sätze stehen im Aktiv. Viele Aktiv-Sätze bestehen aus einem → Subjekt, in dem genannt wird, was jemand tut, und einem → Objekt, in dem genannt wird, worauf sich das Tun bezieht: *Die Lehrerin lobt den Schüler.* Der Gegensatz zum Aktiv ist das → Passiv. → 304–305

Allwissender Erzähler: Der Autor eines Textes schlüpft innerhalb der Geschichte in die Rolle eines Erzählers, der in alle anderen Figuren hineinschauen kann, über sie Bescheid weiß und Kommentare zu ihnen abgibt. Dieser Erzähler wird auch auktorialer Erzähler genannt. → 226

Althochdeutsch: Die deutsche Sprache hat sich über Jahrhunderte entwickelt und verändert. Die älteste schriftlich belegte Form des Hochdeutschen wird in der Sprachforschung als „Althochdeutsch" bezeichnet. Die Zeit wird auf 750 bis 1050 n. Chr. datiert.

Anapher: Sprachliches Stilmittel in der Rhetorik und Literatur, bei dem ein Wort oder mehrere Wörter am Anfang aufeinanderfolgender → Sätze, Satzteile, → Verse oder → Strophen wiederholt werden. Die Anapher dient der Strukturierung und der Rhythmisierung von Texten: *Wenn jeder von uns achtsam ist, können wir die Orang-Utans schützen. Wenn jeder von uns einen Beitrag leistet, können wir etwas bewegen.* → 196

Anekdote: Die Anekdote ist eine Geschichte, in deren Mittelpunkt eine Person steht, die wirklich gelebt hat und womöglich sogar berühmt war. In vielen Anekdoten finden sich Angaben zu Ort und Zeit, in denen sie sich abgespielt haben. Von der Person wird eine merkwürdige Begebenheit erzählt, die für die Person charakteristisch ist: entweder eine besondere Handlung oder eine originelle Aussage. Anekdoten sind zumeist kurz und witzig. Sie stehen im → Basistempus des → Präteritums und haben am Ende eine Pointe (einen überraschenden Ausgang).

Anführungszeichen (Redezeichen): → Wörtliche Reden bestehen aus → Begleitsatz und → Redesatz. Der Redesatz steht in Anführungszeichen. → Punkt, → Frage- und → Ausrufezeichen stehen innerhalb der Anführungszeichen: *Sie sagte: „Ich komme morgen." – Sie fragte: „Kommst du morgen?" – Er sagte: „Toll, dass du kommst!"* Beim nachgestellten Begleitsatz fällt der Punkt im Redesatz weg: *„Es ist schön, dass du kommst", sagte sie.* → 279–280

Anredepronomen: Das sind → Pronomen, mit denen man jemanden anredet: *Ich mag dich. Ich grüße Sie.* Wenn man einen Menschen mit *Sie* anredet, werden die Pronomen großgeschrieben *(Ich danke Ihnen. Ich grüße Sie herzlich).* → 88, 90, 286

Anschreiben: Das Anschreiben ist ein Teil der Bewerbungsunterlagen. Es ist ein offizieller Brief und deshalb muss man beim Schreiben bestimmte Formen einhalten. → Lebenslauf → 84–86, 88–90

Antithese (1): Sprachliches Mittel, das die Verwendung von Ausdrücken, die im Gegensatz zueinander stehen, bezeichnet. So können Zwiespalt, Spannung und Zerrissenheit ausgedrückt werden: *Aufgang und Untergang, Himmel und Hölle, Gut und Böse.* → 202

Antithese (2): → Erörterung

Antonyme: Antonyme (Gegensatzwörter) sind Wörter, die zu anderen Wörtern im Gegensatz stehen: *krank – gesund, Mut – Angst, groß – klein …* Der Gegensatz der Antonyme sind → Synonyme.

Appell (Aufforderung): Es handelt sich um eine der vier Botschaften, die Menschen beim Kommunizieren vermitteln: Der Sprecher fordert den Hörer zu etwas auf oder stellt Fragen, die der andere beantworten soll. → Sprachfunktionen → 284

Appellative Texte: Es handelt sich dabei um Texte, die jemanden zu etwas auffordern (→ Aufforderungssatz) wie z. B. Texte der Werbung, Verbote, Gebote usw.: *Kaufen Sie sich ein Stück Lebensfreude!*

Arbeitsvorgänge beschreiben: Die Beschreibung informiert den Leser schrittweise über den Ablauf eines Arbeitsvorganges. Sie muss so formuliert sein, dass man sich die Tätigkeit gut vorstellen kann. Die Beschreibung steht im Präsens und wird unpersönlich in der man-Form, → Passivform, 3. Person oder in der → Infinitiv-Form formuliert *(Man hebt das Fahrzeug an. Das Fahrzeug wird angehoben. Ein Computer zeigt an … Um Luft aus den Reifen zu lassen …).*

Argument: In einer → Diskussion, → Argumentation oder → Erörterung braucht man Argumente, um andere von seiner Meinung zu überzeugen. Argumente bestehen aus Behauptungen und Begründungen: *Ein Argument dagegen, dass Jugendliche ein Ehrenamt ausüben, ist der Zeitaufwand. Denn viele Schülerinnen und Schüler haben nach der Schule nur wenig freie Zeit.* Manchmal kann auch noch ein anschauliches Beispiel hinzugefügt werden: *Beispielsweise müssen viele dann noch im Haushalt helfen.* → 78–81

Argumentation: Mit einer schriftlichen Argumentation möchte man andere mit → Argumenten und Beispielen von seinem Standpunkt überzeugen. → Erörterung

Argumentationskette: Die schlüssige Abfolge von → Argumenten und Beispielen in einer → Argumentation oder → Erörterung bezeichnet man als Argumentationskette.

Artikel: Nomen haben einen Artikel. Man unterscheidet den → bestimmten Artikel *(der, die, das)* und den → unbestimmten Artikel *(ein, eine)*. Die Artikel geben an, ob ein Nomen Maskulinum *(der Löffel)*, Femininum *(die Gabel)* oder Neutrum *(das Messer)* ist. → 294–295

Attribut: Attribute sind Beifügungen zu → Nomen. Attribute sind keine → Satzglieder, sondern Teile von Satzgliedern. Die wichtigsten von ihnen sind das → Adjektiv-Attribut: *das benachbarte Haus*; das → Genitiv-Attribut: *das Haus des Nachbarn*; das → präpositionale Attribut: *das Haus vom Nachbarn.*

Aufforderungssatz: Satzart, mit der man jemanden zu etwas auffordert, ihn um etwas bittet oder an ihn appelliert (→ Appellative Texte). Viele Aufforderungssätze stehen im → Imperativ: *Hilf mir bitte mal!* Nach Sätzen, die als Aufforderung gemeint sind, steht ein → Ausrufezeichen.

Aufklärung: Als Aufklärung bezeichnet man eine Epoche der Literatur zwischen ca. 1720 und 1800. Die Aufklärer machten sich für eine freiheitliche Gesellschaft mit gleichen Rechten und Pflichten für alle Menschen stark.

Auktorialer Erzähler: → allwissender Erzähler

Ausdruck (Selbstkundgabe): Es handelt sich um eine der vier Botschaften, die Menschen beim Kommunizieren vermitteln: Der Sprecher drückt seine Gefühle aus: Er wundert sich, schimpft oder freut sich. → Sprachfunktionen → 284

Ausrufezeichen: Das Ausrufezeichen am Ende eines → Aufforderungssatzes weist darauf hin, dass mit diesem Satz eine Bitte, eine Aufforderung oder ein Ausruf gemeint ist: *Leih mir doch mal deinen Bleistift! Komm her! Au, das tut weh!*

Aussagesatz: Satzart, mit der man eine Feststellung macht: *Ich war gestern im Kino.* Am Ende des Aussagesatzes steht ein Punkt.

B

Ballade: Im 13.-15. Jahrhundert war die Ballade in romanischen Ländern ein Tanzlied, das zum Reihen- und Kettentanz gesungen wurde (spätlateinisch *ballare* = tanzen). Später wurden erzählende und dramatische Inhalte hinzugefügt, sodass sich die Ballade zum Erzähllied entwickelte. Das besondere Merkmal der Ballade ist, dass sie auf erzählende Weise, aber in Form von Versen, zu einem dramatischen Konflikt (oft mit tragischem Ausgang) hinführt. → 170–183

Bänkellied: Als Bänkellied (auch Bänkelsang oder Bänkelgesang) bezeichnet man ein erzählendes Lied mit dramatischem Inhalt.

Barock: Der Begriff *Barock* leitet sich vom portugiesischen Wort *barocco* ab, das mit „seltsam geformte Perle" übersetzt werden kann. Als Barock wird eine Epoche der Literatur zwischen etwa 1570 und 1700 bezeichnet. Thematisch ist die Literatur durch die Schrecken des Dreißigjährigen Krieges geprägt. Die bevorzugte Literaturform war das Gedicht. Im Barock sah man das Dichten als ein Handwerk an, das jeder erlernen könne. Deshalb dichtete man nach festen Regeln (Regelpoetik).

Basistempus: Die Hauptzeitform, in der ein Text steht, nennt man Basistempus. So ist z. B. das Basistempus eines Erzähltextes das → Präteritum. Es ist aber niemals die einzige, sondern nur die wichtigste → Zeitform, denn innerhalb eines solchen Textes können auch andere Zeitformen vorkommen.

Begleitsatz: Der Begleitsatz ist Teil einer → wörtlichen Rede. Im Begleitsatz steht, wer etwas sagt. Im → Redesatz steht, was einer sagt. Der Begleitsatz kann vor oder nach dem Redesatz stehen oder in ihn eingefügt sein. Nach dem *vorangestellten* Begleitsatz steht ein Doppelpunkt *(Sie sagte: „Du bist meine beste Freundin.")*. Der *eingeschobene* und *nachgestellte* Begleitsatz werden durch Kommas von der wörtlichen Rede abgetrennt *(„Du bist meine beste Freundin", sagte sie. – „Du bist", sagte sie, „meine beste Freundin.")*.

Bericht: Über Ereignisse und Erlebnisse kann man in mündlicher oder schriftlicher Form berichten. Es gibt unterschiedliche Berichte, z. B. Unfallberichte, Schadensberichte, → Zeitungsberichte ... Mit Berichten will man andere genau informieren. Deshalb enthalten sie viele **Fakten** und beantworten die **W-Fragen**: **Was** ist geschehen? **Wann** ist es geschehen? **Wo** ist es geschehen? **Wer** hat etwas getan? **Warum** ist es geschehen? **Wie** ist das Ganze ausgegangen? Da alles, was man berichtet, schon geschehen ist, stehen Berichte meistens im → Präteritum: *Der Autofahrer übersah die rote Ampel und ... Die Zeugin beobachtete um 20.00 Uhr, wie ...*

Bestimmter Artikel: Der bestimmte Artikel gibt im Gegensatz zum → unbestimmten Artikel in einem Text an, dass etwas Bestimmtes gemeint ist und dass das zu ihm gehörende Nomen bereits bekannt oder schon einmal genannt worden ist: *Vor der Tür steht das Taxi, auf das wir gewartet haben.* → 294

Bewerbung: → Anschreiben, → Lebenslauf → 70–77

Beziehung (Zuwendung): Es handelt sich um eine der vier Botschaften, die Menschen beim Kommunizieren vermitteln: Der Sprecher wendet sich dem Hörer zu: Er begrüßt, lobt, kritisiert oder bestätigt ihn. → Sprachfunktionen → 284

Blitzlicht: Das Blitzlicht ist eine Methode, bei der sich die Teilnehmer reihum in ein, zwei Sätzen zu einer bestimmten Fragestellung äußern. → 27, 231

C

Charakterisierung: Die Charakterisierung ist ein beschreibender, aber auch ein interpretierender Text, der eine literarische → Figur umfassend vorstellt. Dabei werden neben äußeren Merkmalen der Figur auch die soziale Situation, das Verhalten, Charaktereigenschaften sowie die Gedanken und Gefühle der literarischen Figur beschrieben.

D

Dativ (Wemfall): → Nomen und → Pronomen können im Dativ stehen. Den Dativ erkennt man am → Artikel. Nomen im Dativ erfragt man mit der Frage *wem?*: *Er hilft* (wem?) *dem Freund*.

Dativ-Objekt: Das Dativ-Objekt ist ein → Satzglied. Man kann es mit der Frage *wem?* ermitteln: *Die Lehrerin hilft* (wem?) *dem neuen Schüler.* → 302, 304

Debatte: → 13–21

Dehnungs-h: Das Dehnungs-h ist ein *h*, das einen langen betonten Vokal besonders auffällig macht. Es steht in einer Reihe von Wörtern vor den Buchstaben *l, m, n, r (fehlen, nehmen, gähnen, fahren)*. Es steht aber auch in diesen Fällen niemals nach Silbenanfängen mit *sch (schälen), t (tönen), qu (quälen), gr (grölen), sp (sparen), kr (kramen), p (pulen)*. Bei der Silbentrennung gehört das Dehnungs-h, im Gegensatz zum → silbentrennenden h, zur ersten Silbe *(feh-len, fah-ren)*.

Deklinieren: Deklination ist die „Beugung" von → Nomen und → Adjektiven. Beim Deklinieren erhalten diese Wörter z. B. Endungen im → Plural (*die Kinder*) und in den → Fällen (*des Kindes*) oder bei der → Steigerung (*kleiner, am kleinsten*).

Demonstrativpronomen: Die Demonstrativpronomen (Hinweisepronomen) wie *dieses, jenes ...* weisen mit Nachdruck auf etwas hin: *Dieser Text ist von mir.* → Pronomen → 268–269

Diagramm: Diagramme stellen Zahlen und Sachverhalte in bildlicher Form dar. Es gibt verschiedene Formen, z. B. Säulendiagramme, Balkendiagramme, Kreisdiagramme oder → Flussdiagramme. → 57, 61, 83, 89, 101

Dialekt: Als Dialekt bezeichnet man eine Variante der Sprache, die in einer bestimmten Landschaft oder Region vor allem mündlich gesprochen wird. Dialekte haben eigene Wörter, eigene Aussprachen und eine eigene Grammatik.

Dilemmasituation: Als Dilemmasituation (*auch:* Zwickmühlensituation) bezeichnet man die Lage des Helden / der Heldin im 4. → Akt eines → Dramas: → retardierendes Moment. Er / Sie muss eine Entscheidung zwischen zwei Möglichkeiten treffen, aber jede Alternative bringt erhebliche Nachteile mit sich. Eine dritte Möglichkeit scheint es nicht zu geben.

Diphthong (Zwielaut): Die fünf Diphthonge unserer Sprache sind: *au (Baum), äu (Bäume), eu (Kreuz), ai (Kai), ei (Kreis).* Diphthonge zählen zu den → Vokalen.

Diskussion: Sachliches Gespräch mehrerer Personen über ein bestimmtes Thema oder über mehrere Themen. Dabei haben die Gesprächsteilnehmer meist unterschiedliche Meinungen und versuchen, die anderen mit → Argumenten von ihrer Meinung zu überzeugen. Eine Diskussion sollte sachlich und höflich durchgeführt werden, damit sie sich nicht zu einem Streit entwickelt. Um an einer Diskussion erfolgreich teilzunehmen, sind bestimmte Gesprächsregeln notwendig. → 8–12

Distichon: Ein Distichon ist ein Zweizeiler oder Doppelvers, in dem eine allgemeingültige Aussage gemacht wird *(Fremde in unserem Land aufzunehmen ist leicht, sich dann auch um Fremde zu kümmern ist schwerer.).*

Doppelpunkt: Der Doppelpunkt nach einem → Begleitsatz der → wörtlichen Rede zeigt an, dass danach jemand etwas sagt.

Drama (das Dramatische): Dramatisch nennt man eine Dichtung, die im Gegensatz zu → Gedichten und → Erzählungen bestimmt ist von Dialogen und Spannung. Während *Drama* (→ Akt) eine Form der Dichtung wie das Theaterstück bezeichnet, weist das Dramatische auf den Aufbau von Texten hin. So können vor allem Balladen, → Fabeln, Sagen usw. einen dramatischen Aufbau haben. → 138–169

Drei-Schritt-Lesemethode: Mit der Drei-Schritt-Lesemethode kann man sich → nicht lineare Texte, wie → Tabellen, → Diagramme, → Infografiken, besser erschließen. Im ersten Schritt orientiert man sich, im zweiten Schritt wird der Inhalt erfasst und im dritten Schritt gibt man die Ergebnisse wieder.

E

Elemente der Spannung: Spannung kommt in Erzähltexten vor allem durch Spannungsmomente zustande: Durch Vorausdeutungen, die auf etwas hindeuten, was noch nicht genau gesagt wird *(Sie hatte es lange schon befürchtet …)* und durch Verzögerungen (Retardierungen), die den Erzählfluss aufhalten *(Nach einer Weile stand sie auf und ging zum Telefon, das im Flur stand …).* Die Spannungsmomente können aus rätselhaften → Gedankenreden *(Sie hatte Max, der stets etwas Böses im Blick hatte, seit je gehasst!)*, unbeantworteten Fragen *(Aber wie wird man so einen los?)* oder anschaulichen und erschreckenden Ausdrücken *(Sie schreckte entsetzt zurück.)* bestehen.

E-Mail-Bewerbung: Eine E-Mail-Bewerbung entspricht einer klassischen → Bewerbung auf Papier. Allerdings werden die Bewerbungsunterlagen nicht ausgedruckt, sondern digital als Anhang einer kurzen E-Mail verschickt. Außerdem sollten technische Besonderheiten berücksichtigt werden (z. B. Dateiformat, Dateigröße, E-Mail-Adresse).

Enjambement: (von franz. *enjamber* = überspringen, überschreiten) Das Enjambement ist ein Stilmittel in der lyrischen Dichtung. Bei einem Enjambement geht ein Satz oder eine Sinneinheit über das Zeilenende eines → Verses hinaus und gleitet in den nächsten Vers hinein. Das Ende eines Gedankens oder Satzes und das Ende des Verses fallen nicht zusammen. Beim Vortrag sollte man dort eine ganz kleine Pause machen, ohne die Stimme abzusenken. Denn Enjambements sind immer kleine Spannungssignale. → 185

Entscheidungsfrage: Eine Entscheidungsfrage ist im Unterschied zu einer → Ergänzungsfrage eine Frage, die man mit *ja* oder *nein* beantwortet: *„Hilfst du mir mal?“ – „Ja.“*

Entwurf: Als Entwurf bezeichnet man die erste Fassung eines selbst geschriebenen Textes. Ein Entwurf enthält meistens noch Fehler. Es ist eine → Überarbeitung nötig, manchmal auch mithilfe einer → Schreibkonferenz. Erst danach wird ein Entwurf zu einem fertigen Text.

Epipher: Sprachliches Mittel, das die Wiederholung eines Wortes oder einer Wortgruppe am Ende aufeinanderfolgender → Verse, → Strophen oder → Sätze bezeichnet. Es bewirkt Übersichtlichkeit und Eindringlichkeit: *Höret ihr Menschen den Ozean, / alten, uralten Ozean …*

Ergänzungsfrage: Eine Ergänzungsfrage ist im Unterschied zu einer → Entscheidungsfrage eine Frage, die man mit einem Satz oder mehreren Wörtern beantwortet: *Warum hilfst du mir nicht sofort? – Weil ich jetzt keine Zeit habe.*

Erörterung: Eine Erörterung nach dem → Sanduhrprinzip ist eine schriftliche → Argumentation zu einer Streitfrage, die von zwei Seiten dargestellt wird. Eine These (pro) und eine Antithese (contra) und ihre jeweiligen → Argumente werden einander gegenübergestellt. Abschließend wägt man in der Synthese ab und begründet seinen Standpunkt. → 78–95

Erzähler: Im Gegensatz zum Autor ist der Erzähler eine Figur, die innerhalb des Textes selbst vorkommt und die Geschichte erzählt, manchmal als → Ich-Erzähler, als → allwissender Erzähler oder als → personaler Erzähler. → 226

Er-→/ Sie-Erzähler: → personaler Erzähler → 226

Erzählperspektive: Der → Erzähler eines Textes ist in der Regel ein anderer als der Autor / die Autorin. Der Autor / Die Autorin schreibt zwar die Geschichte, aber er / sie schlüpft dabei in Erzähler-Rollen hinein und erzählt aus unterschiedlichen Perspektiven. Man unterscheidet den → allwissenden (auktorialen) Erzähler, den → Ich-Erzähler und den → personalen Erzähler. In Gedichten spricht man vom → lyrischen Ich. → 38, 226

Erzählung: In einer Erzählung wird mündlich oder schriftlich der Verlauf von Geschehnissen dargestellt, die tatsächlich passiert oder aber erdacht sind. Auch der Akt des Erzählens an sich wird als „Erzählung“ bezeichnet.

Exposition: Als Exposition wird im → Drama der 1. → Akt bezeichnet, der die Handlung einführt: Ort, Zeit und → Figuren werden vorgestellt. Der zentrale dramatische Konflikt entwickelt sich. Held / Heldin (Protagonist / Protagonistin) und Gegenspieler / Gegenspielerin (Antagonist / Antagonistin) treten auf und ihre Positionen werden deutlich. → 142

Eyecatcher: Als Eyecatcher oder Blickfang bezeichnet man z. B. auffällige Fotos in → Zeitungsberichten oder in Werbeanzeigen, die die Aufmerksamkeit des Betrachters „einfangen“ sollen.

F

Fabel: Fabeln sind kurze Erzählungen, in denen zumeist Tiere menschliche Eigenschaften verkörpern. Fabeln bestehen in der Regel aus einem *Erzählteil*, der kurz in die Situation oder in den Konflikt einführt. Meist enthalten Fabeln auch einen *Dialogteil*, in dem die Tiere miteinander sprechen. Fabeln enthalten an ihrem Ende häufig eine *Lehre*. Durch die Lehre wird Kritik am Verhalten einzelner Menschen oder an der ganzen Gesellschaft ausgedrückt.

Fachsprache: Fachsprache nennt man eine Sprache, die von Ausdrücken unterschiedlicher Fachgebiete (oft → Fremdwörter) bestimmt ist: *In der Leichtathletik gibt es verschiedene Disziplinen wie Hochsprung, Diskuswerfen …*

Fachwort: In allen Sachgebieten, wie z. B. Technik, Kochen, Mode oder Sport, gibt es eigene Fachausdrücke. Viele Fachwörter finden sich z. B. in → Sachtexten. Fachwörter benötigt man auch für genaue Beschreibungen, z. B. von Experimenten: *verdunsten, aufblähen, Luftdruck, Schwerkraft.* Oftmals handelt es sich auch um → Fremdwörter: *kondensieren, kristallieren, Temperatur, Molekül.*

Fall (Kasus): → Nomen können in vier Fällen vorkommen. Den Fall eines Nomens erkennt man in der Regel am → Artikel: → Nominativ *(der Hund)*, → Akkusativ *(den Hund)*, → Dativ *(dem Hund)*, → Genitiv *(des Hundes)*.

Femininum: → Nomen weiblichen → Geschlechts wie *die Frau, die Gabel, die Langeweile, die Begegnung …*

Figur: Figuren nennt man die Personen, die in literarischen Texten vorkommen. Man nennt sie Figuren, da es sich bei ihnen um *erfundene Personen* (→ Drama, → Kurzgeschichte), oft auch um Tiere (wie in → Fabeln) oder um Hexen und Geister (wie in Märchen) handelt.

Figurenkonstellation: Schaubilder, mit denen die sozialen, familiären oder emotionalen Beziehungen literarischer Figuren zueinander anschaulich dargestellt werden können. Von besonderem Interesse ist dabei das Beziehungsgeflecht zwischen Protagonist/Protagonistin und den übrigen Figuren der Handlung. Der Protagonist/die Protagonistin ist die zentrale Figur in einem Drama und meist daran zu erkennen, dass er/sie sich während der Handlung verändert. Dieser Figur gegenüber steht der Antagonist/die Antagonistin (Gegenspieler/-in), der/die dem Protagonisten oder der Protagonistin Schaden zufügen will. Da Figurenkonstellationen der Veranschaulichung dienen, enthalten sie neben stichwortartigen Textinformationen auch grafische Elemente, wie zum Beispiel Pfeile, gestrichelte Linien, Einkreisungen, Unterstreichungen, farbliche Hervorhebungen oder Bildsymbole. Figurenkonstellationen haben in der Regel eine kurze Überschrift. → 167

Figurenkarte: Auf einer Figurenkarte hält man in Stichwörtern die wichtigsten Informationen zu einer literarischen Figur fest: zum Namen, Aussehen, Charakter und Verhalten. → 145, 156

Flektieren: Die Wörter der Hauptwortarten → Nomen, → Pronomen, → Verben und → Adjektive lassen sich flektieren. Das heißt, sie können Endungen erhalten (*Laute Töne gehen mir auf die Nerven.*). Die beiden Arten des Flektierens sind → Deklinieren und → Konjugieren.

Flussdiagramm: Ein Flussdiagramm ist eine besondere Form des → Diagramms, mit der sich auch langwierige Prozesse übersichtlich darstellen lassen: Dafür wird ein Ablauf in einzelne Schritte eingeteilt, die in Stichwörtern oder kurzen Sätzen in grafische Formen (z. B. Ellipsen, Rechtecke oder Dreiecke) eingetragen werden und durch Pfeile in der richtigen Reihenfolge („im Fluss“) miteinander verbunden sind.

Flyer: Ein Flyer (Handzettel, Flugblatt oder Faltprospekt) enthält Informationen und Botschaften. Er kann aus einem einfachen oder gefalteten DIN-A5- oder DIN-A4-Blatt bestehen.

Fragepronomen: Die Fragepronomen *wer, was, welcher …* fragen nach Personen, Einzeldingen oder Sachverhalten: *Was hast du gesagt?*

Fragesatz: Ein Fragesatz ist ein Satz, den der Sprecher oder Schreiber als Frage meint. Man unterscheidet: → Entscheidungsfragen *(Kommst du heute?)* und → Ergänzungsfragen *(Wann kommst du?)*. Beim Sprechen hört man heraus, ob der Sprecher eine Frage stellt; beim Schreiben setzt man ein → Fragezeichen.

Fragezeichen: Am Ende eines → Fragesatzes setzt man ein Fragezeichen: *Kannst du mir helfen? – Was soll ich denn tun?*

Fremdwort: Fremdwörter stammen aus anderen Sprachen, dem Griechischen, dem Lateinischen, dem Englischen, Französischen usw. Viele von ihnen haben ihr fremdsprachliches Aussehen oder ihre Aussprache beibehalten: *Theater, Jeans, T-Shirt, Portemonnaie …* → 262–263

Frühneuhochdeutsch: Der Begriff bezeichnet eine Sprachstufe des Hochdeutschen zwischen ca. 1350 und 1650 n. Chr. Martin Luther verfasste seine Bibelübersetzung in einem frühneuhochdeutschen → Dialekt.

Futur I: Das Futur I verwenden wir manchmal, wenn wir über die Zukunft reden und schreiben. Es wird mit dem Hilfsverb *werden* und dem → Infinitiv gebildet: *Das werden wir morgen schon schaffen!* → 296–297

Futur II: Das Futur II verwenden wir manchmal, wenn etwas in der Zukunft schon abgeschlossen ist. Es wird mit den Hilfsverben *werden* und *haben/sein* und dem → Partizip Perfekt gebildet: *Das werden wir bald geschafft haben.* → 296–297

G

Galeriegang: Der Galeriegang ist eine Methode, um verschiedene Gruppenarbeitsergebnisse auszustellen und zu präsentieren. Man geht von „Werk" zu „Werk" und darf als „Betrachter" Fragen stellen und Anregungen geben.

Gedankenrede: Im Gegensatz zu → wörtlichen Reden, in denen die Figuren miteinander sprechen, bringen in Texten die Figuren oft auch ihre Gedanken zum Ausdruck, von denen nur die Leser etwas erfahren: *Es fiel ihm ein, dass er sich irren könnte, aber er glaubte es nicht.*

Gedicht: Ein Gedicht ist ein Text mit einem besonderen äußeren Aussehen: Die Zeilen sind in → Versen und die Absätze oft in → Strophen voneinander abgesetzt. Ein weiteres Merkmal von Gedichten ist ihre „verdichtete" Sprache. Was gesagt wird, ist auf engsten Raum begrenzt. Manchmal bestehen → Verse sogar nur aus einzelnen Wörtern. Viele Gedichte haben auch besondere Klänge und → Reime oder einprägsame Bilder und → Personifikationen. → 184–207

Gegenargument: Ein Gegenargument ist ein → Argument, das nicht dem eigenen Standpunkt entspricht. Man führt es in → Diskussionen und schriftlichen → Argumentationen oder → Erörterungen an, um es anschließend zu entkräften. → Erörterung

Genitiv (Wesfall): → Nomen und → Pronomen können im Genitiv stehen. Den Genitiv erkennt man am → Artikel und manchmal auch am *-s* am Ende des Nomens. Man erfragt ihn mit der Frage *wessen?*: *die Kappe des Jungen, seine Kappe, die Hose des Vaters …*

Genitiv-Attribut: → Attribut, das als Genitiv-Beifügung hinter einem → Nomen steht: *das Haus des Nachbarn.* → 313

Geschlecht: → Nomen haben ein Geschlecht. Es ist am → Artikel zu erkennen: Maskulinum (männlich): *der Löffel*; Femininum (weiblich): *die Gabel*; Neutrum (sächlich): *das Messer*. Das → grammatische Geschlecht unterscheidet sich vom → natürlichen Geschlecht.

Geschlossene Silbe: Die betonte Silbe eines Wortes kann auf einen → Konsonanten enden, dann nennt man sie geschlossene Silbe: *En-de, Mor-gen, lus-tig …* (Gegensatz → offene Silbe). Der Vokal in geschlossenen Silben ist in der Regel kurz.

Geschriebene Sprache: Die geschriebene Sprache besteht im Gegensatz zur → gesprochenen Sprache im Wesentlichen aus vollständigen Sätzen und aus Ausdrücken, die treffend ausgewählt sind; der Schreiber hat hinreichend Zeit für seine Formulierungen.

Gesprochene Sprache: Die gesprochene Sprache ist im Gegensatz zur → geschriebenen Sprache von unvollständigen Sätzen, Wiederholungen, Unterbrechungen und spontan verwendeten Ausdrücken bestimmt. Der Sprecher hat im Gegensatz zur geschriebenen Sprache weniger Zeit für seine Formulierungen.

Gestik: Die Gestik ist Teil der → Körpersprache. Sie umfasst alle Körperbewegungen, jedoch nicht die → Mimik. So können z. B. mit bestimmten Bewegungen von Armen und Händen (Gebärden) Signale wie z. B. *Aufmerksamkeit, Erstaunen, Verlegenheit* ausgedrückt werden. In → Diskussionen und bei → Vorträgen können Gebärden gezielt eingesetzt werden, um das Gesagte zu unterstreichen.

Getrenntschreibung: Zwei Wörter, die in enger Beziehung stehen, werden manchmal getrennt und manchmal zusammengeschrieben: *Die beiden Wör-*

ter muss man zusammenschreiben. Aber: *Wir beide wollen eine Geschichte zusammen schreiben.* Diese zum Teil schwierigen Verhältnisse sind durch Regeln der Rechtschreibung bestimmt. Im Zweifelsfall sollte immer ein Wörterbuch zu Hilfe genommen werden. → 265–267

Gleichsetzungsnominativ: Nach den Verben *sein, werden, bleiben* kommt außer dem → Subjekt oft noch ein zweites → Satzglied im → Nominativ vor. Dieses Satzglied nennt man Gleichsetzungsnominativ. Es wird mit der Frage *was?* beantwortet und steht in der Regel mit einem unbestimmten Artikel: *Das Blaukehlchen* (Subjekt) *ist eine seltene Vogelart* (Gleichsetzungsnominativ).

Grammatisches Geschlecht: → Nomen haben ein Geschlecht, das durch die → Artikel *der, die, das* bestimmt wird. Einige Nomen haben ein → natürliches Geschlecht *(der Hahn, die Henne, der Ochse, die Kuh …)*. Bei den meisten Nomen gibt aber der Artikel nicht an, ob etwas männlich oder weiblich ist (z. B. *der Löffel, die Gabel*). Ein solches Geschlecht ist rein grammatischer Art (Maskulinum, Femininum oder Neutrum).

Großschreibung: Großgeschrieben werden Namen, Nomen und das erste Wort in einem Satz: *Der kleine Felix ist ein großer Angeber.* Welche Wörter großgeschrieben werden, kann man meistens an → Signalwörtern sehen: → Artikel *(das Glück)*, → versteckte Artikel *(zum Glück)*, → Adjektive *(großes Glück)*, → Pronomen *(dein Glück)* und an bestimmten Endungen *(Fröhlichkeit, Gesundheit, Verwandtschaft, Zeichnung, Ärgernis, Eigentum)*. → 258–261

Grundform: → Positiv

H

Hauptsatz: Den übergeordneten Teil eines → Satzgefüges nennt man Hauptsatz. → 273, 275

Hilfsverb: Die Wörter *haben, sein, werden* nennt man Hilfsverben, weil sie dabei „helfen“, das → Perfekt, das → Futur oder das → Passiv zu bilden. *Es hat geregnet. Sie ist verreist. Er wird gelobt.*

Höchstform: → Superlativ

Höhe- / Wendepunkt: → Peripetie → 157

I

Ich-Erzähler: Der Autor einer → Erzählung oder eines Romans schlüpft beim Erzählen in die Rolle eines erzählenden Ichs hinein. Dieses Ich erzählt aus seiner Perspektive, was es erlebt, was es sieht und was es von den anderen → Figuren hört. Es kann aber auch erzählen, was es selbst dabei denkt und fühlt. → 226

Imperativ: Der Imperativ ist eine Form des → Verbs: *Hilf mir bitte! Lass mich in Ruhe!* Mit dem Imperativ kann man eine Bitte oder eine → Aufforderung ausdrücken.

Impressum: Ein Impressum ist eine gesetzlich vorgeschriebene Herkunftsangabe. Das Impressum nennt z. B. in Zeitungen, Zeitschriften oder auf Internetseiten die Namen von Personen und Organisationen, die für die Inhalte verantwortlich sind. → 2

Indefinitpronomen: Die Indefinitpronomen (Unbestimmtheitspronomen) wie *alle, einige, etwas, manche …* geben an, dass etwas nicht näher bestimmt ist: *Alle jubelten ihm zu.*

Indikativ: Der Indikativ ist die neutrale Verbform, mit der wir auf Tatsachen hinweisen *(Sie liest ein Buch)*. Er steht im Gegensatz zum → Imperativ *(Lies doch mal dieses Buch!)* und zum → Konjunktiv *(Sie läse das Buch sehr gern)*. → 300

Indirekte Rede: Die indirekte Rede gibt eine → wörtliche Rede *(Er sagte: „Ich bin sehr müde.“)* in verkürzter Form wieder. Sie kann in verschiedenen Formen auftreten: im → Konjunktiv I: *Er sagte, er sei müde.*; in *dass*-Sätzen: *Er sagte, dass er müde sei.* → 300–302

Infinitiv (Grundform des Verbs): Der Infinitiv wird mit dem Wortbaustein *-en* gebildet: *geb/en, fahr/en, lauf/en …* In Wörterbüchern sind alle → Verben im Infinitiv (in der Grundform) aufgeführt.

Infinitivgruppe: Teile von Sätzen, in denen ein → Infinitiv mit dem Wörtchen *zu* vorkommt, nennt man Infinitivgruppen. Sie können durch → Kommas abgegrenzt werden *(Sie versuchte (,) zu lächeln.)*. Ein Komma muss gesetzt werden, wenn sie von einem Nomen abhängen *(Er machte den Vorschlag, mit mir ins Kino zu gehen.)*. Sie müssen auch dann durch ein Komma abgegrenzt werden, wenn sie mit *als, anstatt, außer, ohne, statt, um* eingeleitet werden (z. B. *Sie kam, um ihm zu helfen.*). Wenn der Infinitiv mit *zu* zu einem Hilfverb gehört oder zu *brauchen* oder *scheinen*, setzt man kein Komma *(Er war ganz deutlich zu sehen. Er braucht sich nicht zu beeilen.)*. → 276

Infografik: Eine Infografik ist ein Schaubild, das Daten und Fakten anschaulich darstellt. Infografiken findet man vor allem in Zeitungen, Zeitschriften, Fachbüchern und in Schulbüchern.

Information (Sachbezug): Es handelt sich um eine der vier Botschaften, die Menschen beim Kommunizieren vermitteln: Ein Sprecher teilt etwas über eine Sache mit, um die es ihm geht (z. B. über ein Erlebnis). → Sprachfunktionen → 284

Informative Texte: Jeder Text enthält Informationen. Informative Texte bestehen jedoch fast ausschließlich aus sachlichen Informationen – wie → Sachtexte und Lexikoneinträge.

Inhaltswiedergabe: Mit einer Inhaltswiedergabe informiert man knapp und ohne Spannung über den Inhalt eines Textes. Dazu wird das Wichtigste kurz zusammengefasst. → Wörtliche Reden werden mithilfe zusammenfassender Verben oder der → indirekten Rede wiedergegeben. Inhaltswiedergaben erzählen nicht nach und stehen deshalb im → Basistempus → Präsens. → 106–109

Innerer Monolog: Ein Mittel, um in einem Text die Gedanken und Gefühle einer literarischen → Figur auszudrücken. Eine solche → Gedankenrede in der Ich-Form wird nicht durch → Anführungszeichen hervorgehoben, sondern unauffällig in den Text eingeflochten: *Hört sich an wie vorhin, dachte er.* (Gedankenrede) *Hört sich an wie vorhin, als ich die Breite des Wagens nicht richtig eingeschätzt hatte.* (Innerer Monolog)

Interpretation: Eine Interpretation ist die Kundgabe der persönlich begründeten Meinung, die man aus dem Verständnis von einem bestimmetn Text gewinnt. Diese Interpretation gibt Auskunft darüber, wie der Text sprachlich gestaltet ist – und wie Gestaltung und Inhalt zusammenwirken, welche Bedeutung der Text hat – worum es darin geht, wie der Text auf den Leser / die Leserin wirkt. → 106–117, 187–197, 204–205, 218–220, 235, 236–241

Interview: Ein Interview ist die gezielte Befragung einer Person mithilfe offener Fragen, um von ihr Informationen zu einem Thema zu bekommen. Meist wird das Gespräch aufgenommen und anschließend in Schriftsprache aufgeschrieben. → Praktikumsbericht → journalistisches Porträt

J

Journalistisches Porträt: Ein journalistisches Porträt widmet einer interessanten Person Aufmerksamkeit. Sie wird, mit dem was sie tut, in den Blickpunkt der Öffentlichkeit gerückt. Grundlage eines solchen Porträt sind → Recherchen und ein ausführliches → Interview.

Jugendsprache: Die Jugendsprache ist Teil der → Standardsprache. Jugendliche bedienen sich aber gern bestimmter Ausdrücke, mit denen sie sich von Erwachsenen absetzen und ihre Zugehörigkeit zu bestimmten Gruppen hervorheben wollen. Sie sagen dann nicht: *Das war sehr gut.* – sondern vielleicht: *Das war hammergeil.*

K

Kasus: → Fall

Katastrophe: Als Katastrophe wird der 5. → Akt eines → Dramas bezeichnet. Die → Dilemmasituation spitzt sich weiter dramatisch zu und die Handlung bewegt sich unaufhaltsam auf das Ende zu: Der Held / die Heldin geht unter oder stirbt.

Klassik: Als Klassik bezeichnet man eine Epoche in der Literatur zwischen 1780 und 1830. Die Klassik strebte als Ideal den harmonischen Ausgleich von Gefühl und Verstand, dem Einzelnen und der Gesellschaft sowie zwischen Mensch und Natur an.

Komma: Ein Komma steht in Reihungen (Aufzählungen) zwischen Wörtern und Wortgruppen *(Sie lachte, jubelte, klatschte in ihre Hände.)* und zwischen ganzen Sätzen, wenn sie in einem Zusammenhang stehen *(Sie lachte, sie jubelte, sie klatschte in ihre Hände.)*. Ein Komma steht bei Zusätzen und Erläuterungen. Ein Komma steht auch in → Satzgefügen zwischen Haupt- und Nebensatz *(Sie jubelte, wobei sie in ihre Hände klatschte.)*. Besondere Regeln für Kommas gelten vor *und/oder* sowie bei → Infinitiv und Partizipgruppen. → 272–283

Kommentar: In einem mündlichen oder schriftlichen Kommentar teilt man anderen seine Meinung zu einem bestimmten Thema mit und möchte sie mit → Argumenten überzeugen. Kommentare können sachlich, persönlich oder witzig sein, aber beleidigend dürfen sie nicht sein. Veröffentlicht werden Kommentare vor allem in Zeitungen, Zeitschriften und in den sozialen Netzwerken im Internet. Kommentare von Zeitungslesern nennt man auch → Leserbriefe. → 60

Komparativ (Steigerungsform): Die Steigerungsform der → Adjektive zeigt an, dass etwas *näher, weiter, größer …* ist als etwas anderes. Sie wird mit dem Vergleichswort *als* gebildet: *Sie ist größer als ich.*

konjugieren: Konjugieren von → Verben heißt: Man kann ihren → Wortstamm erweitern oder verändern. So gibt es Personalformen *(ich gebe, du wartest)*, Zeitformen *(du gibst, du wartetest)*, Aufforderungsformen *(warte!)*.

Konjunktion: Mit Konjunktionen werden einzelne Wörter oder ganze Sätze verbunden. Man unterscheidet nebenordnende Konjunktionen wie *und, oder, denn …* und unterordnende Konjunktionen wie *als, weil, dass, wenn*: *Lotte und Tina können sich gut leiden, weil sie viel gemeinsam haben.* Konjunktionen sind oft → Signalwörter, vor denen ein → Komma steht. → 268–269, 294–295

Konjunktiv I: Der Konjunktiv I ist die Form der → indirekten Rede. Er wird aus dem → Infinitiv der Verben ohne *-n* gebildet: *haben – er habe, sein – er sei, werden – er werde, müssen – sie müsse, kommen – sie komme.* → 300–303

Konjunktiv II: Der Konjunktiv II ist vor allem die Form von Wunschsätzen. Außerdem kann er Irrealität, Unentschiedenheit und Höflichkeit ausdrücken. Er wird aus dem → Präteritum von Verben gebildet, denen man ein *-e* anfügt: *er ging – er ginge, sie lief – sie liefe.* Viele Verben werden mit einem → Umlaut gebildet: *er musste – er müsste, sie hatte – sie hätte, er war – er wäre, sie fand – sie fände.* → 300–303

Konsonant: Konsonanten sind Mitlaute. Wenn man sie ausspricht, sind Zunge, Lippen und Zäpfchen *mit* daran beteiligt. Die Konsonanten sind: *b, c (ch), d, f, g, h, j, k, l, m, n, p, q, r, s (sch), t, v, w, x, z.*

Konsonantenverdoppelung: Wenn die erste betonte Silbe in einem Wort mit einem → Konsonanten endet (→ geschlossene Silbe) und die zweite Silbe mit demselben Konsonanten beginnt, dann wird beim Schreiben der Konsonant verdoppelt *(fal-len, krab-beln)*. Doppelt gesprochen wird er jedoch nicht. Man nennt das Zusammentreffen von zwei gleichen Konsonanten → Silbengelenk.

Körpersprache: Die Körpersprache einer Person drückt sich in ihrer → Mimik, → Gestik und Körperhaltung aus. Damit werden anderen bewusst oder unbewusst Botschaften signalisiert, z. B. *Freundlichkeit, Interesse, Verlegenheit* oder *Ablehnung*. Die Körpersprache hat einen entscheidenden Einfluss darauf, wie eine Person von anderen wahrgenommen wird, ob man ihr z. B. bei einem → Vortrag oder in einer → Diskussion gern oder nicht gern zuhört.

Kreuzreim: Der Kreuzreim ist eine bestimmte Form des → Reimes. Beim Kreuzreim reimen die Wörter überkreuz miteinander: Der erste → Vers reimt mit dem dritten Vers, der zweite Vers reimt mit dem vierten usw. Die Reimfolge beim Kreuzreim ist: a – b – a – b.

Kurzgeschichte: Eine Kurzgeschichte ist eine kurze Erzählung, oft mit direktem Einstieg in die Handlung (keine Einleitung) sowie offenem, abruptem Ende. Es gibt keine Nebenhandlung und die – meist wenigen – Figuren werden nicht ausführlich beschrieben. Die Handlung kann wie eine Momentaufnahme einen Ausschnitt aus dem alltäglichen Leben zeigen. Der Erzähler wirkt kühl und distanziert, als schildere er das Geschehen aus der Sicht eines Außenstehenden oder Unbeteiligten.

Kurzvokal: → Vokal, den man kurz ausspricht wie *a* in *alle*, *e* in *denken*, *i* in *innen*, *o* in *volle*, *u* in *unten*. Kurzvokale stehen in → geschlossenen Silben *(of-fen, un-ten ...)*.

L

Langvokal: → Vokal, den man lang und gedehnt ausspricht wie *a* in *kamen*, *e* in *reden*, *i* in *ihnen*, *o* in *loben*, *u* in *suchen*. Langvokale stehen in → offenen Silben *(lo-ben, su-chen)*.

Layout: Das Layout ist die äußere Gestaltung eines Schriftstücks. Bei modernen Textverarbeitungsprogrammen haben die Schreiber die Wahl unter unzähligen Möglichkeiten, wie sie ihre Texte gestalten. Wichtig ist, dass das Layout zur Art des Textes passt. Ein sinnvolles Layout hilft den Lesern, den Text besser zu verstehen und zu nutzen.

Lead: → Zeitungsbericht

Lebenslauf: Der Lebenslauf ist ein wichtiger Bestandteil einer schriftlichen → Bewerbung. Er wird zumeist in tabellarischer Form geschrieben und enthält Angaben zur Person, zu praktischen Erfahrungen, zur Schulbildung und zu persönlichen Fähigkeiten und Kompetenzen. Im Gegensatz zum → Anschreiben ist der Lebenslauf kein Brief. → 270–277

Leserbrief: → Kommentar

Lineare Texte: Die meisten Texte sind lineare Texte. Ein linearer Text ist fortlaufend geschrieben und wird – wie üblich – „von links nach rechts und von oben nach unten" gelesen. Im Gegensatz dazu stehen die → nicht linearen Texte, wie → Tabellen, → Diagramme und → Infografiken. → Sechs-Schritt-Lesemethode

Literarisches Gespräch: Im literarischen Gespräch kann man frei und ungezwungen seine Eindrücke zu einem Text äußern. Wichtig ist der gemeinsame Austausch über das Gelesene und die Möglichkeit, Fragen dazu zu stellen.

Literaturreferat: → Vortrag

Logo: Ein Logo ist ein grafisches Erkennungszeichen, das für eine bestimmte Marke, Firma oder eine andere Organisation steht.

Lyrisches Ich: Der Begriff „Lyrisches Ich" bezeichnet in → Gedichten denjenigen, der *Ich* sagt. Das lyrische Ich erlebt, empfindet und schildert Geschehnisse, Gedanken und Gefühle aus seiner subjektiven Sicht (Perspektive): *Ein Eckensteher möchte ich sein, / der steht / und sich Wind um die Nase blasen lässt.* (Fritz Deppert). Das lyrische Ich kann jemand ganz anderes sein als der Dichter: ein Kind, ein Junge, ein Mädchen, ein Mann oder eine Frau ..., aber auch ein Baum, ein Tier, eine Blume, eine Jahreszeit, ein Gegenstand. → 184, 195, 204

M

Maskulinum: → Nomen männlichen → Geschlechts wie *der Mann, der Löffel, der Mut, der Stein ...*

Medien: Im Singular heißt das Wort Medium (*lat.* die Mitte oder das Mittel). Das Pluralwort *Medien* ist ein Sammelbegriff. Damit werden Hilfsmittel aller Art bezeichnet, mit denen Informationen weitergegeben werden: *Fernsehen, Zeitung, Radio, Filme, E-Mails, E-Books, MP3-Dateien, Apps ...* Druckerzeugnisse auf Papier nennt man *Printmedien* (*englisch:* to print – drucken). Bei elektronischen Hilfsmitteln spricht man von *digitalen Medien* oder von *Online-Medien*, wenn sie im Internet verfügbar sind.

Meldung: Als Meldung bezeichnet man in Zeitungen meist einspaltige → Nachrichten in Kurzform. Auch Meldungen folgen wie ausführliche → Zeitungsberichte dem Prinzip „Das Wichtigste zuerst".

Metapher: Wörter oder Sätze, die man in übertragender oder bildlicher Form verwendet. Durch Metaphern werden insbesondere lyrische Texte sehr bildhaft und anschaulich. *Da kommt er/wirft Luftlappen ins Gesicht* (Rose Ausländer). → Personifikation, → Vergleich →188, 209, 241

Metrum: Rhythmisches Versmaß in einem Gedicht, bei dem die Anzahl und Abfolge von Silben und deren Betonung innerhalb eines → Verses festgelegt ist. Man unterscheidet z. B. bei der Abfolge von betonten und unbetonten Silben *Jambus* (unbetont – betont) und *Trochäus* (betont – unbetont). → 188

Mimik: Die Mimik ist Teil der → Körpersprache. Sie umfasst alle Bewegungen im Gesicht, jedoch nicht die Bewegungen des restlichen Körpers (→ Gestik). Mit der Mimik drücken wir häufig unsere Gefühle aus. In einer → Diskussion oder einem → Vortrag können wir unsere Mimik gezielt einsetzen, um zum Beispiel dem anderen durch ein *Lächeln* zu zeigen, dass wir freundlich gestimmt sind.

Missglückte Kommunikation: Sprachliche Missverständnisse können aus unterschiedlichen Gründen entstehen: Der Hörer hört seinem Gesprächspartner nicht genau zu; der Sprecher sagt nicht genau genug, was er meint; der Hörer versteht einen Satz anders, als ihn der Sprecher gemeint hat; der Sprecher denkt bei einem Satz, den er sagt, an etwas anderes als der Hörer; der Hörer versteht eine ironische Aussage als Wahrheit. Wenn Verständigung gelingen soll, müssen sich die Partner akustisch verstehen, ungefähr dasselbe denken, verständlich miteinander reden, sich genau ausdrücken und einander aufmerksam zuhören.

Mitlaut: → Konsonant

Mittelhochdeutsch: Mittelhochdeutsch bezeichnet eine Sprachstufe des Hochdeutschen zwischen 1050 und 1350 n. Chr. Die höfische Literatur des Hochmittelalters (ca. 1180 bis 1300 n. Chr.) wurde so geschrieben.

Modalverben: Unsere Sprache kennt sechs Modalverben: *dürfen, können, mögen, müssen, sollen, wollen.* Mit Modalverben werden die Inhalte von → Verben modifiziert: *Ich will das nicht essen. – Ich darf das nicht essen. – Ich mag das nicht essen …*

Modalpartikeln: Modalpartikeln sind kleine Wörter, mit denen wir (besonders in der mündlichen Rede) Aussagen verstärken oder abschwächen: *aber, bloß, denn, eben, nur …: Wo warst du denn nur so lange?*

Monolog: Ein Selbstgespräch, das vor allem im → Drama verwendet wird. → 283

Mundart: Als Mundart bezeichnet man eine Verwendungsweise der Sprache, die in bestimmten Gegenden gesprochen wird, aber der → Standardsprache im Gegensatz zum → Dialekt sehr ähnlich ist.

N

Nachrichten: Nachrichten sind die wichtigste Textsorte in Zeitungen (→ Zeitungsbericht). Sie geben Informationen zu neuen, wichtigen und interessanten Themen. Sie sind möglichst sachlich formuliert und beantworten die W-Fragen. Eine Nachricht in Kurzform nennt man → Meldung.

Nachsilbe (Suffix): → Wortbildung

Natürliches Geschlecht: Bei Wörtern wie *der Onkel, die Tante* zeigt der → Artikel an, dass sie männlich und weiblich sind. Das natürliche Geschlecht ist aber nur bei wenigen Wörtern erkennbar *(der Hengst, die Stute, der Rüde, die Hündin …)*. Fast alle → Nomen haben ein → grammatisches Geschlecht.

Nebensatz: Den untergeordneten Teil eines → Satzgefüges nennt man Nebensatz. Viele Nebensätze werden durch → Konjunktionen eingeleitet. Nebensätze können vor dem → Hauptsatz stehen *(Weil ich krank war, konnte ich nicht kommen.)*, sie können nach dem Hauptsatz stehen *(Ich konnte nicht kommen, weil ich krank war.)*, sie können auch in den Hauptsatz eingeschoben sein *(Ich konnte, weil ich krank war, nicht kommen)*. Nebensätze werden von Hauptsätzen durch → Kommas abgetrennt. →

Adverbialsatz, → Objektsatz, → Subjektsatz →265, 308–309

Neutrum: → Nomen sächlichen → Geschlechts wie *das Messer, das Pferd, das Ungeheuer, das Zeugnis …*

Nicht lineare Texte: Zu den nicht linearen Texten gehören → Tabellen, → Diagramme und → Infografiken. Es handelt sich dabei um → Sachtexte, die man im Gegensatz zu den → linearen (fortlaufenden) Texten wegen ihrer äußeren Form „nicht linear“ nennt. Man liest sie in der Regel nicht wie üblich „von links nach rechts und von oben nach unten“, sondern man springt beim Lesen hin und her. Als Lesemethode für nicht lineare Texte empfiehlt sich die → Drei-Schritt-Lesemethode. → 57, 61, 83, 89, 101, 102, 104

Nomen (Substantiv): Mit Nomen bezeichnet man Lebewesen *(Kind, Affe, Baum)*, Dinge *(Hammer, Haus, Buch)*, Gedanken und Gefühle *(Wut, Idee, Glück)* und Zeitangaben *(Sommer, Ferien, Abend)*. Nomen haben einen → Artikel, an dem das → Geschlecht zu erkennen ist *(der Hammer, das Haus, die Langeweile)*. Nomen können in den vier → Fällen gebraucht werden *(der Hund, des Hundes, dem Hund, den Hund)*. Weil die Nomen die wichtigste Wortart sind, schreibt man sie groß. → 294–295

Nominalstil: Ein Text steht im Nominalstil, wenn er vor allem von → Präpositionen und → Hauptsätzen bestimmt ist, in denen wenige → Verben vorkommen. Der Gegensatz nennt sich → Verbalstil. → 288

Nominativ (Werfall): → Nomen und → Pronomen können im Nominativ stehen. Man erfragt sie mit der Frage *wer?* oder *was?*: Wer bellt? *Der Hund bellt.* – Was nervt mich? *Das Gebell nervt mich.*

O

Objekt: Objekte sind → Satzglieder. Sie können aus einem oder mehreren Wörtern bestehen: *Sie füttert ihn. Sie füttert den Kater. Sie hilft dem kleinen Kind.* Man unterscheidet das → Akkusativ-Objekt: *Sie füttert* (wen?) *ihren Kater.*, das → Dativ-Objekt: *Sie gibt* (wem?) *ihm zu fressen.*, und das → präpositionale Objekt: *Ich kümmere mich* (um wen?) *um meine kleine Schwester.*

Objektsatz: Wenn man das → Satzglied → Objekt in einen → Nebensatz umformt, entsteht ein Objektsatz: *Ich bemerkte ihr freundliches Lächeln* (Objekt). – *Ich bemerkte, dass sie freundlich lächelte* (Objektsatz). → 308–309

Offene Silbe: Die betonte Silbe eines Wortes kann mit einem → Vokal enden, dann nennt man sie offen: *sa-gen, kau-fen, le-ben …* Der Vokal in der offenen Silbe ist lang im Gegensatz zur → geschlossenen Silbe.

P

Paarreim: Der Paarreim ist eine bestimmte Form des → Reimes. Beim Paarreim reimen jeweils zwei aufeinanderfolgende → Verse miteinander. Die Reimfolge beim Paarreim ist: a – a – b – b.

Parabel: Die Parabel ist eine kurze Erzählung, die belehren soll. Als eine in sich geschlossene Geschichte berichtet sie von einem Ereignis, das mithilfe von sprachlichen Bildern (→ Metaphern) anschaulich dargestellt wird. Diese Metaphern können im übertragenen Sinn gedeutet werden. Das Ereignis beinhaltet somit auch eine allgemeine Erkenntnis auf Sachebene. Die Bedeutung dieser Erkenntnis reicht über die konkrete Geschichte hinaus. → 209–215

Parallelismus: Sprachliches Mittel, das die Wiederholung derselben Wortreihenfolge oder derselben Satzkonstruktion bezeichnet. Dabei lenkt der zweite Aussagenteil die Aufmerksamkeit wieder zurück auf den ersten Aussagenteil, wodurch diese Textstelle besonders betont wird: *Trage euch Schiffe, / Wiege euch Fische …* → 38, 196

Partizip Perfekt: Das Partizip Perfekt wird in der Regel mit der Vorsilbe *ge-* gebildet: *laufen: gelaufen, gewinnen: gewonnen.*

Passiv: Ein Passivsatz ist der Gegensatz zu einem Satz im → Aktiv. Im Passiv wird im → Subjekt jemand oder etwas genannt, auf den sich eine Handlung richtet: *Der Schüler wird (von der Lehrerin) gelobt.* Wer etwas tut (z. B. *die Lehrerin*), kann weggelassen werden. → 304–305

Perfekt: Das Perfekt ist eine → Zeitform der Vergangenheit. Sie setzt sich aus den Hilfsverben *haben* oder *sein* und dem → Partizip Perfekt zusammen: *gewinnen: er hat gewonnen, laufen: er ist gelaufen.* → 296–297, 299

Peripetie: Als Peripetie wird der 3. → Akt eines → Dramas bezeichnet. Die Peripetie bildet den Höhe-/Wendepunkt eines Stückes: Der zentrale Konflikt eskaliert, es tritt eine Wende ein. → 157

Personaler Erzähler: → Der Erzähler einer Geschichte erzählt im Gegensatz zum → Ich-Erzähler und zum → allwissenden Erzähler die Begebenheiten in der Er- oder Sie-Form. Der personale Erzähler ist eine Figur des Textes, die alle Ereignisse aus ihrer Perspektive sieht. Sie kann nur sagen, was sie selbst fühlt und denkt – aber nicht, was die anderen Figuren denken. → 226

Personalpronomen: Personalpronomen können anstelle von → Nomen stehen: *Lara spielt mit dem Hund. Sie tobt gern mit ihm herum.* Personalpronomen sind: *ich, du, er, sie, es, wir, ihr, sie* und die dazugehörigen Formen im Dativ *(mir, dir, ihm, ihr, uns, euch, ihnen)* und Akkusativ *(mich, dich, ihn, ihr, uns, euch, sie).*

Personifikation: Der Begriff „Personifikation" bedeutet, dass in → Gedichten Dinge, Tiere oder Naturerscheinungen etwas tun, was eigentlich nur Menschen tun können. Die Dinge, Tiere oder Naturerscheinungen treten wie Personen auf und fühlen und handeln wie Menschen: *Frühling lässt sein blaues Band/Wieder flattern durch die Lüfte* (Eduard Mörike). → 196

Plural (Mehrzahl): Der Plural des → Nomens gibt im Gegensatz zum → Singular an, dass es sich um mehrere Exemplare von etwas handelt. Der Plural steht mit dem → Artikel *die* und ist in der Regel an Endungen oder → Umlauten zu erkennen: *die Tische, die Kinder, die Autos, die Gabeln, die Äpfel …*

Plusquamperfekt: Das Plusquamperfekt ist eine → Zeitform der Vergangenheit. Sie setzt sich aus den Vergangenheitsformen der Hilfsverben *haben* oder *sein* und dem → Partizip Perfekt zusammen: *sie hatte gewonnen, er war gelaufen.* → 296–297

Positiv (Grundform): Die Grundform des → Adjektivs ist im Vergleich zum → Komparativ und → Superlativ die einfache Form des Adjektivs (*groß*). Sie wird mit dem Vergleichswort *wie* gebildet: *Sie ist genauso groß wie ich.*

Possessivpronomen: Die Possessivpronomen geben an, was zu wem gehört: *Das ist mein Fahrrad, das ist deine Meinung, das ist sein Glück, das ist unser Haus, das ist euer Sieg, das ist ihr Pech.* Possessivpronomen sind: *mein, dein, sein, ihr, unser, euer.*

Praktikumsbericht: Ein Praktikumsbericht ist ein detaillierter Bericht über den Verlauf und die Erfahrungen während eines Praktikums. Er sollte z. B. die persönlichen Erwartungen an das Praktikum, Informationen zum Berufsfeld, Kurzprotokolle oder Beschreibungen von → Arbeitsvorgängen beinhalten.

Prädikat: Das Prädikat ist neben dem → Subjekt das wichtigste → Satzglied. Es ist der Mittelpunkt oder Kern des Satzes. Es besteht aus einem gebeugten → Verb: *Die Mädchen lachten.* Manchmal besteht es auch aus einem 1. und einem 2. Teil: *Die Mädchen haben laut gelacht. Sie lachten die Jungen an.* → 306–307

Präfix (Vorsilbe): → Wortbildung

Präposition: Präpositionen sind Wörter wie *an, auf, in, durch, zu …* Nach Präpositionen steht das → Nomen im → Genitiv *(wegen des Wetters)*, im → Dativ *(zu dem Nachbarn)* oder im → Akkusativ *(durch den Tunnel)*. Einige von ihnen können zwei verschiedene Fälle nach sich ziehen (Dativ: Wo? *auf dem Teller*, Akkusativ: Wohin? *auf den Teller*). → 294, 295

Präpositionales Attribut: → Attribut, das mit einer → Präposition hinter ein → Nomen gefügt wird: *das Haus vom Nachbarn.* → 312

Präpositionales Objekt: Präpositionale Objekte werden mit einer → Präposition eingeleitet, die zum → Verb gehört. Solche Verben sind: *sich freuen über, danken für, aufpassen auf, sich verlieben in …: Ich **kümmere** mich **um** meine kleine Schwester.* → 307

Präsens: Mit der → Zeitform Präsens (Gegenwartsform) weist man auf etwas hin, das in der Gegenwart abläuft: *Ich lese gerade. Das Buch gefällt mir gut.* Oft weist man mit dem Präsens auch auf etwas hin, das erst in der Zukunft geschieht: *Morgen erzähle ich dir alles* (Alternative zum → Futur). Auch Allgemeingültiges drückt man im Präsens aus: *Bücher sind wichtige Informationsquellen* (zeitübergreifend). → 296–297, 298, 299

Präsentationsfolie: Präsentationsfolien können einen → Vortrag attraktiv begleiten. Sie werden mit speziellen Computerprogrammen erstellt und mit einem Beamer oder einem interaktiven Whiteboard gezeigt. Außer Texten und Bildern können auch Videos und Audios in die Folien eingebunden werden.

Präteritum: Das Präteritum ist, wie das → Perfekt, eine → Zeitform der Vergangenheit. Mit dem Präteritum weist man auf etwas hin, das vergangen ist: *Gestern spielten wir unentschieden.* Das Präteritum verwenden wir besonders in der → geschriebenen Sprache. → 296–297

Pressefotos: Diese Fotos sind speziell für die Veröffentlichung in der Presse hergestellt worden. Sie gehören zumeist zu einem Textbeitrag (→ Zeitungsbericht). Der Bildtext (Bildunterschrift / Bildzeile) informiert darüber, wer oder was auf dem Bild zu sehen ist.

Pronomen: Pronomen stehen entweder vor einem → Nomen wie die → Possessivpronomen *(mein Fahrrad)*, oder sie stehen anstelle eines Nomens wie die → Personalpronomen *(Lena kommt zu Besuch. – Sie kommt zu Besuch.)*, oder sie stehen nach einem Nomen wie die → Relativpronomen (*Hunde, die bellen, beißen nicht.)* → Anredepronomen, → Demonstrativpronomen, → Fragepronomen, → Indefinitpronomen, → Reflexivpronomen. → 294–295

Punkt: Der Punkt ist ein → Satzschlusszeichen. Er steht in der Regel dort, wo ein → Aussagesatz zu Ende ist und ein neuer Gedanke beginnt. Nach dem Punkt wird großgeschrieben.

Punkteabfrage: Als Punktabfrage wird eine Methode bezeichnet, um in einer Klasse ein Meinungsbild zu einem Thema zu erstellen. → 8

Q

Quelle, Quellenangabe: In einer Quellenangabe wird die Herkunft (die Quelle) von Texten, Bildern oder Daten angegeben. So steht z. B. auf → Tabellen, → Diagrammen oder → Infografiken ein Hinweis zur Datenquelle, oder es gibt in Fachbüchern, wie hier im Schulbuch, ein Verzeichnis mit den Quellen der verwendeten Texte und Fotos.

R

Recherche: Als Recherche bezeichnet man die gezielte Suche nach Informationen. Man kann z. B. in Bibliotheken recherchieren: in Fachbüchern, Fachzeitschriften und Lexika findet man meist zuverlässige Informationen. Bei der Recherche im Internet sollte man auf vertrauenswürdige Seiten mit zuverlässigen Informationen achten: z. B. im → Impressum prüfen, wer für die Seiten verantwortlich ist.

Recht am eigenen Bild: Dieses Recht besagt, dass man Bilder von Personen nur mit deren Einverständnis veröffentlichen darf.

Rede: Unter einer Rede versteht man die mündliche, zuvor schriftlich ausformulierte Darlegung von Gedanken vor einem Publikum über ein bestimmtes Thema. Als Stilmittel dienen z. B. → Anaphern und → rhetorische Fragen. → 30–33

Redekarten: Bei → Vorträgen (Referaten) sind Redekarten eine wichtige Gedächtnisstütze. Auf ihnen stehen wichtige inhaltliche Stichwörter oder Sätze. Am besten nutzt man Karteikarten im Format DIN-A5 oder DIN-A6. → 40–44

Redesatz: Im Redesatz einer → wörtlichen Rede steht, was einer sagt. Im → Begleitsatz steht, wer etwas sagt. Der Redesatz steht in Anführungszeichen: *Sie sagte: „Da hast du aber großes Glück gehabt!“* → 279

Referat: → Vortrag

Reflexivpronomen: Die Reflexivpronomen (rückbezügliche → Pronomen) *mir, mich, dir, dich, sich …* beziehen sich auf ein anderes Wort im Satz zurück: ***Wir** haben uns gelangweilt. **Die meisten** langweilten sich.*

Reim: Der Begriff „Reim“ bezeichnet den Gleichklang von zwei oder mehreren Wörtern vom letzten betonten Vokal an: *Haus – hinaus, sinken – trinken.* In → Gedichten kommen der → Paarreim, der → Kreuzreim oder der → umarmende Reim vor.

Relativpronomen: Relativpronomen sind Wörter, die Beziehungen (Relationen) herstellen. Sie beziehen sich zurück auf → Nomen oder → Pronomen, die vorher bereits genannt sind. Relativpronomen leiten → Relativsätze ein: *Hunde, ← die bellen, beißen nicht. Sie, ← die so laut sind, sind manchmal feige.* → 268–269

Relativsatz: Ein Relativsatz ist ein → Nebensatz, der mit einem → Relativpronomen eingeleitet wird: *Dort stand ein Straßenmusiker, der auf der Posaune spielte.*

Reportage: Eine Reportage ist ein tatsachenbezogener Erlebnisbericht, der viele Sachinformationen enthält. Im Gegensatz zu anderen → Zeitungsberichten werden in Reportagen die Fakten durch persönliche Eindrücke ergänzt, sodass das Geschehen für den Leser „herangezoomt“ wird. Dieser Effekt wird durch das → Basistempus → Präsens verstärkt.

Retardierendes Moment: Retardierendes Moment bezeichnet den 4. → Akt eines → Dramas. Die Handlung fällt nach der → Peripetie zunächst ab. Ein Ereignis, durch das sich neue Handlungsaspekte ergeben, hält den Spannungsabfall auf. Möglicherweise gerät der Held / die Heldin in eine → Dilemmasituation: Er / Sie muss eine Entscheidung zwischen zwei Möglichkeiten treffen, aber jede Alternative bringt erhebliche Nachteile mit sich. Eine dritte Möglichkeit scheint es nicht zu geben. → 163

Rezension: In einer Rezension wird z. B. ein Buch, Film oder Computerspiel kritisch besprochen. Der Rezensent gibt neben sachlichen Informationen auch seine persönliche Meinung / Bewertung dazu ab.

Rhetorische Frage: Stilmittel in der Rhetorik und Literatur, bei dem eine Frage aufgeworfen wird, auf die keine Antwort erwartet wird. Vielmehr drückt der Sprecher oder Schreiber durch die rhetorische Frage seine eigene Meinung aus oder gibt einer Aussage eine besondere Betonung.

Rollenwechsel: Als sprachlichen Rollenwechsel wird das Überwechseln eines Sprechers zwischen → Standardsprache, → Mundart, → Dialekt oder → Jugendsprache genannt, je nachdem, mit welchem Gesprächspartner er sich unterhält.

Romantik: Als Romantik bezeichnet man eine Epoche der Literatur zwischen 1800 und 1840. Im Gegensatz zu den Vertretern der zeitgleichen Epoche der → Klassik ging es den Romantikern um die Betonung des Gefühls. Sie stellten Sehnsüchte und die Abgründe des Lebens und Todes dar, schufen traumhafte Geschichten, sammelten Märchen und betonten das Dunkle und Geheimnisvolle in der Natur.

S

Sachtext: Ein Sachtext soll den Lesern vor allem Fakten liefern und sie über Dinge und Sachverhalte informieren. Zu den linearen Sachtexten (→ lineare Texte) gehören z. B. → Zeitungsberichte, Beschreibungen von Experimenten oder Lexikonartikel. Auch → Tabellen, → Diagramme oder → Infografiken gehören zu den Sachtexten, sie zählen zu den → nicht linearen Texten.

Sanduhrprinzip: Das Sanduhrprinzip bezeichnet eine bestimmte Ordnung und Gewichtung von → Argumenten in einer → Erörterung: Man beginnt mit den Argumenten, die nicht dem eigenen Standpunkt entsprechen. Erst dann folgen die Argumente, die den eigenen Standpunkt stützen. Dabei steht das ausschlaggebende Argument stets an letzter Stelle, da es dadurch besser im Gedächtnis haften bleibt. → 91–94

Satz: Ein Satz ist die sprachliche Form eines abgeschlossenen Gedankens. Ein Satz hat eine Bedeutung und einen Aufbau. Er besteht in der Regel mindestens aus → Subjekt und → Prädikat: *Die Schüler / warteten. Der Bus / kam. Er / fuhr los.*

Satzgefüge: Ein Satzgefüge ist ein Gefüge aus → Hauptsatz und → Nebensatz. Im Hauptsatz steht das gebeugte → Verb an zweiter Stelle, im Nebensatz steht es an letzter Stelle: *Sie schossen viele Tore, sodass sie das Spiel gewannen.* Hauptsatz und Nebensatz werden durch → Komma abgetrennt.

Satzglied: Teil eines Satzes, den man an den Satzanfang umstellen kann. Ein Satzglied kann aus einem oder aus mehreren Wörtern bestehen: Satzgliedarten sind → Subjekt, → Prädikat, → Adverbial, → Objekt. Dies ist auch die Normalstellung der Satzglieder im deutschen Satz: *Ich | aß | gestern | eine Currywurst. Sie | hat | mir | aber | nicht | geschmeckt.* In Texten verändert sich die Satzgliedstellung. Am Satzanfang steht dann meistens ein Satzglied, das die Beziehung vom vorausgegangenen Satz aufnimmt (informative Stellung): *Aber sie hat mir nicht geschmeckt.* Oder es steht dort ein Satzglied, das emotional betont werden soll: *Geschmeckt hat sie mir aber nicht!* → 306–319

Satzreihe: Eine Satzreihe ist eine Kombination mehrerer → Hauptsätze, die zusammengehören. Die einzelnen Teile der Reihe werden durch → Kommas abgetrennt: *Die Schüler spielten, sie schossen aufs Tor, sie haben gewonnen.* → 272–273

Satzschlusszeichen: Satzschlusszeichen sind Zeichen, mit denen man einen → Satz abschließt: → Punkt, → Ausrufezeichen, → Fragezeichen.

Schreibkonferenz: In einer Schreibkonferenz nimmt eine Schülergruppe Texte unter die Lupe (→ Textlupe), die in der Klasse geschrieben worden sind. Die Partner geben sich gegenseitig Tipps für die → Überarbeitung der Texte.

Sechs-Schritt-Lesemethode: Mit der Sechs-Schritt-Lesemethode kann man sich auch umfangreiche und schwierige → lineare Sachtexte erschließen: 1. Überfliegend lesen: Was steht in dem Text ungefähr drin? 2. Gründlich lesen: Was steht in den einzelnen Absätzen ganz genau? 3. Unverstandenes klären: Was verstehe ich nicht? 4. Zwischenüberschriften formulieren: Wörter, einen kurzen Satz oder eine Frage aufschreiben. 5. Informationen festhalten: Zu den Zwischenüberschriften weitere Stichwörter aufschreiben. 6. Inhalt wiedergeben: Den Inhalt zusammenfassen und mit eigenen Worten wiedergeben. → 58–60

Signalwörter: Signalwörter nennt man Wörter, die etwas Bestimmtes anzeigen, z. B. die Setzung des → Kommas und die → Großschreibung.

Silbe: Beim deutlichen und langsamen Sprechen kann man durch kleine Pausen Wörter in ihre Silben zerlegen. Ein Wort kann aus einer Silbe *(Hund)*, aus zwei Silben *(Kat / ze)* oder aus mehreren Silben *(Ja / gu / ar)* bestehen. Immer *eine* Silbe im Wort ist betont, im Deutschen meistens die erste *(Am / sel, Nach / ti / gall, Spat / zen / nes / ter)*. Beim Schreiben trennt man die Silben durch Silbenstriche voneinander ab *(Spat-zen-nes-ter)*. → Geschlossene Silbe, → Offene Silbe.

Silbengelenk: Silbengelenk nennt man die Stelle zwischen zwei Silben, von denen die erste mit demselben Konsonanten endet, mit dem die zweite Silbe beginnt: *kom-men, fal-len …* Der Konsonant im Silbengelenk wird nur einmal gesprochen, aber beim Schreiben verdoppelt.

Silbentrennendes h: Wenn in einem zweisilbigen Wort die erste → Silbe mit einem Vokal endet und die zweite Silbe mit einem Vokal beginnt, so steht zwischen ihnen oft ein silbentrennendes h *(se-h-en, Schu-h-e)*. Dieses *h* gehört beim Trennen des Wortes, im Gegensatz zum → Dehnungs-h, zur zweiten Silbe *(se-hen, Schu-he)*.

Singular (Einzahl): Der Singular von → Nomen zeigt im Gegensatz zum → Plural an, dass nur ein einziges Exemplar von etwas gemeint ist. Er ist an den → Artikeln *der, die, das, ein, eine* zu erkennen: *der Apfel, ein Apfel …*

Sketch: Als Sketch bezeichnet man die Aufführung einer kurzen Szene mit witziger Pointierung.

Sketchnotes: Notizen, die neben Textelementen auch Bilder sowie grafische Elemente wie Pfeile, Symbole, gestrichelte Linien, Einkreisungen, Unterstreichungen, farbige Hervorhebungen etc. enthalten können.

s-Laute: Die s-Laute können in unserer Sprache stimmhaft *(reisen)* oder stimmlos *(reißen)* ausgesprochen werden. Den stimmhaften s-Laut schreibt man immer als *s (rasen, Riesen, sausen)*. Den stimmlosen s-Laut kann man auf dreierlei Weise schreiben: 1. nach langem Vokal mit *ß (aßen)*, 2. zwischen zwei kurzen Vokalen mit *ss (essen)*, 3. am Wortende mit *s*, wenn er von einem stimmhaften s-Laut abstammt *(Maus → Mäuse)*. Darüber hinaus gibt es eine Fülle von Wörtern, in denen das *s* im Zusammenhang mit Konsonanten vorkommt: mit *st, sp* usw., die mit *s* geschrieben werden *(Fest, Wespe …)*.

Slogan: Ein Slogan ist ein kurzer und einprägsamer Werbespruch: *Milch macht müde Männer munter. Einmal hin – alles drin. Radio – geht ins Ohr, bleibt im Kopf.*

Sprache sachlich – Sprache emotional: Manche Missverständnisse kommen dadurch zustande, dass jemand Wörter gebraucht, die er aus Ärger verwendet. Ein Wort bezieht sich in der Regel auf eine Sache oder einen Sachverhalt *(Die Schüler sind in der Diskussion zu keiner Einigung gelangt.)*. Viele Wörter drücken aber auch ein Gefühl oder eine Bewertung aus *(Die Schüler haben nur rumgelabert.)*. Auch wenn ein Sprecher damit ungefähr dasselbe meint, sollte er das Missverständnis am Ende auflösen, indem er sich korrigiert. → Missglückte Kommunikation

Sprachfunktionen: Wenn Menschen miteinander kommunizieren, vermitteln sie vier Botschaften verschiedener Art, die man Funktionen der Sprache nennt: → Information (Sachbezug), → Beziehung (Zuwendung), → Ausdruck (Selbstkundgabe), → Appell (Aufforderung). → 284–285

Sprecherabsicht: → Sprachfunktionen

Standardsprache: Die Sprache, in der wir schreiben und in richtigem Hochdeutsch sprechen, nennt man Standardsprache. Sie steht im Gegensatz zur → Umgangssprache.

Standbild: Ein Standbild ist mit einem Foto vergleichbar. Man „friert" dabei sozusagen eine besondere Szene eines literarischen Textes „ein": Dazu verharrt man für einen Moment in einer bestimmten Position oder Körperhaltung. So können Gefühle, Situationen oder Beziehungen anschaulich darstellt werden.

Steigerung (1): Die meisten → Adjektive lassen sich steigern. Mithilfe der Steigerung kann man Dinge vergleichen. Die einzelnen Vergleichsformen sind: → Grundform (Positiv): *so groß wie …*, → Steigerungsform (Komparativ): *größer als …*, → Höchstform (Superlativ): *am größten.*

Steigerung (2): Als Steigerung wird im → Drama der 2. → Akt bezeichnet, in dem sich die Handlung weiterentwickelt und sich der dramatische Konflikt zuspitzt. → 144

Steigerungsform: → Komparativ

Strategien: Strategien sind Methoden, mit denen man grammatische Regeln und Rechtschreibregeln ermitteln kann und die man dann immer wieder anwenden kann.

Strophe: Als Strophe bezeichnet man die einzelnen Absätze eines → Gedichtes.

Sturm und Drang: Als Sturm und Drang wird eine „rebellische" Strömung der deutschen Literatur in der Epoche der → Aufklärung zwischen 1770 und 1790 bezeichnet. Die (zumeist) jungen Dichter dieser Strömung wendeten sich gegen die Regelpoetik des → Barock, die in Dichterakademien gelehrt wurde. Sie vertraten die Auffassung, dass der Dichter derjenige ist, der durch sein Können und seine Originalität aus sich heraus ein Werk schafft (Geniegedanke) – also nicht etwas, das man erlernen könne. Die Hauptform der Dichtung in dieser Zeit war das → Drama.

Subjekt: Das Subjekt ist ein → Satzglied. Fast jeder Satz enthält ein Subjekt. Es steht meistens am Anfang eines Satzes. Mit ihm wird gesagt, wer etwas tut, von wem eine Handlung ausgeht. Das Subjekt wird mit den Fragen *wer?* oder *was?* ermittelt. Es kann aus einem → Nomen, → Pronomen oder mehreren Wörtern bestehen, die zu dem Nomen gehören: *Jakob geht in die 8. Klasse. Er geht in die 8. Klasse. Der aufgeweckte Schüler Jakob geht in die 8. Klasse.* → 306–307

Subjektsatz: Wenn man das → Satzglied → Subjekt in einen → Nebensatz umformt, entsteht ein Subjektsatz: *Diese Aufgabe* (Subjekt) *kann ich unmöglich verstehen. – Diese Aufgabe zu verstehen* (Subjektsatz)*, ist mir unmöglich.*

Suffix (Nachsilbe): → Wortbildung

Superlativ (Höchstform): Der Superlativ eines → Adjektivs ist die höchste Steigerungsform. Sie zeigt an, dass etwas *am größten, am höchsten …* ist.

Synonyme: Synonyme (Ähnlichkeitswörter) sind Wörter, die eine ähnliche Bedeutung haben wie andere Wörter: *krank, kränklich, schlapp …* Reine Synonyme sind Wörter mit völlig gleicher Bedeutung: *Traktor – Trecker, Samstag – Sonnabend …* Der Gegensatz der Synonyme sind → Antonyme.

Synthese: → Erörterung

Szenesprache: Die Szenesprache wird in manchen Situationen von Menschen gesprochen, die zu einer bestimmten Szene (Rapper, Sportler, Computerslang, Straßenmilieu …) gehören. Sie bedienen sich bestimmter Ausdrücke, die außerhalb der Szene nicht immer verstanden werden: *Loser, Freestyle, Rave, Kickboard, Hardware …*

Szenisches Präsens: Das szenische Präsens verwendet man in Texten, die im → Präteritum stehen, zur Hervorhebung eines besonderen Ereignisses und der Erzeugung von Spannung: *Als wir so durch die Stadt bummelten, läuft mir plötzlich ein Bekannter über den Weg. Wir begrüßten uns.* → 299

T

Tabelle: Tabellen gehören zu den → nicht linearen Texten. Sie bestehen aus waagerechten Zeilen (—) und senkrechten Spalten (|) und können sehr viele Informationen enthalten. Die übersichtliche Tabellenform erleichtert beim Lesen den Überblick und das Auffinden von Einzelinformationen. → 18

Textlupe: Mithilfe von Textlupen kann man Texte (z. B. in einer → Schreibkonferenz) gezielt untersuchen, überarbeiten und verbessern. Textlupen lenken die Aufmerksamkeit bei der → Überarbeitung von Texten auf bestimmte Dinge, wie z. B. die Rechtschreibung, umgangssprachliche Ausdrücke, → Zeitformen … Je nach Textsorte können unterschiedliche Textlupen wichtig sein. → 95

These: → Erörterung

Tutorial: Ein Tutorial ist eine schriftliche oder filmische Anleitung mit Schritt-für-Schritt-Erklärungen.

U

Überarbeitung: Ein erster aufgeschriebener Text (→ Entwurf) bedarf einer Überarbeitung. Hier werden vor allem Rechtschreib- und Kommafehler korrigiert. Manchmal werden auch → Satzglieder umgestellt und umgangssprachliche Ausdrücke verbessert. → Textlupen und → Schreibkonferenzen können Hilfen für eine Überarbeitung geben. → 95

Umarmender Reim: Der umarmende Reim ist eine bestimmte Form des → Reimes. Beim umarmenden Reim wird ein Reimpaar von einem anderen umschlossen. Die Reimfolge beim umarmenden Reim ist: a – b – b – a.

Umgangssprache: Die Sprache, in der wir locker miteinander reden, nennt man Umgangssprache: *Das hab ich echt nicht geschnallt.* Sie unterscheidet sich besonders in manchen Wörtern von der → Standardsprache oder Hochsprache: *Das habe ich wirklich nicht verstanden.*

Umlaut: Die Umlaute gehören zu den Vokalen. Ihr Name kommt daher, dass Wörter mit *a, o, u* in anderen Formen zu *ä, ö, ü* umgelautet werden: *Garten – Gärten, Ton – Töne, Fluss – Flüsse.*

Umstellprobe: Die Umstellprobe dient zur Ermittlung der → Satzglieder. Einzelne Wörter oder Wortgruppen, die man an den Satzanfang umstellen kann, ohne dass sich der Sinn verändert, sind Satzglieder. Die Umstellprobe dient auch zur Verbesserung von Texten: *Er | hatte | heute | keinen Appetit.* → *Heute | hatte | er | keinen Appetit.*

Unbestimmter Artikel: Der unbestimmte Artikel gibt, im Gegensatz zum → bestimmten Artikel, an, dass das Nomen, zu dem er gehört, vorher noch nicht genannt oder noch unbekannt ist: *Vor dem Haus steht ein Taxi. Auf wen wartet es nur?*

Untertitel: Untertitel sind Texte, die bei Filmen in den unteren Teil des Bildes eingeblendet werden, um den Zuschauern das Verständnis des Inhalts zu erleichtern.

Urheberrecht: Das Urheberrecht schützt die Rechte an einem Werk, das von einem Urheber geschaffen wurde. Das kann zum Beispiel ein Bild sein, das ein Künstler gemalt hat, oder ein → Gedicht, das ein Dichter verfasst hat. Der Urheber besitzt das Recht, darüber zu entscheiden, wie seine Arbeit genutzt wird, ob sie verbreitet, vervielfältigt oder verändert werden darf.

V

Verb (Zeitwort): Verben bezeichnen, was einer tut oder was geschieht: *Der Wind weht. Der Regen prasselt. Die Kinder frieren.* Verben können in verschiedenen → Zeitformen gebraucht werden *(lügen, log, hat gelogen)*. Verben bilden das → Prädikat eines Satzes. → 294–295

Verbalstil: Ein Text steht im Verbalstil, wenn er aus → Haupt- und → Nebensätzen besteht, die von vielen → Verben und → Konjunktionen (z. B. in Erzähltexten) bestimmt sind. Der Gegensatz nennt sich → Nominalstil.

Vergleich: Sprachliches Mittel, das zwei Elemente miteinander gleichsetzt. Durch einen Vergleich wird eine Aussage anschaulich und eindringlich: *Schnee / Er schwindet dahin wie Milch / in einer Katzenschüssel.* (Christine Busta) → Metapher

Vergleichsformen: → Steigerung (1)

Vers: Als Vers bezeichnet man die einzelne Zeile eines Gedichtes. Ein Vers ist eine Sinneinheit, nach der man in der Regel eine kleine Sprechpause macht.

Versteckter Artikel: Artikel können mit manchen → Präpositionen zusammenwachsen: *bei dem – beim, zu dem – zum, in dem – im, von dem – vom, in das – ins ...* Der Artikel ist sozusagen in der Präposition „versteckt“. Nach Präpositionen mit versteckten Artikel wird das folgende Wort in der Regel großgeschrieben *(beim Turnen, zum Essen ...)*.

Vokal: Vokale sind Selbstlaute. Die Selbstlaute sind: *a, e, i, o, u.* → Umlaut → Zwielaut (Diphthong)

Vorsilbe (Präfix): → Wortbildung

Vortrag: In einem Vortrag (Referat) informiert man andere über ein bestimmtes Thema. Am Anfang der Arbeit steht das Einholen von Informationen, die → Recherche. Dann werden eine Gliederung und → Redekarten erstellt, eventuell auch → Präsentationsfolien. Das Wichtigste beim Vortragen ist, dass man das Interesse der Zuhörer gewinnt. Deshalb muss der Vortrag eingeübt werden, damit man ihn gut und sicher sprechen kann und auch die → Körpersprache stimmt. → 34–53

W

Wende: → Peripetie

Wiki: Ein Wiki ist eine Website, deren Inhalte von den Besuchern nicht nur gelesen, sondern auch gemeinschaftlich direkt im Webbrowser bearbeitet und geändert werden können. Alle Einträge des Wikis sind untereinander durch Links und Querverweise netzartig miteinander verknüpft. Ziel eines Wikis ist es, Wissen zu teilen und zu verbreiten.

Wortart: In der deutschen Sprache gibt es sieben Wortarten: 1. → Nomen, 2. → Artikel und → Pronomen, 3. → Adjektive, 4. → Verben, 5. → Adverbien, 6. → Konjunktionen, 7. → Präpositionen. → 294–295

Wortbildung: Aus einem Wortstamm wie *-spiel-* können weitere Wörter gebildet werden, indem man Wortbausteine, also Präfixe (Vorsilben), Suffixe (Nachsilben) oder ganze Wörter an sie anfügt: *verspielen, zuspielen, spielerisch, bespielbar, Endspiel, Spielball* … Dadurch erweitert sich der Wortbestand unserer Sprache.

Wortfamilie: Eine Wortfamilie besteht aus Wörtern, die den gleichen → Wortstamm *(fahr – fähr – fuhr)* haben: *fahren, Fahrt, wegfahren, gefährlich, Fährte, Fähre* …

Wortfeld: Ein Wortfeld besteht aus Wörtern, die eine ähnliche Bedeutung haben, zum Beispiel: ***gehen***: *laufen, marschieren, rennen, stapfen …;* ***komisch***: *lächerlich, lustig, ulkig, verrückt* …

Wörtliche Rede: Wörtliche Reden bestehen aus dem → Begleitsatz und dem → Redesatz. Weitere Zeichen der wörtlichen Rede sind → Doppelpunkt und → Anführungszeichen: *Sie sagte: „Da hast du aber großes Glück gehabt!“* → 279,

Wortschatz: Der Wortschatz besteht aus Wörtern, die man versteht (Verstehenswortschatz) und Wörtern, die man verwendet (Gebrauchswortschatz). Je umfangreicher der Wortschatz eines Schülers ist, umso mehr kann er verstehen und umso bessere Texte kann er schreiben. In vielen Kapiteln dieses Buches gibt es **WORTSCHÄTZE** und **WORTSCHÄTZE: TEXTBAUSTEINE** zur Unterstützung und Hilfe für das Schreiben von Texten.

Wortstamm: → Wortbildung

Z

Zeichensetzung: → Punkt, → Komma, → Ausrufezeichen, → Fragezeichen, → Doppelpunkt, → Anführungszeichen. → 272–283

Zeitform (Tempus): Die Zeitformen sind Formen des → Verbs, mit denen man ein Geschehen als gegenwärtig, vergangen und zukünftig darstellen kann. → Präsens, → Perfekt, → Präteritum, → Plusquamperfekt, → Futur I, → Futur II. → 290–292

Zeitungsbericht: Zeitungsberichte informieren ausführlich über Nachrichten, die für viele Leser interessant sind. Die typischen Merkmale sind: Schlagzeile, Dachzeile, Untertitel, der fettgedruckte Vorspann (Lead) und der mehrspaltige Fließtext. Oft gehört auch ein Foto als → Eyecatcher dazu. Zeitungsberichte folgen dem Prinzip „Das Wichtigste zuerst“. Die Sprache von Zeitungsberichten ist insgesamt sachlich. →

Zuspitzung: → Steigerung (2) → Katastrophe

Zwielaut: → Diphthong

Lösungen: Überprüfe dein Wissen und Können

Erörtern – linear und antithetisch

Seite 104:
Aufgabe 1:
a) beide
b) linear
c) antithetisch
d) beide
e) antithetisch
f) linear
g) linear
h) beide
i) antithetisch
j) linear
k) antithetisch
l) beide

Aufgabe 2:
- Es geht darum, wie Jugendliche verreisen sollten.
- Thema A: linear, Thema B: antithetisch, Thema C: linear
- Thema A, These: Jugendliche sollten zusammen mit den Eltern verreisen.
  Thema B, These: Es ist für Jugendliche empfehlenswert, ohne Eltern zu verreisen.
  Antithese: Es ist für Jugendliche nicht empfehlenswert, ohne Eltern zu verreisen.
  Thema C, These: Jugendliche sollten ohne Eltern verreisen.

Aufgabe 3:
mögliche Lösungen
- Wen bevorzugst du als Urlaubsbegleitung? Mit wem würdest du gern verreisen?
- Ja, es waren Mehrfachnennungen möglich.

Seite 105:
Aufgabe 4:
mögliche Lösung
A ... das Reisen mit Freunden als Gruppe.
B ... der beste Freund oder die beste Freundin mit 55,4 Prozent.
C ... Gerne mit ihrem Partner, ihrer Partnerin wollen 41,0 Prozent verreisen und 39, 6 Prozent mit ihren Eltern oder Großeltern.
D ... und allein reisen, das wollen nur 8,9 Prozent der jungen Leute.
E ... Im Urlaub ist für die große Mehrheit der jungen Leute das Zusammensein mit Freunden und Partner/Partnerin das Allerwichtigste.

Aufgabe 6:
Lösungsbeispiel für die Einleitung einer antithetischen Erörterung: **Thema B**
Irgendwann wird wohl für viele Jugendliche der Urlaub mit den Eltern lahm. Viel „cooler" ist es stattdessen, mit Freunden zu verreisen. Das wünscht sich eine deutliche Mehrheit der Jugendlichen, wie die Studie von „Young Traveller" zeigt.
Allerdings bekommen viele Eltern Bauchschmerzen, wenn sie daran denken, ihre Kinder ohne Aufsicht davonziehen zu lassen. Sind solche Bedenken berechtigt? Sollten Jugendliche ohne Eltern verreisen?

Aufgabe 7:
Lösungsbeispiel für die Gliederung einer antithetischen Erörterung, Thema B: Ist es empfehlenswert, ohne die Eltern zu verreisen?

1 **Einleitung**
Studie Young Traveller: Überwältigende Mehrheit wünscht sich Urlaub ohne Eltern.
Überleitung: Ist dieser Wunsch berechtigt?

2 **Hauptteil**

2.1 **Antithese:** Nein, Jugendliche sollten nicht ohne Eltern verreisen.

2.1.1 Ferien für gemeinsame Zeit mit der Familie nutzen
zu wenig Zeit füreinander im Alltag, z. B. Eltern berufstätig, Kinder Ganztagsschule

2.1.2 Jugendliche nicht reif genug, um auf sich allein gestellt zu sein
sind verschiedenen Gefahren ausgesetzt, Streit mit Freunden, Heimweh

2.1.3 Jugendreisen können sehr kostspielig sein.
oft nicht finanzierbar, z. B. von Alleinerziehenden oder Familien mit vielen Kindern
gemeinsamer Urlaub preiswerter, z. B. Ferienwohnung, Camping

2.2 **These:** Jugendliche sollten ohne Eltern verreisen.

2.2.1 Jugendliche machen wichtige soziale Erfahrungen.
längeres Zusammensein mit Gleichaltrigen, eine wichtige Erfahrung, z. B. für Einzelkinder

2.2.2 Jugendliche lernen, Verantwortung zu übernehmen.
treffen eigenständige Entscheidungen, beweisen, dass sie allein zurechtkommen können,
werden selbstständiger, selbstbewusster

2.2.3 Urlaub ohne Eltern ist spannend und macht Spaß.
spezielle Bedürfnisse von Jugendlichen werden berücksichtigt, z. B. nach mehr Action, Abenteuer und Party

3 **Schluss/Synthese**
begründetes Fazit, persönliche Stellungnahme, Appell, Forderungen …

I Aufgabe 8:
Lösungsbeispiel für ein entfaltetes Argument
Gute Jugendreisen können sehr kostspielig sein und sind oft für Alleinerziehende oder Familien mit vielen Kindern nicht finanzierbar. Da ist es preiswerter, einen gemeinsamen Urlaub zu machen, z.B. in einer Ferienwohnung, wo man sich selbst versorgen kann. Ich campe zum Beispiel mit meiner Familie oft am Edersee in Hessen. Auf Campingplätzen kann man schnell neue Leute kennenlernen, sodass es bestimmt nicht langweilig wird.

II Aufgabe 9:
Lösungsbeispiel für ein letztes und wichtigstes Argument
Das wichtigste Argument für Urlaub ohne Eltern ist wohl der „Spaßfaktor“, denn welche Jugendlichen möchten im Urlaub nicht mit Freunden und Gleichaltrigen Action und Abenteuer erleben – oder Partys feiern? Betreute Gruppenreisen, die ganz auf die speziellen Bedürfnisse von Jugendlichen zugeschnitten sind, werden von vielen gemeinnützigen Organisationen wie Gewerkschaften, Kirchengemeinden, Sozialverbänden oder Sportvereinen meist recht preisgünstig angeboten. Aber auch kommerzielle Reiseanbieter haben sich auf solche Jugendreisen spezialisiert. Meine Schwester war zum Beispiel mit einigen Freundinnen in einen schwedischen Jugendclub: tagsüber mit dem Kajak über den See vor der Haustür, mit dem Mountainbike durch den Wald und abends Disco, dazu Vollpension und organisierte Ausflüge: Sie war begeistert. So ein „Rundum-Sorglospaket“ ist allerdings nicht meine Sache. Ich habe Spaß daran, etwas selbst auf die Beine zu stellen. Für den nächsten Sommer plane ich deshalb mit einem Freund zusammen eine Fahrradtour durch die Lüneburger Heide. Da müssen wir viel selbst organisieren – vielleicht wird auch nicht alles reibungslos klappen –, aber das ist ja gerade der Kick.

III Aufgabe 10:
Lösungsbeispiel für den Schluss einer antithetischen Erörterung:
Thema B:
Wenn ich nun die Argumente gegeneinander abwäge, komme ich zu dem Schluss, dass es für Jugendliche richtig ist, wenn sie ohne Eltern Urlaub machen. Das Einverständnis der Eltern vorausgesetzt. Sicher ist es wichtig, gemeinsam mit der Familie Zeit zu verbringen. Aber das muss ja nicht unbedingt in den Ferien sein. Und ich will auch überhaupt nicht abstreiten, dass es Risiken gibt, wenn Jugendliche allein unterwegs sind. Obwohl für mich persönlich Spaß, Sport und „Action“ beim Verreisen mit Freunden ganz obenan stehen, bleibt der Urlaub ohne Eltern doch eine Herausforderung, die man bewältigen muss. Aber man muss ja auch nicht gleich für ein paar Wochen im Ausland herumreisen. Urlaub ohne Eltern sollte nicht vom Geldbeutel abhängen. Ich bin der Meinung, alle Jugendlichen sollten ab und zu die Möglichkeit zu einer Auszeit von den Eltern bekommen, das gehört zum Erwachsenwerden unbedingt dazu.

Die Großschreibung: Regeln kennen und anwenden

Seite 259:
Aufgabe 7 und 8:
Es gibt 20 Fehler im Text „Schluckauf“.

Schluckauf
Jeder kennt ihn – keiner mag ihn. Ein Schluckauf ist unangenehm und störend. Zum Glück er ist meist harmlos und verschwindet bald wieder. Es handelt sich dabei um einen normalen Reflex wie beim Husten und Niesen. Auslöser kann eine Reizung des Zwerchfellnervs sein. Durch zu hastiges Schlucken von Speisen und Getränken verkrampft sich plötzlich das Zwerchfell. Auch Alkohol kann Ursache für das lästige Hicksen sein. Menschen haben bereits im Mutterleib Schluckauf. Wissenschaftler vermuten, dass so der Atemreflex bei den Ungeborenen trainiert wird. Auch Säuglinge müssen öfter hicksen. Möglicherweise wird – ähnlich wie beim Rülpsen – Luft aus dem Bauch befördert. Die Babys haben mehr Platz für Milch. Bei Erwachsenen hat ein Schluckauf vermutlich keine Funktion. Gegen Schluckauf gibt es viele Hausmittel: ein Glas Wasser trinken, die Luft anhalten, an sieben Männer mit Vollbärten denken … Tatsächlich können solche Tricks Wirkung zeigen. Durch die Ablenkung entspannt und beruhigt sich alles.

Seite 271:
Aufgabe 2:
Es sind insgesamt 25 Rechtschreibfehler vorhanden.
heutzutage, außer, (das) Zusammenleben, (alle) Beteiligten, dass, eigentlich, respektvoll, Eltern, (von) klein auf , schmatzen, (die) Kleinen, nachahmen, Manieren, fest eingeprägt, schwer, Jugendliche, Thema, Ausbildungsstelle, weiß (ich), auf einmal, begrüßt, Unterlagen, schließlich, danebenbenimmt, nichts

Seite 293:
Aufgabe 1:
Im Kommunikationsmodell sprechen wir von einer **Nachricht**, die ein **Sender** (Sprecher, Schreiber) an einen **Empfänger** (Hörer, Leser) übermittelt.

Aufgabe 2:
Ausdruck: Aussage d)
Appell: Aussage c)
Information: Aussage a)
Beziehung: Aussage b)

Aufgabe 3:
Emma (Beziehung),
ach (Ausdruck),
gib mir doch bitte (Appell),
einen Zettel (Information).

Aufgabe 4:
Modalpartikeln kommen in den Aussagen b), c), e) vor.

Aufgabe 5:
Richtig sind die Aussagen 1, 2, 4, 5.

Aufgabe 6:
cool (2), **Hubschrauber** (4), **Mode-Design** (1), **Schirm** in Bildschirm (5).

Aufgabe 7:
Das Ich in a) ist ein Vorleser oder der Schriftsteller/die Schriftstellerin selbst.
Das Ich in b) ist ein Lyrisches Ich.

Seite 318
Aufgabe 1:
Zeitformen:
Die Verben 1, 2, 4, 10 und 11 stehen in der für die Inhaltswiedergabe angemessenen Zeitform des Präsens.
Das Verb 3 steht richtig im Perfekt der Vorzeitigkeit.
Das Verb 5 steht richtig im Perfekt der Vorzeitigkeit.
Das Verb 8 kann man hier durchaus im Perfekt verwenden.
Die Verben 6, 7, 9, 12 stehen fälschlich im Präteritum.
Es müsste heißen: *erscheint eine Flammenschrift … schreibt daran Buchstaben … Keiner vermag diese Schrift zu deuten … Und tatsächlich bringen ihn seine Knechte um.*

Aufgabe 2:

Konjunktiv I:

Hatip sagt, er sei anderer Meinung als Kathy. Eine Schule, die ihre Schüler und Schülerinnen mit Kameras überwache (oder: überwacht), könne er sich nicht vorstellen.

Aufgabe 3:

Konjunktiv II

Wenn ich beim Sportfest als Sieger auf dem Treppchen stünde (stände), dann hätte ich das wirklich einmal verdient. Dann wäre mein Training nicht umsonst gewesen. Ich gäbe alles darum, wenigstens den dritten Platz zu erreichen.

Aufgabe 4:

Passiv:

a) Der Stürmer wurde in der 70. Minute ausgewechselt.
b) Der Brand wurde in kurzer Zeit gelöscht.
c) In der letzten Nacht wurde im Schulzentrum ein Einbruch verübt.
d) Auf den Fluren darf nicht gedrängelt werden.

Aufgabe 5:

Satzglieder:

a) Bei einer Siegesfeier möchte man ausschließlich ehrlichen Sportlern / Sportlerinnen zujubeln.
b) Freuen kann man sich wirklich nur über faire Wettkämpfe.
   Oder: Nur über faire Wettkämpfe kann man sich wirklich freuen.
c) Von Dopingmissbrauch haben wir heute alle genug.
d) Daher appellieren wir an die Vernunft aller Sportler und Sportlerinnen.
e) Außerdem fordern wir von den Clubs und Veranstaltern strengere Kontrollen.
   Oder: Von den Clubs und Veranstaltern fordern wir außerdem strengere Kontrollen.
e) Besonders für ehrliche Sportler / Sportlerinnen sind Dopingfälle nämlich ein großes Ärgernis.
   Oder: Ein großes Ärgernis sind Dopingfälle nämlich besonders für ehrliche Sportler / Sportlerinnen.

Aufgabe 6:

Objekte:

Die Sätze könnten etwa lauten:

a) Der Verunglückte verdankt der Rettungssanitäterin sein Leben.
b) Der Schüler leiht seinem Nachbarn einen Bleistift.
c) Das Mädchen entlockte ihrem Bruder ein Geheimnis.
d) Die Großeltern vererben ihren Enkeln viele Bücher.
e) Der Handballspieler warf seinem Mitspieler den Ball zu.
f) Zum Geburtstag schenkt sie ihrem Freund einen Schal.
g) Der Hersteller garantiert den Kundinnen und Kunden eine Reparatur.
h) Die Mutter gibt ihrem Sohn eine Konzertkarte.

Aufgabe 7:

Präpositionales Objekt – Adverbial:

Sätze mit Adverbial: d), f)
Sätze mit präpositionalem Objekt: a), b), c), e)

Aufgabe 8:

Einen Text verbessern:

Gestern fuhr ich mit der S-Bahn nach Hannover zu meinem Freund.
Die Adresse seiner Wohnung hatte ich aber leider vergessen.
So lange hatten wir uns nicht gesehen.
Vom Bahnhofsplatz aus wollte ich ihn dann anrufen.
Seine Telefonnummer hatte ich aber nicht gespeichert.
Gefunden habe ich aber seine Wohnung am Ende trotzdem.
An den Weg dorthin habe ich mich zum Glück noch erinnert.
Mein Freund hat sich über den Besuch sehr gefreut.
Vor unserem Abschied hat er persönlich seine Adresse und Telefonnummer in meinem Smartphone abgespeichert.

Originaltexte der Gedichte:

Seite 186:

Warnung

Ursula Krekel

Komm aus der Höhe herab
steig mal von deinem Ross

sieh einfach zu und staune

wie ich den Kopf hebe
die Schultern, die Arme
davonfliege in klarer Luft
ohne mich umzusehen nach dir

Seite 186:

ein zettel an meiner tür

hans-curt flemming

ich bin
auf der suche nach
mir
daher bin ich
vorübergehend nicht anzutreffen

bis dahin ist
was aussieht wie ich
nur die verpackung

Seite 186:

Bist so schön!

Peter-Torsten Schulz

Bist so schön,
Augenblick!

Bleibe doch
noch ein Stück!

Was ist anders,
als es war?

Bin so
überglücklich da!

Bist so schön,
Augenblick!

Bleibe doch
noch ein Stück!

Seite 207:

Grausam – Ausgesetzt
Wolfgang Menzel

Rechts auf dem Seitenstreifen
grau ein Hund,
zu einer Steinfigur erstarrt,
Vorderläufe vorgestreckt,
im Lauf verharrt,
den Kopf gereckt,
ausgesetzt der Einsamkeit,
für die sein Hirn
nicht programmiert,
steht er und starrt,
das Nackenhaar gesträubt;
in seine gelben Augen trifft
der Strahl des Aufblendlichts.
Vorbei.
Rückspiegelblick ins Nichts.

Seite 317:

Ein Gleiches

Johann Wolfgang von Goethe

Über allen Gipfeln
Ist Ruh,
In allen Wipfeln
Spürest du
Kaum einen Hauch;
Die Vögelein schweigen im Walde.
Warte nur, balde
Ruhest du auch.

Quellen

Texte

Seite 8: Bildungspolitikerin will Mädchen und Jungen in manchen Schulfächern trennen (verändert). Präsidentin der Kultusministerkonferenz fordert: Mädchen und Jungen sollen getrennt unterrichtet werden. RTL interactive, Köln 25.02.2020. https://www.rtl.de/cms/getrennter-unterricht-fuer-maedchen-und-jungen-das-fordert-bildungspolitikerin-stefanie-hubig-4489249.html.

Seite 16–17: Dreck, Verletzungen, Haustiere in Angst (verändert). Dreck, Verletzungen, Haustiere in Angst: Muss privates Silvester-Feuerwerk verboten werden? Brigitte, 03.01.2018. https://www.brigitte.de/aktuell/gesellschaft/feuerwerk-an-silvester--muss-es-verboten-werden--11041094.html,03. Januar 2018 12:11 Uhr

Seite 22–26: Häuptling Seattle: Wir sind ein Teil der Erde (verändert). Häuptling Seattle: Wir sind ein Teil der Erde. Die Rede des Häuptlings Seattle an den Präsidenten der Vereinigten Staaten von Amerika im Jahre 1855. Übersetzt von der Dedo Weigert Film GmbH, München. © 2010 Patmos Verlag GmbH & Co. KG, Mannheim

Seite 35–37: Peter Hacks: Der Bär auf dem Försterball. Gertraud Middelhauve (Hrsg.): Dichter erzählen Kindern. Middelhauve. Köln 1966

Seite 39: Der „Arbeitskreis Jugendliteraturpreis" über Peter Hacks. Arbeitskreis für Jugendliteratur e. V., München 2021. https://www.jugendliteratur.org/buch/der-baer-auf-dem-foersterball-1183-3787693807/?page_id=1

Seite 39: „Der Bär auf dem Försterball" wird 50! Auszug, Auslassungen in […]. Peter Grandt. Grand liest Hacks. Peter Grandt, Chemnitz 13.6.2016. Peter Grandt, Georg-Landgraf-Straße 17, 09112 Chemnitz. http://www.manipulation24.de,https://grandtliesthacks.wordpress.com/medien/der-baer-auf-dem-foersterball-wird-50/,Grand liest Hacks, Peter Grandt, Chemnitz 13.6.2016

Seite 46: Heinrich Heine: Der tugendhafte Hund. Aus: Heines Werke in fünf Bänden: Erster Band Gedichte, Seite 419–421. 1970: Aufbau-Verlag Berlin und Weimar, 11. Auflage

Seite 48–51: Hans Christian Andersen: Des Kaisers neue Kleider. Aus: Ders.: Sämmtliche Märchen. Einzige vollständige vom Verfasser besorgte Ausgabe. https://www.projekt-gutenberg.org/andersen/saemmaer/chap004.html.

Seite 58–59: Mit Soft Skills punkten (verändert). Mit Soft Skills punkten: Mathe 5, aber Soft Skills 1+. Ausbildungs.net, Bildungsweb Media, Hamburg 2021. https://www.ausbildung.net/bewerberverfahren/spezielle-infos/mit-soft-skills-punkten.html

Seite 62: Chatbots im Bewerbungsverfahren (verändert). Chatbots im Bewerbungsverfahren: So überzeugen Sie die Maschine. Daniela Lukaßen-Held. New Work SE, Hamburg 17.04.2018. https://bewerbung.com/chatbots-bewerbungsverfahren/

Seite 63: So überzeugst du die Maschine (verändert). Chatbots im Bewerbungsverfahren: So überzeugen Sie die Maschine. Daniela Lukaßen-Held. New Work SE, Hamburg 17.04.2018. https://bewerbung.com/chatbots-bewerbungsverfahren/

Seite 64–65: Digitales Vorstellungsgespräch (verändert). Ingrid Bertram, unbekannt. Transkript von Podcast WDR 2 Servicezeit. 03:04Min. Verfügbar bis 10.08.2021. Autorentranskription: Ursula Sassen, Meine. Westdeutscher Rundfunk (WDR), Köln 10.08.2020. https://www1.wdr.de/mediathek/audio/wdr2/wdr2-servicezeit/audio-digitales-vorstellungsgespraech-100.html

Seite 66: Videobewerbung – der neue Trend im Recruiting (verändert). Bewerbung per Video – Vorteile & Expertentipps. Maren Hallin. Monster Worldwide Deutschland, Eschborn 30.10.2017. https://www.monster.de/karriereberatung/artikel/bewerbungs-video-vorteile-tipps

Seite 67–69: Rechte und Pflichten – Berufsausbildungsvertrag: Auszüge aus dem Ausbildungsvertragsmuster. […]. Bundesministerium der Justiz und für Verbraucherschutz (Hrsg.): Empfehlung des Hauptausschusses des Bundesinstitutes für Berufsbildung vom 14. April 2020 zum Ausbildungsvertragsmuster, veröffentlicht am 26. Mai 2020. BAnz AT, Bundesanzeiger Verlag, Köln. https://www.bundesanzeiger.de/pub/de/suchergebnis?6

Seite 78–80: Warum Radschnellwege sinnvoll sind. Originalbeitrag von Ursula Sassen, Meine
Seite 82: Umfrage: wie wichtig nehmen Sie Benimm-Regeln? (verändert). Süddeutsche Zeitung vom 17. Mai 2010. https://www.sueddeutsche.de/panorama/umfrage-wie-wichtig-nehmen-sie-benimm-regeln-1.674607. „Wie wichtig nehmen Sie Benimm-Regeln?“, SZ, SZ.de vom 17.05.2010
Seite 82–83: Warum sind gute Manieren wichtig? (verändert). Ulrike Lindner, freie Journalistin, Wolfenbüttel. https://www.lernando.de/magazin/139/Warum-sind-gute-Manieren-wichtig
Seite 86: Antithese, die (verändert). Duden-Online, Bibliographisches Institut GmbH, Dudenverlag, Berlin 2021 ((Text nicht identisch)). https://www.duden.de/rechtschreibung/Antithese. Bibliographisches Institut GmbH, Dudenverlag, Berlin 2021
Seite 86: antithetisch (verändert). Duden-Online, Bibliographisches Institut GmbH, Dudenverlag, Berlin 2021. https://www.duden.de/rechtschreibung/antithetisch. Bibliographisches Institut GmbH, Dudenverlag, Berlin 2021
Seite 86: These, die (verändert). Duden-Online. Bibliographisches Institut GmbH, Dudenverlag, Berlin 2021 ((Text nicht identisch)). https://www.duden.de/rechtschreibung/These. Bibliographisches Institut GmbH, Dudenverlag, Berlin 2021
Seite 86: thetisch (verändert). Duden-Online. Bibliographisches Institut GmbH, Dudenverlag, Berlin 2021 ((Text nicht identisch)). https://www.duden.de/rechtschreibung/thetisch. Bibliographisches Institut GmbH, Dudenverlag, Berlin 2021
Seite 87–88: Wie ist das eigentlich mit dem Wahlalter? Originalbeitrag von Ursula Sassen, Meine
Seite 96–98: Nördliche Arktis: Permafrostboden taut früher als erwartet (verändert). Angelika Jung-Hüttl. Süddeutsche Zeitung, 21.09.2018. © SZ vom 21.09.2018/sasp. https://www.sueddeutsche.de/wissen/klimawandel-permafrostboden-1.4138065. „Permafrostboden taut früher als erwartet“, Angelika Jung-Hüttl, SZ.de vom 21.09.2018
Seite 99–100: Herden im Norden könnten den Permafrost retten (verändert). Bisons, Rentiere und Pferde könnten den Permafrost retten. Katrin Schregenberger, higgs c/o © Scitec-Media, Winterthur 23.03.2020. https://www.higgs.ch/bisons-rentiere-und-pferde-koennten-den-permafrost-retten/30349/, higgs c/o © Scitec-Media, Winterthur 23.03.2020
Seite 106: Die Frau, da sie sich erhob ... Aus: Heinrich von Kleist: Das Bettelweib von Locarno. Aus: Ders.: Werke in einem Band. Herausgegeben von Helmut Sembdner. © 1966 Carl Hanser Verlag. München
Seite 111–112: Arthur Schnitzler: Die grüne Krawatte. Aus: Ders.: Gesammelte Werke Band I. S. Fischer Verlage. Frankfurt am Main 1961
Seite 119: Ludwig Meidner: Alaunstraße in Dresden (1915). In: „Die Aktion“ 5 (Zeitschrift). Verlag Die Aktion, Berlin 1915. Spalte 61–62.
Seite 121: Alfred Wolfenstein: Städter (1914). Aus: Ders.: Die gottlosen Jahre. S. Fischer Verlag. Berlin 1914
Seite 122: Jakob van Hoddis: Weltende (1911). In: „Der Demokrat“ (Zeitschrift) vom 11.01.1911
Seite 123: Else Lasker-Schüler: Weltende. Aus: Dies.: Der siebente Tag. Verlag des Vereins für Kunst. Berlin 1905
Seite 124: Alfred Lichtenstein: Die Dämmerung. Aus: Kurt Pinthus (Hrsg.): Menschheitsdämmerung. Ein Dokument des Expressionismus. Verlag Philipp Reclam jun. Leipzig 1968
Seite 126–130: Eine Gesellschaft im Umbruch. Aus: Prof. Dr. Ulrich Baumgärtner (Hrsg.): Horizonte 8. Geschichte für Gymnasien in Bayern. © Bildungshaus Schulbuchverlage GmbH. Braunschweig 2006
Seite 131: Wilhelm Klemm: Schlacht am Nachmittag. Aus: Ders.: Ich lag in fremder Stube. Gesammelte Gedichte. Herausgegeben und mit einem Nachwort versehen von Hanns-Josef Ortheil. © 1981 Carl Hanser Verlag München Wien
Seite 132: Fritz von Unruh: Stücke. Auszug [...]. Aus: Ahnung und Aufbruch. Expressionistische Prosa. Herausgegeben und eingeleitet von Karl Otten. © 1957, 1977 by Hermann Luchterhand Verlag GmbH & Co KG. Darmstadt und Neuwied
Seite 133–135: Alfred Döblin: Mit der 41 in die Stadt (Auszug). Aus: Ders.: Berlin Alexanderplatz. S. Fischer Verlag, Berlin 1929
Seite 136: Paul Zech: Die nüchterne Stadt (1914). Aus: Wolfgang Rothe (Hrsg.): Deutsche Großstadtlyrik vom Naturalismus bis zur Gegenwart. Verlag Philipp Reclam. Stuttgart 1975

Seite 136: Theodor Storm: Die Stadt (1851). Aus: Ders.: Gesammelte Werke. Band I. Gedichte, Märchen, Spukgeschichten. Nymphenburger. München 1981

Seite 138: Johann Wolfgang von Goethe: „Historia/ Von D. Johann Fausten … verdienten Lohn empfangen." Aus: Johann Wolfgang von Goethe: Faust. Erster Teil. Hamburger Lesehefte Verlag, 29. Heft, Husum/Nordsee o.J., Seite 123 oben

Seite 139: „Susanna Margretha Brandtin, … unehrliches Kind geboren [hat]", […]. Susanna Margaretha Brandt. Nach den Prozessakten der Kaiserlichen Freien Reichsstadt Frankfurt am Main, den sogenannten Criminalia 1771, dargestellt von Siegfried Birkner. © Insel Verlag, Frankfurt am Main 1973, Seite 38 und 62

Seite 142–167: Auszüge aus: Johann Wolfgang von Goethe: Faust. Erster Teil. Hamburger Lesehefte Verlag, 29. Heft, Husum/Nordsee o.J.

Seite 170–171: Theodor Storm: Die Brück' am Tay. Aus: Ders.: Werke in drei Bänden. Hrsg. von K. Hoppe. Bd. 20. Vandenhoeck und Ruprecht. Göttingen 1968

Seite 174–175: Bertolt Brecht: Von des Cortez' Leuten. Aus: Die Gedichte von Bertolt Brecht in einem Band. © Suhrkamp Verlag. Frankfurt am Main 1981

Seite 178–179: Heinrich Heine: Belsatzar. Aus: Ders.: Sämtliche Werke in einem Band. Hrsg. von Klaus Briegleb. Bd.1. Deuscher Taschenbuch Verlag, München 1997

Seite 181: Martin Luther: Das Buch Daniel im Alten Testament, Kapitel 5 […]. Aus: Martin Luther: Die Bibel oder die ganze Heilige Schrift des Alten und Neuen Testaments, nach der deutschen Übersetzung Martin Luthers. Privilegierte Württembergische Bibelanstalt. Stuttgart 1970

Seite 182: Theodor Storm: Weihnachtsabend. Aus: Ders.: Sämtliche Werke in vier Bänden. Hrsg. von Karl Ernst Laage und Dieter Lohmeier. Bd. 1: Gedichte, Novellen 1848–1867. Deutscher Klassiker Verlag. Frankurt am Main 1987

Seie 183: Joachim Ringelnatz: Auf hohem Gerüste. Aus: Ders.: Und auf einmal steht es neben dir. Gesammelte Gedichte. Karl H. Heussel Verlag. Berlin 1950

Seite 184: Arno Holz: Mählich durchbrechende Sonne. Aus: Ders.: Werke Band I. Phantasus. Hrsg. von Wilhelm Emrich und Anita Holz. © Hermann Luchterhand Verlag GmbH. Neuwied am Rhein, Berlin-Spandau 1961

Seite 186: Ursula Krekel: Warnung (verändert). Aus: ursula krekel: Lyrik-Katalog Bundesrepublik. Mit gemischten Gefühlen. Gedichte: Biographien: Statements. Hg. von Jan Hans. Goldmann, München 1978, Seite 190

Seite 186: hans-curt flemming: ein zettel an meiner tür (verändert). Aus: hans-curt flemming: ein zettel an meiner tür. Windhueter Kollektiv. Schorndorf 1983, Seite 7

Seite 186: Peter-Torsten Schulz: Bist so schön! (verändert). Aus: Peter-Torsten Schulz: Ich guck so gern in dein Gesicht. Liebesgedichte. Münster: © Coppenrath Verlag 2004

Seite 187: Nikolaus Lenau: Das Gewitter. Aus: Nikolaus Lenaus sämtliche Werke. Hrsg. von R. Preuß. Warschauer, Berlin o. J.

Seite 191: Rose Ausländer: Gewitter. Aus: Dies.: Die Erde war ein atlasweißes Feld. Gedichte 1927-1956. Gesammelte Werke in sieben Bänden. Hg. von Helmut Braun. © 1985 S. Fischer Verlag GmbH, Frankfurt am Main

Seite 195–196: Joachim Ringelnatz: Zu dir. Aus: Ders.: Gedichte. Auswahl und Nachwort von Walter Pape. Reclam Verlag (Universal-Bibliothek Nr. 9701). Stuttgart 1998 (Nachdruck 2002), Seite 91

Seite 200: Karl Krolow: Der Baum. Aus: Karl Krolow: Gesammelte Gedichte. Band 2. Frankfurt am Main: Suhrkamp Verlag 1975

Seite 202: Bertolt Brecht: Fahrend in einem bequemen Wagen. Aus: Bertolt Brecht: Die Gedichte von Bertolt Brecht in einem Band. © Suhrkamp Verlag. Frankfurt am Main 1981

Seite 204: Charlotte Morgenthal: Bilder. Aus: Spuren. 8. Dortmunder Literaturwettbewerb 2003. Dortmund: Immanuel-Kant-Gymnasium, Seite 97

Seite 204: Wolfgang Bächler: Im Zug. Aus: Ders.: Nachtleben. Gedichte. Frankfurt am Main: S. Fischer Verlag 1982

Seite 204: Ulla Hahn: Nie mehr. Aus: Dies.: Unerhörte Nähe. Stuttgart: Deutsche Verlags-Anstalt 1988

Seite 205: Erich Fried: Dich. Aus: Ders.: Liebesgedichte. Berlin: Verlag Klaus Wagenbach 1979

Seiet 205: Joseph von Eichendorff: Mondnacht. aus: Ders.: Werke in einem Band. München 1977

Seite 205: Christian Morgenstern: Es ist Nacht. Aus: Margareta Morgenstern (Hrsg.): Christian Morgenstern: Gesammelte Werke in einem Band. München – Zürich: Piper Verlag 2001

Seite 205: Mascha Kaléko: Was man so braucht. Aus: Gisela Zoch-Westphal (Hrsg.): In meinen Träumen läutet es Sturm. © dtv Verlagsgesellschaft, München 1977

Seite 206: Peter-Torsten Schulz: Wenn du nicht da bist. Aus: Ders.: Es muss weitergehen. Lustgedichte. © 2019 Peter-Torsten Schulz. druckpartner Essen. www.petertschulz.de

Seite 206: hans-curt flemming: aufbruch. Aus: Ders.: ein zettel an meiner tür. Windhueter Kollektiv. Schorndorf 1983, S. 7

Seite 206: annemarie zornack: auf dem fahrrad. Aus: Dies.: Eingeholte Jahreszeit. Gesammelte Gedichte und Prosa. Neuer Malik Verlag, Kiel 1991. © Annemarie Zornack

Seiet 207: Grausam – Ausgesetzt. Originalbeitrag von Wolfgang Menzel

Seite 208: Thomas Bernhard: Der Geldbriefträger. Aus: Thomas Bernhard: Erzählungen. Kurzprosa. Hrsg. von Hans Möller, Martin Huber und Manfred Mittermayer. © Suhrkamp Verlag. Frankfurt am Main 2003

Seite 210: Bertolt Brecht: Freundschaftsdienste. Geschichten vom Herrn Keuner. Aus: Bertolt Brecht: Gesammelte Werke 2. Suhrkamp Verlag, Frankfurt am Main 1967

Seite 211: Bertolt Brecht: Herr Keuner und die Flut. Geschichten vom Herrn Keuner. Aus: Bertolt Brecht: Gesammelte Werke 2. Suhrkamp Verlag, Frankfurt am Main 1967

Seite 212: Folke Tegetthoff: Sehnsucht. Aus: Ders.: Alles Märchen. Residenz Verlag Salzburg und Wien 1995. © by ENEM GmbH, St. Georgen

Seite 213: Hugo von Hofmannsthal: Geschichte der Flucht. Aus: Ders.: Der Tisch mit den Büchern. S. Ficher Verlag, Frankfurt am Main 1951

Seite 214: Franz Hohler: Das Blatt. Aus: Ders.: Die Karawane am Boden des Milchkrugs. Groteske Geschichten. Sammlung Luchterhand. © 2003 Luchterhand Literaturverlag, München, in der Verlagsgruppe Random House GmbH

Seite 214: Brigitte Schär: Falle. Aus: Dies.: Auf dem hohen Seil. Kleine Prosa. Zürich: eFeF-Verlag 1991

Seite 214: Franz Hohler: Der Briefkasten. Aus: Ders.: Die Karawane am Boden des Milchkrugs. a.a.0.

Seite 215: Franz Hohler: Der Skarabäus. Aus: Ders.: Die Karawane am Boden des Milchkrugs. a.a.O.

Seite 216: Wolfdietrich Schnurre: Beste Geschichte meines Lebens (I-VI) (verändert). Aus: Ders.: Der Schattenfotograf. München: List Verlag 1978

Seite 218: Wolfdietrich Schnurre: Beste Geschichte meines Lebens. Aus: Ders.: Der Schattenfotograf. a.a.O.

Seite 221–222: Irene Dische: Liebe Mom, lieber Dad. Aus: Dies.: Lieben. Erzählungen. Aus dem Englischen übersetzt von Reinhard Kaiser und anderen. Hamburg: Hoffmann und Campe 2007

Seite 223–225: Heinrich von Kleist: Das Bettelweib von Locarno. Aus: Ders.: Werke in einem Band. Hrsg. Von Helmut Sembdner. © 1966 Carl Hanser Verlag, München

Seite 228–231: Walter Jens: Bericht über Hattington. Aus: Ders.: Herr Meister. Dialog über einen Roman. R. Piper & Co. Verlag, München 1963

Seite 243: Äsop: Zwei Freunde und ein Bär: In: Rafik Schami (Hrsg.): Auf die Freundschaft. Anthologie mit Texten aus der Weltliteratur. Manesse Verlag 2019. Aus: Äsop. Fabeln. Aus dem Lateinischen übersetzt von Joachim Adrian. Hamburg 1960

Seite 244–245: Peter Bichsel: Mit freundlichen Grüßen. Aus: Ders.: Kolumnen, Kolumnen. © Suhrkamp Verlag. Frankfurt am Main 2005

Seite 246: Zum Inhalt von „Der kleine Prinz": Originalbeitrag von Ursula Sassen, Meine

Seite 247–249: Antoine de Saint-Exupéry: Freundschaft mit dem Fuchs (Auszug). Aus: Ders.: Der kleine Prinz. 21. Kapitel. Übersetzt von Alexander Varell. aionas Verlag, Weimar. © 2020 aionas Verlag, Weimar 2017

Seite 250: Kurzporträt zu Antoine de Saint-Exupéry: Originalbeitrag von Ursula Sassen, Meine

Seite 252–253: Lebenslange Freundschaften kommen selten vor (verändert). Ein Interview von Katrin Schregenberger und Tobias Ochsenbein mit dem Psychologen Professor Moritz Daum: Lebenslange Freundschaften, von sehr früh in der Kindheit bis ins ganz hohe Alter, kommen selten vor. Neue Zürcher Zeitung NZZ, 23.08.2017. https://www.nzz.ch/zuerich/gymizyte/gymizyte-freundschaften-sind-in-der-pubertaet-fragiler-ld.1311877, letzter Aufruf am 03.08.2021

Seite 255: Was macht eine gute Freundschaft aus? Originalbeitrag von Ursula Sassen, Meine

Seite 255–256: Saskia Rößner: Ist eine Online-Freundschaft eine richtige Freundschaft? (verändert). Saskia Rößner, webcare+, Hessische Landesstelle für Suchtfragen (HLS) e.V., Frankfurt/Main 14.01.2021. https://webcare.plus/online-freundschaft/

Seite 287: Ursula Krekel: Warnung. Aus: Ursula Krekel: Lyrik-Katalog Bundesrepublik. Mit gemischten Gefühlen. Gedichte: Biographien: Statements. Hrsg. von Jan Hans. Goldmann, München 1978, Seite 190

Seite 283: Rainer Kayser: Eine Supervenus in unserer Nachbarschaft (verändert). Rainer Kayser, Aller-Zeitung, 16. März 2021, Nr. 63m, 171. Jahrgang, Seite 21, Rubrik: Wissenschaft

Seite 290: Bertolt Brecht: Der Rauch. Aus: Bertolt Brecht: Die Gedichte von Bertolt Brecht in einem Band. © Suhrkamp Verlag. Frankfurt am Main 1981

Seite 346: Ursula Krekel: Warnung. Aus: Ursula Krekel: Lyrik-Katalog Bundesrepublik. Mit gemischten Gefühlen. Gedichte: Biographien: Statements. Hg. von Jan Hans. Goldmann, München 1978, Seite 190

Seite 346: hans-curt flemming: ein zettel an meiner tür. Aus: hans-curt flemming: ein zettel an meiner tür. Windhueter Kollektiv. Schorndorf 1983, Seite 7

Seite 346: Peter-Torsten Schulz: Bist so schön! Aus: Peter-Torsten Schulz: Ich guck so gern in dein Gesicht. Liebesgedichte. Münster: © Coppenrath Verlag 2004

Quellen

Bilder

|aionas Verlag, Weimar: © 2020 ISBN 9783946571001 246.1, 280.1. |akg-images GmbH, Berlin: 119.1, 129.1, 131.1, 139.1; picture-alliance/dpa 138.1; Sammlung Berliner Verlag / Archiv 124.1; The National Gallery London 5.6, 181.1. |Alamy Stock Photo, Abingdon/Oxfordshire: Enis72 55.3; FOST 3.3, 48.1; IanDagnall Computing 250.1; Lebrecht Music & Arts 26.1; public domain sourced / access rights from AB Forces News Collection 56.1; public domain sourced / access rights from The History Collection 3.6, 22.1; Stocktrek Images, Inc. 99.3. |Alfred-Wegener-Institut - AWI, Bremerhaven: Boris Biskaborn, GTN-P 102.1. |bpk-Bildagentur, Berlin: Nationalgalerie, SMB / Jörg P. Anders 127.1. |Bridgeman Images, Berlin: Hamburger Kunsthalle 3.2, 45.1; Luisa Ricciarini 4.2, 118.1; Photo © Leicester Museums & Galleries 120.1. |Butschkow, Peter, Langenhorn: 255.1. |chrismon.de, Frankfurt am Main: 83.1. |Eyferth, Konrad, Berlin: 3.4, 4.3, 4.4, 5.1, 5.2, 5.3, 5.4, 5.5, 5.7, 6.1, 6.2, 6.3, 6.4, 7.1, 7.2, 7.3, 7.4, 7.5, 7.6, 7.7, 9.1, 9.2, 10.1, 10.2, 11.1, 16.1, 17.1, 18.1, 19.1, 36.1, 36.2, 37.1, 41.1, 43.1, 43.2, 44.1, 46.1, 49.1, 50.1, 51.1, 52.1, 53.1, 106.1, 107.1, 109.1, 112.1, 113.1, 125.1, 125.2, 125.3, 125.4, 125.5, 128.1, 132.1, 133.1, 134.1, 136.1, 136.2, 137.1, 141.1, 143.1, 144.1, 146.1, 147.1, 148.1, 151.1, 152.1, 153.1, 154.1, 156.1, 157.1, 158.1, 159.1, 159.2, 160.1, 161.1, 163.1, 164.1, 165.1, 167.1, 168.1, 168.2, 168.3, 168.4, 168.5, 169.1, 171.1, 172.1, 173.1, 173.2, 173.3, 173.4, 175.1, 176.1, 177.1, 178.1, 179.1, 182.1, 183.1, 184.1, 184.2, 185.1, 187.1, 187.2, 191.1, 194.1, 195.1, 197.1, 197.2, 197.3, 197.4, 197.5, 202.1, 204.1, 204.2, 204.3, 205.1, 205.2, 205.3, 205.4, 205.5, 205.6, 208.1, 209.1, 210.1, 211.1, 211.2, 212.1, 213.1, 214.1, 214.2, 214.3, 215.1, 218.1, 222.1, 224.1, 226.1, 227.1, 227.2, 227.3, 227.4, 227.5, 227.6, 229.1, 230.1, 233.1, 236.1, 239.1, 240.1, 241.1, 259.1, 260.1, 260.2, 260.3, 260.4, 261.1, 262.1, 262.2, 264.1, 264.2, 265.1, 266.1, 267.1, 269.1, 272.2, 273.1, 276.1, 277.1, 278.1, 279.1, 279.2, 282.1, 284.1, 285.1, 285.2, 287.1, 289.1, 290.1, 291.1, 295.1, 296.1, 297.1, 297.2, 298.1, 299.1, 301.1, 303.1, 304.1, 305.1, 305.2, 307.1, 308.1, 308.2, 308.3, 308.4, 309.1, 314.1, 314.2, 316.1, 316.2, 316.3. |Getty Images, München: Andrew Burton 98.1; East Road/Ascent Xmedia Titel. |GRIN Publishing GmbH, München: 34.2. |iStockphoto.com, Calgary: Fyletto 3.5, 23.1; HAYKIRDI 73.1; KenCanning 24.1, 25.1; Zapp2Photo 62.1. |Jüdisches Museum der Stadt Frankfurt am Main, Frankfurt/M.: © Ludwig Meidner-Archiv 122.1. |Orlinsky, Katie, Brooklyn: 96.1, 99.2. |Picture-Alliance GmbH, Frankfurt/M.: AP / Arthur Max 97.4; Bildagentur-online/Blend Images 54.1; dpa 174.1; dpa / Arne Dedert 78.1; dpa-infografik 57.1; dpa-tmn / Henning Kaiser 55.4; ZB / ddrbildarchiv.de 3.1, 35.1. |Pleistocene Park Foundation, Cherskii/ Sakha (Yakutia) republic: 97.1, 97.2, 97.3, 99.1. |ruf Jugendreisen GmbH & Co. KG, Bielefeld: Studie Young Traveler Kompass 2016 104.1. |Shell Deutschland Oil GmbH, Hamburg: Shell Jugendstudie 2019 89.1. |Shutterstock.com, New York: Alfa Photostudio Titel; Andrey_Popov 3.7, 64.1. |Springer Nature, Heidelberg: Creative Commons Attribution 4.0 (http://creativecommons.org/licenses/by/4.0/) 101.1; J.P. Metzler Verlag 34.1. |stock.adobe.com, Dublin: Africa Studio 66.1; Branko 55.1; Gina Sanders 55.2, 86.1; JackF 54.2. |Von der Heydt-Museum, Wuppertal: Foto: Antje Zeis-Loi, Medienzentrum Wuppertal 123.1. |©European Union 2018-European Parliament, Bruxelles: 4.1, 87.1.